가족과 젠더

정현숙 공미혜 전영주 조은숙 정혜정 공저

신정

머리말

가족은 정치, 경제, 사회와 문화적 요소들의 변화와 함께 영향을 주고 받으며 유연하게 그리고 끊임없이 변화하고 있다. 학자들은 가족의 구조는 점차 다양해질 것이며, 여성의 사회적 참여는 증가하고 가족의 경제력은 향상되며, 가족의 권력은 점점 평등해질 것이라고 예측한다. 실제로 오늘날 가족은 전통적인 핵가족의 형태와는 다른 다양한 모습으로 존재하고 있다. 산업사회의 쇠퇴와 정보화 및 세계화의 물결은 다양한 가치관의 공존을 낳았고, 가족의 다양성 또한 이러한 흐름 속에 자연스레 나타난 결과라 할 수 있다. 이러한 과정에서 학자들은 또한 가족의 다양성이 지니는 변화와 불확실성 때문에 사고의 방식을 바꾸어야 한다는 점도 강조한다. 이러한 변화는 모든 문화권에서 일어나는 현상이지만 이러한 변화가 일어나는 원인과 이러한 변화가 개인의 발달과 가족관계에 미치는 영향은 매우 다양하기 때문이며, 이러한 변화는 개인과 관계에서의 사고방식의 변화를 요구하기 때문이기도 하다.

특히 가족의 문제는 젠더의 이슈와 분리할 수 없는데, 전통적으로 가족은 여성과 남성의 결합으로 이루어지고, 남녀에 대한 사회화와 여성과 남성의 역할, 지위, 가치 등이 결정, 부여, 수행되는 가장 일차적인 장소이기 때문이다. 그것이 생물학적 성별이든 사회문화적으로 바람직하게 기대되는 여성성과 남성성에 관한 것이든 혹은 바람직한 여성성과 남성성에 대한 합의의 문제이든 가족구성원들의 관계에는 젠더의 이슈가 복잡하게 얽혀 있다. 이제는 어떤 형태의 가족이 정상이며, 또 가족은 어떤 기능을 담당해야 하는가에 대한 물음은 진부한 것이 되어 버렸다. 오히려 그보다는 각기 다른 모습의 가족이 사회의 일차 집단으로서 제 기능을 다하고 관계 맺음이라는 인간의 기본 욕구를 충족시키기 위해 어떻게 서로 다른 모습으로 존재하고 기능하는가에 초점이 모아지고 있다. 그럼에도 다양한 가족이 가지고 있는 가장 공통적인 분모가 있다면 그것은 바로 젠더 이슈일 것이다.

바로 이러한 시각에 대한 인식과 공감이 이 책의 저술을 시작한 동기라 하겠다. 지금까지 젠더에 관한 많은 책들은 페미니즘을 지나치게 강조한 나머지 가족의 이슈를 소홀히

한 측면이 있다. 한편 가족에 관한 많은 책들은 젠더의 이슈를 주변적으로 다루고 있음을 인식한 우리 저자들은 이 두 가지 이슈를 엮어낼 책의 필요성에 공감하게 되었다. 사실 '가족과 젠더'라는 교과목은 건강가정사 자격 인증을 위한 필수교과목으로 지정되어 있으며, 또 강의 주제가 개략적으로 제시되어 있다. 하지만 가족과 젠더의 이슈를 결합하여 학생들이 쉽게 이 문제들을 이해할 수 있도록 서술된 문헌은 매우 부족한 실정이다.

이 책의 방향과 내용은 우리 저자들이 부산, 서울, 전주를 오가며 수십 차례의 회의를 거듭한 끝에 이루어낸 것이다. 이 책은 변화하는 가족의 다양성에 초점을 맞추고 가족과 가족관계와 관련된 다양한 주제들이 젠더와 어떻게 결합되었으며, 그 결과 여성과 남성의 경험의 차이와 이로 인한 갈등이 무엇인가를 분석하고, 성평등한 관계를 위한 과제에 초점을 맞추고자 하였다. 우선 이 책의 집필자들은 가족을 관계의 지속성, 경제적 지원과 공유성 및 정서적 친밀감이 있는 두 명 이상의 집단에서의 인간관계로 개념을 확대하였다. 이러한 관점에서는 전통적인 관점의 혼인에 의한 법적 관계뿐만 아니라 동거나 비혼 등의 관계도 포함된다. 이러한 관계에서 그 중심성에 젠더를 놓고 크게 3개 영역으로 나누어 교재를 구성하였다. 1부는 가족과 젠더의 이론적 기초를, 2부에서는 가족과 젠더의 관계적 차원을 그리고 3부에서는 사회적 차원을 다루었다. 각각의 장들은 공통적으로 관련 주제의 이론적 관점과 각각의 주제가 개인 내적인 발달과 가족 내의 다양한 관계에 미치는 영향에 초점을 맞추고 향후 과제를 제시하였다.

1부는 4개의 장으로 구성되며, 생물학적인 성(sex), 젠더(gender), 성(sexuality), 성역할사회화(gender role socialization) 등의 개념들과 이에 대한 이론적 관점과 발달과정에 초점을 맞추었다. 구체적으로 1장 가족과 젠더에 대한 이해에서는 가족과 젠더의 관계와 가족에서 나타나는 젠더 간 갈등의 모습과 기존의 획일적인 사고방식에서 벗어나기 위해 어떻게 젠더를 재구성해야 할 것인가를 논의하였다. 2장 젠더와 성역할사회화에서는 젠더와 성역할에 대한 개념적인 논의와 함께 성역할사회화의 이론적 관점과 영향요인 및 성역할사회화가 남녀의 정신적·신체적 건강에 미치는 영향에 초점을 맞추었다. 3장 젠더와 생애발달에서는 가족 내에서의 젠더는 생애과정에 걸쳐 영향을 미치는 중심적인 주제라는 관점에 기초하여 2장에서 다룬 중요한 성역할 관련 개념들이 생애과정을 통해 어떻게 변화·

발달하며, 이 과정에서 인간의 심리적・사회적 기능과는 어떠한 관련성이 있는가를 다루었다. 4장 젠더와 성에서는 성과 성적 지향, 성적 역기능 등의 개념과 성반응과 성행동을 젠더 및 권력과의 관계로 분석하였다.

2부는 가족과 젠더의 관계적 차원에 중점을 두고 결혼문화와 파트너십, 모성과 돌봄, 부모자녀관계에 대한 이론적 관점과 관계적 특성을 다루며, 다양한 가족의 출현을 젠더적 관점에서 분석하였다. 5장 평등한 결혼문화에서는 결혼제도가 역사적으로 유지되어온 과정을 분석하고, 배우자 선택과정에서의 사랑, 의사소통과 친밀감 등에서의 남녀 간의 성차 및 결혼식과 혼수 등 결혼문화에서의 성차의 실태와 원인 분석을 통해 성평등한 결혼문화를 위한 과제를 제시하였다. 6장 동반자적 파트너관계에서는 결혼생활에서의 성별화에 영향을 미친 가부장제의 이론적 관점과 역사적 변화 내용을 살펴보고, 가부장제가 부부관계에서 어떤 영향을 미쳤는가를 분석하고 동반자적 파트너 관계를 위한 방안들을 제안하였다. 7장 젠더와 다양한 가족에서는 고정화된 성역할관념에 영향을 미친 저출산과 고령화 현상의 원인을 분석하고, 이러한 변화로 야기된 가족의 생애주기, 구조, 기능, 가치관 등의 변화가 커플관계, 부모자녀관계를 포함한 가족과 가족관계의 다양화에 미친 결과를 분석하였다. 8장 모성과 젠더에서는 모성신화에 도전하며, 출산과 돌봄노동이 여성의 성별화된 경험에 어떠한 영향을 미쳤는지를 살펴보고 성평등한 가족관계를 위한 과제를 검토하였다. 9장 젠더와 부모자녀관계에서는 성과 세대라는 두 축으로 구성되는 가족에서 부모가 자녀의 성역할에 어떠한 영향을 미치며, 성유형화된 부모역할이 초래하는 부성과 모성의 소외현상과 부모자녀관계의 하위체계의 특성을 분석하고, 자녀발달에 중요한 역할을 하는 부부관계가 특히 자녀의 성역할 발달에 미치는 영향을 분석하였다.

3부는 가족과 젠더의 사회적 차원으로 일과 가정폭력 및 가족정책을 다루었다. 10장 일과 젠더에서는 공사로 구분되는 성별분업의 변화와 여성의 경제활동참여실태와 변화 가능성을 분석하였으며, 가사노동의 이론적 관점과 가치 및 사회화 정도를 살펴보고 일과 가사노동에서 성평등을 달성하기 위한 전략을 제시하였다. 11장 젠더와 가정폭력에서는 아내폭력과 여성노인학대를 중심으로 사회문화적, 가족적, 개인적 실태와 유형을 살펴보고 가정폭력 극복방안을 살펴보았다. 12장 가족, 젠더, 그리고 국가에서는 관련 이론과 젠더적 관점에서 법, 정책 및 제도를 분석하고, 여성역량강화를 위한 미시적 접근인 여성주의 상담을 살펴보았다. 이 책 전체를 통해 저자들은 가족 내에서 젠더관계는 변화되어야 하고 성별 차이에 의한 다른 취급을 받아서는 안 된다는 점을 강조하면서 개인의 선택이 사회구조를 변화시키는 원동력이라는 점을 강조하였다.

이 책은 학부용 교재로 쓰기에 적합하도록 내용을 구성하였고, 참고가 될 만한 신문기사나 다양한 자료를 포함함으로써 가족과 젠더의 이슈가 일상생활에 어떻게 반영되어 나타나는가를 이해하도록 저술하였다. 그러나 신문기사와 인터넷 자료는 본문에 출처를 제시하고 참고문헌에는 자세히 제시하지 않았다. 이 책의 1장, 10장, 11장은 공미혜, 2장, 3장, 4장은 조은숙과 정혜정, 5장, 7장, 9장은 전영주 그리고 6장, 8장, 12장은 정현숙 교수가 맡아 집필하였다. 책의 전반적인 내용에 대해서는 저자들이 서로 의견을 교환하여 몇 차례 조율하였으나 교정과정에서 여전히 부족한 점들이 발견되는데 앞으로 독자들의 소중한 피드백을 토대로 수정 및 보완하고자 한다. 특히 전문가들은 2020년 COVID-19로 촉발된 획기적인 사회적 변화는 정치, 경제, 사회 및 인간관계 전반이 사건 이전과 이후로 확실하게 구분된다고 강조한다. 특히 이 과정에서 가족과 가족관계도 이전과는 다른 방식으로 현저하게 변화하고 있다. 그러나 결과를 알 수 없는 이 과정에 포함된 현재 우리의 삶에서 이러한 변화까지 이 책에 담지는 못하였으므로 지속적인 수정 보완 과정이 있어야 될 것이라고 생각된다.

책이 나오기까지 도움을 주신 도서출판 신정 최용구 사장님과 편집팀에게 감사드리며, 어려움이 많은 현재 상황에서 함께 삶을 나누면서 많은 힘이 되어준 모든 분들에게 고마움을 전한다.

2020년 6월

정현숙, 공미혜, 전영주, 조은숙, 정혜정

차례

PART 1 가족과 젠더의 기초

PART 2 가족과 젠더의 관계적 차원

PART 3 가족과 젠더의 사회적 차원

PART 1
가족과 젠더의 기초

CHAPTER

01

가족과 젠더에 대한 이해

CONTENTS

chapter

01 가족과 젠더에 대한 이해

"가족은 없다."

"가족은 반사회적인가?"

가족에 관한 페미니스트의 연구가 활발해지면서 가족이 안정되고 안전한 사회제도라는 신화는 점점 더 그 의미를 잃어가고 있다. 페미니스트들은 가족이 여성의 삶을 억압하고 돌봄의 노동에서 벗어나지 못하도록 제한하여 왔다고 주장한다. 따라서 이들은 이러한 억압을 인식한 여성들이 기존의 가부장적 이데올로기에 저항함으로써 가족의 구조와 기능을 변화시키는 데 일조하고 있다는 것이다. 이러한 주장에 기초하여 이 장은 다음과 같은 사항에 대한 의문을 제기하고 그 답을 제공하는 데 중점을 두고자 한다.

- 가족과 젠더란 무엇이며 어떤 관계인가?
- 가족 안에서 나타나는 젠더 간 갈등은 어떤 모습인가?
- 가족과 젠더에 대한 획일적인 사고방식에서 벗어나려면 어떻게 해야 하는가?
- 이 책의 구성은 어떻게 이루어져 있는가?

1. 가족 또는 젠더?

긴장과 갈등으로 가득 차 있지만 가족은 여전히 중요한 사회제도이고, 많은 사람들은 가족으로부터 친밀한 관계와 정서적 지지를 찾고 있다. 지구화된 자본주의의 확대로 인해 촉발된 국제결혼은 단일민족으로 살아왔던 한국 사회를 다양한 인종으로 채색하고 있으며, 정보산업이 일상생활에 적용되면서 사람들의 획일적인 사고방식도 점차 개방화되고 있다. 따라서 현재 한국 사회의 가족은 이전에 비해 다양하게 변하고 있으며 다양한 가족 속의 젠더관계와 경험도 매우 다르게 나타나고 있는 실정이다.

학자에 따라서는 가족의 다양성(diversity)이 복수성(plurality)으로 대체되기는 하지만(Baber & Allen, 1992) 다양성이 지니는 변화와 불확실성은 사고의 방식을 바꾸도록 요청한다. 후기 산업사회 또는 정보사회에 들어서면서 인간, 가족, 사회에 관한 획일적인 사고는 퇴색되고 있다. 오히려 복수성, 차이, 주변성, 다양성 등이 강조됨으로써 사고의 지평이 점차 넓어지고 있다. 따라서 가족에 대한 개념도 두 명의 성인(이성애)과 그 자녀로 구성된 단일한 가족개념(the family)에서 두 명 이상의 인간관계를 모두 포함하는 가족개념(families)으로 확대되고 있으며, 그 구성원도 동성, 공동체, 반려동물 등으로 다양해지고 있다.

이 책에서 우리는 가족의 다양성과 젠더의 중심성을 결합하여 가족과 그 속의 여성/남성의 경험, 갈등, 도전 등을 검토할 생각이다. 다시 말해, 가족 안에서 아내와 남편의 경험, 엄마와 아빠의 경험, 딸과 아들의 경험 등이 어떻게 다르게 나타나는지를 보여주려는 작업이다. 이렇게 젠더를 중심에 놓고 현상을 검토하는 작업은 아직까지 많은 연구자들이 간과했던 부분이기 때문에 의미가 있다(Coltrane, 2000). 그리고 이러한 관점은 남성 지배를 유지시키는 이데올로기와 실천을 해체하고 연령, 인종, 계급에서 비롯된 차이점을 고려하는 장점을 지닌다

(Flax, 1990; Fraser & Nicholson, 1990).

이 책은 가족과 젠더를 따로 분리하여 분석하는 이분법적 사고를 뛰어 넘어 이 두 개념이 어떤 방식으로 작용하고 있는지를 설명할 것이며, 가족 속에서 여성/남성의 삶이 어떤 식으로 다르게 나타나는지를 보여줄 예정이다. 젠더를 중심에 놓음으로써 가족구성원들이 사회 변화에 어떻게 반응하고 있으며, 어떤 영향을 받고 있는지를 좀 더 명확하게 알 수 있게 된다. 그리고 무엇보다 가족이 처한 갈등과 문제점을 이해하게 되고 미래 가족의 모습을 예측하는 데 도움이 될 것으로 생각한다. 더불어 우리는 이 책을 통해 젠더관계가 가족과 사회의 변화를 유도하는 적극적인 존재임을 밝히고자 한다.

1) 가족의 개념

가족의 다양성이 확대되면서 많은 학자들이 '가족'에 대한 적합한 정의를 내리고자 시도했으나 여전히 성공적이지는 않은 것 같다. 그래서 아예 가족에 대한 정의는 내릴 수 없다는 주장까지 나오고 있다(Stacey, 1990). 가족의 의미는 사회적, 경제적, 정치적, 문화적, 개인적 상황에 따라 다르게 나타나는데 다음 〈참고자료 1-1〉은 '가족'에 대한 정의의 어려움을 잘 보여주고 있다.

'가족'에 대한 보편적인 정의는 오히려 몇 가지 중대한 문제점을 내포할 수 있다. 우선 '가족'에 대한 보편적인 정의는 특정 가족에만 사회적 가치를 부여함으로써 다른 형태의 가족을 간과하고 문제시하는 가치관을 지니게 한다. 두 번째로 '가족'에 대한 보편적인 정의를 내림으로써 여기에서 벗어난 가족은 국가나 지역사회의 정책이나 혜택에서 제외시키는 과오를 범하게 된다. 세 번째로 '가족'에 대한 보편적인 정의는 가족이 동일하다는 잘못된 믿음을 유지시킨다.

가족의 의미는 사람에 따라 다를 뿐만 아니라 시간에 따라서도 달라진다. 어떤 사람에게 가족은 혈연관계로 묶여진 인간관계이지만 다른 어떤 사람은 가족에 친하게 지내는 친구를 포함하기도 한다. 특히 최근에 이르러 가족의 형태는 매우

참고자료 1-1 '가족'은 다양한 형태의 '식구'이거나 '주거공동체'이다.

우리가 혈연을 떼어내고 가족을 사고하는 것이 너무 어렵다면 잠정적으로 일단 가족이라는 단어를 덜 쓰는 방법을 생각해 볼 수 있다. '가족은 무엇인가?'보다 '식구란 무엇인가?' 또는 '누구와 함께 살 것인가?'가 더 생산적인 질문이 될 수 있다는 말이다. 가족이 제대로 된 가족이 되지 못하게 하는 것이 혈연주의고 소유욕이며, 외부 세계에 대한 피해의식이라면 일단 우리는 그 많은 부정적인 것과 함께 가는 '가족'이라는 단어 대신에 '주거공동체(domestic partnership, domestic community)'라는 용어로 생각해 볼 것을 제안한다.

함께 식사를 준비하고, 식탁에 앉아 이야기를 나누는 것, 가족을 통해 연결된 많은 사람들이 한자리에 모여 축제를 즐기는 것, 아플 때 보살피는 손길, 그것들이 우리가 가족이라 불러온 삶에서 아주 중요한 부분일 것이다. 어릴 때 감기에 걸려 학교에 가지 않고 집에 머무르는 동안의 감미로움을 기억한다. 학교에 가지 않아서 감미로운 것도 있었지만 걱정스러운 식구들의 얼굴과 나만을 위해 준비한 흰죽의 맛이 실은 감미로웠던 것이다. … 중략 …

주거공동체, 동거 파트너란 바로 아플 때 죽을 끓여주는 사람이고, 마음이 아플 때 위로를 주는 사람이며 응석을 받아주는 사람이다. 식구/동거 파트너들은 천천히 이야기하면서 식사를 할 수 있는 시간을 확보해야 하고, 의무적이고 도구적인 관계에서 자유로울 수 있는 여유를 찾아야 한다. 가족을 다시 우리 속으로 끌어들이려고 한다면 서로의 아픔과 삶/죽음을 나누기 시작해야 한다.

출처: 조형 · 박혜란 · 조한혜정 (2003). pp. 26-27.

다양하게 변하고 있으며 구성원들의 경험도 다르게 나타나고 있다. 예를 들어 독신, 동거, 이혼과 재혼, 혼외 출생, 국제결혼, 반려동물 등의 증가는 가족의 의미를 더욱 다양하게 해석하도록 만들고 있다. 이 때문에 소위 '가족'이라고 생각했던 남녀 성인과 그 자녀로 이루어졌던 '정상적인' 가족의 의미와 형태는 점점 희미해지고 있으며 '싱글맘'이나 '골드미스'와 같은 새로운 용어가 생기고 있다.

또한 결혼 유무, 동거구성원, 배우자나 부모와의 접촉 정도, 정서적 유대감 등에 의해서도 사람들은 가족을 다르게 정의 내린다. 즉, 계부와 살고 있는 아동은 정서적 유대감에 따라 계부를 가족으로 규정할 수도 있고 그렇지 않을 수도 있다. 이와 같이 자신이 처한 상황이 변함에 따라 가족에 대한 규정도 달라질 수밖에 없다. 이런 점에서 볼 때 가족의 의미는 사람들이 일상생활에서 이야기하는 과정에서 구성된다(Coltrane, 2000). 그러므로 여기서 가족은 매우 느슨한 형태로 우리가 일상생활을 함께 하는 '2인 이상의 집단' 정도로 규정하고자 한다. 그러나 가족으로 규정된 '2인 이상의 집단'은 몇 가지 조건을 충족시켜야 한다. 첫째는 관계의 지속성이 있어야 하며, 둘째는 경제적 지원과 공유성을 지니고 있어야 하고, 세 번째는 정서적 친밀감을 가지고 있어야 한다.

2) 젠더의 개념

가족에 대한 정의가 간단하지 않은 것처럼 젠더에 대한 정의도 간단하지 않다(Cornell, 1987; Lorber, 1991). 젠더는 사회적으로 구성된 여성 또는 남성을 의미하는 것으로 각 성에 적합하다고 생각되는 행동과 특성을 포함하고 있다. 또한 젠더는 시기와 장소에 따라 다르게 규정되며 문화권에 따라서도 다르게 나타난다.

유사한 용어로 섹스(sex)가 있다. 섹스는 여성과 남성에게 나타나는 생물학적 차이를 의미하거나 성행위를 의미한다. 그런데 남성의 특성이라고 알려진 공격성을 지닌 여성도 있고, 여성의 특성으로 규정된 민감성을 가진 남성도 있으므로 젠더와 섹스는 동일하지 않다. 젠더는 역사적, 문화적인 맥락에 의해서 규정되기 때문에 사람들은 자신의 성별에 알맞은 행위와 특성을 보이기를 희망한다. 따라서 젠더행위를 하는 것은 설령 그 일이 자신에게 적합하지 않더라도 선택의 여지가 없는 경우가 많다(West & Zimmerman, 1987).

마찬가지로 가족 내 여성과 남성의 위치나 경험은 동일하지는 않다. 이들의 위치나 경험도 장소와 시간에 따라 다르게 나타난다. 가부장적 사회에서 어떤 여성은 가족의 영역 안에서 지배적인 위치를 갖기도 하지만 실상은 이 권력이 공적인 영역으로 확장되지 않고 사적인 영역인 가족 속에만 자리 잡고 있기 때문에 문제가 된다. 이것은 가족이 남성보다는 여성의 영역으로 인식되고 있기 때문에 나타나는 현상이다(조혜정, 1986). 이러한 현상은 최근까지도 이어지고 있다. 맞벌이를 하고 있는 여성은 일과 가사노동 모두를 책임지는 경우가 많지만 남성은 오직 일에 주력하는 경우가 많다. 이러한 사실은 여성들에게 이중의 부담이 되어 일과 가정을 병행하기 어렵게 만드는 요인이 되고 있다.

이 책은 가족과 젠더에 대한 보편적인 정의와 믿음체계를 지양하고 지속적으로 변화하며 다양한 의미를 지닌다는 기본적인 전제에서 시작하고자 한다. 그러므로 '가족'은 법적, 경제적, 사회환경에 따라 늘 변할 수 있는 구성체이고 그 속의 젠더관계 역시 단순하거나 획일적이지 않다는 입장에서 출발한다. 이러한 전제는 '가족'과 가족 내 젠더관계의 다양성을 다루는 데 열린 관점을 제공해 주므로 유익하다.

3) 가족과 젠더의 갈등

가족 속에서 여성/남성이 느끼는 기본적인 문제는 가족구성원의 욕구와 자신의 욕구가 충돌할 때 생긴다. 특히 가부장적 사회에서 여성은 자신의 욕구보다는 다른 가족구성원의 욕구를 우선적으로 고려하도록 사회화되는 경향이 있으므로 희생자가 되기 싶다. 대부분의 여성은 다른 가족구성원, 즉 자녀와 배우자, 노인, 병자 등을 보살피는 임무에서 자유로울 수 없으며, 자신의 삶보다 다른 가족구성원의 삶에 우선권을 줌으로써 더 많은 갈등을 경험하게 된다.

자신의 발전과 이익보다는 가족을 위해 희생하며 지낸 여성은 현대 사회와 같이 가족의 불안정성이 높은 체제에서 취약한 존재가 되기 싶다. 설령 고등교육을 받았다고 해도 자녀양육과 가사활동을 위해 경력이 단절되면 경제활동이 필요한 시점에서 상당한 불이익을 받게 된다. 예를 들어, 여성이 부당한 결혼생활에서 이혼을 쉽게 결정하지 못하는 이유는 이혼 후의 경제적 어려움이 중요한 요인이 된다(한국 가족학연구회, 1993; Okin, 1989). 여성은 자녀를 양육하고 가사노동을 수행하면서 만족감을 느끼기도 하지만 이렇게 다른 가족구성원들의 욕구를 충족시키는 과정에서 자신을 위한 경력 계발은 뒤로 미루게 된다. 그러므로 가족 속의 여성은 항상 남을 위한 배려와 자신을 위한 배려 사이에서 갈등하게 되고 장기적으로 볼 때 이런 경험은 여성들에게 경제적, 정서적 손실을 초래한다.

한편, 전통적인 성별분업에 의존하고 있는 가족 내에서 남성은 여전히 생계 책임자이자 집안의 통솔자 역할을 수행한다. 기본적으로 성별분업은 권력관계를 내포하고 있다. 생계의 책임자로 돈을 벌어 오는 남성은 가족의 중대한 사안을 결정하고 가족구성원을 이끄는 가장으로서 권위를 부여받고 있다(이재경, 2003). 책임 있는 가장으로서의 도구적인 정체성은 남성들에게는 남성다움, 국가에는 경제적 안정을 제공했지만 진정한 대인관계 형성과 같은 정서적인 능력을 발달시키지 못하게 만들었다. 따라서 남에 대한 배려를 학습하지 못한 채 직장에서 은퇴하는 시점이 되면, 남성은 결국 가정에서 소외되어 외로움과 불안, 자아상실 등을 경험하게 된다.

그럼에도 불구하고 보수적인 생각을 지닌 사람들은 전통적인 핵가족과 성역할을 이상화시키고 있다. 이들은 남성이 돈을 벌고 여성이 집에서 자녀를 양육하는 형태의 가족이 바람직하다고 여기며, 이런 가족을 유지하는 것이 건강한 사회를 지킬 수 있다고 주장한다. 그러나 페미니스트들은 어떤 특정 가족만이 자연적·생물학적으로 유용하며, 기능적이라는 믿음을 꾸준하게 비판하고 있다(또하나의 문화, 2003; 이재경, 2003; Thorne, 1982). 이렇게 보수주의자들과 페미니스트들 간 가족에 관한 의견의 불일치는 가족 내 여성의 위치와 관계를 보는 입장이 다르기 때문이다. 페미니스트들은 전통적인 핵가족체제가 여성의 자율성을 침해하고 개인적인 발전의 기회를 제한한다고 주장한다.

1960년대와 1970년대 미국의 급진적인 페미니스트들은 핵가족이 여성의 자유를 억압하는 핵심적인 제도라고 비판했다. 파이어스톤(Firestone, 1970)과 밀레트(Millet, 1971)는 성인 남녀와 그들이 낳은 자녀로 구성된 생물학적 가족이 여성을 억압하고 있으므로 자유로운 삶을 위해서 여성은 아동양육의 역할 또는 모성을 거부하고 생물학적 형태의 가족을 해체해야 한다고 주장했다.

그러나 다른 페미니스트들은 여성의 자율성과 자유가 생물학적 가족 내에서도 가능한 것이며, 여성 스스로 자신의 경제활동, 성(sexuality), 정체성 등을 선택할 수 있다고 맞섰다(Freeman, 1975). 이런 관점은 노동평등권, 교육평등권, 재생산권 선택, 성적 선택권 등으로 표출되었고, 미국 내 대규모 여성운동의 토대가 되었다. 미국 여성운동의 대모였던 베티 프리단(Betty Friedan)은 그의 저서 『두 번째 단계(The second Stage)』(1981)에서 일(work)만이 여성에게 의미 있는 삶이 될 것이라는 페미니스트의 주장은 잘못된 것으로 모든 사람들에게 일뿐만 아니라 친밀감도 중요하다고 역설했다. 프리단은 무엇보다 가족 간 유대감의 중요성을 강조했지만 여전히 생물학적 가족을 정상적인 규범으로 생각하는 과오를 보이고 말았다.

한편, 초도로우(Chodorow)는 『모성의 재생산(Reproduction of Mothering)』(1978)에서 여성의 모성 선택 문제를 심도 있게 분석했다. 그는 여성의 종속성이 여성에게 주어진 일차적 보살핌의 역할에서 비롯된 것이라고 보고 이를 해체하는 방안을 제시했다. 즉, 여아에게는 과도하게 남을 보살피는 역할이 강조되고, 남아에게는 지나친 독립심이 강조되는 것은 바로 어릴 때 경험한 양육에 원인이 있다는 것이다. 따라서 초도로우는 여성이 전적으로 양육을 담당하는 순환을 깨뜨리고 남성도 양육에 참여하게 되면 양성 모두가 자율성을 가지고 자연스럽게 만족할 만한 관계를 유지하는 능력을 지니게 된다고 보았다.

조혜정(1988) 역시 집단의 복지를 위해 희생을 강요하는 것은 여성과 남성 모두에게 결코 바람직하지 않다고 주장하였다. 헌신적인 어머니보다 부담스럽지 않은 어머니, 돈 잘 버는 아버지보다 사랑을 나누는 아버지의 모습처럼 양성 모두에게서 창조적 주체자이자 동시에 친밀감의 전도사인 모습이 존중될 때 젠더를 초월하여 인간성이 회복될 수 있다는 것이다.

몇몇 급진주의 페미니스트를 제외한 대부분의 페미니스트들은 어떤 형태의 가족이든 여성의 자율성은 중요하며 모성에 몰두하는 전통적 핵가족을 이상으로 여기는 생각은 더 이상 유효하지 않다고 믿고 있다. 그러므로 페미니스트들은 '모든 여성은 모성본능이 있다', '아이는 생물학적 엄마의 보살핌을 필요로 한다', '남성은 자녀양육에 적합하지 않다'는 등의 잘못된 신념을 바꾸도록 주장한다. 아울러 여성과 남성이 자녀양육과 가사노동을 함께 나누는 것이 가족의 경제적, 사회적, 심리적 안정성을 유지하는 데 훨씬 유리하며 평등한 젠더관계를 확립하는 토대가 된다는 것을 거듭 알리고 있다.

가족은 가장 강력한 사회화 제도이다. 가족 속에서 사람들은 성별 노동분업, 성의 규제방식, 계급과 인종에 대한 편견 등을 구성한다. 또한 여성은 한편으로 가족 속에서 억압받기도 하지만, 다른 한편으로는 적극적인 변화의 주동자로 역할을 하고 있다. 가족의 역동적인 변화와 더불어 가족구성원들의 다양한 경험과 목소리를 담아내는 데 한 가지의 이론만으로는 불가능하다. 이런 점에서 젠더를 중심에 두는 관점은 가족 내 복잡하고 역동적인 젠더관계를 밝히는 데 유용한 논리를 제공한다. 무엇보다 이 책의 기본적인 관점은 가족 속에서 여성과 남성의 욕구는 똑같이 중요할 뿐만 아니라 가족구성원의 어느 누구도 착취당해서는 안 된다는 입장에 토대를 두고 있다.

2. 가족과 젠더의 다양성과 재구성

1) 가족과 젠더의 다양성

아무래도 일에만 주력할 수 있는 남성에 비해 가사와 일을 병행하는 여성은 대부분 긴장 속에서 생활하게 된다. 그리고 생활 속의 긴장 또한 여성들마다 다르게 나타난다. 여성의 입장에서 볼 때 늘 이러한 긴장 속에 살다 보면 이들은 일상생활에서 마주치는 억압의 측면을 인식하게 되고 이를 해결할 방안을 모색하게 된다.

여성들이 자신의 욕구와 발전의 중요성을 수용하는 것은 가족 내 젠더관계에 변화를 의미한다. 이러한 변화는 여성의 희생과 봉사를 필요로 하는 다른 가족구성원뿐만 아니라 여성 자신에게도 위협이 될 수 있다. 만일 여성이 자신의 욕구보다는 다른 사람에 대하여 배려와 봉사를 하기로 결정한다면 이들은 자신에 대한 가치와 결정권을 박탈당하게 된다. 그러나 다른 한편으로 여성이 자신의 욕구를 위해서만 살아가기로 결정한다면 이들은 여성 정체성의 핵심이 되는 인간관계의 많은 부분을 손실하게 된다(Miller, 1986).

이렇게 결정의 순간에서 여성이 경험하는 긴장은 책임과 불편함을 수반하고 있으며, 이 둘 사이에서 균형을 유지해야 하는 여성은 늘 선택의 기로에 서게 된다. 그럼에도 불구하고 자신의 선택이 변화를 이끌 수 있다는 자각은 여성들에게 에너지와 힘을 부여한다. 많은 여성들이 침묵을 깨고 자신의 경험을 나누게 되면 변화의 원동력이 될 수 있다.

가족과 젠더에 대한 열린 관점은 일상생활에서 가족구성원으로 겪는 여성과 남성의 다양한 경험을 이해하는 폭을 넓힌다. 이 책에서 우리는 여성과 남성의 경험을 구체적인 방식으로 분석하고자 했다. 그러나 이러한 관점은 개개인이 겪은 독특한 생활경험에 한정되어 있는 것도 사실이다. 우리 필자는 어쩌면 학자로서 특수한 환경에 의해 사회화되고 훈련받았기 때문에, 그리고 각자가 지닌 학문적 배경 때문에 인간행동과 사회현상을 바라보는 관점 또한 영향을 받은 것이 확실하다. 그럼에도 불구하고 여성과 남성이 어떤 식으로든 차별을 받거나 가치를 제대로 평가받지 못하는 것은 부당하다고 보고 이를 비판하는 마음을 버리지 않을 것이다. 따라서 이 책은 항상 자기성찰과 비판을 아끼지 않음으로써 보다 풍부한 지식과 통찰력을 제공하는 데 중점을 두려고 한다.

젠더를 가족연구의 중심에 놓는 것은 여성과 남성의 경험을 분석하는 과정을 보다 구체화시키고 세분화하는 것이다. 이는 지금까지 은폐(또는 과장)되거나 잘못 해석되었던 여성과 남성의 경험을 밝혀내고 바로 잡는 작업이기도 하다. 이러한 과정을 통해 지금까지 알려진 지식을 해체하거나 강화하면서 수정하는 노력을 병행하는 한편, 동시에 비판을 받아들이고 우리의 믿음과 가치를 항상 열어 놓으려고 한다.

가족 속에서 억압을 느끼는 여성 집단이 있는가 하면 오히려 지배하는 여성 집단도 존재할 수도 있고, 어떤 여성에게 의미 있는 상황이 다른 여성에게는 그렇지 않은 경우도 있다. 젠더 외에도 계층과 인종, 연령, 지역에 따른 다른 목소리가 있다. 이렇게 다양한 목소리를 구분하는 것은 이들의 다양한 문제점을 인식하는 것이고 아울러 다양한 정치적 해결책을 마련하도록 하는 것이므로 반드시 필요하다.

그러나 가족과 젠더에 대하여 획일적인 사고방식을 지니지 않기 위하여 계층, 인종, 연령, 지역 등을 지나치게 강조하다 보면 자칫 상대주의에 빠지기 쉽다. 그래서 가능한 한 우리 필자는 가족 속 여성과 남성의 경험에서 공통점을 발견하고자 하였다. 여기에는 세 가지 접근법이 필요하다(Runyan, 1984). 첫째는 가족구성원에게 보편적인 현상을 발견하는 것이고, 두 번째는 특수집단(즉, 계층, 연령, 인종, 결혼 여부 등에 의한)의 특성을 밝히는 것이며, 세 번째는 개개인에게 독특한 상황을 나타내는 것이다. 〈참고자료 1-2〉는 50~60대 여성과 남성의 경험이 어떻게 다른지를 간명하게 보여주고 있다.

이 책이 지향하는 바는 이제 가족 내에서 젠더관계는 변형되어야 하고 성별 차이에 의해 다른 취급을 받아서는 안 된다는 것이다. 이런 점에서 젠더를 중심으로 다양성을 추구하는 것은 두 가지 면에서 유용하다(Baber & Allen, 1992; Coltrane, 2000). 우선 개인적인 면에서 볼 때 욕구의 갈등 속에 있는 개개인이 모순을 해결하고 억압에 저항하는 것은 새로운 사회를 여는 토대가 된다. 물론 이러한 과정이 단순하지는 않다. 예를 들어, 자녀를 양육하고 있는 여성이 재취업(또는 취업)하려고 한다면 자녀와의 일차적인 관계뿐만 아니라 취업과 자녀양육 모

참고자료 1-2 부부는 파뿌리가 되도록 함께 살지 않아도 된다.

자녀출산과 관련된 핵가족을 구성하는 것이 실질적으로 13년에서 20년 정도의 프로젝트라면 어린아이가 없는 생애주기의 단계를 어떻게 살아낼 것인가를 중심으로 다시 가족에 대해 사고해야 할 때가 되었다. 사회 전체적으로 다양한 가족이 출현하고 있지만 동시에 한 사람의 생애를 통해 아주 다양한 형태의 가족관계 시리즈가 만들어지는 시대가 오고 있다. 혈연인 아이가 성장해서 잘 헤어지는 관계, 혈연이 떠난 뒤 남는 혈연이 아닌 부부관계, 부부가 헤어지고 남은 아이나 부모가 없이 혼자 남은 아이의 양육을 맡을 경우의 관계, 그리고 앞으로 더욱 늘어날 혼자 살게 될 사람들을 놓고 새로운 가족과 동거제도를 생각해 볼 때가 되었다는 것이다.

일본의 한 대학 연구팀이 육십 세 이상 노인들을 4년 반 동안 추적 조사한 바에 따르면 남자는 아내가 없는 경우가 아내가 있는 경우보다 사망률이 80%나 높았다고 한다. 여성의 경우는 반대로 남편이 있는 경우가 남편이 없는 경우보다 사망률이 55%나 높아 남편이 없는 쪽이 더 장수하는 것으로 나타났다. 이 결과에 따르면 남성의 경우에는 흡연을 한다, 최근 1년 동안 병원에 입원한 적이 있다, 당뇨병 치료를 받는다 등이 사망률을 높인 요인으로 작용했지만, 여성의 경우에는 오로지 한 가지 남편이 있다는 사실만이 통계적으로 의미 있는 사망률 상승의 원인으로 조사됐다고 한다. 이것은 일본의 농촌지역을 조사한 결과지만 많은 한국의 여자들은 자신에게도 일리가 있다고 말한다.

오십대가 되면 남편들이 이사 갈 때 자기를 버리고 갈까 봐 전전긍긍한다는 우스갯소리가 나돌고 있지만, '황혼 이혼'을 신청하는 이유를 들어 보면 엄청난 분노와 억울함을 가진 여성들이 많음을 보게 된다. 반대로 아내의 바가지로 '괴로움보다는 외로운 게 낫다.'고 말하며 괴로움을 호소하는 남자들도 적지 않다. 실제로 가정법원에서는 대기업 이사 출신 오십대 남자의 이혼청구소송에 대해 "한 가정의 남편이 아니라 돈을 버는 사람으로만 인식하고 남편에게 참기 어려운 모욕적인 언행을 해 두 사람의 혼인관계는 사실상 파탄이 났다."는 판결을 내린 경우도 있다. 오십대 부부 중에는 이혼은 하지 않지만 엄청난 갈등관계 속에서 지내는 경우가 적지 않고 이런 부부를 보면서 결혼할 엄두가 나지 않는다는 딸들도 적지 않다. 그런 갈등관계를 유지하면서도 많은 부부는 자식이 결혼할 때까지, 특히 딸을 시집보낼 때까지는 참고 살아야 한다고 말한다.

출처: 조형 · 박혜란 · 조한혜정 (2003). pp. 24-25.

두를 충족할 수 있도록 남편과의 관계도 고려해야 하는 것이다. 이와 같이 가족 내 관계는 상호 의존적이어서 하나의 관계로 분리하여 생각할 수 없으므로 무엇보다 총체적인 입장이 필요하다.

두 번째로 사회문화적인 면에서 볼 때 개인이 처한 사회문화적 환경은 일상생활에서 일어나는 상황에 밀접한 영향을 주지만 마찬가지로 개인의 선택에 의해 사회제도도 변화된다는 점이다. 성차별주의 외에도 인종차별주의, 연령차별주의, 계급차별주의 등은 여성과 남성이 일상적으로 부딪치는 갈등의 해결에 제한을 준다. 사회에서 취약한 위치에 있는 집단의 사람(즉, 여성, 유색인종, 노인, 빈곤층 등)은 문제해결에 필요한 선택권과 물질적 접근성이 극히 적을 수도 있다. 그러나 사회구조와 개인의 선택 사이에는 상호작용이 존재한다. 사회문화적 신념이나 규범 등은 개인의 선택에 많은 영향을 주지만 반대로 개인의 선택은 사회제도를 변화시키는 토대가 되기도 한다. 예를 들어, 더 많은 여성이 경제활동에 참여하면 자녀양육에 필요한 시설이 필요해지고 궁극적으로는 직장의 환경도 친가족의 형태로 변할 수밖에 없게 된다. 최근 새로운 쟁점으로 부각되고 있는 친가족 기업환경 조성도 이런 변화의 사례가 된다.

이와 같이 이 책의 기본 전제는 개인의 선택이 사회구조를 변화시키는 원동력이 될 수 있다는 관점에서 시작한다. 이러한 관점은 다양한 가족 속의 복잡한 젠더관계를 포괄적으로 이해하는 데 도움이 될 것으로 생각한다.

2) 가족과 젠더의 재구성

여성과 남성은 동질적인 집단이 아니다. 가족 속에서 이들이 경험하고 느끼고 공헌하고 억압당하는 정도도 같을 수가 없다. 이 책에서는 억압당한 소외집단, 즉 여성집단의 경험이 지금까지 잘 드러나지 않았고 왜곡되었다는 점을 감안하여 더욱 강조하게 될 것이다. 젠더를 중심부에 놓고 분석하면서 남성보다 여성의 입장을 더욱 강조하는 것은 현재 가부장적 사회 실상을 바로 잡는 과정으로 보면 될 것이다. 이런 점에서 이 책은 페미니스트의 연구를 더 많이 인용하고 있고, 이 책 전반에 걸친 논리도 많은 부분을 페미니즘에 기반하고 있음을 밝힌다.

페미니즘은 남녀평등을 추구하는 이념으로 '여성주의'로 번역되며 보는 시각에 따라 다양하게 규정되는데, 여기서는 '여성에 대한 억압이나 차별의 원인을 규명하고 이를 변화시키려는 실천적 이념'으로 보고자 한다. 페미니즘은 기존의 학문을 근본적으로 비판하는 사회이론인 동시에 사회 변화를 주도하는 정치적 실천이므로 페미니즘의 전략과 목표에도 정치성을 띠게 된다(부산여성사회교육원, 2007). 현재 페미니즘은 시기별로 정치사회적 요구에 맞추어 다양하게 세분화되어 있다. 각 페미니즘이 강조하는 성차별의 원인과 그 해결책, 운동 사례 등을 살펴보면 다음 〈표 1-1〉과 같다. 각 페미니즘에 관한 보다 상세한 내용은 여성학 개론서를 참고하기 바란다.

| 표 1-1 | 성차별의 원인과 그 해결책에 관한 각 페미니즘의 입장

구분	자유주의 페미니즘	마르크스주의 페미니즘	급진주의 페미니즘	사회주의 페미니즘	포스트모던 페미니즘
원인	기회 부족	경제력 부족	가부장제	경제력 부족 +가부장제	남성중심의 언어
해결책	기회 제공	경제활동 참여	가부장제 도전 (여성문화 창조)	성별분업 제거	다양성 추구
운동 사례	가족법 개정운동	비정규직 여성노동운동	월경축제	공동육아운동	여성적 글쓰기운동

출처: 부산여성사회교육원 (2007). p. 166.

페미니스트의 연구가 활발해지기 전까지 여성의 경험과 목소리는 제대로 알려지지 않았다. 여성은 가족 속에서도 취약한 존재였고 여성과 연관된 연구는 학문체계에서 가치 있게 여겨지지 않았다. 그러나 페미니스트의 연구는 도전받지 않은 영역을 다룸으로써 학문체계를 확장했을 뿐만 아니라 여성의 지위를 높이는 데 기여하기도 했다.

가정폭력에 대한 페미니스트의 연구는 바로 지금까지 사적인 영역에 숨겨져 있던 사실을 드러내고 '폭력'으로 규정하도록 하여 사회적인 문제로 이끌어 내는 데 성공했다. 즉, 이들은 남편으로부터 구타를 당한 여성 개개인의 경험과 목소리를 통합하여 구타당한 여성집단의 특성을 구조화하고, 이 특성이 보편적인 가부장제와 연관이 있다는 사실을 밝혀낸 것이다. 가정폭력 외에도 페미니스트는 성폭력과 근친성폭력, 성매매에 대한 연구를 통해 문제의 본질이 개개인이 아니라 사회구조에 내재해 있음을 알리고 피해여성을 위한 운동의 하나로 이를 방지하는 법률 제정에 앞장서기도 하였다.

많은 여성들이 이러한 폭력을 인식함에 따라 피해여성을 위한 의식 향상 프로그램과 쉼터가 개발되었고, 치유과정을 통해 자신의 경험이 문제해결의 사회적인 토대가 된다는 점을 알게 된 것이다. 이렇게 여성들이 자신의 눈으로 문제를 인식하고 규정하면서 처음에는 분노를 느끼지만 점점 시간이 흐르면서 자신의 삶을 스스로 책임지는 힘을 지니게 되었다. 페미니스트와의 공동작업을 통해 많은 여성은 스스로 폭력으로부터 해방될 수 있게 되었으며, 사적인 경험을 공적인 사회문제로 이끌어 내는 데 기여하게 된 것이다(Kelly, 1988).

이 책은 이와 같이 여성들이 가족 속에서 경험했던 억압과 더불어 이를 극복하고 새로운 삶을 창조하는 모습을 그리려고 한다. 그리고 여성의 경제활동 참여의 증가와 함께 변화되고 있는 가족 속 남성의 모습과 이들의 가족관계와 갈등 등도 나타내고자 한다. 어떤 현상은 매우 논쟁의 여지가 많을 수도 있을 것이다. 이러한 논쟁은 앞으로의 가족정책을 설정하는 데 있어서 보다 다양한 방안을 고려하도록 도움을 줄 것으로 생각한다.

가족 속에서 젠더의 문제는 결코 분리될 수 없다. 다음 〈참고자료 1-3〉의 글에서 나타나는 것처럼 일에만 몰두하도록 사회화되었던 남성들이 은퇴 후 느끼는 소외감과 여성의 복수, 이를 바라보는 자녀들의 복잡한 감정 등은 그 연관성을 잘 보여준다.

참고자료 1-3 '고개 숙인' 남편, 복수하는 아내

젊은 사람들은 어머니보다 아버지를 훨씬 더 못마땅해 한다. 어머닌 나이가 들수록 여유를 보이는데 반해 아버진 자꾸 쫀쫀해지고 쭈굴스러워진다고. 일에서 물러났기 때문에 남자들이 추레하게 보이는 게 아니라 일을 빼 놓고 보니 남자들이 잘하는 게 너무 없다는 사실이 적나라하게 드러난다. 자기 시간을 관리하는 법, 집 안에서 편안하게 지내는 법, 자기 몸 하나 간수하는 법, 그 모든 것에 서툴 뿐만 아니라 배우려 들지도 않는다. 따라서 매사에 아내가 없으면 꼼짝 못하고 그러다 보니 아내를 더 꼼짝 못하게 하려 든다. 도대체 홀로서기를 못하고 아내에게 개기려 든다. 결국 남자의 세계와 여자의 세계를 마치 서로 다른 행성처럼 갈라놓았던 문화가 문제다. 그나마 여자들은 기를 쓰고 노력한 결과 남자의 세계를 어느 정도 넘나들게 되었지만 남자들은 뒷짐만 지고 있다가 뒤통수를 맞은 셈이다. … 중략 …

윗세대 여성들은 그렇게 살았다. 젊어서 억눌려 살던 아내들은 나이가 들어 자신만 의지하려 드는 남편들을 일종의 쾌감에서건 아니면 순수한 모성 또는 측은지심에서건 죽을 때까지 떠받들며 살았다. 그런데 이제 단 둘이 살아갈 노년은 너무 길어지고, 여자들은 더 이상 묶인 삶이 싫다. 젊어서 억눌려 살았던 아내일수록 노년의 남편을 연민이 아니라 증오로 대한다. '너도 한 번 당해 봐라!'하는 복수심이 남자의 뒤통수를 강타한다.

출처: 박혜란 (2003). p. 83.

가족 속에서 소외되었던 집단의 사람들은 자신의 성장과 발전에 필요한 권리를 획득하기 위해 선택을 해야 한다. 어떤 사람들은 현존하는 사회제도에 적극 참여하여 자신의 권리를 추구하기도 하고, 어떤 사람들은 현존하는 사회제도에 대항하여 자신의 권리를 수용할 수 있는 대안제도를 모색하기도 한다. 어느 쪽을 택하든 이 모든 선택은 소외집단의 지위와 삶을 변화시키고 향상시키는 데 기여하게 된다.

이 책에서 가족의 다양성과 젠더의 중심성을 무엇보다 중요하게 고려한 것은 바로 소외된 집단의 목소리를 포함함으로써 보다 풍부하고 열린 관점을 제공할 수 있다고 믿었기 때문이다. 그렇지 않다면 소외된 집단은 '정체성의 정치학'에 의해 지배집단으로부터 분리되거나 억압받게 된다(Ferguson, 1991). 평등한 사회를 위해 경제적, 정치적, 사회문화적으로 효율적인 변화를 유도하려면 소외된 집단의 입장을 먼저 생각하고 차이를 인정하는 관점을 지녀야 한다. 이러한 작업은 궁극적으로 인간 개개인의 다양성과 존엄성을 수용하는 것이다. "이상적인 사회에 대한 새로운 비전(new vision of an ideal society)"(Ferguson, 1991)은 인종차별주의, 자본주의, 가부장제에 대한 도전에서 비롯된다. 이러한 전망은 권력을 잡고 있는 몇몇 엘리트 집단이 규정한 정의를 해체하는 것으로 개인의 경험에 근거한 다양성이 존중받는 것을 의미한다.

이 책은 다양한 형태의 가족 속에서 여성과 남성, 자녀들의 삶을 향상시킬 수 있는 사회 변화를 나타내도록 노력했다. 또한 이들의 삶이 갈등과 문제로 가득 차 있어도 이를 솔직하게 드러내려고 했기 때문에 페미니스트의 관점이 많이 포함된 것은 사실이다. 이 책에 수록된 많은 자료들은 가족학, 여성학, 사회학, 경제학, 아동학 등의 연구물에서 발췌한 것으로 학제적인 특성을 나타내고 있다는 것도 아울러 밝히고자 한다.

3. 이 책의 구성

이 책은 총 3부 12장으로 구성되어 있다. 1부는 '가족과 젠더의 기초'를 다루고 있으며 총 4장이 포함되어 있다. 1장 '가족과 젠더에 대한 이해'에서는 가족과 젠더의 정의, 가족 속에서 나타나는 젠더의 갈등, 가족과 젠더의 재구성과 다양성 등을 논의하고자 한다. 이러한 과정을 통해 가족 내 소외된 집단의 목소리를 풍부하게 나타냄으로써 궁극적으로 성평등한 사회를 지향하려는 의지를 나타냈다. 2장 '젠더와 성역할사회화'는 젠더가 사회화되는 과정인 성역할사회화의 과정과 결과를 중점적으로 다룬다. 이를 위해 성역할사회화 관련 이론, 성역할사회화를 촉진하는 주요 환경 및 성역할사회화의 결과 중 하나로 나타나는 신체적, 정신적 건강에서의 남녀 차이 등을 살펴보고 있다. 3장 '젠더와 생애발달'은 전 생애발달의 관점에서 젠더의 발달궤적에 초점을 두고 있다. 먼저 생애발달 관점에서 젠더 발달을 조명하는 이론들 중, 특히 성인기 이후 발달을 설명하는 이론 중심으로 살펴본 후, 생애발달의 각 단계별로 젠더의 발달양상과 그 결과를 개인 내적인 발달요인뿐 아니라 성인기 역할취득 및 사회적, 역사적 맥락과의 연관성하에서 논의하였다. 4장 '젠더와 성'에서는 여전히 전통적인 성 의식과 성에 대한 이중기준이 영향을 미치고 있는 현재의 젠더화된 성을 나타내고자 하였다. 또한 성행위 안에 내재한 권력관계에 주목하였으며 개인의 성적 자유와 존엄을 지원하기 위한 성적 자기결정권에 관해서 논의하였다.

2부는 '가족과 젠더의 관계적 차원'에 중점을 두고 있으며, 총 5장으로 이루어져 있다. 5장 '성평등한 결혼문화'에서는 결혼에 대한 관점의 변화, 친밀감과 사랑 등에 관한 성별 차이점, 당사자 중심의 양성평등한 결혼문화의 등장 등을 그리고 있다. 따라서 진정한 성평등을 달성하기 위해 남녀 간의 차이점을 인정하고 보완하는 동반자적 관계의 중요성을 부각하고자 하였다. 6장 '동반자적 파트너관계'는 혼인에 대한 인식과 가부장제 내 부부관계의 특성 및 문제점을 제시하고, 이를 토대로 동반자로서 새로운 부부관계의 모습은 어떤지에 관하여 구체적으로 밝히고 있다. 7장 '젠더와 다양한 가족'은 포스트모던 사회에서 나타나고 있는 저출산과 고령화, 혼인율의 감소와 이혼율의 증가 등 변화된 가족의 요인을 중점적으로 분석하고 다양한 가족의 출현을 젠더 중심의 관점에서 모색하였다. 아울러 다양한 가족의 삶을 존중하고 그에 따른 도전과 어려움을 지원해 주는 성숙한 미래 사회의 모습을 제시하였다. 8장 '모성과 젠더'에서는 모성 이데올로기와 그 영향 등을 살펴보고 가족 내 돌봄노동의 유형과 내용, 그 영향 등도 함께 분석하였다. 이와 함께 모성과 돌봄에 대한 새로운 인식의 근거를 논의하고 있다. 9장 '젠더와 부모자녀관계'에서는 부모역할의 젠더화, 성역할사회화에서의 부모역할, 성 유형화된 부모역할의 소외, 부자관계와 부녀관계, 모자관계와 모녀관계 등 젠더 하위체계에 따라 다양하게 적용되는 부모자녀관계 등에 대해 구체적으로 모색하고자 하였다. 아울러 현대 부모가 아들과 딸을 성평등적인 입장에서 어떻게 양육하고 사회화하며 관계를 유지해야 하는지에 대해서도 논의하였다.

마지막 3부는 '가족과 젠더의 사회적 차원'을 다루고 있으며, 총 3장으로 이루어져 있다. 10장 '일과 젠더'는 공/사로 구분되는 성별분업의 변화과정, 여성의 경제활동 참여와 변화, 가사노동의 현황 및 사회화의 가능성 등을 살펴봄으로써 일과 가사노동에서 성평등을 위한 전략을 모색하고 있다. 특히 노동문화의 변화는 궁극적으로 가족 내 성역할의 변화를 유도하여 실질적인 성평등에 기여할 것으로 생각되므로 미래 가족 변화에 중요한 요인으로 부각되고 있다. 11장 '젠더와 가정폭력'에서는 가정폭력 중 젠더문제와 밀접한 연관이 있는 아내구타와 여성노인 학대문제를 중점적으로 분석하였다. 아울러 가족 내 권력관계의 불평등을 극복하고 사회의 모든 약자가 존중받을 수 있는 방안을 제시하고자 하였다. 12장 '가족, 젠더 그리고 국가'에서는 가족과 국가 관련 이론을 살펴보고 여성의 역량강화를 제고하기 위해 발전되어온 법과 정책 및 제도와 같은 거시적 관점뿐만 아니라 여성주의 상담과 같은 미시적 관점을 중점적으로 제시하였다. 이와 함께 마지막으로 다양한 가족에서 여성의 지위를 향상시키는 인식 변화의 중요성과 과제에 관해서도 논의하였다.

논의해 봅시다

1. 자신이 생각하는 가족의 모습은 어떤지 논의해 보자.

2. 가족 속에서 자신이 경험했던 여성/남성으로서 억압 또는 혜택에 관하여 논의해 보자.

3. 자신이 성장하면서 부모의 모습이 어떻게 변화하고 있는지 논의해 보자.

CHAPTER

02

젠더와 성역할사회화

CONTENTS

chapter **02**

젠더와 성역할사회화

과거 전통 사회에서 성별은 인간의 발달을 결정하는 가장 중요한 요소로 여겨졌다. 따라서 성별에 따른 역할이나 지위, 노동 분업은 자연스럽고 필수불가결한 부분으로 받아들여졌다. 그러나 페미니즘 운동 및 사회과학의 발달은 성별이 인간의 사회화와 발달, 역할과 지위를 결정하는 유일무이한 요인이 될 수 없음을 밝혀왔다. 성별뿐 아니라 사회문화적 요인과 역사적 맥락도 인간의 발달과 변화에 큰 영향을 미친다는 점은 그 누구도 부인할 수 없다. 이 장에서는 성별 및 성별과 연관된 사회심리적 측면, 즉 젠더를 중심으로 이루어지는 인간의 사회화에 초점을 두고 다음과 같은 주제를 중점적으로 다룬다.

- 젠더, 성역할사회화, 성역할정체감, 성역할고정관념이란 무엇인가?
- 성역할사회화에 대한 이론적 시각에는 어떤 것이 있으며, 각각 어떠한 차이가 있는가?
- 성역할사회화를 촉진하는 주요 환경은 무엇인가?
- 성역할사회화는 남녀의 정신적 · 신체적 건강에 어떤 영향을 미치고 있는가?

1. 성역할사회화 관련 개념들

1) 젠더와 성역할사회화

젠더는 생물학적 성(sex)을 기반으로 하여 사회문화적으로 학습된 행동과 심리적 특성을 의미하며 사회적 성이라고도 한다. 생물학적 성이 타고난 성을 말한다면 젠더(gender)는 출생 후부터 시작되는 사회화의 결과로 획득된 성정체감을 나타낸다. 생물학적 성을 이야기할 때는 한 사람이 남성(male)인가 여성(female)인가에 관심을 갖는 반면, 젠더 혹은 사회적 성을 이야기할 때는 한 사람이 남성다운가(masculine), 여성다운가(feminine) 혹은 남성다움과 여성다움을 동시에 가지고 있는가에 관심을 갖는다.

이와 같이 젠더의 개념은 여성됨 혹은 남성됨의 비생물학적/비해부학적 측면을 말하며, 남성과 여성에게 어떠한 행위나 태도가 적절한가를 말해주는 사회문화적 기대치가 포함된다. 젠더는 문화적인 상징과 이러한 상징을 해석하는 종교, 교육, 과학, 법, 정치 영역 등의 규범에 내재되어 있어 가족뿐 아니라 정치, 경제, 사회 전 영역의 조직에 구성되어 있다(김경희 · 신현옥, 2004). 대부분의 사회는 여성성과 남성성에 대해 어떠한 고정관념을 가지고 있으나, 바람직한 여성과 남성에 대한 관념은 시대에 따라 다르고 문화에 따라 다르다. 섹스(sex)와 젠더(gender)의 개념을 구분하는 것이 중요한 까닭은 행동이나 경험에서의 남녀 차이가 생물학적 차이로부터 자연스럽게 혹은 자동적으로 비롯된 것이 아니라는 점을 일깨워주기 때문이다. 즉, 섹스와 젠더를 구분함으로써 젠더가 생물학적 성의 직접적인 결과가 아니라는 점(Coltrane, 2000)에 주목할 수 있다.

젠더에 대한 사회문화적 기대치를 충족시키면서 사회구성원으로서의 역할을 습득하는 과정을 성역할사회화(gender role socialization) 혹은 젠더화(gendering)라고 한다. 성역할사회화는 개개인의 행동, 정서적 반응, 인지적 기능, 내적 태도, 심리적 및 사회적 적응을 가장 뚜렷하게 나타내는 것으로 사회화 과정에서 가장 기본적인 문제이기도 하다(곽삼근 · 조혜선 · 윤혜경, 2005). 성역할사회화는 한 개인을 둘러싼 사회문화적 환경 안에서 출생 순간부터 시작되어 평생 지속되는데, 성역할사회화를 통하여 사회문화적으로 생물학적 여성 혹은 남성에게 권장되는 행위나 특성은 권장되는 반면, 그렇지 못한 행위는 발달시키지 못하도록 제재를 받는다.

2) 성역할정체감과 양성성

성역할정체감(gender-role identity)은 특정한 성별에 대해 바람직한 행동이라고 고정관념화된 기준을 개인이 내면화시킨 정도라고 정의할 수 있으며, 전체적인 인간의 성정체감(gender/sex identity)을 형성하는 하나의 요소로도 볼 수 있다(Shiveely & De Cecco, 1977). 성정체감은 자신이 남성인지 여성인지에 대한 안정적인 범주화를 말하는 개념으로 성역할정체감과는 구별되는 개념이다. 인간이 자신의 성에 대한 분별이 시작되면서 문화적으로 고착화된 남성, 혹은 여성으로서의 성역할에 대한 정형화가 이루어지며, 이렇게 형성된 성역할정체감은 살아가면서 변화된다(Shively & DeCecco, 1977).

성역할정체감은 한 개인이 남성적 특성이 자신과 비슷하다고 여기거나 여성적 특성이 자신과 비슷하다고 여기는 남성성과 여성성으로 일단 구분된다. 초기 학자들은 성역할정체감을 단일한 차원의 양극단의 개념으로 이해하여 남성적 특성이 낮다는 것은 여성적 특성이 높다는 것이며, 그 반대의 경우도 마찬가지라고 이해하였다(Lewin, 1984). 한편 벰(Bem, 1974)은 여성성과 남성성이 단일 차원의 반대 개념이 아니라 별개의 독립된 차원으로 존재하며, 사람들에게는 여성적 특성과 남성적 특성이 통합되어 존재하며 다만 그 정도만 다를 수 있다고 보면서 양성성 이론을 펼쳤다. 벰의 이 이론은 남녀의 성격을 남성성과 여성성의 이분법적 관점에서 벗어나 개인차에 주목할 수 있게 하였다.

벰은 자신의 이론에 기초하여 성역할정체감을 측정하기 위한 도구인 벰 성역할척도(Bem Sex Role Inventory: BSRI)를 개발하였다(Bem, 1974). 이 척도에서 응답자들은 점수의 중앙치를 기준으로 여성성과 남성성이 모두 낮거나 높은 경우와 여성성이나 남성성만 높거나 낮은 경우 등 네 가지 유형으로 나누어지게 된다(〈그림 2-1〉 참고). 이 유형 중 양성성(androgyny)은 그리스어로 남성을 나타내는 'andro'와 여성을 나타내는 'gyne'을 합한 말로 여성적 특성과 남성적 특성을 모두 갖추고 있는 상태를 의미하며, 미분화 유형은 두 가지 특성이 모두 분명히 나타나지 않는 경우를 의미한다.

		여성성 점수	
		중앙치 이상	중앙치 이하
남성성 점수	중앙치 이상	양성성정체감	남성성정체감
	중앙치 이하	여성성정체감	미분화 유형

| 그림 2-1 | 벰의 중앙치 분리법에 의한 성역할정체감 분류

〈표 2-1〉은 벰의 척도를 기초로 발전시킨 한국형 성역할검사(정진경, 1990)에 포함된 문항들이다. 이 척도에서 볼 수 있는 바와 같이 실제 측정에서 활용하는 여성성과 남성성의 개념은 척도 개발 당시 사회의 고정관념을 바탕으로 구성되어 있기 때문에, 이 척도에 기반한 양성성의 개념이 원래 의도와는 달리 오히려 젠더 양극성을 재생산하는 경향이 있다(Bem, 1993)는 비판이 나오고 있다. 또, 성역할검사 척도가 미국문화권의 성역할고정관념을 중심으로 만들어진 검사이기 때문에, 우리나라 남녀의 성역할 관념과는 문화적 차이가 있다는 점이 꾸준히 지적된다.

한편, 한 개인의 성역할정체감은 정신 및 신체건강, 진로발달 등 다양한 요인과 관련이 있다. 즉, 한 개인이 어떤 성역할특성을 자기 성격특성으로 내면화하고 있느냐 하는 것이 삶의 다방면에서의 적응과 관련이 된다는 것이다. 선행연구에서 비교적 일관되게 나타나는 결과는 남녀 모두 양성성을 가진 경우가 사회적응이나 정신건강 등의 측면에서 더 적응적이라는 것이다. 이는 초·중·고 학생

| 표 2-1 | 한국형 성역할검사(KSRI)

다음 특성이 자신과 일치한다고 생각하는 정도를 1-7점 사이에 표시하시오.			
남성성	1. 믿음직스럽다	2. 과묵하다	3. 남성적이다
	4. 강하다	5. 자신감이 있다	6. 털털하다
	7. 박력이 있다	8. 독립적이다	9. 씩씩하다
	10. 야심적이다	11. 근엄하다	12. 의욕적이다
	13. 자신의 신념을 주장한다	14. 의지력이 강하다	15. 대범하다
	16. 집념이 강하다	17. 의리가 있다	18. 지도력이 있다
	19. 결단력이 있다	20. 모험적이다	
여성성	1. 섬세하다	2. 어질다	3. 친절하다
	4. 온화하다	5. 부드럽다	6. 상냥하다
	7. 감정이 풍부하다	8. 깔끔하다	9. 따뜻하다
	10. 인정이 많다	11. 다정다감하다	12. 차분하다
	13. 알뜰하다	14. 유순하다	15. 민감하다
	16. 순종적이다	17. 꼼꼼하다	18. 얌전하다
	19. 여성적이다	20. 싹싹하다	

출처: 정진경 (1990).

- 원척도에서 남성성과 여성성 하위영역만 발췌하여 문항번호를 다시 붙임
- 이 검사는 중앙치가 표본에 따라 다르기 때문에 절대적 비교가 불가능한 단점이 있음(참고로 충북지역 고교 1년생에 대한 연구(류은정 외, 2006)에서는 남성성 중앙치가 89, 여성성 중앙치가 97점이었고, 서울지역 대학생 대상의 연구(이기학, 2003)에서는 남성성 중앙치가 88, 여성성 중앙치가 93점으로 나타난 바 있음)
- 본 척도에 대해 응답자가 동성집단과 자신의 특성을 비교하여 보고하므로 남성응답자는 남성성과 여성성이 모두 높게 평가되고 여성응답자는 여성성과 남성성을 모두 낮게 평가하는 문항편파현상이 발생하게 되어, 이를 교정하기 위한 수정점수 사용방법이 제시된 바 있음(김남숙·정진경·박광배, 1997). 교정점수를 활용한 최임숙(2004)의 연구에서는 중·고·대학생 집단의 중앙치가 남성성은 89.4, 여성성은 85.8로 나타나 여성성의 중앙치가 많이 내려가는 것을 볼 수 있음

이나 대학생뿐 아니라 중년기 및 노년기 연령을 대상으로 한 연구에서도 꾸준히 나타나고 있는 결과이다(박완성, 2003; 안귀여루 · 최정윤, 1991; 유가효, 1994; 유숙자 · 양수 · 윤재인, 2000; 최임숙, 2005; Napholz, 1994; Sorell, Silvia, & Buscho-Rossnagel, 1993). 이를 통해 우리는 현대 사회에서 남녀 모두 한 가지 성의 성역할정체감만 가지는 것보다 상대성의 성역할정체감을 동반해서 가지는 균형을 가질 때 더욱 건강한 삶을 영위할 수 있음을 짐작할 수 있다.

3) 성역할고정관념

성역할사회화는 성역할고정관념(gender role stereotype)을 중심으로 이루어진다. 성역할고정관념은 여성과 남성의 본질에 관한 일련의 신념으로 과학적인 검증을 거치지 않은 채 사회의 구성원들에게 폭넓게 받아들여지고 있다. 성역할고정관념은 본질적으로 한 집단에 소속되는 사람들은 모두 일정한 특징을 지니는 것으로 간주하므로 구성원 개인의 특징이 간과되거나 남녀 간의 실제적인 차이가 왜곡되어 표현되는 경향이 있다(강경석 · 박연희, 2008). 성역할고정관념은 어느 사회 어느 문화에서나 별 차이가 없으며, 시간이 지나도 별로 변화하지 않는 경향이 있다. 그러나 여성이 자신을 남성적이라고 정의하는 경향은 증가하고 있으며, 젊은 남성들은 부드러운 여성적 특성을 보이는 경향이 커져감에 따라(박은아 · 고성희 · 김명애, 2011; Chan & Hayash, 2011) 여성과 남성의 역할 구분은 점점 더 흐려지고 있다(Lips, 2008).

성역할고정관념은 남녀의 특성을 묘사하는 기술적(descriptive) 측면과 남성과 여성이 어떠해야 한다고 말해주는 처방적(prescriptive) 측면이 있다(Lips, 2008). 기술적 측면은 성역할고정관념을 형용사로 나타내는 경우가 많다. '남자는 합리적이고 여자는 감정적이다', '남자는 신체적으로 강하지만 여자는 정서적으로 섬세하다'와 같은 표현이 그 예가 된다. 처방적 고정관념은 각 성별의 사람이 어떤 특성을 보여야 하고 어떻게 행동하는 것이 바람직하다는 것을 표현하는 것으로,

'남자가 그렇게 용기가 없냐?', '여자가 드세면 팔자가 세다'와 같은 말에서 나타나는 고정관념을 말한다.

> 미국의 오케스트라 단원들은 대부분 남성이었다. 여성들은 대부분 오디션에서 탈락했다. 특히 관악기 부분에서 여성들은 전멸이었다. 그런데 오디션에서 장막을 치고 이름이 아닌 수험번호만으로 심사하기 시작하면서 합격자는 대부분 여성이 되었다. 편견이 개입될 요소를 제거하자 여성 관악기 연주자들이 대거 등장한 것이다.
>
> 출처: SBS 스페셜 88회 (2007.6.17).

2. 성역할사회화이론

이제 성역할사회화를 설명하는 몇 가지 이론들을 살펴보자. 먼저 젠더 발달의 기저가 되는 생물학적 요인과 사회적 요인 간의 상호작용에 초점을 둔 생물사회학적 이론을 보도록 하겠다. 이후에 제시되는 이론들은 성역할이 생물학의 범위를 넘어서서 사회심리학적인 맥락하에서 어떻게 발달되어 가는지를 설명하고 있다. 동일시 이론이 타고난 본성적 요소를 상대적으로 강조한다면 사회학습이론은 환경적 요인을 강조하는 입장을 가지고 있다고 볼 수 있으며, 사회구성주의는 성역할사회화에 미치는 사회적 상호작용과정에 초점을 둔 이론이라고 볼 수 있다.

1) 생물사회학적 이론

사람들은 오랫동안 대부분의 남녀 차이가 생물학적 차이에서 기인한다고 믿었다. 이런 견해는 학자들도 마찬가지였다. 그러나 오늘날에는 생물학적 요인을 강조하는 학자들까지도 생물학적 요인과 사회적 요인 간의 상호작용이 개인의 성차와 성정체감 등을 결정한다고 주장하고 있다.

머니와 에르하르트(Money & Ehrhardt, 1972)의 이론에 따르면 한 인간의 성정체감 발달에는 평생 몇 가지 결정적 사건이 개입을 한다고 한다. 첫 번째 결정요인은 수정 당시 아버지로부터 받은 염색체가 X인지 Y인지라는 것인데, 이 염색체는 태아기 남녀의 생식기관 발달을 이루게 된다(생물학적 요인). 태아들은 남녀의 생물학적 특징을 가지고 태어나는 즉시, 혹은 임신된 직후부터 자신을 성별로 구별하여 반응하는 부모를 포함한 주변 사람들을 만나기 시작한다(사회적 요인). 이러한 환경과의 상호작용하에서 성정체감이 안정화되면서 사춘기를 맞이하게 되는데 사춘기에 이른 청소년은 성호르몬의 분비, 성충동의 증가, 신체상의 변화 등을 경험한다(생물학적 요인). 이러한 태아기부터의 성과 관련된 변화는 성인으로서의 성정체감과 성역할사회화의 기초를 제공하게 된다(최경숙·송하나, 2010: 286-287).

머니와 에르하르트(1972)의 이론은 성인기 이후에 대해서는 설명을 하고 있지는 않으나 생물학적 요인과 사회적 요인 간의 상호작용이라는 도식을 가지고 보면 성인기 이후의 젠더 발달도 설명이 가능하다. 각 개인은 성인기 동안 결혼, 직업, 부모됨 등의 역할에 적응해 나가면서 사회적 필요에 맞춘 성역할정체감이나 성역할태도 등을 형성하게 된다(사회적 요인). 중년기에 남성은 남성호르몬의 감소, 여성은 여성호르몬의 감소를 경험하면서 갱년기를 경험하게 되는데(생물학적 요인), 이러한 갱년기 경험을 포함한 신체의 약화와 같은 생물학적 경험은 신체뿐 아니라 심리적인 변화, 역할상의 변화 등과 동반되면서(사회적 요인) 중년 이후의 젠더에 많은 변화를 가져오게 된다. 이렇게 생물사회학적 관점에서는 생애 발달 속에서의 젠더의 발달에 생물학적인 요인과 이를 바탕으로 전개되는 사회적 요인 간의 상호작용에 초점을 두고 있다.

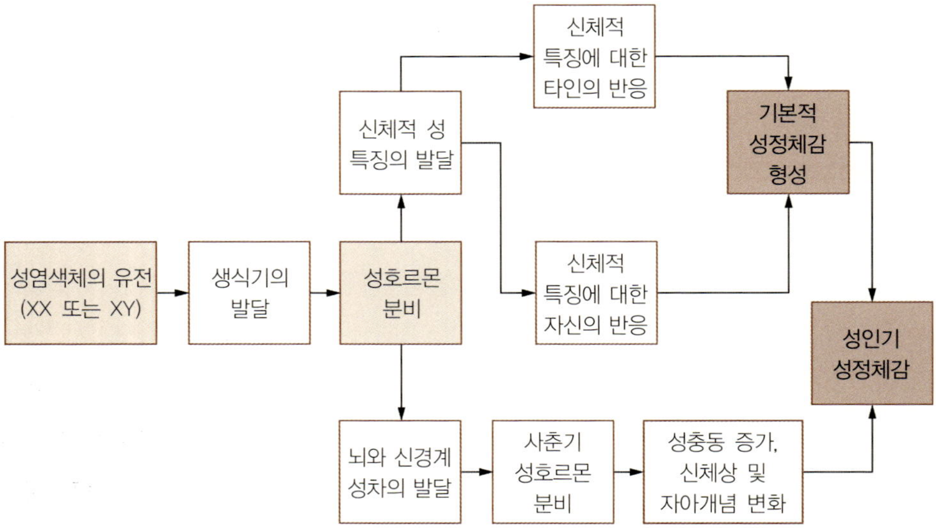

| 그림 2-2 | 생물사회학적 이론에서 본 성유형 발달의 결정적 사건들

출처: Money & Ehrhardt (1972).

참고자료 2-1 유전적 성이 불분명할 때 성별을 만들어줄 수 있을까?

머니와 그의 동료들(Money & Ehrhardt, 1972; Money & Tucker, 1975)은 유전적 성이 비정상적이거나 비정상적인 생식기를 가지고 태어난 아동 등 생물학적 성이 분명하지 않거나 발달 초기 사고로 성기를 다친 경우를 연구하여 성이 '부여'될 수 있는지에 대한 물음에 답하고자 하였다. 연구 중 한 사례는 7개월 된 남아가 수술 도중 사고로 페니스를 잃게 된 경우이다. 이 아이의 다른 면은 모두 정상이었지만 페니스를 잃었기 때문에 부모는 이 아이의 성별을 여성으로 '부여'하고 여자 아이로 기르겠다고 결정하였다. 아이가 17개월 되던 시기에 아이의 이름, 옷, 머리 모양 등을 여자 아이 스타일로 맞추었고, 성기 모양을 여성의 것으로 만드는 수술을 하였다. 아이는 여성적인 관심과 행동을 발달시켰고 자신을 여자로 분명히 생각하였다. 반면 일란성 쌍둥이였던 다른 형제는 남아의 특성을 그대로 유지하고 자신을 의심의 여지없이 남자로 받아들였다. 이외의 다른 연구에서 이들은 비슷한 결과를 얻었다. 이들의 연구는 비록 소수의 사례에 불과하지만 성이 '부여'될 수 있음을 보여주었다는 점에서 그 의미를 가진다.

2) 동일시이론

(1) 안나 프로이트의 동일시이론

타고난 본성이 성역할사회화를 촉진한다고 보는 대표적 이론은 프로이트(Freud)의 딸 안나 프로이트(Anna Freud)가 정신분석이론으로부터 발전시킨 동일시이론을 들 수 있다(Frieze, Parsons, Johnson, Ruble, & Zellman, 1978). 동일시(identification)란 아동이 부모를 모델로 하여 자신의 자아-이상(ego-ideal)을 무의식적으로 형성하는 고유의 학습과정으로 이 과정을 통하여 아동은 사회가 요구하는 젠더 특성과 행동을 가지게 된다.

동일시 과정은 아동의 성별과 발달단계에 따라 그 형태가 달라진다(〈그림 2-3〉 참조). 영아기에 아동은 성별에 관계없이 어머니에게 의존하고 어머니를 동일시하는데, 그 까닭은 자신의 신체적 욕구를 충족시켜 주고 기쁨과 사랑을 제공하는 사람이 양육을 맡은 어머니이기 때문이다. 한편 아동이 약 4세 정도가 되면 성적 에너지인 리비도가 성기에 집중되고 성기를 자극함으로써 성적 쾌감을 경험하는 것이 중요해지며, 그 과정에서 성별에 따라 동일시의 대상이 달라진다. 남아는 성적 자극의 대상으로 어머니를 원하지만 아버지가 어머니를 차지하고 있음을 알게 되면서 오이디푸스 콤플렉스를 경험하고, 아버지가 어머니에 대한 자신의 성적 욕망을 벌할 것이고 그것은 성기를 거세하는 형태일 것이라는 두려움(거세불안)을 갖게 된다. 그 결과 남아는 어머니에 대한 성적 욕망을 포기하고 아버지를 동일시하게 된다. 그리하여 남아는 아버지의 행위, 태도, 감정 등을 자기 것으로 만듦으로써 남성적 역할을 습득하고, 아버지의 도덕률과 가치체계를 내면화시킨다.

한편 여아도 이 시기에 성기를 자극함으로써 성적 쾌락을 원하며 사랑의 짝으로 아버지를 원하지만, 자신은 남근이 없다는 것을 알게 됨으로써 남근선망(penis envy)을 갖게 된다. 프로이트에게 있어서 남근선망이 가능한 것은 남성의 성기만이 완전한 형태이며, 여성의 성기는 거세되어 불완전한 성기이기 때문이다. 남근선망 결과 여아는 아버지에 대한 성적 욕망을 포기하고 어머니를 동일시하며, 남근선망은 아이를 갖고자 하는 욕망으로 대치되고, 그리하여 어머니의 성역할 행동을 본받음으로써 그 욕망을 충족시키고자 한다.

동일시이론은 몇 가지를 기본적으로 가정한다. 첫째, 동일시는 발달 초기에 이루어지는 강력한 무의식적 동기를 기초로 하며, 그 후 아동과 환경과의 상호작용을 조직하기 때문에 동일시 과정에 의해 획득된 행동은 시간이 지나도 지속된다. 둘째, 성역할사회화는 거세불안과 남근선망, 사랑의 상실에 대한 두려움 등 내적 동기에 의해 이루어지므로 성역할사회화에서 환경의 역할은 중요하지 않다. 셋째, 아동은 동성의 부모와 강한 정서적 유대감을 갖기 때문에 동일시와 성역할사회화는 동성 부모와의 관계에서 비롯된다. 넷째, 성역할사회화는 동성 부모에 대한 동일시를 통해 이루어지므로 동일시 과정이 끝나면 아동과 동성의 부모는 아주 유사하다.

동일시이론의 이러한 가정은 경험적 연구에서 지지되지 못했거나 검증할 수 없다는 한계가 있다. 또한 동일시이론은 남성의 시각에서 인간의 심리성적 발달을 설명함으로써 젠더 발달에 있어서 남근의 역할을 지나치게 강조하였다는 비판을 받았다. 특히 프로이트의 제자였던 카렌 호니(Horney, 1973)는 남성의 성기만이 완벽한 형태이고 여성이 자신의 신체를 열등하게 본다는 사고에 도전하였으며, 인류의 절반이 생물학적 성별 때문에 자동적으로 자신에게 만족하지 않는다는 사고를 비판했다. 그녀는 여아가 남근선망을 갖는다면, 남성들은 자궁선망(womb envy)이 있고 어머니됨에 대한 무의식적 선망이 있으며, 남성의 성취하고 창조하려는 소망은 재생산이라는 창조과정에 참여할 수 없기 때문에 경험하는 열등감을 무의식적으로 보상하기 위한 것이라고 주장하였다.

남아: 오이디푸스 콤플렉스

어머니에게 강한 성적 욕망을 느낌
⬇
아버지를 경쟁자로 보고 적개심을 느낌
⬇
이런 적개심을 아버지에게 투사하고 아버지가 자기를 경쟁자로 볼 것이라고 믿음
⬇
아버지가 자기의 성기를 거세할 것이라 두려워함 (거세불안)
⬇
이런 두려움을 해결하기 위해 아버지를 동일시하고 어머니에 대한 욕망을 포기함
⬇
결과:
- 남성성 동일시
- 여성 경멸 혹은 여성에 대한 두려움
- 강한 초자아 발달

여아: 엘렉트라 콤플렉스

원래 어머니와 정서적 유대관계임
⬇
자신이 남근이 없다는 것을 알게 됨
⬇
남근이 없다는 데 대해 어머니를 비난하고 어머니에 대한 애정을 철회함
⬇
남근선망을 아이를 갖고자 하는 소망으로 대치함
⬇
아이를 갖기 위해 아버지를 사랑의 대상으로 택하고 어머니를 질투하게 됨
⬇
점차로 아버지를 소유할 수 없음을 알게 됨
⬇
어머니를 동일시함으로써 여성성을 재확립하고 다른 남성에게 매력적인 연인이 되고자 노력함
⬇
결과:
- 여성성 동일시
- 성적 매력을 자존감의 주요 근원으로 여김
- 음핵자극을 통한 성을 거부
- 열등감
- 다른 여성을 경멸
- 아이를 갖고자 함
- 약한 초자아 발달

| 그림 2-3 | 동일시이론에서 본 성역할사회화

(2) 초도로우가 발전시킨 동일시이론

초도로우(Chodorow, 1978)는 동일시이론에서 설명한 성역할사회화 과정을 인정하였지만, 현대 사회의 가족구조 및 분업체계에 기반한 부모역할의 비대칭적 구조 때문에 성별에 따라 심리구조가 다르게 발전한다고 보았다. 즉, 현대 사회에서 여성은 일차적 양육자인 어머니 역할을 담당하는데, 이는 아이들이 자라면서

경험하는 동일시 대상에 영향을 미친다는 것이다. 영아기 동안 여아와 남아는 모두 일차적 양육자인 어머니를 동일시하는데, 그 시기가 지나면 남아는 자신이 '여성이 아니며' 따라서 어머니와 분리된 존재임을 알게 되는 과정을 통해서 남아정체감을 형성한다고 본다. 남아는 오이디푸스 콤플렉스를 겪으며 동일시할 대상으로 아버지를 선택하지만 현대 산업사회의 성별분업에 의해 아버지는 자녀양육과 가족생활에 덜 관여하고, 또 아버지가 집에 자주 없는 상황에서 남성성에 대한 문화적 이미지를 통하여 보다 추상적인 상태로 남성성을 경험하게 된다.

초도로우에 의하면 여아는 어머니와의 직접적인 애정적 관계를 통해 어머니를 동일시함으로써 여성성을 발달시키는 반면, 남아는 어머니의 보호로부터 벗어나 타인으로부터의 분화를 강조하고 애정적 관계를 부정함으로써 남성성을 발달시키게 된다. 이와 같은 성역할사회화 과정으로 인해 남아는 타인의 정서적 욕구에 민감하지 못하고 타인과의 관계 맺기를 억제하는 경향이 있으며 독립적이고 경쟁적인 특성을 발달시킨다. 이러한 과정은 남녀의 무의식적 성격구조에 깊이 뿌리박히게 되며 성별 노동분업과 성불평등을 자연스럽게 받아들이게 된다는 것이다. 초도로우의 시각은 동일시이론과 유사하지만 젠더 발달을 현대 자본주의 사회의 가족구조 및 성별분업과 연결시켜 설명하고 있다는 점에서 동일시이론과 차이가 있다(임정빈 · 정혜정, 1997).

3) 사회학습이론

사회학습이론은 행동주의를 기반으로 하여 관찰 가능한 행동에 초점을 둔다. 행동주의는 인간은 수동적 존재로서 인간의 사회적 행동은 자극에 대한 반응이며, 특정 행동은 특정 상황에서 일어나는 강화와 모델링의 기제에 의해 학습된다고 본다. 특히 반두라(Bandura, 1977)는 성역할정체감과 성역할이 모델링, 모방 그리고 강화를 포함하는 학습과정이라고 하였다.

사회학습이론에서 성역할사회화를 촉진하는 중요 기제인 강화는 특정 행동의 발생빈도를 유지 혹은 증가시키는 자극으로 보상과 처벌에 의해 유지된다. 성역할사회화 과정에서 남아와 여아는 성별에 적합한 행동을 했을 때 보상을 받고 그렇지 못했을 때 처벌을 받음으로써 남자와 여자에게 다르게 기대되는 행동을 학습한다.

모델링 또한 성역할사회화를 촉진하는 중요한 기제이다. 강화의 원리가 행동을 학습하는데 있어서 외부 환경으로부터의 자극이 중요한 계기를 마련해 주는 것이라고 본다면, 모델링은 성역할사회화 과정에서 개인의 인지활동이 중요한 작용을 한다고 본다. 모델링이 행동 습득으로 이어지기 위해서는 모델의 행동을 관찰하고 주의를 집중해야 할 뿐 아니라 기억을 해야 하고 행동으로 옮길 수 있는 능력과 행동을 모방하고자 하는 동기 등이 필요하다. 따라서 관찰학습에 의해 성역할사회화가 이루어지기 위해서 여아는 여성적 모델, 남아는 남성적 모델을 더 많이 관찰하거나, 동일한 모델을 관찰한다고 하더라도 주의를 집중하고 기억을 하며, 행동으로 옮기거나 행동을 모방하는 정도에서 남녀별로 차이가 있다고 가정해야 한다. 사회학습이론에 의하면 부모, 특히 동성의 부모는 아동의 행동에 영향을 미치는 데 가장 효과적인 모델이다.

사회학습이론은 인간을 외부 환경이나 자극에 대해 수동적인 반응자라는 입장을 지나치게 강조하고, 성역할사회화 과정에서 아동이 부모에게 영향을 받을 뿐 아니라 부모도 자녀로부터 영향을 받는다는 상호작용 측면을 간과하였다는 점에서 비판을 받고 있다(Maccoby, 1992).

4) 인지발달이론

인지발달이론은 인간이 외부 환경과의 상호작용을 통해 자신의 인지구조를 발전시키고 환경에 적응한다고 가정한다. 특히 콜버그(Kohlberg, 1966; Kohlberg & Ullian, 1974)는 인지발달이론을 기초로 성역할사회화를 설명하였는데, 아동은 특정한 인지발달 수준에 이르러야 젠더의 개념을 배울 수 있고, 따라서 성역할사회화는 인지발달단계에 따라 네 단계를 거친다고 하였다.

첫 번째 단계는 젠더 안정성을 습득하는 단계이다. 아동은 3세 이전에 사람이 남성과 여성으로 구분된다는 것을 배우지만 자기와 타인의 성별을 구분하는데 자주 실수를 한다. 그러나 아동이 3세에서 5세 사이가 되면 젠더 안정성을 습득하여 자신의 성은 시간이 지나도 변하지 않으며, 사람의 머리모양, 옷, 이름이 변해도 성별이 바뀔 수 없음을 알게 된다. 젠더 안정성의 개념은 세 과정으로 이루어지는데(Slaby & Frey, 1975), 첫 번째로 성별이 두 가지로 구분되어 존재하고 자신이 하나의 성별에 속한다는 것을 지각하며, 두 번째로 성별은 시간이 지나도 변하지 않음을 이해하며, 마지막으로 성별은 상황과 행동이 변하여도 변하지 않음을 지각하는 과정을 거쳐 젠더 안정성의 개념을 습득한다.

두 번째 단계는 아동이 성역할고정관념을 형성하는 단계로 아동이 일단 젠더 안정성의 개념을 습득하고 나면, 아동은 자신의 사회환경을 조직하는 수단으로 성별을 이용한다. 아동은 자신의 인지수준뿐 아니라 부모, 친구, 대중매체와 같은 외적 요인에 의해 무엇이 여성 또는 남성이 되는가에 관한 도식(schema)을 형성하며, 이것을 기초로 자신이 관찰한 바를 해석하고 미래 행동을 예측한다. 또한 새로운 정보는 남녀에 관한 기존의 도식에 동화되며, 이러한 과정을 통하여 성역할고정관념을 형성한다. 그리하여 주변 사람들이 아동의 고정관념적 판단에 아무 비판 없이 반응하면 아동의 성역할고정관념은 더욱 강화된다.

세 번째 단계는 아동이 성역할선호성을 발달시키는 단계이다. 전조작기에 이른 아동은 자아중심적 사고를 보이고, 세상을 자신의 입장에서 보고 판단하며 자신의 판단을 평가의 준거로 이용한다. 이러한 인지발달의 특성은 성역할사회화 습득과정에도 적용되어 자신의 성이 기준이고 좋은 것인 반면 반대 성은 일탈된 것이며 좋지 않은 것이라고 믿는다. 그리하여 이 시기의 아동은 자신의 성에 적합한 행동을 모방하고 적합하지 않은 행동이나 모델을 피하기 시작한다.

마지막 단계는 동일시 단계로 젠더정체감을 획득한 아동은 자신과 동일한 정체감을 가진 부모나 성인과 가까워지고 싶은 소망을 갖게 되고, 그 사람의 행동이나 특성, 태도 등을 동일시하고 모방하게 된다. 이와 같이 인지발달이론은 아동을 외부 환경의 자극에 수동적으로 반응하는 존재가 아니라 인지수준이 발달함에 따라 외부 환경을 선택적으로 탐색하고 모방하고 동일시하는 존재로 보며, 이러한 과정을 거쳐 성역할사회화가 이루어진다고 본다.

5) 사회구성주의

앞에서 설명한 성역할사회화이론 및 젠더에 대한 대부분의 심리학 연구는 모더니즘 세계관에 기초하고 있다. 모더니즘 세계관은 보편성, 객관성, 본질주의를 강조한다. 따라서 젠더, 여성성, 남성성, 성역할고정관념 등은 고정되어 있고 보편적이라고 규정하며, 성역할에 대한 지배적인 가부장적 담론으로부터 벗어나 사는 사람을 비정상이거나 병들었거나 나쁜 존재로 규정하는 경향이 있다(Freedman & Combs, 2002). 모더니즘에 의하면 성역할사회화나 남녀 차이는 여성과 남성에게 보편적으로 내재되어 있거나 여성과 남성이 소유한 어떤 특질을 기초로 만들어진다.

한편 포스트모더니즘은 차이, 주관성, 다양성을 강조(Barber & Allen, 1992)하는 세계관이다. 이 세계관에 의하면 객관적인 '실재(reality)'란 존재하지 않으며, 객관적으로 정확한 지식을 파악하거나 무엇이 옳고 바람직하고 권장되는가는 개인이 가지고 있는 준거틀, 세계관, 패러다임 등에 따라 다르다. 사람들이 세상을 다르게 보고 다르게 지각하는 것은 각 개인의 역사, 개인의 특성, 사회적 경험, 환경적 맥락 등이 다르기 때문(Coltrane, 2000)이다. 사회구성주의는 포스트모더니즘으로부터 발전하였는데, 각 개인이 다른 사람들과의 언어적 상호작용을 통하여 실재를 주관적으로 구성한다고 본다. 따라서 젠더란 개인이 소유한 특성으로 구성되는 것이 아니라 사람들이 서로 상호작용하면서 의미를 부여할 때 발생하는 것이다(Lips, 2008). 어떤 특정 행동이 어떤 특정한 상황에서 여성과 남성에게 적절하다는 사회적 동의가 곧 젠더인 것이다. 사회구성주의에 의하면 우리가 지금까지 정의한 젠더의 개념은 수세기 동안 가부장제 사회의 사회적 상호작용 속에서 규정되고 구별된 것일 뿐이다. 따라서 특정한 사회적 상황에 속한 사람들이 그 의미를 공유함에 따라 젠더와 관련된 개념은 다르게 구성될 수 있다.

이와 같이 사회구성주의는 여성성과 남성성이 일정한 특성으로 규정될 수 있고 객관적인 실재로 존재한다는 모더니즘 시각을 거부한다. 젠더에 대한 모더니즘 담론의 문제점을 요약하며 이현지(2006)는 다음과 같이 비판하고 있다.

첫째, 모더니즘 젠더 담론은 남녀의 성역할을 고정된 것으로 간주한다는 문제점이 있다. 예를 들어 여성은 가사노동을 담당하고 남성은 가족의 경제적인 부양자 역할을 담당하는 것이 정상이라고 간주한다. 그러나 오늘날 임신과 출산 등의 생물학적인 성역할을 제외한 영역에서 성역할은 남녀가 처한 상황에 따라서 다르게 나타나기 때문에 성역할은 고정되어 있지 않으며, 시대와 상황에 따라 다르게 규정할 수 있다. 예컨대 여성 취업률이 높아짐에 따라 취업여성은 가사노동 담당자로서의 역할은 약화되고, 가계부양자로서의 역할은 증대되고 있는 시점에서 성역할고정관념을 강조하는 것은 무의미할 뿐 아니라 여성과 남성이 삶의 문제를 극복하기 위해 자유롭고 온전하게 협력하는 것을 어렵게 만들 수 있다.

둘째, 지금까지의 젠더 담론은 여성과 남성을 대립관계로 인식함으로써 남성중심의 사회에서 여성들의 성역할에 대한 사회적 가치를 재평가하여 투쟁하도록 만들었다. 그러나 남녀관계는 항상 상호 반목하는 관계가 아니며, 현실 속에서 남녀의 성역할은 상호보완성을 가지며 상황에 따라 변화한다. 이러한 관점은 음과 양은 끊임없이 변화하는 통일된 전체로서 고정되어 있거나 분리되고 독립된 개체가 아니라고 보는 음양론적 관점과 부합한다. 그리하여 그는 동양의 음양론이 젠더 및 성역할사회화에 대한 포스트모더니즘 담론과 부합하는 관점이라고 제시하였다.

이상에서 설명한 성역할사회화에 관한 여러 이론적 시각을 요약하여 제시하면 〈표 2-2〉와 같다.

| 표 2-2 | 성역할사회화에 관한 이론적 시각

이론적 틀	이론	성역할사회화에 관한 기본 가정
모더니즘	동일시이론	남녀 간의 해부학적 차이로 말미암아 동성의 부모를 동일시하고 성역할 사회화가 이루어진다.
	초도로우의 이론	산업사회에서 가정 내 성별분업의 결과 부모에 대한 동일시의 결과가 달라진다.
	사회학습이론	성역할사회화는 모델링, 모방, 강화를 통한 학습과정의 결과이다.
	인지발달이론	적절한 인지발달수준에 이르면 젠더의 개념을 배우고 성역할고정관념을 습득하고 동일시를 한다.
포스트 모더니즘	사회구성주의	젠더는 개인이 소유하고 있는 특성이 아니라 사회적 상호작용 과정에서 의미가 부여되고 구성되는 그 어떤 것이다.

3. 성역할사회화 촉진 요인

이 절에서는 성역할사회화에 영향을 미치는 환경적 요인에 대해 살펴보고자 한다. 아이가 태어나 성장하는 가족, 특히 부모는 성역할사회화의 가장 일차적인 환경요인이라 할 수 있으며, 이후 학교와 대중매체 등을 포함한 사회적 환경도 성역할사회화를 촉진하는 주요 환경이다.

1) 가족

가족은 아동의 양육과 사회화가 일차적으로 이루어지는 장소이며, 부모는 자녀의 사회화를 담당하는 일차적인 책임자이다. 가족에서 이루어지는 아동의 성역할사회화는 자녀의 성별에 따른 부모의 반응, 자녀의 행동에 대한 부모의 보상과 벌, 성공에 대한 압력, 부모가 아들과 딸에 대해 가지고 있는 고정관념, 어머니의 취업 유무, 아들의 성역할사회화 과정에서 아버지 역할, 형제자매 등 여러 요인에 의해 영향을 받는다(Brooks-Gunn & Mattews, 1979).

부모들이 자녀와 놀고 상호작용하는 방식은 자녀의 성별에 따라 차이가 있으며, 자녀의 감정표현에 대한 반응에서도 자녀의 성별에 따라 차이가 있는 것으로 보고되어 왔다. 이와 같이 자녀의 성역할사회화 과정에서 부모가 어떤 역할을 하는지에 대해서는 '9장 젠더와 부모자녀관계'에서 더 구체적으로 다루고 있다. 부모가 자녀의 성별에 따라 사회화를 다르게 하는 것은 어느 문화에서나 공통적인 현상으로 보인다(Lips, 2008). 1984년에 저언(Zern, 1984)은 100여 개 이상 사회의 자녀양육 방법을 조사하였는데, 부모들은 딸보다 아들에게 자율, 성취, 독립성 등의 능력을 발달시키도록 더 큰 압력을 가하는 경향이 있음을 보고하였다. 이후로 이러한 경향이 얼마나 변화하였을지는 미지수이다.

2) 학교

학교는 가정과 더불어 아동과 청소년의 사회화를 담당하는 핵심적인 기관이다. 그럼에도 불구하고 아직도 학교에서 고정관념적 성역할사회화가 이루어지고 있음은 부인할 수 없는데, 다음에서 교사의 태도와 교과내용 측면에서의 성역할사회화를 살펴본다.

(1) 교사의 태도

교사의 성역할과 관련된 태도는 학생들과 상호작용하면서 학생들에게 직접적인 영향을 미칠 수 있다. 예를 들어 여학생은 깔끔한 외모나 선행에 대해, 남학생은 공부를 잘했을 때 칭찬하는 경향이 있다고 가정해 보자. 여학생들은 '착하게' 되는 것이 인정받는 길이며, 남학생들은 '공부를 열심히' 하는 것이 인정받는 길임을 배우게 된다(Sadker & Sadker, 1985).

이러한 암묵적 영향을 주는 교사들의 태도뿐 아니라 노골적인 성차별이나 성희롱 등 문제시되는 교사들의 태도는 여전히 한국의 학교현장에서 문제가 되고 있다. 최근 학교현장에서 거세게 일어나고 있는 학생들의 '스쿨 미투(School Me Too)' 현상은 과거 교육현장에서 암암리에 존재해 왔던 성적인 범죄와 이를 묵인해왔던 교육현장의 남성중심적 문화를 고발하고 있다(참고자료 2-2). 젠더에 대한 교사들의 태도가 변하지 않는 한 학교가 양성의 공존평등을 지향하는 교육의 장이 되기는 힘들다. 이와 같은 맥락에서 전문가들은 교사들이 학생들에게 미치는 영향을 고려하여 교사를 양성하는 대학 교육과정 안에 성평등 교육이 의무 과정으로 포함되어야 한다는 의견을 내놓고 있다.

참고자료 2-2 학교 내 성폭력문제

최근 '스쿨 미투' 운동으로 학교 내 성폭력문제가 다시 주목받고 있다. 최신 실태조사 결과는 교사들이 위계를 악용해 10대 제자들에게 가하는 성희롱이 매우 광범위하고 일상적인 문제임을 보여준다. 고등학생의 40.9%는 "교사들이 성희롱을 저지른다"고 했고, 27.7%는 "교사가 나를 성희롱한 적이 있다"고 답했다. 그러나 피해자 대부분(66.2%)은 성희롱을 당해도 모르는 척하거나, 참거나, 그 자리를 피하는 등 대응하지 않았다고 했다.
이상은 국가인권위원회가 지난해 전국 고교 1~3학년 학생 1014명(여학생 814명, 남학생 200명)을 대상으로 진행한 '초·중·고 교사에 의한 학생 성희롱 실태조사' 결과다.
박선영 한국여성정책연구원 선임연구위원은 이와 같은 문제의 대책으로 '교육기본법'과 '초·중등교육법'에 성희롱 등 젠더폭력금지 명문화, 성희롱 예방교육 실효성 강화, 성희롱 방지 매뉴얼 제작, 자격연수·직무연수에 성희롱 관련 교육 강화, 학교 성희롱 실태조사 실시, 성고충상담원 역량 강화 등을 제안했다.

출처: 여성신문 (2018.5.7). '고교생 약 30%, "교사가 성희롱"_'스쿨 미투'는 이제 시작'에서 발췌
https://www.womennews.co.kr/news/articleView.html?idxno=141778

(2) 교과내용

지난 20년간 교과내용에서의 성평등 추구는 꾸준히 이루어져 왔으나 여전히 개선점이 지적되고 있다. 과거의 교과서 내용은 성역할고정관념을 강하게 반영하고 있어서 남성은 활동적, 모험적, 현명, 용감하고, 창조적이고, 힘이 있고, 자율적이고, 주장적이며, 자신의 감정을 이겨내는 반면 여성은 수동적, 무능, 의존적, 가정적, 유순, 희생적이고, 감정을 쉽게 표현하는 존재로 묘사되어 있었다 (Kaplan & Sedney, 1988). 그림책, 아동문학이나 동화, 만화영화 등 어린이들이 주로 접하는 매체의 내용에서도 여아는 남아보다 도움을 더 많이 필요로 하고, 의존적이며 약한 존재로 자주 표현되고 있었으며, 남녀 모두 전형적인 역할로 묘사되는 경우가 많았다(류혜원, 2000; 염명순 · 조복희 · 권희경 · 한유미, 1999).

그러나 이와 같은 반성을 토대로 여러 나라에서는 교과내용과 교과과정에 성인지적 관점을 적용한 개정이 지속적으로 이루어지고 있으며, 이러한 경향은 우리나라의 경우에도 마찬가지이다. 예를 들어 중등학교에서 여학생만 수강하도록 되어 있던 가정 교과를 1995년부터 남학생도 수강하도록 하였으며, 2003년 개정된 7차 교육과정부터는 기술과 가정교과가 기술 · 가정 과목으로 통합되어 교과의 성별 이분법을 벗어나도록 한 노력을 들 수 있다. 그러나 교과서에 나타난 성차별적 내용에 대한 검토를 보면 여전히 미흡한 부분이 나타나고 있어(정해숙 · 구정화 · 최윤정, 2010), 이에 대해서는 교육공급자나 수요자 모두의 지속적인 노력이 필요하다고 볼 수 있다.

3) 대중매체

가정과 학교 이외에 오늘날 성역할사회화에 강력한 영향을 미치는 환경은 대중매체라 할 수 있다. 여기에는 TV, 신문, 잡지 등 고전적 매체뿐 아니라 유튜브(www.youtube.com)나 아프리카 TV 등 인터넷 플랫폼을 활용한 1인 언론이나 1인 방송 등의 매체, 그리고 인터넷 게임이나 웹툰 등과 같은 다양한 인터넷 콘텐츠

등이 포함된다. 대중매체는 수용자로 하여금 무엇이 중요하고, 무엇이 문제이며, 무엇에 대하여 어떻게 생각할 것인가에 영향을 미친다. 그러나 한편으로 대중매체는 매체 소비자들의 욕구에 부합해야만 생존할 수 있는 특성을 가지고 있다. 따라서 오늘날과 같이 대부분의 매체에 대한 소비자의 반응이 직접적으로 소통될 수 있는 환경에서 대중매체의 내용과 이미지는 콘텐츠의 소비자와 생산자가 상호작용하면서 만들어가는 것이라고 볼 수 있다. 즉, 대중매체의 내용과 이미지에 각 개인이 영향을 미칠 수 있는 여지가 이전보다 더 커졌다는 것이다.

선행연구에서는 TV 광고나 드라마 인물묘사, 프로그램 진행자의 남녀 출연자에 대한 코멘트 등에서 남성의 권위와 능력, 여성의 보조성과 성적매력 강조 등 성 고정관념이 강화되어 재생산되고 있음을 밝히고 있다(Lips, 2003). 인터넷 게임이나 웹툰 등에서 나타나는 성역할고정관념에 대한 비판도 지속되고 있는데, 비판에는 게임이나 웹툰에서 묘사되고 있는 남녀의 모습, 즉 콘텐츠에 대한 비판

참고자료 2-3 인터넷 및 모바일 게임 문화에서의 성역할고정관념

- 청년참여연대가 지난 3월 게임 이용자 4479명을 대상으로 조사해 발표한 '오버워치 내 성희롱·성차별 설문조사' 결과, 게임 내 성차별·성희롱이 있다고 응답한 여성이 무려 91.2%에 이르며, 음성채팅 기능을 활용해 목소리를 내면, "여자냐"부터 시작해 "오빠 소리 한번 해보라"는 말을 듣기 일쑤라고 한다. "여자랑 같은 편이니 지겠다"고 비하하기도 한다.
- 게임 콘텐츠에서 여성이 묘사되는 방식: "방어력이 높은 옷일수록 여성 캐릭터의 노출도가 높아진다", "내장이 없는 게 아닐까 싶을 정도로 큰 키에 적은 몸무게를 설정한 비현실적인 캐릭터들이 존재한다", "어린 캐릭터에게 수영복 코스튬이나 바니걸 의상을 판매하는 등의 이벤트도 눈살을 찌푸리게 한다."
- 지난해 7월 출시된 서든어택2(넥슨)는 '야동'을 연상시키는 캐릭터 디자인으로 거세게 비판받다 한 달 만에 서비스 종료를 공지했다.
- "예전 게임은 모두 '공주'를 구하러 가는 '남성 플레이어'의 이야기였다."

출처: 한겨레신문 (2017.4.14). "여성 혐오 게임에 'MSG'를 뿌려라, 팍팍"에서 발췌
http://www.hani.co.kr/arti/culture/culture_general/791945.html#csidx5cc782fd59b72ac9455b792a6a62bb2

뿐 아니라, 게임이나 웹툰 이용자들 사이에 형성된 여성 비하적이며 공격적인 문화에 대한 비판이 포함된다. 한 예로, 2016년 한국에서 한 여성 성우는 자신의 트위터에 페미니즘 문구가 담긴 티셔츠 입은 모습을 인증 샷으로 올렸다는 이유로 게임사와의 계약이 해지되었으며, 당시 이 여성 성우에 대한 지지를 표명한 몇몇 여성 게임 일러스트레이터들이 남성 게임 이용자들에게 사이버 왕따를 당한 사건이 있었다(슬로우뉴스, 2019.10.31). 2019년 현재 남성의 69.9%, 여성의 61.3%가 게임을 이용한다는 통계(한국갤럽, 2019)는 게임이용자의 성비가 그리 다르지 않음을 의미한다. 그럼에도 불구하고 게임이용자 문화에서 나타나는 여성비하나 페미니즘 공격은 어떤 맥락에서 생성되는 것인지 생각해볼 필요가 있겠다.

신기술의 발전이 성평등을 가져다주는 것은 아니다. 오히려 기술은 자본의 논리를 따라 소비자의 욕구에 철저하게 종속되어 발전한다. 여성을 성적 대상화, 도구화시켜온 남성중심 문화는 인공지능(AI) 섹스로봇의 개발에도 그대로 반영되고 있다. 한 연구(Döring & Poeschl, 2019)에서는 섹스로봇과 인간과의 관계가 묘사된 실제(신문기사, 잡지 등) 및 가상(영화나 TV시리즈 등)의 이야기 710건을 분석하였는데, 대부분의 매체가 섹스로봇은 여성으로, 상대 인간은 남성으로 묘사하고 있었으며, 성을 대상화, 도구화하여 성 고정관념을 강화시키고 있음을 관찰하였다. 기술이 인간 삶의 모습에 깊숙이 영향을 미치는 오늘날, 신기술들이 성 고정관념을 확대 재생산하지 않는 방향으로 발전할 수 있도록 감시하고 목소리를 내는 일이 중요하다고 하겠다.

4. 성역할사회화의 결과: 성차와 남녀의 건강

1) 젠더 관점에서 보는 성차

성역할사회화 과정에서, 그리고 성역할사회화 과정을 거친 결과로서의 여성과 남성은 얼마나 어떻게 다른가? 행동이나 인성적 특성에서의 성차에 대한 사람들의 통념은 과연 사실인가? 그리고 그것은 과연 생물학적으로 결정되므로 바꿀 수 없는 것일까?

남녀 간의 차이를 당연시하였던 전통적 시각에 의문을 제기한 미국의 여성 심리학자 맥코비와 재클린(Maccoby & Jacklin, 1974)은 페미니즘 운동이 무르익던 1970년대 초반에 하나의 획기적인 시도를 하였다. 그들은 성차의 심리학에 관한 방대한 양의 문헌을 비판적으로 고찰하고 요약하여 분석하였다. 그 결과 일반적인 통념과 달리 성차가 입증된 측면은 많지 않았는데, 그 차이는 여아의 언어능력이 더 높다는 점, 남아의 시각-공간능력・수학능력이 월등하다는 점, 남아가 더 공격적이라는 점 등 네 가지 측면에 불과했다. 반면 일반적인 통념이라고 받아들였던 많은 측면에서 성차가 입증되지 않았거나 연구 결과가 불충분하여 결론을 내리기 어렵다고 하였다. 예를 들어 여아의 성취동기가 더 부족하다거나, 남아가 더 분석적이라거나, 남자가 더 지배적이고 여자가 더 순종적이라는 일반적 통념에 대해서는 과학적 연구 결과라는 결론을 내리기 어렵다고 하였다.

성차에 대한 연구는 차이를 강조하는 시각과 차이를 무시하는 시각으로 나눌 수 있다. 헤어머스틴과 마라섹(Hare-Mustin & Maracek, 1990)은 남녀 간의 차이를 과장하는 경향을 알파 편견(alpha bias), 남녀 간의 차이를 무시하거나 최소화하는 경향을 베타 편견(beta bias)이라는 용어로 성차에 대한 시각을 설명하였다. 두 가지 편견 모두 문제가 될 수 있다. 알파 편견은 남녀 간의 분명한 경계를 지지하고 여성을 주변화하며, 사회적 환경은 남녀 차이를 적절히 고려하여 구성되어 있다고 주장함으로써 현상을 유지하는데 사용될 수 있다. 한편 베타 편견은 여성과 남성 간에 엄연히 존재하는 권력과 자원에서의 분명한 차이에 주의를 기울이지 못하고, 여성과 남성 고유의 욕구를 무시한다는 문제가 있다. 따라서 성차에 대한 이 두 가지 편견 가운데 어느 것이 옳다거나 틀리다는 판단을 하는 것보다 이중시각(double vision)에 기초하여 보다 폭넓고 균형 잡힌 시각으로 남녀 간의 차이를 바라볼 필요가 있다.

2) 젠더와 정신건강

정신건강에서의 성차를 논할 때 유념해야 할 것은 정신건강의 모든 측면에서 남녀 차이가 발견되는 것은 아니라는 점이다. 기존 연구들은 전반적인 정신장애 유병률에서 남녀 차이가 거의 없다고 보고한다. 하지만 특정 정신질환의 경우 여성과 남성에게서 상당한 차이가 나타나고 있으며, 이 부분은 생물학적 요인으로만 설명하기 어려운 측면이 있다. 특히 남녀가 처한 사회경제적 요소의 차이는 정신건강에서의 성차와 밀접한 관련이 있다. 즉, 남성과 여성의 소득수준과 교육수준 및 직업세계 등에서의 차이, 그리고 이로 인해 만들어지는 권력과 위계의 차이, 사회적응 준비도의 차이 등은 이들이 경험하는 삶의 세계를 다르게 만들어 내며, 이러한 차이는 남녀의 생물학적 차이와 상호작용하면서 정신건강에서의 성차를 만들어내는 것으로 보인다. 성역할고정관념으로 인해 자신이 살고 싶은 형태의 삶을 선택하지 못하는 제약 등도 남녀의 정신건강에 부정적인 영향을 미칠 것이다(전진아, 2014).

스트레스가 정신건강문제로 변환되어 나타나는 과정에서 젠더가 관여하는 경향이 있는데, 이는 남녀에게 상대적으로 크게 나타나는 정신건강문제를 통해 알 수 있다. 전 세계적으로 여성은 양극성장애를 제외한 기분장애(주요우울장애, 기분부전장애)와 불안장애의 유병률이 높게 나타나는 반면, 남성은 여성보다 알코올 등의 약물중독과 반사회성 인격장애의 유병률이 높게 나타나고 있다(Kendler,

Prescott, Myers, & Neale, 2003). 한국 성인의 경우도, 알코올사용장애는 남성이 여성의 3배 이상 높게 나타나지만 기분장애와 불안장애는 여성이 남성보다 약 2배 이상 높게 나타나고 있다(조맹제 외, 2014). 거식증(anorexia nervosa)이나 폭식증(bulimia) 등의 식이장애는 90% 정도가 여성인데, 이는 여성의 외모를 중시하는 사회문화적 분위기와 깊은 관계가 있는 것으로 볼 수 있다.

한편, 성역할고정관념은 사람들이 증상에 대해 어떻게 반응하고 질병을 어떻게 진단하는가에 영향을 미친다. 동일한 스트레스가 발생했을 때 여성과 남성은

참고자료 2-4 직장인 정신과 치료… 불안 男 우울 女

남자는 업무과다, 여자는 대인관계 원인 많아
여성 직장인 나이 들수록 정신질환 발병 급증

정신질환 증세로 병원을 찾은 직장인이 2000년 이후 두 배 이상으로 늘어난 것으로 조사됐다. 정신질환 유형을 보면 남성 직장인은 불안장애, 여성 직장인은 우울증이 많은 것으로 나타났다. 16일 국민건강보험공단의 '국내 남녀 직장가입자 정신질환 현황'에 따르면 병원에서 정신질환으로 진단을 받은 직장인은 2000년 16만 3,213명에서 35만 4,221명(2007년)으로 8년간 두 배 이상으로 늘었다.

정신질환을 겪는 남성 직장인은 2000년 11만 4,579명에서 2007년 21만 2,883명으로 두 배 가까이 증가했고, 여성 직장인은 2000년 4만 8,634명에서 2007년 14만 1,338명으로 세 배 이상으로 늘었다.

직장인 주요 연령대라고 할 수 있는 30~50대의 경우 남성은 불안장애를 가장 많이 겪는 데 반해 여성은 우울증이 가장 많았다. 남성 직장인의 경우 20~30대는 1.9%, 40~50대 3.7%, 60대 5.0%가 정신질환을 경험했다. 여성 직장인은 20~30대 2.9%, 40~50대 5.4%, 60대 7.3%였다.

○○○ 정신과 교수는 "직장인 정신질환의 최대 원인은 스트레스인데 이에 대한 반응은 남녀별로 차이가 있다."고 말했다. 남성 직장인은 주로 업무 내용이나 업무량에서 오는 스트레스에 대해 상담을 받지만 여성은 업무로 인해 발생하는 대인관계 스트레스로 상담을 받는 경우가 많다. 20대 직장인의 경우 남녀 구분 없이 짧은 시간에 심한 정신적 압박을 느끼는 '급성 스트레스'가 다른 세대보다 많았다.

출처: 동아일보 (2008.7.16). 직장인 정신과 치료… 불안 男 우울 女.

다른 방식으로 스트레스를 표현하고, 도움을 찾는 빈도나 방식이 다르기 때문에 정신장애 진단에서 성차가 생길 수 있다(Lips, 2008). 예를 들어 우울한 여성은 슬픔을 느끼고 울고 절망하는 것과 달리 남성은 어찌할 바를 모르고 갑자기 화를 내고, 쉽게 노하고, 성욕이 증가하고, 일에 중독되거나, 사회 정서적으로 위축되거나 냉담함과 무관심을 보일 수 있다(Hart, 2006). 도움 요청 행동에 있어서도 여성은 남성보다 자신의 증상에 대해 더 많이 이야기하고 치료를 받으려는 경향이 더 높은데(Muller, 1990) 이는 그런 행동이 여성의 '약하고', '의존적인' 성역할고정관념과 부합하기 때문이라는 것이다. 반면, 남성은 치료를 받기보다 약물이나 알코올에 의존함으로써 우울증에 대처하는 경향이 더 높다(Williams & Spitzer, 1983). 이러한 차이들은 성역할고정관념 등 사회문화적 맥락이 남녀의 정신건강에 작용하고 있음을 시사한다.

3) 젠더와 신체건강

신체건강에서의 남녀 차이는 일차적으로 유전·생물학적 요인에 의해 설명될 수 있다. 그러나 신체건강에서 성차를 만들어내는 젠더 요인이 있음은 부인할 수 없다. 남성은 남자로서의 성역할과 관련하여, 여성은 여성으로서의 성역할과 관련하여 스트레스를 받고 이것이 신체건강을 저해하는 경우가 많다.

남성성 고정관념을 따르는 남성들은 타인보다 우월하고 경쟁에서 이겨야 한다는 스트레스를 받게 되며, 스트레스를 받을 때 도움을 요청하기보다 음주, 흡연, 기타의 약물을 통하여 스트레스를 해소할 것이기 때문에 건강은 더 악화될 수 있다(Brannon, 1976). 또한 남성은 강하게 보이고 싶은 소망으로 인해 운전을 거칠게 하거나 싸움이나 위험한 행동에 개입할 가능성이 더 높다. 이 모든 요인들은 남성이 여성보다 일찍 사망할 가능성을 높인다(Lips, 2008). 또한, 우리나라, 일본, 중국 등의 중년 남성에게서 상대적으로 높게 나타나는 과로로 인한 돌연사는 가부장적 문화와 밀접한 관련이 있는데, 사회로부터의 경쟁적 요구가 가부장적 가치에서 비롯된 책임의식과 결합하게 될 때 이들이 겪게 되는 사회적 스트레스는 가중되며 남성의 건강을 저해한다.

이와 관련하여 아이슬러와 스키드모어(Eisler & Skidmore, 1987)는 남성 성역할 스트레스 척도를 개발하여 이 척도와 남성의 신체건강 간의 관련성을 연구하였다. 이 척도에는 다음과 같은 다섯 가지 요인이 포함된다(〈표 2-3〉 참조).

- 신체적 부적절성: 남성으로서 신체적 건강 기준(예: 스포츠 혹은 성적 능력)을 충족시킬 수 없음에 대한 두려움
- 정서적 표현의 억제: 자신의 감정(사랑, 약함, 상처 입음)표현의 취약성에 대한 두려움, 그리고 다른 사람의 취약한 감정을 다루는 것에 대한 두려움
- 여성의 지배를 받음: 전통적으로 남성이 더 우수하도록 기대되는 활동(직장일 혹은 운동)에서 여성이 더 잘하게 되는 것에 대한 두려움
- 지적인 열등감: 합리적으로 생각하지 못하거나 결단을 내리지 못한다는 평가에 대한 두려움(특정 상황을 충분히 다룰 만큼 똑똑하지 못한 것에 대한 두려움)
- 수행의 실패: 직장 및 성행위 같은 영역에서 남성적 기준에 미치지 못하는 것에 대한 두려움

이상과 같은 남성 성역할 스트레스 척도 점수가 높았던 사람은 사회적으로 바람직하게 여겨지는 남성성 점수가 높았던 남성보다 고위험 활동에 참여하는 경향이 더 높았으며, 스트레스, 적대감, 불안, 고위험 건강행동으로 어려움을 겪을 가능성이 더 높았다. 또한 이 척도 점수가 높았던 남성과 여성 모두 더 낮은 점수를 보인 집단에 비해 심장병 유발 가능 행동, 적대감, 혈압이 더 높았고, 생활만족도가 더 낮았다.

여성의 신체건강도 젠더 고정관념과 관련이 있다. 취업여성들은 집안일과 육아, 직장일 등 다중역할로 인해 만성적인 신체적·정신적 피로를 경험한다. 난임

| 표 2-3 | 남성 성역할 스트레스 척도

다음과 같은 경우에 스트레스를 느끼는 정도를 다음의 응답범주를 기초로 체크하시오.

예) 몸이 아플 경우 스트레스를	전혀 느끼지 않는다 1	2	중간이다 3	4	5	대단히 많이 느낀다 6

※ 나는 다음 경우에 스트레스를 ……

1. 폭력 앞에서 무기력할 경우	21. 여성들이 흔히 하는 일이나 취미생활을 하고 싶은 경우
2. 의지가 약할 경우	22. 소극적 성격을 갖고 있는 경우
3. 흔히 여성적이라고 여겨지는 전공이나 직업을 갖는 경우	23. 일을 처리할 때 주위 사람에게 의존하는 경우
4. 여자 형제보다 능력이 없을 경우	24. 토론에서 남에게 기선을 제압당하는 경우
5. 아픈 아이를 돌보느라 낮에 집에 있는 경우	25. 돈이 없어 술이나 담배를 못하는 경우
6. 실직자가 되었을 때	26. 수줍음을 타는 경우
7. 스포츠를 잘 못하는 경우	27. 말이 너무 많다는 지적을 받는 경우
8. 여성 상관 아래에서 근무하는 경우	28. 가문을 빛내고 부모님을 기쁘게 해드려야 하는데 여의치 않을 경우
9. 성행위에서 상대방을 만족시키지 못하는 경우	29. 두려움이나 겁이 많은 경우
10. 어떤 상황을 여성이 주도하도록 할 경우	30. 여자와 데이트를 할 때 돈이 없을 경우
11. 자기보다 키가 큰 여성을 만날 경우	31. 가정문제와 직장문제가 동시에 있을 때 그 우선순위로 아내와 다툴 경우
12. 다른 남성보다 능력이 떨어지는 것으로 평가될 경우	32. 아프거나 피곤해도 남성이기 때문에 힘든 일을 해야 하는 경우
13. 승진의 기회를 놓친 경우	33. 아내에게 인정받지 못할 경우
14. 돈을 잘 벌지 못하는 경우	34. 자기보다 아내의 사회적 지위가 더 높을 경우
15. 직장에서 여성 동료보다 일을 잘 못하는 경우	35. 가장으로서의 권위가 떨어질 경우
16. 슬픈 감정을 억제하지 못하고 우는 경우	36. 처가의 도움으로 살아갈 경우
17. 직장에서 부하에 대한 지도력이 부족할 경우	37. 가장으로서 또는 아들로서 능력이 없다는 평을 들을 경우
18. 가족들이 원하는 것을 충분히 해주지 못하는 경우	38. 아내가 당신을 다른 남성과 비교하여 불평을 할 경우
19. 학력 등 자신의 개인적 배경이 출세에 장애가 될 경우	39. 군입대 및 병역의무를 수행해야 하는 경우
20. 빨래, 식사준비 등 자취생활을 해야 하는 경우	40. 자기보다 아내의 학력이 높은 경우

출처: 윤진 · 최정훈 · 김영미 (1989). pp. 75-76.

의 원인은 대체로 남녀에게 50% 정도씩이지만 실제 난임치료를 받으러 가는 사람은 여전히 여성이 남성에 비해 2.2배 수준으로 많다(정재은 · 서종욱 · 박해용 · 김연경 · 윤아라, 2017). 피임이나 낙태문제, 임신 출산으로 인한 위험은 여성들의 건강과 직결된다. 아름다운 외모를 위한 성형수술은 육체적 · 정신적 비용 및 부작용 등으로 여성의 건강을 저해한다. 이와 같이 여성들의 건강을 저해하는 많은 일들은 여성의 임신, 출산, 육아, 가사노동, 외모중시 등의 젠더관련 고정관념과 연관이 있다.

5. 양성평등한 인간발달을 향하여

인간의 사회화는 여러 요인에 의해 영향을 받지만 성별은 사회화의 내용과 방향을 결정짓는 가장 핵심적인 요소이다. 전통적인 시각에 의하면 성별에 적합하다고 인정되는 특성이 있으며, 그러한 특성은 고정되어 있고 객관적이며 보편적으로 나타나는 것이다. 그러나 페미니즘 운동과 사회과학의 발전은 남성과 여성의 특성이 생물학적 성별에 의해 결정되는 것이 아니라 가정, 학교, 대중매체, 친구관계 등을 통하여 전 생애에 걸쳐 이루어지는 사회화의 결과임을 밝혀왔다.

전통적으로 가정에서 부모가 자녀들에게 보이는 태도, 기대, 반응은 성별에 따라 다른 경향이 있었다. 학교에서도 교과서의 내용이나 학교조직 등이 성평등적 방향을 지향하고는 있지만 여전히 성차별적인 요소가 남아 있고, 이는 교사와의 상호작용을 통해 학생들의 성역할사회화에 중요한 영향을 미치고 있다. 대중매체, 특히 인터넷 게임이나 웹툰 등 정보화 사회에서 나타나고 있는 대중매체는 소비자와의 상호작용을 거쳐 고정관념적인 성역할 메시지를 확대 재생산하는 경향이 여전히 강하다. 고정관념에 입각한 이러한 사회화 과정은 남녀별로 다른 특성을 발달시키도록 하며, 성별에 따라 불평등한 역할과 지위를 부여하는 중요한 근거로 사용되어 왔다.

한편, 개인의 신체건강과 정신건강이 젠더 이슈, 특히 성역할고정관념이나 성역할정체감과 밀접한 연관이 있다는 점에서 볼 때 성역할정체감은 개인의 정신건강이나 신체건강을 설명하고 예방하는 실용적인 잣대가 될 수 있다. 성역할정체감이 경직되어 있을수록, 그로 인한 자기규제가 스트레스를 유발하고 심신건강을 해칠 수 있으므로 보다 융통성 있고 적응적인 성역할정체감을 가지는 것이 필요하다. 또한 심신건강 전문가들은 사람들이 건강문제를 호소하거나 도움을 요청하는 행위, 건강문제에 대처하는 방식, 건강문제를 진단하는 기준 등이 남녀별로 다르고, 여기에도 젠더 이슈가 반영되어 있다고 말한다.

21세기는 정보화와 세계화가 더욱 가속화되면서 전 세계가 하나의 지구촌으로 손에 손을 맞잡고 소통하는 시대로 자리 잡을 것이며, 그 무엇보다도 감성이 중요한 시대가 될 것으로 예측하고 있다. 이러한 시대적 상황에서 여성과 남성을 구분하고 그에 따른 역할과 지위를 구분하는 것은 더 이상 무의미하다. 사회적·제도적 차원에서는 성평등한 사회가 이루어질 수 있도록 다양한 정책과 제도가 더욱 실효성 있게 강구되어야 할 것이며, 개인적·관계적 차원에서는 서로를 특정 성별로서가 아니라 함께 존중하며 살아가는 파트너로 대하고 소통하는 적극적인 자세가 필요할 것이다.

논의해 봅시다

1. 성역할정체감 검사를 통해 밝혀진 자신의 정체감 유형은 무엇이며 그것이 일상생활에 미친 긍정적 부정적 영향에 관한 자신의 경험을 이야기해 보자.

2. 성역할사회화에 대한 모더니즘 시각과 포스트모더니즘 시각을 비교해 보고, 각 이론의 어떤 점에 주목하게 되었는지, 그리고 각 시각의 강점과 제한점은 무엇이라고 생각하는지 논의해 보자.

3. 스트레스를 경험할 때 어떻게 대처하는지, 여성이기 때문에 혹은 남성이기 때문에 스트레스에 효과적이고 건설적으로 대처하는 데 방해받은 적이 있는지 논의해 보자.

CHAPTER

03

젠더와 생애발달

CONTENTS

chapter 03 젠더와 생애발달

고전적인 발달심리학자들이 인간 발달의 초점을 유아기에서 청소년기까지에 두고 있지만 생애발달관점(life-span development perspective)은 성인기와 노년기를 포함한 전 생애에 걸친 발달과정에 주목한다. 생애발달관점에 대한 관심은 노년기가 길어지고 있는 인구학적 변화와 더불어 증가하고 있다. 특히 생애발달관점은 젠더와 관련하여 학업, 결혼, 직업 등 사회적 역할이 왕성해지는 성인기 이후의 발달과정에 많은 시사점을 제공한다는 점에서 그 유용성이 크다. 이 장에서는 생애발달관점을 가지고 평생 나타나는 젠더의 변화 양상을 살펴보고자 한다. 구체적으로는 다음과 같은 주제를 중점적으로 다룰 것이다.

- 개인의 성정체감과 성역할정체감, 성역할고정관념과 성역할태도는 생애과정을 통해 어떻게 발달되고 변화해 나가는가?
- 개인의 성역할정체감과 성역할고정관념 그리고 성역할태도 등은 생애발달과정의 각 단계에서 인간의 심리적·사회적 기능과 어떤 관련성을 가지는가?

1. 젠더의 생애발달과정을 설명하는 이론

이 절에서는 2장에 이어 생애발달과정에서 나타나는 젠더의 변화상을 이해하는 데 도움이 되는 몇 가지 이론들을 추가하여 살펴본다. 2장에서는 영유아기부터 청소년기에 이르는 성역할사회화 관련 이론들을 살펴보았는데, 이 절에서는 성인기 이후의 젠더관련 발달을 설명하는 이론에 중점을 두어 살펴보고자 한다. 이에 앞서 이 장의 전체적인 틀이 되는 생애발달관점의 개요를 살펴본다.

1) 생애발달관점

생애발달관점은 인간 발달이 수정에서 사망에 이르는 전 생애 동안 이루어진다는 관점이다. 성인기 이후의 발달이 포함된다는 점에서 '전(全)생애'발달관점이라고 부르거나, 발달의 역사적, 사회적 맥락이 강조된다는 점에서 생애과정관점(life course perspective)이라고도 부른다. 이 관점에서는 발달이라는 것을 단선적인 과정으로 이해하는 것이 아니라 다차원적, 다방향적, 맥락적으로 진행되는 것으로 본다. 또한 발달을 유전과 환경, 개인의 공동 작업으로 파악하고 있다. 여기서는 이론이 담은 모든 내용을 소개하지는 않고, 발달의 맥락적 특성과 유전-환경/역사-개인 간의 상호작용의 결과로 발달을 이해하는 부분에 초점을 두어 설명할 것이다.

생애발달관점에서는 모든 발달이 특정 맥락(context)에서 발생하며, 그 맥락은 다음의 세 가지로 분류할 수 있다고 본다(Baltes, 1997). 첫 번째는 일반적인 연령의 영향이다. 모든 인간은 연령에 따른 비슷한 변화를 경험한다는 것이다. 예를 들어 10대 초반 사춘기 연령대의 사람들은 누구든지 비슷한 유형의 신체적 변화를 경험한다고 본다. 두 번째는 역사적인 영향이다. 이것은 특정 출생 코호트(cohort)가 동일한 역사적 사건이나 환경에 노출되기 때문에 다른 코호트와 다른 그들만의 특성을 가지게 된다는 것이다. 우리나라 80세 이상 노년층은 일제 강점기와 해방, 한국전쟁을 경험하면서 위계성과 가부장적 가치관이 강화된 시대를 살았는데 이들의 젠더 발달은 그와 같은 영향하에서 만들어졌다는 것이다. 요즘의 청년세대는 경제구조의 변화와 더불어 남성의 부양자역할이 약화되고 성평등 가치가 보편화되는 추세 속에서 남녀의 젠더 발달이 이전 코호트와 다를 수 있다. 마지막으로 살펴볼 영향은 비규범적 생활사건(non-normative life events)의 영향이다. 비규범적 생활사건이란 각 개인에게 발생한 예측하지 못한 생활사건을 의미하는데, 그 비예측성으로 인해 비교적 다수의 사람에게서 발생하는 규범적 생활사건(예, 50대의 은퇴, 30대 초반 취업 등)보다 개인에게 미치는 영향이 더 클 수 있다. 10대의 임신, 자연 재해, 예상 못했던 실직 등이 비규범적 생활사건의 예라고 할 수 있다. 이상과 같은 발달적, 역사적, 생활사건상의 맥락은 개인의 젠더 발달에 깊은 영향을 미친다.

또한 생애발달관점에서는 발달이 유전과 환경, 그리고 개인의 공동 작업이라고 이해한다. 예를 들어 뇌의 시냅스는 생물학적 요인에 의해 형성되지만 어떤 시냅스가 살아남고 어떤 시냅스가 소멸하는지는 뇌의 가소성(plasticity) 때문에 각 사람이 어떠한 경험을 했느냐와 상관이 있다. 즉 특정 경험을 더 많이 할수록(특정 시냅스를 사용할수록) 그 시냅스의 연결망은 점점 더 강력해지고, 반면 사용하지 않은 시냅스는 사라진다. 이는 뇌 발달에 있어 유전과 환경이 상호작용하고 있음을 보여준다. 일각에서는 남녀 뇌의 해부학적 구조의 차이가 사고방식 또는 정서 반응의 차이로 이어져 남녀의 특징적인 성격이 드러난다는 주장이 제기되고 있지만, 그리 크지 않은 남녀의 뇌 구조 차이 또한 남녀가 경험하는 환경의 차이에 의해 심화되거나 약화될 수 있다는 것이다.

한편 개인은 환경에 의해 수동적으로 영향을 받기만 하는 존재는 아니다. 개인은 자라면서 특정 심리적 경향성을 표현하는 방식으로 경험과 환경을 만들고, 이로 인해 다시 영향을 받기도 한다. 예를 들어 생물학적으로 외향적인 사람일수록 사람들과 더 많이 만나고, 이를 권장하는 환경에 자신을 더욱 노출시킨다. 반면

CHAPTER

03

젠더와 생애발달

CONTENTS

chapter

03 젠더와 생애발달

고전적인 발달심리학자들이 인간 발달의 초점을 유아기에서 청소년기까지에 두고 있지만 생애발달관점(life-span development perspective)은 성인기와 노년기를 포함한 전 생애에 걸친 발달과정에 주목한다. 생애발달관점에 대한 관심은 노년기가 길어지고 있는 인구학적 변화와 더불어 증가하고 있다. 특히 생애발달관점은 젠더와 관련하여 학업, 결혼, 직업 등 사회적 역할이 왕성해지는 성인기 이후의 발달과정에 많은 시사점을 제공한다는 점에서 그 유용성이 크다. 이 장에서는 생애발달관점을 가지고 평생 나타나는 젠더의 변화 양상을 살펴보고자 한다. 구체적으로는 다음과 같은 주제를 중점적으로 다룰 것이다.

- 개인의 성정체감과 성역할정체감, 성역할고정관념과 성역할태도는 생애과정을 통해 어떻게 발달되고 변화해 나가는가?
- 개인의 성역할정체감과 성역할고정관념 그리고 성역할태도 등은 생애발달과정의 각 단계에서 인간의 심리적 · 사회적 기능과 어떤 관련성을 가지는가?

내향적인 사람들은 주로 내향적인 친구들과 사귀고, 내향적인 활동을 더 많이 한다. 그리고 이를 통하여 개인의 외향성이나 내향성이 더욱 두드러지게 된다. 이렇게 개인은 능동적으로 자신의 환경을 만들어 내는 것이다(김근영, 2014).

이와 같은 생애발달관점을 젠더 발달에 적용해 보면, 한 개인의 젠더 발달은 생물학적 혹은 심리적인 면에서의 선천적 차이와 더불어, 그 차이를 강화 혹은 약화시킬 수 있는 사회적 · 역사적 맥락, 그리고 그 맥락에 대한 개인의 주도적인 반응 등을 통해 형성되어 간다고 볼 수 있다.

2) 융의 중년기 발달이론

분석심리학자인 칼 융(Carl. G. Jung, 1875~1961)은 중년기를 인생의 전반에서 후반으로 바뀌는 전환점으로 보았다. 중년기에는 급격한 가치관의 변화가 일어나면서 그토록 중요해 보이던 인생 목표나 야망에서 그 의미를 잃어버리고 불완전한 느낌과 침체된 느낌을 가지게 된다. 이 시기는 청년기와 성인기 동안 왕성한 사회적 역할수행을 위해 활성화되었던 자아(ego)와 페르소나, 외현적 에너지 등이 인간의 본질인 자기(self)와 무의식의 영역인 그림자, 그리고 내면으로 향하면서 인생의 궁극적인 목적인 개성화(individuation)를 이루는 시기라고 하였다. 여기서 개성화란 인간의 무의식적인 부분이 의식적 성격에 통합되어 나가면서 하나의 전일성(全一性)을 지닌 본래의 자기가 되는 것을 말한다. 이 개성화 과정에 포함되는 것 중의 하나가 지나친 젠더화로 인해 무의식으로 억압되었던 반대 성의 성격특성을 자기에 통합하는 것이다.

융은 인간이 본질적으로 양성(兩性)의 기질을 가지고 있다고 보았는데, 생리적인 면에서도 남녀 모두 남성호르몬과 여성호르몬을 다 분비하고 있으며, 심리적인 면에서도 양성 모두의 특성이 있다고 본다. 하지만 생물학적 차이뿐 아니라 사회화의 거센 압력 속에서 남성은 남성적 특성을, 여성은 여성적 특성을 발전시키도록 요구 당하기 때문에 성차가 더욱 커진다고 본다. 결과적으로 '반대되는'

측면은 억압되고 약화되어 사회의 고정관념에 맞는 남성적 특성과 여성적 특성이 표면으로 드러나게 된다. 그러나 억눌린 반대 성의 성격 측면들은 사라지지 않고 무의식 속에 생생하게 남아 있으며 중년에 이르면 그 억눌린 반대 성의 무의식적인 측면인 아니마(anima)와 아니무스(animus)가 자신의 존재를 표면으로 드러내게 된다는 것이다. 그 결과 중년기 이후 남녀는 자신의 생물학적 성과 반대되는 성격 특성을 표현하기 시작해 남성은 덜 공격적이 되고 대인관계에 보다 많은 관심을 보이기 시작하며, 여성은 보다 공격적이고 독립적이 된다는 것이다.

성인기 발달에 대한 융의 이런 설명은 경제성장 속도가 둔화되고 수명이 길어져가는 후기산업사회에서 성인발달에 대한 관심이 증가하면서 더욱 주목받고 있다. 그의 연구는 실험과 실증연구에 기초하지 않았다는 이유로 비판을 받기도 하지만 임상자료를 통해 상당한 설득력을 인정받고 있다. 뒤에서 소개할 성인발달 이론가인 레빈슨(Levinson)과 뉴가르텐(Neugarten) 또한 융의 이론을 지지하고 있을 만큼 그의 이론은 성인기 발달을 이해하는 큰 틀로 평가받고 있다.

3) 레빈슨의 인생주기모형

레빈슨(Levinson, 1920~1994)은 성인 남녀를 심층 면접하는 등의 실증연구를 통해 남녀 성인의 발달단계를 이론화하였다. 그는 1968년부터 성인 남성들을 대상으로 심층 면접을 하고 유명인의 자서전이나 문학작품 속 주인공의 생애 등을 분석하여 『남자가 겪는 인생의 사계절(The Seasons of a Man's Life)』(1978)이라는 단행본을 출간했다. 이후 그는 유사한 방법으로 여성의 인생 사계절에 대한 연구도 진행하였다(정옥분, 2007: 467-482).

그의 남성 인생주기 연구의 연구대상은 근로자, 기업가, 학자, 예술가 등으로 구성된 당시 35~45세(1923년에서 1934년 사이 출생)의 남성 40명이었다. 그는 이 연구 결과를 정리하여 인생의 주기를 각각 20년씩 지속되는 네 개의 계절로 구분하고 계절 간에는 대략 5년간의 전환기가 있다고 보았다. 봄은 아동청소년기(0~22

세)로서 인생 형성기이다. 여름은 성년기(17~45세)로서 인생에서 여러 중요한 선택이 이루어지며 에너지가 있지만 스트레스도 큰 시기이다. 가을은 중년기(40~65세)로 생물학적 능력은 감퇴하지만 사회적 책임은 더 커지는 시기이다. 겨울은 노년기(60세 이상)이다. 각 계절에는 저마다의 고유한 발달과업이 있으며, 성인기 이후에도 발달은 꾸준히 이루어진다고 보았다. 각 시기의 사이사이에는 전환기가 있는데, 이 전환기는 지금까지의 인생을 평가하고 새로운 가능성을 탐색하며 방향을 재정립하는 시기이다.

그는 여성의 인생 사계절에 대한 연구 또한 실시하였다. 연구대상은 당시 35~45세(1935년에서 1947년 사이 출생)였던 가정주부, 대학교수, 여성 기업인 등 40명이었다. 그 결과는 그의 사후, 『여성의 인생 4계절(The Seasons of a Woman's Life)』이라는 제목으로 발간되었다. 여성의 경우 인생 주기의 변화 시점은 남성과 유사하지만 여성의 긴 수명으로 인해 노년기 후기가 추가되었다. 그는 특히 여성은 전통적 성역할의 엄격한 구분 때문에 남성보다 훨씬 더 힘든 삶을 산다고 보았다. 그의 연구에 참여한 1930~1940년대 출생 여성들의 경우를 보았을 때 그는 '성의 구분'이 문제가 된다는 것을 발견했다. 가정주부는 사회적 변화에도 불구하고 성의 구분을 고수하려는 경향을 보였고 이로 인해 자아발달 또한 제한을 받았다. 반면 직업여성은 남성 우위 직장에서의 편견과 가정에서의 집안일 분담을 놓고 어려움을 겪었다.

그의 연구에서 나타나는 바로는, 남성과 여성은 각기 다른 종류의 도전에 직면하며 그 도전에 대처하는 방법 또한 다르다. 남성의 꿈이 직업적 성취에 있다면 여성의 꿈은 직업과 가정을 병행하는 것이다. 직업과 결혼이라는 두 가지 목표로 분할된 여성의 꿈에 대해 그는 '분할된 꿈'이라 불렀는데, 여성들은 직업선택 시 이런 분할된 꿈을 참작하여 선택을 한다는 것이다. 그리고 남성은 성인기 절정기에 삶의 안정을 이루지만 여성은 평생 안정을 이루기 힘들다는 것을 발견하였다(정옥분, 2007: 480).

한편, 중년기 전환기에 남성은 내면의 상반되는 성향들, 즉 신체적으로는 중년이지만 정신적으로는 청년인 점, 그리고 여성적인 면과 남성적인 면 등을 통합하는 노력이 필요하다. 이를 위해 남성은 중년기 진입기에 직업이나 가정환경에 대한 재구성이 필요한데 이러한 재구성을 통해 중년기 인생구조의 토대를 만들면 이후 안정기에 접어들면서 풍요로운 인생을 보내는 완성의 시기가 될 수 있다. 레빈슨은 이와 같은 성인기의 발달과정에 융의 이론을 접목시켰다. 분주한 성별 역할수행이 수그러드는 중년기에 개성화를 향한 무의식의 외침이 활발해진다는 융의 이론은 레빈슨이 발견한 '여름'에서 '가을'로 넘어가는 인생의 계절 변화와 비슷하게 맞아떨어진다. 이러한 레빈슨의 이론은 역할 변화와 더불어 성인기에 젠더차이가 극대화되었다가 중년기 이후 그 차이가 줄어들고 통합되는 성인기의

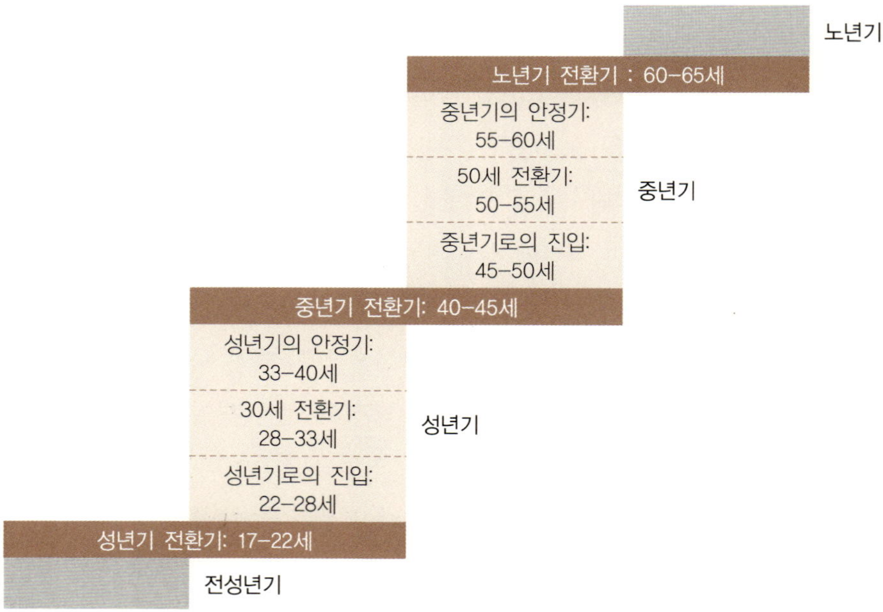

| 그림 3-1 | 레빈슨의 인생주기모형: 남성의 인생단계

출처: Levinson, D. J. (1998).

젠더 발달과정을 실증적으로 보여주고 있다.

레빈슨의 연구 결과는 미국에서 1930~1940년대에 출생한 코호트의 역사적, 사회적 맥락에 비추어 해석할 필요가 있다. 이 코호트는 20세기 전반, 종교적, 사회적 이유로 남녀의 엄격한 역할분업이 칭송되면서 미국이 비약적으로 발전하던 시기에 성인기를 보낸 사람들임을 기억할 필요가 있다. 그러나 오늘날에도 여전히 여성의 '분할된 꿈'의 갈등이 없어졌다고 할 수 없으며, 부양자역할로 인한 남성들의 스트레스도 여전하다면 그의 이론은 오늘날의 젠더 발달을 설명하는 데 있어서도 여전히 유효할 것이다.

4) 뉴가르텐의 사건의 발생시기모델

앞에서 소개한 이론들이 성인기의 발달이나 변화가 연령과 관련이 있다고 보는 것과 달리 뉴가르텐(Neugarten, 1916~2001)은 성인기의 성격 변화는 성인기에 경험하는 인생의 사건(events)과 관련이 있다고 본다. 그는 아동, 청소년기에는 연령의 증가와 신체발달이 발달을 이끌었다면 성인기에는 '생물학적 시간대'에서 '사회적 시간대'로 그 중요성이 이동한다고 보았다. 성인기가 되면 생리적, 지적 성장은 결혼, 부모됨, 은퇴 등과 같은 사건들에 비해 중요성이 떨어진다. 그리고 각각의 사건이 어떤 시기에 발생했느냐 하는 시점(timing)의 문제도 큰 영향을 미친다.

그의 사건의 발생시기모델은 성인발달이 인생에서의 특정 사건과 그 사건이 발생하는 시기에 반응하여 일어난다고 가정한다. 사건의 발생 시기는 그것이 예측 가능한 시기에 일어났느냐의 여부에서 그 영향력이 다른데, 문제가 되는 것은 인생에서 예상했던 순서와 리듬을 깨는 사건들이다. 사람들은 발달적 사건에 대해 적정한 타이밍을 인식하고 있는데, 결혼이나 자녀출산에 대해 '이르다', '늦었다'고 표현하는 것이 그러한 인식의 예이다. 또 다른 구분은 개인적 사건과 사회적 사건의 구분이다. 임신, 결혼 등은 개인적 사건이다. 사회적 사건은 전쟁, 지진, 감염병, 대형재난, 불황 등과 같은 거시적 사회와 관련이 있다. 문화적 사건은 개인의 사회적 시간대, 즉 어떤 사건이 이르거나 늦었다는 것을 판단할 수 있는 시간대에 영향을 미친다. 한 세대의 사람에게 적절한 시간표가 그 다음 세대에는 맞지 않을 수 있는 것은 이 사회적 사건 때문이다(정옥분, 2007: 495-503).

오늘날 성인기의 주요 사건은 점점 예측이 힘들어지는데, 은퇴나 첫 아이의 출생, 빈 둥지 시기 등을 대부분의 사람이 비슷한 시기에 무난히 진입하지는 않는다. 사건의 발생시기모델에 의하면 이러한 불확실성이 성인기의 스트레스를 유발한다고 한다(Neugarten & Neugarten, 1987). 그리고 사건에 반응할 수 있는 개인적, 가족적, 사회적, 문화적 자원들은 사람들이 인생 사건에 대한 반응을 건강하게 하는 데 도움이 된다(Santrock, 1997). 예를 들어, 미혼모가 되는 사건에 대해 자존감이 높고, 가족의 지원이 있으며, 복지정책의 지원이 따르고 사회적 낙인이 적다면 그 스트레스는 감소하고 대처는 더 훌륭하게 이루어질 수 있다는 것이다.

뉴가르텐의 이론을 젠더 발달에 적용해 보면, 직업과 결혼으로 안정을 추구해야 할 30대 초반에(시점의 영향) 직장 구하기도 집 구하기도 어려운 환경(사회적 사건의 영향)에 직면한 남성들은 남성의 전통적 성역할에 보다 융통성 있게 반응할 가능성이 높다. 또 다른 경우, 30대에 경험한 남편의 죽음(시점의 영향)으로 인해 어쩔 수 없이 두 자녀의 부양자 역할을 해야 했던 여성이 그 사건(개인적 사건의 영향)으로 인해 다른 여성보다 더 진취적인 리더로 성장하는 것을 예로 들 수 있다. 이와 같이 생활사건은 그것이 발생한 시점과 더불어 한 개인의 젠더 발달에 영향을 준다는 것이 뉴가르텐의 관점이다.

2. 생애발달단계와 젠더

이 절에서는 영아기부터 노년기에 이르기까지 각 생애단계별로 나타나는 젠더 발달의 양상과 그 영향 등을 살펴보도록 한다.

1) 영유아기와 젠더 발달

영유아기는 처음으로 자신의 성정체감과 성고정관념 등이 생성되는 시기이다. 성정체감 발달을 위해서는 영유아가 남자와 여자를 구별하는 것이 우선되어야 한다. 그 다음에 그 범주 중 하나에 자신을 포함시키게 되면서 성정체감이 발달하는 것이다(최경숙 · 송하나, 2010: 282-286). 선행연구 결과, 생후 6개월경 이미 영아는 남자 말소리와 여자 말소리를 구분할 수 있으며, 1세경이 되면 사진에서 남녀 성인을 상당히 정확히 구별하면서 남자 목소리와 남자 얼굴, 여자 목소리와 여자 얼굴을 연결시키기 시작한다고 한다(Leinbach & Fagot, 1993). 2세 반에서 3세경이 되면 거의 모든 유아들은 자신을 남자 또는 여자라고 정확히 구분할 수 있게 된다(Thompson, 1975). 그러나 성별이 원하는 대로 바뀌지 않는 고정적 특성이라는 것을 이해하는 것은 인지발달상 구체적 조작기가 시작되는 5~7세가 되어서이다.

장난감 선호에서의 성차는 매우 일찍부터 발달한다. 14~22개월 남아들은 일반적으로 트럭과 자동차를 좋아하는 반면 이 나이의 여아들은 인형과 부드러운 장난감을 좋아한다(Smith & Daglish, 1977). 같은 성의 놀이 친구를 선호하는 것도 매우 일찍부터 발달되어 2~3세경부터 놀이에서의 성별 분리가 여러 문화에서 관찰된다(Whiting & Edwards, 1988). 6세반 경에 아동들은 이미 반대 성과 지내는 시간의 10배 이상을 동성 친구들과 지낸다(Maccoby, 1990). 이러한 결과는 남아와 여아의 놀이양식의 근본적인 차이에서 기인하는 것으로, 거칠고 지배적인 남아들의 놀이양식이 협상으로 해결하고 싸우는 것을 좋아하지 않는 여아들의 양식과 다르기 때문으로 해석한다(Maccoby & Jacklin, 1974).

프로이트는 3~5세의 성기기에 동성 부모와의 동일시를 통해 성정체감과 성역할사회화가 이루어져 간다고 보았다. 3~7세 유아들은 발달적 특성상 성 유형화된 행동을 반드시 따라야 한다고 믿는다. 이 시기는 유아들이 자신의 성별을 구분하면서 그에 기초한 자아상을 확립해 가는 시기이기 때문에 불안정한 자아상으로 인해 성역할고정관념을 따르는 것에 더 경직된 사고를 한다(Biernat, 1991).

유아의 성역할고정관념 발달에 관한 국내의 한 실험(장영철 · 노성희 · 박재용 · 오남석 · 윤희지, 2015)에서는 유아의 사물에 대한 성역할고정관념 형성에 대해 어린이집의 만 3세와 만 5세 유아를 대상으로 실험을 하였다. 그 결과 어른들이 일반적으로 남자 혹은 여자의 물건이라고 보는 물건에 대해 만 5세 유아들은 20대 성인과 거의 일치하는 답을 하였지만 3세 유아의 경우는 일치율이 낮았다. 이 연구의 결과는 만 5세경의 유아에게 이미 사물에 대한 성역할고정관념이 형성되고 있음을 보여준다.

한편 이 연구에서는 만 3세 남아의 경우 5세아 만큼은 아니었지만, 같은 나이 여아보다 사물에 대한 성역할고정관념이 더 뚜렷하게 나타났는데, 특히 조부모와 함께 생활하면서 성인의 성역할고정관념에 부합하는 행동에 대해 지속적 강화를 받았던 아동들에게 이런 경향이 더 빠르고 뚜렷하게 나타남을 발견하였다. 이러한 결과는 남아가 여아보다 더 어린 나이에 성별 적합 행동에 대한 사회적 압력을 받고 있을 가능성(Bardwick & Douwan, 1971)을 짐작하게 한다. 예를 들어, 아버지는 12개월 된 딸에게 트럭 장난감을 사주는 것은 꺼리지 않지만 아들에게 인형을 사주는 것은 꺼리는 문화(Snow, Jacklin & Maccoby, 1983)가 세계 여러 문화에서 공통적으로 나타난다. 이러한 결과들은 유아들의 성정체감이나 성고정관념 형성에 미치는 양육환경의 영향을 말해준다.

2) 아동기와 젠더 발달

초등학교에 입학할 무렵이 되면 아동은 자신이 남자 혹은 여자라는 성정체감을 안정적으로 확립한다. 성정체감의 안정화와 더불어 아동의 성역할고정관념은 이전보다 융통성이 있고 덜 극단적으로 나타나게 된다(최경숙·송하나, 2010: 282-286; Martin, 1989). 프로이트의 발달단계 중 잠복기에 해당하는 이 시기는 외모나 행동 특성 등에서는 성별 차이가 그리 두드러지지 않는다. 하지만 이 시기 아동들은 놀이 활동에서 성 분리 경향이 강한 편이어서 반대 성과 사귀기를 피하는 아동들이 또래들 사이에서 사회적으로 유능한 것으로 간주되며 인기가 있는데, 이러한 성 분리 규칙과 반대 성에 대한 편견은 사춘기에 들어서 이성에 대한 관심이 시작되면서 감소하게 된다(Serbin, Powlishta, Gulko, Martin, & Lockheed, 1993).

흥미로운 것은 초등생의 경우 남아에 비해 여아의 성고정관념이 더 낮으며 성역할 특성 또한 여학생이 더 유연하다는 점이다(구정화, 2009; 김선정, 2002; 신숙영, 2001; 좌현숙, 2011). 이에 대해 학자들은 몇 가지 설명을 내놓고 있다. 첫 번째 설명은 여아들이 사회적 관념상 남성적 행동이 높게 평가된다는 것을 점차 알게 되기 때문에 남성적 특성을 선호하는 경향이 있다는 것이다. 둘째는 여아가 남성적 특성을 나타내는 것에 대해서 부여하는 사회적 낙인이 별로 크지 않기 때문이라는 것이다. 즉, 톰보이는 사회적으로 받아들여지지만 계집아이 같은 사내아이라는 낙인은 조롱과 거부의 의미를 나타낸다는 것이다(Martin, 1990). 성별로 부적절한 행동에 대한 자기 스스로에 대한 처벌도 여아에 비해 남아에게서 더 높게 나타난다. 이런 이유로 남아들은 여성적 성향을 나타내는 것을 두려워하지만 여아들은 거침없이 남성적 특성을 나타내면서 성역할고정관념도 남아에 비해 약해진다.

한국 아동들의 성역할고정관념이 아동 후기에서 청소년 초기까지 어떻게 변화해 나가는지를 종단적 자료를 통해 파악한 연구가 있다. 좌현숙(2011)은 한국청소년 패널조사 데이터를 활용하여 2004년 당시 초등 4학년이던 남녀 2,844명의 성역할고정관념이 5년 후인 중2 때에 어떻게 변화하는지를 분석하였다. 분석 결과 아동 후기에 해당하는 4학년 당시에는 앞에서 언급한 바와 같이 여아보다 남아의 성역할고정관념이 더 높았으며, 이후 5년 동안 남녀 학생의 성역할고정관념은 감소하는 추세를 보였는데, 남학생보다 여학생들의 고정관념 감소폭이 더 급격하였다. 이렇게 되면 중학생 무렵에는 남녀의 성역할고정관념 차이는 더 벌어지게 된다. 그러나 전반적인 추세에 있어서는 아동기에서 청소년기로 넘어가면서 이들의 성역할고정관념은 더 유연하고 융통성 있게 변화하고 있었다.

조사 결과를 조금 더 깊이 들어가 보면, 4학년 시점 아동의 성역할고정관념에는 아동 부모의 교육수준과 어머니의 취업 여부가 영향을 미치는 것으로 나타났다. 아동의 성역할고정관념이 교육을 통해 고정관념이 완화된 고학력 부모와의 상호작용에 의해 감소한다는 것과, 어머니가 전통적 성역할이 아닌 직업역할을 하고 있을 때 이것이 아동의 성역할고정관념을 완화시키고 있음을 알 수 있다. 또한, 아버지의 교육수준과 소득수준이 높은 아동들의 경우 이후 5년 동안 성역할고정관념의 감소폭이 더 크게 나타났다. 이 결과는 아동들의 성역할고정관념 형성과 이후의 고정관념 발달궤적에 부모 및 가정환경이 중요한 영향을 미치고 있음을 보여주고 있다.

3) 청소년기와 젠더 발달

사춘기의 성호르몬 활성화는 생식기관의 성장과 2차 성징의 발달을 도우며 이것이 사회적, 환경적 요소와 상호작용하면서 청소년의 젠더 발달에 기여한다. 이 시기는 또한 정체감 형성이 활발하게 일어나는 시기로 자아정체감 형성의 중심 개념 중 하나인 성역할정체감(박병금 · 노필순, 2009)도 혼란기를 거쳐 안정화되어 간다. 취미나 직업 등을 가지는 데 있어서는 아동기 이후 약화된 성고정관념이 그대로 유지되지만, 자신의 성역할정체감과 관련해서는 생물학적인 변화 등으로 인해 다른 양상을 보인다. 즉, 청소년기에는 신체적으로 각 성의 특징이 두드러지게 나타나면서 이성에 대한 관심이 높아지게 되는데, 이러한 변화로 인해 자신에 대한 개념도 달라지고 또 이전 시기보다는 또래집단 사이에서 남자다움과 여자다움에 대한 사회적 가치가 높아지게 되면서 이러한 변화가 성역할정체감에 반영된다.

〈그림 3-2〉는 중, 고, 대학생 각 집단을 대상으로 이루어진 세 편의 성역할정체감 연구 결과(김선영 · 전효정, 2013; 박병금 · 노필순, 2009; 성미혜, 2009)를 비교하여 보여주고 있다. 세 연구 모두 성역할정체감 척도는 벰(Bem, 1974)의 성역할척도(BSRI) 계열의 척도를 사용했으나 측정 시기에는 차이가 있으며, 조사대상도 각 연령대의 대표적 표집이라고 보기는 어렵다. 그러나 이 자료가 연령대별 성역할정체감 유형 분포의 대체적인 추이를 살펴보는 데 도움은 될 것으로 생각한다.

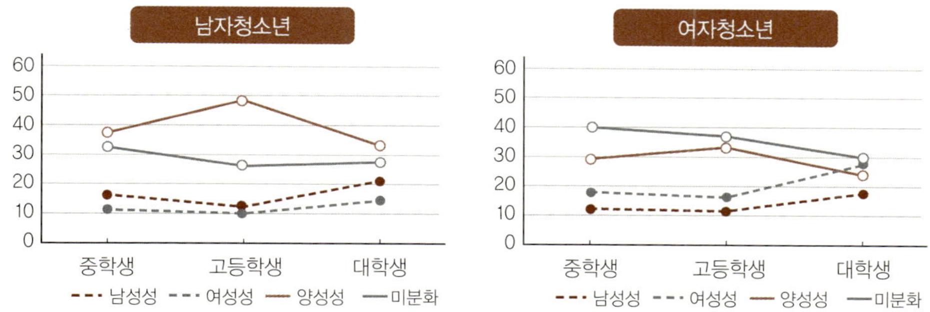

	남자청소년(단위: %)				여자청소년(단위: %)		
	중학생	고등학생	대학생		중학생	고등학생	대학생
남성성	16.9	13.3	22.2	남성성	12.5	12.1	18.1
여성성	11.3	11.2	15.3	여성성	17.9	16.7	27.7
양성성	33.5	26.6	28.5	양성성	39.9	37.5	29.8
미분화	38.3	49.0	34.0	미분화	29.7	33.7	24.5
계	100	100	100	계	100	100	100

| 그림 3-2 | 남녀 중 · 고 · 대학생의 성역할정체감 분포 예시

1) 중학생은 김선영 · 전효정(2013), 고등학생은 박병금 · 노필순(2009), 대학생은 성미혜(2009)의 연구 결과에 기초하였으며, 세 연구 모두 벰의 BSRI 계열의 척도로 중앙값 기준으로 성역할정체감 유형을 나누었음

2) 각 집단별 분포 비교를 시각화하기 위해 꺾은선그래프로 표시하였으나, 이 그래프는 집단별 비교일 뿐 동일집단의 변화추이를 나타내는 것이 아님

〈그림 3-2〉의 유형분포 그래프를 통해 청소년의 각 연령대별로 성역할정체감의 분포 추이에서 다음과 같은 점을 발견할 수 있다.

첫째, 세 시기 모두 네 개의 유형 중 미분화 유형과 양성성이 남성성 혹은 여성성보다 훨씬 많은 분포를 보이고 있다는 점, 둘째, 남자청소년보다 여자청소년에게서 양성성 유형이 더 많이 나타나는데 이 경향은 대학생 시기에는 많이 수그러든다는 점, 셋째, 남성성은 남자청소년에게서, 여성성은 여자청소년에게서 상대적으로 높게 나타나는데, 이러한 경향이 대학생 연령으로 갈수록 더 상승한다는 점, 넷째, 이와 동시에 양성성 유형과 미분화 유형은 대학생 연령으로 가면서 줄어든다는 점, 다섯째, 자신의 성역할정체성에서의 혼란 상태를 나타내는 미분화 상태가 남녀 모두 고등학교 때 가장 많아진다는 점 등이다.

이러한 관찰을 종합할 때 우리나라 청소년들은 중학시절보다 고등학교 시절에 성역할정체감의 혼란이 극대화되었다가 대학생이 되면서 자신만의 성역할정체감을 찾아나가는 경향을 보인다는 것을 짐작할 수 있다. 또한, 남자청소년의 경우 전 연령대에서 미분화 유형이 많이 나타나는 것을 볼 수 있는데, 이는 여자청소년보다 남자청소년들이 자신의 성에 해당하는 전통적인 특성을 자신의 성역할정체감으로 통합시키는 데 주저와 혼란을 느끼기 때문은 아닌가 해석해 볼 수 있다. 반대로 여자 대학생들의 여성성 분포는 남자 대학생들의 남성성 분포보다 상대적으로 더 높은 분포를 나타내고 있어 대조된다. 전 연령대에서 양성성 비율이 높게 나타나는 것은 상황에 따라 융통적인 성역할이 요구되는 현대 사회에서 적응적인 측면으로 볼 수 있다. 그러나 남성성과 여성성 모두 발달되지 않고 아직 성역할정체감이 확립되지 못한 미분화 유형이 양성성 다음으로 많은데, 이들은 학교 성적을 포함한 학교적응 및 자존감 등 정신건강 측면에서 취약성이 있는 것으로 나타나기 때문에(박병금 · 노필순, 2009; 염순교 · 이종화, 2014) 이들의 성역할정체감 발달에 보다 많은 관심이 필요하다.

참고자료 3-1 성역할 분석연습: 성역할 메시지 찾기

어린 시절부터 현재까지 당신이 여자 혹은 남자이기 때문에 이러이러해야 한다거나 이러이러하지 말아야 한다는 메시지를 받은 적이 있다면 아래에 작성해 보세요. 예를 들면, 옷차림이나 어떤 역할을 해야 한다거나 하지 말아야 한다거나, 어떻게 행동해야 한다거나 하는 규칙 등이 그런 메시지에 해당합니다.

이 메시지는 언어적인 것일 수도 있고 비언어적인 것일 수도 있습니다. 그 메시지는 그것에 따를 때 보상을 받거나, 따르지 않았을 때 벌이나 무시를 당하는 방식으로 전달되었을 수 있습니다. 또한 이 메시지는 부모나 교사, 친지 등과 같은 사람들을 통해, 매체나 문서자료, 제도나 정책 등 다양한 요인으로부터 비롯되었을 수 있습니다. 이 메시지를 회상할 때 당신의 성장과정(예: 어린이집을 다닐 때 등)을 따라가며 각 단계에서 당신의 삶에 영향을 미친 사람이나 요인들에 초점을 두면 도움이 됩니다.

남자/여자로서 '해야 하는 목록'	여자/남자로서 '하지 말아야 하는' 목록

출처: Worell & Remer (2004). p. 142를 기초로 재구성

한편, 사회경제적 변화와 더불어 남자 대학생들의 성역할정체감이 과거와 많이 달라졌다는 연구 결과가 지속적으로 나오고 있어 주목을 끈다. 박은아・고성희・김명애(2011)[1]는 한국 남자 대학생들의 성역할정체감 유형을 탐색적으로 알아보는 연구를 수행하였다. 그 결과 남자 대학생들의 성역할특성에서 전통적인 남성성이 감소된 반면 부드럽고 감성적인 여성성의 비중이 높게 나타나고 있음을 발견하였다. 성역할정체감 유형은 세 가지로 분류가 되었는데, 이해심과 참을

1) 이 연구는 인문계와 자연계, 그리고 영남과 호남 지역 남자 대학생 40명을 대상으로 성역할특성을 나타내는 형용사에 대한 동의 정도를 −4에서 +4까지 표하게 하고 그렇게 답한 이유를 서술하게 하는 방식으로 연구를 진행하였다. 자료분석은 Q방법론과 주인자분석법을 활용하였다.

성이 있고 위로와 동정심, 세심하고 감정이 풍부한 유형인 '온정 감성형'(40명 중 19명)과, 온순하고 수줍으며 부드러운 특성을 지닌 '온순 감성형'(6명)이 추진력과 야심, 자기주장과 소신이라는 전통적 남성성에 가까운 특성을 나타내는 '파워 소신형'(15명)보다 더 다수로 분류되는 것으로 나타났다. 이러한 청년기 남성들의 성역할정체성의 변화 경향은 일본 남성을 대상으로 한 연구(Chan & Hayash, 2011)에서도 유사하게 나타나고 있다.

4) 성인기와 젠더 발달

성인기는 학업의 종료와 취업, 결혼, 출산 등과 같은 성인으로서의 지위와 관련된 역할을 취득하고 수행하는 시기이다. 물론 최근 들어서는 결혼이나 출산, 취업을 하지 않는 삶의 양식도 사회적으로 수용되고 있는 추세이며, 이러한 추세가 성인기 젠더 발달에 지금과는 다른 영향을 미칠 것으로 예상이 되고 있다. 그러나 전통적인 성인기의 역할들은 여전히 성별화되어 있는 편이다. 그래서 사람들은 이러한 역할에 진입을 예상하면서부터, 이전까지 암묵적으로 인식하고 있던 젠더의 영향력을 현실 속에서 직접 직면하게 된다. 예를 들어 결혼시장에 진

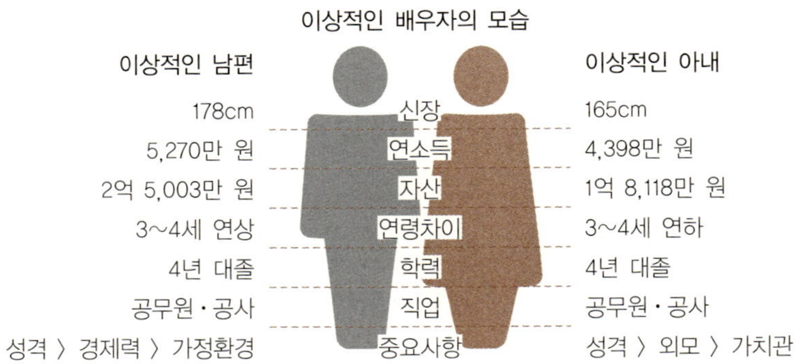

| 그림 3-3 | 이상적 남편과 아내에 대한 설문조사 결과(2019)

출처: 듀오휴먼라이프연구소(https://www.duo.co.kr/html/duostory/humanlife_003_view.asp?idx=1617)

입하게 되면 당장에 전통적 성역할고정관념에 기반한 '이상적' 신랑상과 신부상을 마주하게 된다(〈그림 3-3〉 참고). 직장생활을 하면서, 자녀양육을 하면서, 개인은 자신이 몸담고 살던 사회에 스며들어 있는 젠더의 영향을 체험하게 된다.

'성역할태도(sex role attitude)'란 가족과 사회체계에서 이루어지는 남녀 간 노동분담에 대한 태도를 뜻하는 것으로, 전통적 성별분업을 지지하는 '전통적 성역할태도'와 성별에 얽매이지 않는 '평등 성역할태도'로 나뉜다. 본격적인 성인기로의 진입을 알리는 결혼, 취업 등의 생활사건은 기본적으로 전통적 남녀역할분업의 틀 속에서 구조화되어 왔었기 때문에, 이러한 생활사건과의 조우는 당사자들의 성역할태도에 어떤 형태로든 영향을 미칠 것으로 예상된다. 이윤주(2018b)는 바로 이러한 점에 초점을 두고 한국복지패널 데이터 3차 년도에서 11차 년도(2008~2016년) 자료를 통해, 3차 년도 당시 19~29세였던 청년들의 이후 8년 동안의 성역할태도 변화를 종단적으로 추적하여 보았다. 활용된 데이터는 남성 1,170명, 여성 1,223명이었으며 이들 청년들의 출생년도는 1978~1988년생이었다. 이 코호트는 2000년대 초반, 우리나라가 경제적으로는 신자유주의 무한경쟁체제에 편입되기 시작하고, 젠더 측면에서는 성평등에 대한 인식이 점차 사회일반으로 확산되기 시작하던 시기에 성인기에 진입하였던 세대이다. 『82년생 김지영』(조남주, 2016)의 이야기가 이들 세대의 이야기라고 할 수 있다(참고자료 3-2). 이러한 시대적 맥락을 염두에 두고 이 연구 결과를 살펴보면 다음과 같다.

일단, 추적된 청년들의 9년 동안의 성역할태도의 변화는 남성보다 여성에게서 더 컸는데, 여성들은 나이가 들면서 점차 전통적 성역할 수행을 지지하는 방향으로 변화해 나가는 것을 볼 수 있다. 각 사건별로 성역할태도의 변화를 보면, '학생으로서의 지위 종결'(졸업)은 성역할태도 변화와 별 관계를 나타내지 못했다. '취업'이라는 사건은 남성에게는 큰 변화를 일으키지 못했으나 여성은 근로자로 지위가 변화하면서 평등한 성역할 수행을 지지하는 쪽으로 변화가 나타났다. 이는 여성들이 여전히 불평등이 남아 있는 직업세계를 경험하면서 젠더에 대한 비판적 관점이 일어나기 시작한 것으로 이해할 수 있다. 실제 우리나라는 OECD 국가 중 남녀 간 임금격차가 가장 크고 관리직 종사 여성 비율이 가장 낮은 상황이기 때문이다(OECD, 2017). 하지만 직업은 남성에게는 원래 습득해온 부양자 역할 수행을 위한 전이일 뿐으로 성역할태도 변화에 별다른 영향을 미치지 못하였다(Fan & Marini, 2000). '결혼'이라는 사건은 남녀 모두 전통적 성역할수행을 지지하는 쪽으로의 변화를 만들어냈다. '부모됨'(출산)은 결혼이라는 사건의 효과를 배제하고 나서는 별도의 변화를 만들어내지는 않았다. 이와 같이 '부모됨'의 별도 효과가 나타나지 않는 것에 대해서 연구자는 연구 대상자들 중에 부모로 진입한 사람 자체가 많지 않았던 점과, 자발적 무자녀를 선택하는 사람들이 여전히 소수인 상황에서 '결혼'과 '부모됨'은 별도의 사건이 아니라 하나의 사건으로 영향을 미칠 가능성 때문에 이런 결과가 나타난 것으로 해석하고 있다. 연령 자체의 효과는 남성에게서만 나타나 남성은 연령의 증가와 더불어 점차 평등한 성역할태도를 나타내는 변화를 보였으나 여성에게서는 이러한 변화가 나타나지 않았다.

여기서 이윤주(2018b)는 성인기 전이기 여성들이 가지는 복잡한 상황에 대하여 문제 제기를 하고 있다. 일반적으로 결혼은 여성들에게 전통적 성역할태도를 강화시키는 방향으로 영향을 주는데, 결혼과 직업 진입이 비슷한 시기에 일어날 경우 결혼으로 인한 전통적 성역할태도 강화와 근로자로서의 평등한 성역할태도의 강화가 맞물리면서 여성 개인은 혼란을 경험할 것이기 때문이다. 그렇다면 성인기 전이기의 기혼 취업여성들은 실제로 어떤 양상을 나타낼까? 이윤주(2018a)는 다른 연구에서 이에 대해 답하고 있다.

이윤주(2018a)는 여성가족 패널조사 1차 자료(2007년)부터 5차 자료(2014년)를 활용해 1980~1989년생 여성들의 응답을 분석하였다. 자료분석 결과 여성들은 취업을 통해 근로자가 되었을 때 평등한 성역할 태도를 지지하는 경향이 배우자가 없을 때보다 배우자가 있을 때, 그리고 부모가 아닐 때보다 부모일 때 더 뚜렷하게 나타났다. 이러한 결과는 성인 초기 기혼여성의 경우 취업한 경우와 그렇지 않은

참고자료 3-2 『82년생 김지영』의 저자 조남주 인터뷰

▶ 이 소설을 소개한다면?

평범한 대한민국 여성인 1982년생 김지영 씨에 대한 이야기입니다. 김지영 씨는 부모님과 할머니, 언니와 남동생이 있는 가정에서 둘째 딸로 태어나, 평범한 유년기를 보내고, 대학을 졸업하고, 직장생활을 하다가 결혼해 전업주부가 됐습니다. 그 특별할 것 없는 삶 속에서 여성이기 때문에 겪어온 아주 일상적인 차별과 불평등과 위협들을 그린 소설입니다.

영화 〈82년생 김지영〉 포스터

▶ 왜 하필 1982년에 태어난 김지영인가요?

1980년대는 성 감별과 여아 낙태가 공공연하던 때입니다. 딸을 낙태하면서까지 아들을 낳아 키우던 시절, 경제가 발전하고 제도는 정리되었지만 성차별적 관습들은 더욱 견고하게 이어졌습니다. 그래서 이 세대의 여성들은 스스로도 인식하지 못한 채 불평등을 당연한 것으로 여기며 살아왔습니다. 게다가 80년대 초반 출생 여성의 경우 청소년기에 IMF를 겪으며 진로 결정에 제약을 받고, 엄마가 되는 즈음인 2012년 무상보육제도가 실시되며 잉여 취급을 받습니다. 제도적인 불평등이 사라진 시대, 일상 속에 자연스럽게 스며 있는 여성에 대한 제약과 차별, 비하와 혐오에 대해 쓰고 싶었습니다. 그리고 '지영'이라는 이름은 80년대 초반 여아에게 가장 많이 붙여진 이름입니다.

▶ 이 소설을 쓰면서 가장 주력한 부분은 어떤 점인가요?

가장 마음을 많이 쓴 인물은 김지영 씨의 엄마, 오미숙 씨입니다. 오미숙 씨는 여자라서 교육의 기회조차 얻지 못하고 자랐지만, 당당하고 건강하게 자신의 삶을 꾸려나갈 줄 압니다. 할 말은 하고, 딸들에게는 다른 삶을 주려 애씁니다.

비슷한 맥락에서 여성들의 연대를 말하고 싶었습니다. 남성에게 위협받는 여성들이 서로를 돕고, 여자 선배는 여자 후배들의 권리와 복지를 위해 애쓰고, 엄마는 딸들을 믿고 응원해 줍니다. 저는 '여자의 적은 여자'라는 말을 믿지 않습니다. 지금 여성들의 삶이 이만큼이라도 온 것은 여성들의 연대와 노력 덕분이었다고 생각합니다.

출처: https://book.naver.com/bookdb/event_view.nhn?bid=11211133&eventType=interview에서 발췌함

경우의 성역할태도가 상당히 다를 가능성을 시사한다. 또한, 기혼 취업여성의 성역할태도가 상당히 진보적이므로 남편이 보수적인 성역할태도를 가지고 있을 경우 부부간의 가사분담 등의 문제로 인한 갈등 가능성도 엿보인다.

성인기에는 이와 같이 성별 분업화된 역할 수행에 몰입하면서 그것이 한 개인의 젠더 발달에 영향을 미치게 되는데, 여성 취업이 늘어나고 남성의 단독 부양자 역할이 힘들어진 상황에서 그것이 남녀 개인의 성역할정체감이나 성역할태도에 미치는 영향은 이전과는 다른 복합적인 방향성을 가지게 되는 것으로 보인다.

5) 중년기와 젠더 발달

융은 중년기를 인생의 전반에서 후반으로 바뀌는 전환점으로 보았다. 중년기에 남녀는 자신의 생물학적 성과 반대되는 성격 측면이 표현되기 시작한다. 즉, 남성은 자신 속의 여성적인 측면인 아니마(anima)의 영향으로 덜 공격적이 되고 대인관계에 보다 많은 관심을 보이기 시작하며, 여성은 남성적인 측면인 아니무스(animus) 때문에 보다 공격적이고 독립적이 된다는 것이다. 레빈슨(Levinson, 1998)에 의하면 중년기는 인생의 '가을'에 해당하는 시기이다. 자녀들의 성장과 독립은 부모역할의 축소를 가져오고, 분투하며 승진과 성취를 지향하던 직장에서의 역할도 정리하는 시기가 되며 남녀 모두 차츰 전통적 성역할로부터 자유로워지게 된다. 이런 중년기에 남녀의 성역할정체감은 어떤 식으로 변화해갈까?

흔히 아줌마를 '제3의 성'이라고 부르며 한국 중년 여성들의 생존력과 씩씩함을 비하하는 경향이 사회적 담론으로 존재하고 있다(여성을 위한 모임, 1999). 그러나 '아줌마'로 불리는 중년여성들의 성역할정체감은 실제 어떤 것일까? 고성희·박은아·김명애(2014)는 40명의 중년여성들을 대상으로 Q방법론을 사용하여 중년기 여성의 성역할정체감에 대해 알아보았다. 그 결과 오늘날 한국 중년기 여성의 성역할정체감은 4개 유형으로 나타났는데, 의리 있게 이해하고 상대를 존중하지만 하고자 하는 일은 소신 있게 추진해 나가는 성향을 지닌 '온정소신형'(18명)

과 늘 다른 사람 입장에서 생각하고 도와주며 군림하거나 이끌어가는 것은 불편해하는 '온정감성형'(16명)이 가장 다수로 나타났으며, 자기주장이 강하고 스스로 일을 성취하며 빛나고 싶어 하는 성향인 '파워소신형'(4명)과 예쁜 것을 좋아하고 애교와 상냥함이 많은 성향인 '감성주도형'(2명)은 소수로 나타났다. 흥미로운 점은 연구대상자들이 모두 자신들이 현재보다 남성적 성역할특성을 더 갖기 원하였다는 점이다. 즉, 실제 중년여성들은 소신이 있고 따뜻한 성향이 다수이지만 이들이 지향하는 것은 남성적 성향인 강함과 주도성 등을 좀 더 가지고 싶어 한다는 것이었다.

실제로 중년여성들의 성역할정체감이 양성적일수록 적응력은 더 높아진다는 연구 결과가 일관되게 나타나고 있다. 한 연구에서는 중년여성들의 경우 정상 여성이 신경증 환자에 비해 독립성, 경쟁심, 공격성과 같은 남성적 특징을 더 많이 가지고 있는 것으로 나타났다(최정윤, 1991). 다른 연구(이은아, 2006)에서는 중년여성의 성역할태도가 전통적일수록 위기감과 우울감은 높아지고 행복감은 낮아져 심리적 적응에 어려움을 경험한다는 결과를 얻었다. 이러한 연구 결과들을 고려할 때, 중년기 여성들이 그동안 억압되어 있던 남성성을 자신의 성격에 통합할 때 심리적으로 더 건강해진다는 융의 이론이 적용된다고 볼 수 있다. 이에 상응하는 결과가 남성에게서도 확인되는지 비교해볼 필요도 있겠다.

〈참고자료 3-3〉은 우리나라 여성들의 행복도가 중년 연령인 40대 이후부터 남성과 동일한 수준으로 나타나고 있는 연구 결과를 보여준다. 현재 시점에서 우리나라의 20대와 30대 여성들은 여전히 자신들이 살고 싶은 삶을 살지 못하는 것인지, 그것이 역할의 성별분업과 관련된 것은 아닌지 돌아보게 되는 연구 결과이다.

6) 노년기와 젠더 발달

노년기는 인생을 정리하는 마지막 단계로서 남성은 은퇴를 통한 부양자 역할의 상실, 여성은 빈 둥지 시기로 인한 부모역할의 축소로 특징지어진다. 자녀수

참고자료 3-3 남녀의 행복이 비슷해지기 시작하는 시기, 40대

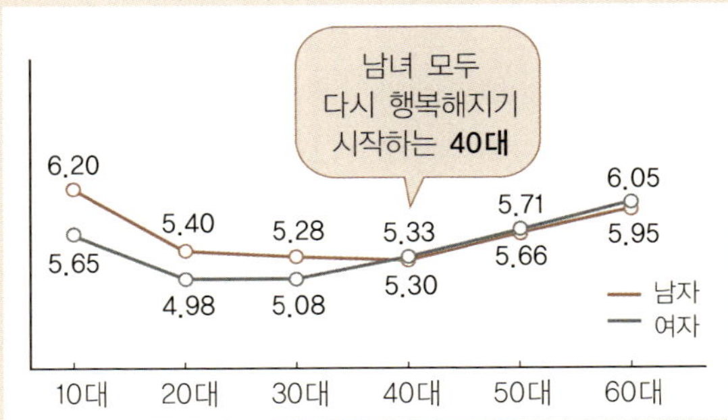

▲ **성별×연령별 평균 안녕지수** (단위: %)

최인철 교수(서울대 심리학과)가 이끄는 서울대 행복연구센터가 카카오 마음날씨 플랫폼을 통해 지난 1년 6개월간 150만 여명을 대상으로 '안녕지수 테스트'를 실시한 결과, 대한민국의 안녕지수와 행복 수준은 10점 만점에 5.18로, '보통의 행복'한 나날을 보내는 것으로 나타났다.
이번 조사는 온라인 플랫폼을 통해 사람들이 원하는 시간과 장소에서 언제든 자신의 마음 상태를 자유롭게 기록할 수 있도록 설계하여 누적 데이터 300만 건 이상의 세계 최대 규모를 자랑한다. 특히 평균적인 행복이 아닌, 365일 '지금, 여기'의 행복을 묻는 실시간 행복 연구라는 점에서 의미가 남다르다.

□ 2030 아픈 청춘 vs 행복한 10대, 60대

취업과 연애, 결혼 등 불안한 시기를 보내고 있는 2030은 연령별 평균 안녕지수에서 5.06을 기록, 가장 행복하지 못했다. 안녕지수는 스트레스, 불안, 짜증, 평안, 삶의 만족도, 의미 등을 수치화한 것이다. 그 중에서도 20대 여성들은 심리적 부정성의 지표인 불안과 공황장애 등을 동반하는 신경증이 3.40으로, 평균 3.28보다 크게 높아 대한민국에서 가장 행복하지 않았다. 반면 60대의 안녕지수는 무려 6.03을 기록, 행복감이 높았다. 10대의 행복감(5.75)도 이에 못지않았다.
거주지에 따른 행복을 해외와 남녀로 구분하면, 여성의 행복도의 차이가 구체적으로 보인다. 해외 거주자의 경우, 여성의 행복감은 세종시에 이어 2위를 기록할 정도로 높은 반면 해외 남성 거주자들의 행복은 18개 지역 중 최하위를 기록했다. 가부장적이고 남성중심적인 한국 사회를 벗어난 여성들이 보다 높은 수준의 행복을 경험한다는 해석이 가능해진다. 세종시는 남녀 모두 행복감이 가장 높았고, 서울과 인천은 남녀 모두 최하위로 나타났다.

출처: 헤럴드경제 (2019.4.9). "'보통의 행복'에도 못 미치는 20대 여성, 가장 불행"에서 발췌함 (http://biz.heraldcorp.com/view.php?ud=20190409000541)

의 감소, 조기은퇴 등으로 인해 역할 상실은 빨라지는 반면 수명은 길어짐에 따라 노년기가 장기화되고, 따라서 노년기 삶의 질에 대한 관심도 급증하고 있다. 성격적으로는 반대 성의 특성이 개인의 성역할정체감에 통합되는 경향이 중년기에 시작되어, 노년기가 되면 남녀의 차이가 그 어느 시기보다 줄어들 가능성이 있다.

한국 여성노인의 성역할정체감 유형을 연구한 김명애·박은아·고성희(2011)의 연구[2)]를 보면, 우리나라 여성노인의 성역할정체감은 이해심과 참을성, 동정심이 많고 타인배려를 잘 하는 '배려애정형'(40명 연구대상자 중 15명), 의리와 자기주장이 강하며 타인의 필요에 민감한 '주도적 유능형'(12명), 그리고 타인의 필요에 민감하면서 꾸미기를 좋아하고, 지배적이지 않으며, 수다스러운 스타일의 '민감애정형'(13명) 등 세 유형으로 나누어졌다. 주도적 유능형을 제외하고는 전통적 여성성이 기저를 이루면서 다양한 유형으로 나눠짐을 알 수 있다.

반면, 고성희·김명애·박은아(2013)[3)]는 유사한 방법으로 남성노인의 성역할정체감 유형을 연구하였는데, 그 결과 독립심이 강하고 소신이 있으나 이를 드러내기보다는 묵묵히 행동으로 표현하는 성향을 가진 '파워과묵형'(14명), 추진력 있게 큰일을 잘 처리하며 의리를 중시하고 부드러운 성향을 가진 '파워온정형'(13명)이 다수로 나타났고, 전통적 남성성과 유사한 유형으로 박력이 있고 용감하며 지배적인 성향으로 카리스마를 겉으로 표출하는 '파워표출형'(7명)과 가정과 아이 돌보는 일에 보람을 느끼며 이해심과 참을성, 유순함과 부드러움을 가진 '온정돌봄형'(6명)은 소수로 나타났다. 남성노인들의 성역할정체감은 기본적으로 전형적 남성성이 기저를 이루면서, 파워를 표출하는지 내면화하는지 혹은 여성적인 온화함과 조화를 이루는지 등에 따라 유형이 나눠짐을 알 수 있었다.

---

2) 연구대상으로 영호남 지역에 거주하는 65세 이상 여성노인 각각 20명씩, 40명을 대상으로 하였다.
3) 연구대상으로 영호남 지역에 거주하는 65세 이상 남성노인 각각 20명씩, 40명을 대상으로 하였다.

위의 두 연구의 대상이 되었던 당시 65세 이상 남녀 노인들은 한국이 급격한 경제 성장을 이루던 1970~1980년대에 성인기를 보내면서 남성은 생계부양자이자 가부장으로서의 권위를 독점하는 헤게모니적 남성성의 가치를, 그리고 여성은 이러한 가부장을 내조하는 사람으로서의 가치를 내면화하고 있는 세대이다(마경희 · 문희영 · 조서연 · 김리나, 2017). 따라서 이 코호트 남녀 노인들은 기본적으로 남성은 전통적인 남성성, 여성은 전통적인 여성성을 내면화한 바탕 위에 본인의 성격과 상황적 변인에 따라 다양한 방식의 성역할정체감을 가지게 된 것으로 보인다. 이들 남녀 노인들은 변화하는 젠더관을 수용하기도 하고, 특히 여성노인들은 남성노인보다 더 평등적인 성역할태도를 지니기도 하지만 이들의 실제 생활 모습은 오랜 습관 때문인지 전통적 성역할분업을 벗어나지 못하고 있다.

예를 들어 노년기 부부들의 경우 성역할태도의 변화 여부와 관계없이 실제 가사노동 수행은 여성이 주로 하고 있어 이들의 태도와 수행 간에는 불일치가 많이 발견된다고 한다. 그리고 가사노동 분담을 많이 하는 남성노인의 경우 심리적 복지감은 더 낮아지는 것으로 나타난다(김영혜, 2004). 즉, 이들 세대의 경우 남성들이 가사를 하게 되는 상황에 대해 그것이 자발적 선택이라기보다는 변화에 떠밀려 어찌할 수 없는 상황에서 하는 선택이라는 반응을 보인다는 것이다. 노년세대는 오랫동안 남녀 성역할분업과 그에 수반되는 가부장으로서의 권위와 권력을 '자연스러운' 원리로 받아들이고 살아왔기 때문에 성역할규범의 약화라는 시대 변화에 적응하는 부분에서 부부간 혹은 세대 간에 갈등이 일어날 가능성도 엿보인다.

참고자료 3-4 남녀관계, 대결이 아닌 상호이해와 배려가 가능할까?

□ 여혐? 남혐? 인터넷에서는 남녀 '댓글전쟁'

인터넷에서 때 아닌 성 대결이 펼쳐지고 있다. 일명 '김치녀'로 여성들을 비하해온 일부 남성들의 악성 댓글에 그동안 침묵했던 여성들이 목소리를 내면서 총성 없는 싸움이 벌어지고 있는 것이다. 빅데이터 분석업체 다음소프트 조사 결과 남성혐오 신조어가 지난 5월 2건에서 6월부터 급증해 7천5백여 건이나 되었다.

'한국 남자 벌레'라는 뜻의 '한남충', 여성을 비하하는 된장녀에 맞선 '강된장남' 등이다. '남성혐오' 신조어 언급량이 갑자기 늘어난 배경에는 포털사이트 디시인사이드 '메르스 갤러리'에서 6월 시작해 독립 사이트로 오픈한 '메갈리아'가 있다는 분석이다.

남성의 여성 혐오 언급도 여전하다. 블로그와 트위터 등에서 올해 여성혐오가 언급된 횟수는 월평균 8만 회로, 만여 회로 집계된 남성혐오 언급 횟수의 8배에 달한다.

남성과 여성이 온라인에서 벌이는 댓글전쟁, 배경은 무엇일까? 전문가들은 '3포 세대'에 속한 남성들이 불만을 애매한 약자인 여성에게 화풀이하기 시작했고, 여성들 역시 이에 대응하기 위해 상대방의 언행을 똑같이 따라 하는 방법을 택했다고 분석한다.

사이버상 언어폭력이 도를 넘어섰고, 이를 규제하는 방법에 대한 사회적 합의를 만들어야 할 때라고 전문가들은 지적하고 있다.

출처: YTN뉴스 (2015.1.1). (https://www.ytn.co.kr/_ln/0103_201512021257352781)

□ 효자 코스프레는 그만! 고부 사이에 낀 남편의 전략(이한세의 노인복지 이야기)

얼마 전 대학 선배와 카톡으로 노인복지 이야기를 나누다 최근 나의 근황을 전했다. "어머니와 같이 살기 시작하니 여러 가지 일들이 생기네요. 고부 관계는 좋은 편입니다. 지혜로운 어머니와 정이 많은 아내 덕분입니다."

대학 선배가 답을 보내왔는데 한동안 많은 생각을 하게 만들었다. "대단한 결정을 했네. 그런데 외아들로 홀어머니를 평생 모시고 살았던 나는 참으로 힘들었네. 28살에 결혼해 22년간 같이 살면서 어머니와 아내의 갈등이 그친 적이 없었네. 홀어머니를 박대할 수 없는 외아들과 아내를 이해해 주어야 하는 남편 입장에서 나의 두 감정은 처절한 싸움의 연속이었네. 다시는 이런 쓸데없는 감정으로 인생을 소모하지 않도록 결혼한 아들은 바로 분가시켰네. 조만간 소주나 한잔 하세."

부모와 같이 사는 것이 일견 바람직해 보이지만 누구에게는 삶을 질곡으로 몰아넣을 수도 있겠구나 싶었다. 그 족쇄를 차야 하는 사람이 시어머니나 아내 혹은 아들 중 특정인으로 미리 정해져 있는 것은 아닐 것이다. 상황에 따라 누구든 될 수 있고 반대로 모든 사람이 자유스러울 수도 있을 것이다. … 후략 …

출처: 중앙일보 (2020.3.28). (https://news.joins.com/article/23741417)

3. 상호 이해와 배려의 젠더관계를 지향하며

생애발달관점은 전통적 발달이론이 주목하지 않았던 성인기부터 노년기까지의 발달과정에 상대적으로 많은 관심을 가진다. 성인기부터의 발달에는 생물학적 변화도 영향을 미치지만, 결혼·취업·출산 등과 같은 생활사건을 포함하는 사회적 요인, 그리고 그러한 인생의 전환적 사건이 어떤 역사적 맥락에서 일어나는가라는 맥락적인 요인의 영향을 많이 받는다. 이 장에서는 이러한 생애발달적 관점으로 영유아기부터 노년기에 이르기까지 젠더 발달의 면모를 살펴보았다. 생물학적 요인과 심리내적인 요인은 한 개인을 둘러싼 사회문화적, 역사적인 맥락과 상호작용하면서 성정체감, 성역할정체감, 성역할태도, 성역할고정관념 등을 포함하는 젠더의 발달에 영향을 미치고 있다. 또한 개인은 수동적으로 이러한 영향을 받기만 하는 것이 아니라 여러 요인들의 영향력하에서 자율적 선택을 하면서 젠더에 대한 사고와 감정, 행동을 형성해 나가게 된다.

우리나라는 지난 한 세기 동안 전 세계에서 유래가 없을 정도의 급속한 경제적·사회적 변화를 경험해 왔다. 과거 우리나라는 일본 제국주의의 지배와 군사 독재정권 등을 거치며 매우 경직된 가부장적 질서와 위계문화가 당연시되어 왔다. 그러나 1990년대 이후 성평등을 향한 변화 요구가 확산되고 2000년 이후의 경제환경이 변화하면서 부양자 역할에 기반을 둔 남성 권위주의는 변화를 맞이할 수밖에 없게 되었다. 이런 급속한 변화의 와중에 젠더 이슈는 남녀 간의 갈등 요소뿐 아니라 세대 간의 갈등 요소, 혹은 남녀 집단 내부에서 조차 갈등 요소가 되기도 하였다. 최근에 문제가 되고 있는 '여혐(여성혐오)현상'이나, 남성을 성별 투쟁의 대상으로만 인식하는 극단적인 페미니즘 현상은 이러한 젠더문제로 인한 사회적 갈등현상을 보여준다.

우리는 젠더관계를 생애발달의 관점에서 좀 더 폭넓게 볼 필요가 있다. 상대성이나 세대가 경험하는 생활세계, 역사적 경험, 사회적 환경 등을 고려하여 상대의 생각과 행동을 이해하고자 할 때 비난과 경쟁이 아닌 상호 이해와 배려, 존중에 기초한 인간학으로서의 젠더 이해가 가능할 것이다. 많은 과학적 연구들은 남녀가 엄격한 성역할분담보다 융통성 있는 성역할태도와 성역할정체감을 가지는 것이 신체적·정신적 건강에 유익하다고 말하고 있다. 그리고 성별 차이에 기대어 상대 성을 배제시키려는 노력보다 다양하게 존재하는 개인별 차이에 보다 주목할 필요가 있음을 말하고 있다. 이러한 융통성 있고 통합적인 관점은 개인의 행복과 관계의 질을 높이는 데 기여하며, 특히 길어진 노년기의 삶을 풍요롭게 한다. 급속한 변화의 시기에 남녀 모두 생애발달의 관점에서 젠더에 대한 성별, 세대별 이해의 폭을 넓히며 상호 배려와 조화를 추구하는 것이 필요한 시점이다.

논의해 봅시다

1. 본문에서 제시한 성역할분석 연습을 실제로 수행해 보고, 각자 어떤 점에 주목하게 되었는지 논의해 보자.

2. 젠더관과 관련하여 이성 및 동성의 동료 혹은 세대 간에 경험했던 갈등이 있다면 어떤 것이었는지 공유해 보고, 갈등 당사자의 입장을 생애발달관점에서 이해해 보면 무엇이 달라질지 이야기를 나눠 보자.

3. 성인기 진입을 앞두고 있는 청년으로서 앞으로의 진로 및 결혼 등의 선택에 나는 어떤 조건들을 고려하고 있는지 적어 보고, 그 조건들은 전통적인 젠더관과 어떤 관련이 있는지 이야기 나눠 보자.

CHAPTER

04

젠더와 성

CONTENTS

chapter

04 젠더와 성

오늘날은 각종 매체에서 성(sexuality)과 관련된 주제를 공개적으로 다루는 것이 보편화되고 있다. 그럼에도 불구하고 여전히 전통적인 성의식이 공존하고 성에 대한 이중기준이 작용하고 있음은 부인할 수 없다. 성은 가장 사적인 것인 동시에 젠더와 관련된 사회상과 문화를 반영한다. 이 장은 다음의 질문을 중심으로 젠더와 관련된 성을 생각해 본다.

- 성과 성적 지향이란 무엇인가?
- 성반응과 성행동, 성적 역기능 등은 젠더와 어떠한 관계가 있는가?
- 성은 권력과 어떠한 관계가 있는가?

1. 성과 성행동

1) 성의 개념

인간은 성적 동물이며, 인간 사회는 성적 행위를 통하여 유지되고 발전된다. 성은 성교에만 국한되는 좁은 의미의 육체적 성행위와는 구분되며, 성에 대한 태도, 행동, 감정, 반응과 같은 요인을 모두 포함한다. 성은 생물학적, 심리적, 관계적, 사회문화적 요인을 포함하는 다차원적이며 다원인적(multicausal) 현상이다 (Rosen & Leiblum, 1995).

뉴턴과 월턴(Newton & Walton, 1984)은 성의 네 가지 요소를 제시함으로써 성에 대한 이해의 청사진을 마련해 주었다. 그것은 성적 정체감(erotic identity), 성적 역할(erotic role), 성적 행위(erotic acts) 그리고 성적 선호(sexual preference)이다(Barber & Allen, 1992에서 재인용). 성적 정체감은 개인이 자신을 성적인 대상으로 어떻게 생각하는가를 말하며, 사회계층, 성적 지향 등 개인의 역사와 문화의 상호관련성에 의해 영향을 받는다. 전통적인 시각은 남녀 모두 이성애 정체감을 갖는 것을 당연시하였으나 오늘날에는 다양한 성적 정체감을 수용하고 있는 추세이다. 두 번째 요소인 성적 역할은 파트너와의 성관계 시 어떤 역할을 하고 어떤 행동을 하는가이다. 성적 정체감이 한 개인의 성적 자아상이라면 성적 역할은 파트너와의 성행위를 어떻게 시작하고 반응하고 지속하는가 등 성적인 관계과정과 상호작용을 말한다. 세 번째 요소는 성적 행위로서 개인의 섹슈얼리티의 내용을 말한다. 성적 행위는 성적인 표현을 어떻게 하는지, 성감대는 어디인지, 성적으로 자극을 받는 것은 무엇인지, 어떤 특정 장면이 성적 자극물이 되는지 등을 포함한다. 마지막으로 성적 선호는 성행위 파트너가 동성이냐 이성이냐를 말하는데, 이런 의미에서 성적 지향과 비슷하다. 엄밀히 구분하면 성적 선호는 성적 파트너를 선택하고 결정하는 상황과 관련이 있다. 예컨대 어떤 여성이 성적 지향은 양성애자이지만, 동성애를 옹호하는 정치적인 이유 때문에 여성만을 성적 파트너로 선호하여 선택할 수 있다.

참고자료 4-1 트랜스젠더란?

트랜스젠더란 남성이나 여성의 신체를 지니고 태어났지만 자신이 반대 성의 사람이라고 인식하고 있는 사람들을 가리킨다. 즉 육체적인 성과 정신적으로 느끼는 성이 일치하지 않는 것을 말한다. 동성애자와는 구별되는 개념이다.

트랜스젠더 모두가 성전환 수술을 받거나 원하는 것은 아니다. 어떤 트랜스젠더는 성전환 수술을 거부하기도 한다. 트랜스젠더는 그들의 육체와 반대되는 성의 역할을 수행하는 데 그치지 않고 스스로를 반대의 성으로 인식하고 있다.

트랜스젠더는 의학용어인 성전환증에 가깝다. 성전환증이란 '성적 주체성 장애의 가장 심한 형태로서 사춘기 이후에도 자신의 선천적 성에 대해 지속적으로 불편감과 부적절감을 느끼며 2년 이상 일차 및 이차성징을 제거하고 상대 성징을 획득하려는 집착에 사로잡혀 있는 상태'를 말한다. 이러한 사람들은 어려서부터 반대 성의 놀이, 행동, 태도, 복장 등을 보인다.

발생 원인에 대해서는 가족환경이나 심리적인 면이 육체적 성과 정신적 성의 불일치에 더 큰 영향을 미친다는 후천적 요인설과 태아 단계에서 특정한 호르몬이 기능을 발휘하지 못한 데서 기인한다는 선천적 요인설 그리고 이 두 가지가 복합적으로 작용한다는 복합 요인설이 제기되는데, 아직까지 정설은 없으나 선천적 요인설이 설득력을 얻고 있다.

외국의 경우 대략 남자는 약 3만 명당 1명, 여자는 10만 명당 1명 정도라고 보고되고 있다. 한국에서는 4500명 정도로 추산되는데, 이들은 의학적 도움을 기대하기 힘든 상황에서 자신의 성징을 바꾸기 위하여 비의학적 또는 불법적 조치를 스스로 강구해왔던 것으로 보인다. 스스로 반대성의 성호르몬을 투여하거나 비의료인에게 성기 제거수술을 받는 등 부분적이나마 상대성의 신체적 성징에 가까워지려고 노력하고 있는 경우가 많다.

이러한 성전환증의 치료에서 정신요법을 사용하기도 하지만 사실상 효과를 기대하기는 어렵고, 최근에는 수술을 시행하는 추세이다. 외국의 경우 성전환증 환자에 대한 치료는 1970년대 이후 성전환 수술기법이 급성장하여 수술 자체의 성공률뿐만 아니라, 사회적응의 결과도 좋아졌다는 보고들이 최근에 많이 나오고 있다.

출처: 두산백과(www.doopedia.co.kr)

2) 성적 지향

성적 지향(sexual orientation)은 정서적, 낭만적, 성적 파트너로서 이성, 동성 혹은 양성에게 지속적으로 이끌리거나 반응하는 정도이며, 이성 혹은 동성과 성적 관계와 성적 행동을 맺고자 하는 성향이다(Lips, 2008). 성적 지향은 여성됨 혹은 남성됨의 해부학적, 생리적, 유전적 특징에 기반한 생물학적 성이나 여성됨 혹은 남성됨의 심리적 측면인 성정체감(gender identity)과는 구분되는 개념이다.

성적 지향은 대개 상호배타적인 네 가지 범주, 즉 이성을 정서적, 낭만적, 성적 파트너로 선호하는 이성애(heterosexuality), 동성을 선호하는 동성애(homosexuality), 두 가지 성별 모두를 선호하는 양성애(bisexuality) 그리고 어느 성도 선호하지 않는 무성애(asexuality)로 분류하는 것이 일반적이다. 그러나 인간의 성적 지향을 위와 같이 상호배타적인 범주로 나누기보다 완전한 이성애와 완전한 동성애 양극단의 연속선상의 어느 지점에 위치하는 것으로 보기도 한다(Katchadourian, 1989).

과거에는 한 사람의 성적 지향은 생물학적으로 결정된다고 보고 동성애나 양성애를 일종의 정신병으로 간주하였다. 그리하여 미국 정신의학회에서는 DSM-I을 출간하면서 동성애를 '사회병리적 성격장애'의 범주 안에 성적 일탈로 분류하였다(윤가현, 1998). 그러나 1973년 DSM-II에서 동성애가 삭제되었고, 1986년 제한적으로 적용되던 자아-비동적(ego-dystonic) 동성애 진단도 DSM-III-R에서 삭제하였다. 오늘날 동성애는 더 이상 정신병으로 간주되지 않으며, 한 사람의 성적 지향을 나타내는 것으로 간주되는 경향이 많이 보급되어 있다. 이러한 사회적 분위기의 극단은 동성애자들의 결혼을 법적으로 인정하는 것으로 이미 서구의 여러 국가에서는 동성 커플의 결합을 합법화하고 있다.

한편 우리나라에서 동성애에 대한 공공의 담론이 등장하기 시작한 시기는 1990년 이후 동성애자의 인권단체나 모임이 생겨나면서부터이다. 사람들의 동성애에 대한 의견은 크게 세 가지로 나뉘는데 첫째는 동성애를 포함한 소수의 성적 목소리도 존중해야 한다는 진보적 입장, 둘째는 종교적, 관습적인 이유 등으로 동성애를 적대시하는 입장, 셋째는 동성애를 인정하지는 않지만 이들의 인권은 존중해야 한다는 입장 등이다. 〈참고자료 4-2〉는 최근 대두되는 주요 이슈 중 하나인 '차별금지법'의 대상에 성적 지향을 포함시킬지 여부에 대한 논쟁으로서 동성애에 대한 우리 사회의 두 가지 첨예한 입장 대립을 보여주고 있다.

동성애를 배척하고자 하는 사회적 분위기는 동성애자들의 정신건강문제에도 영향을 미치는데(Meyer, 2003), 동성애자들은 이성애 집단에 비해 삶의 질과 가족의 결속력이 더 낮았으며, 우울감과 자살 구상 정도가 더 높았고, 가정·사회·대인관계로부터의 소외 정도가 더 높았다는 연구 결과가 제시된 바 있다(공성옥·오강섭·노경선, 2002). 우리 사회에 다양한 성적 지향에 대한 수용성이 부족하다면 그 원인과 결과는 무엇이며, 개선이 필요하다면 어떻게 개선할 수 있을지에 대한 진정성 있는 논의가 필요하다.

참고자료 4-2 성소수자 '동성애 차별금지' 놓고 인권위-정치권 충돌

국가인권위원회(이하 인권위)가 안상수 자유한국당 의원이 대표 발의한 차별 금지 대상에서 '성적 지향'을 제외하는 내용을 골자로 하는 '국가인권위원회법 일부개정법률안(이하 개정안)'에 대해 "민주주의와 인권의 가치에 역행하는 시도"라며 우려를 표했다. 인권위는 19일 최영애 위원장 명의의 성명을 통해 "개정안은 편견에 기초하여 특정 사람을 우리 사회 구성원에서 배제하겠다는 것"이라고 말했다.

□ 개인 존엄과 평등에 중대한 침해

최 위원장은 특히 "오늘날 우리나라는 국제사회에서 인권과 민주주의, 경제발전을 동시에 이룬 모범적인 국가로 평가받고 있으며 인권증진을 위한 선도적 역할을 함께 요구받고 있다"며 "이번 개정안은 대한민국 인권의 위상을 추락시킬 뿐만 아니라 국제인권사회의 신뢰에 반하는 일"이라고 강조했다.

이어 "개정안은 이성애가 아닌 성적 지향을 가진 자나 성전환자와 같이 실존하는 성소수자를 차별금지의 원칙에서 배제하자는 것이 주요 내용"으로 "성적 지향은 개인의 정체성의 핵심 요소로서 이를 부정하는 것은 개인의 존엄과 평등에 대한 중대한 침해라고 할 수 있다"고 반박했다. 그는 "성적 지향을 이유로 한 차별과 폭력을 근절하기 위하여 노력하는 것은 국제사회의 요구이자 인권적 관점에 부합하는 방향이다"라며 "개정안의 내용과 같이 성적 지향을 차별 사유에서 제외하거나 성별의 개념을 남성과 여성으로만 축소하는 입법은 인권사적 흐름에 역행하고 대한민국의 인권수준을 크게 후퇴시키는 것"이라고 말했다.

□ 동성애 옹호 조장으로 에이즈 감염 증가 등 폐해

안상수 의원 등 40명의 의원들은 개정안을 발의하며 "현행법은 평등권 침해의 차별행위로 '성별'을 규정하고 있는데, '성별'에 대한 법적 정의가 누락되어 있기에 이러한 입법적 불비를 개선하기 위해 헌법재판소와 대법원 판례에 따라 이 용어에 대한 명확한 정의 규정을 추가할 필요가 있다"고 이유를 설명했다.

이어 "현행법은 평등권 침해의 차별행위로 성적 지향을 규정하고 있는 바, 성적 지향의 대표적 사유인 동성애가 법률로 적극 보호되어 사회 각 분야에서 동성애가 옹호·조장돼 왔다"며 "반면 동성애에 대해 양심·종교·표현·학문의 자유에 기한 건전한 비판 내지 반대행위 일체가 오히려 차별로 간주되어 엄격히 금지되어 왔다"고 비판했다.

안 의원은 "인권위가 2010년에 항문성교를 금지하는 군형법 폐지를 지지하는 의견서를 헌법재판소에 제출했고, 2011년에 한국기자협회와 인권보도준칙을 제정하여 동성 간 성행위와 에이즈 등 질병과의 관계를 언론에 보도하는 것을 금지했다"고 소개했다.

그러면서 "그 결과 법질서가 훼손되는 문제가 발생하고 있고, 성정체성이 확립되기 전인 청소년 및 청년들에게 악영향을 주고, 신규 에이즈 감염이 세계적으로 유례없이 급증하는 등의 수많은 보건적 폐해들이 초래되고 있는 실정"이라고 주장했다.

그는 "이에 헌법상 국민의 기본권과 충돌하고 있을 뿐만 아니라 대법원과 헌재, 그리고 다수 국민들의 의사에도 반하는 현행법 제2조 제3호의 성적 지향을 삭제함으로써 우리 사회의 전통과 건전한 성도덕을 보전하고 수많은 보건적 폐해를 줄이기 위함"이라고 강조했다.

출처: 뉴스퀘스트 (2019.11.19). (http://www.newsquest.co.kr/news/articleView.html?idxno=74766)

3) 성행동

(1) 성반응

성반응(sexual response)은 성행동이 어느 일방에 의해 이루어지는 것이 아니라 성적 파트너 간의 상호작용 과정이며, 성행동은 육체적(해부학적) 수준뿐 아니라 정서적 수준에서도 일어난다는 점을 시사한다. 1966년 성행동 연구의 선구자인 마스터스와 존슨(Masters & Johnson)은 382명의 여성과 312명의 남성을 관찰 연구한 결과 남녀 모두 성반응은 흥분기, 고조기, 절정기, 회복기의 네 단계를 거친다고 발표하였다. 이들의 연구는 성적 활동을 생리적 반응에만 국한시킴으로써 성적 소망, 성적 끌림, 정서적 측면에 주의를 기울이지 않았으며, 그래서 여성이 성행동에서 중시하도록 학습된 정서적 측면과 친밀감에 초점을 두지 않았다(Lips, 2008)는 한계가 있다.

또한 마스터스와 존슨은 여성이 경험하는 두 가지 오르가슴을 구분하지 못하였다. 여성은 질을 통한 오르가슴뿐 아니라 음핵(clitoris)을 자극함으로써 오르가슴에 도달할 수 있다. 질 오르가슴을 지나치게 강조한 배경에는 프로이트가 있는데, 그는 여성이 성숙하는 과정은 음핵의 자극을 통한 오르가슴에 도달하는 것을 버리고 이성과의 성교를 통해 얻게 되는 오르가슴을 더 선호하는 과정이라고 주장하였다. 질 오르가슴이 남성의 자극을 필요로 한다면, 음핵 오르가슴은 여성 스스로 자극함으로써 도달할 수 있는 성행동으로서 젠더와 연관이 있다. 즉, 전자는 성적 만족을 위해 여성이 남성에게 의존해야 하지만, 후자는 여성이 독립적이고 자율적으로 성적 만족에 이를 수 있음을 시사한다.

(2) 성행동에서의 성차

여성과 남성의 신체적, 생리적 성반응 주기는 비슷하다. 그러면 이것은 남녀가 경험하는 성의 모든 측면이 비슷하다는 의미인가? 물론 그렇지 않다. 사회심리학자인 앤 페플로(Peplau, 2003; Lips, 2008에서 재인용)는 여성과 남성의 성은 다음과 같은 네 가지 측면에서 차이가 있다고 하였다. 그러나 그 세부 내용은 통념과는 다소 차이가 있다.

- 성적 소망에서의 차이
- 성의 맥락에서 친밀한 관계를 강조하는 점에서의 차이
- 성과 공격성 간의 밀접한 연관성에서의 차이
- 성의 가변성에 있어서의 차이

① 성적 소망의 차이

성적 소망에 대한 전통적인 고정관념은 여성이 남성에 비해 성적 소망이나 성욕이 더 낮다는 것이다. 그러면 이러한 고정관념은 사실일까? 초기 성 연구를 한 킨제이(Kinsey)와 동료들의 연구에 의하면 아내들이 남편들보다 성행위를 덜 원하였다. 그러나 그 이후의 연구에서는 그러한 경향이 확실하게 발견되지 않았으며, 또 다른 연구에 의하면 많은 여성들은 성행위를 즐겁게 받아들였는데, 이러한 점은 기혼자들에게만 국한된 것은 아니었다(Pesmen, 1991).

한편 방대한 양의 문헌을 고찰한 연구 결과(Baumeister, Catanese, & Vohs, 2001)에서는 남성의 성적 충동(성적 동기 혹은 성적 소망)이 여성보다 강하다는 결론을 내렸다. 이들은 남성이 성에 대해 더 많이 생각하고, 성적 상상을 더 많이 하며, 자위를 더 자주 하고, 섹스를 주도하는 경향이 더 높으며, 섹스를 위해 뭔가를 희생하는 경향이 더 강하고, 반대로 섹스를 포기하려는 경향은 더 낮음을 발견하였다. 그러나 이것은 남성이 여성보다 섹스를 더 즐기는 것을 가리키지 않는다는 점에 주목하였다. 여성도 섹스를 좋아하지만 여성은 섹스에 대해 생각하는 데 많은 시간을 보내지 않는다. 20~65세 여성을 대상으로 한 미국의 연구에 의하면 단지 14%의 여성 응답자들만이 매일 섹스를 하고 싶다는 생각을 했으며, 26%만이 일주일에 몇 번 그렇다고 하였다(Bancroft, Loftus, & Long, 2003). 또 다른 연구에서 반 이상의 남성 응답자들은 매일 혹은 하루에도 몇 번씩 섹스에 대해 생각하는데 비해 여성들은 19%만이 그렇다고 하였다(Lips, 2008).

한편 성적 소망 혹은 성욕에 관한 연구를 할 때 성교에만 초점을 두는 것은 적합하지 않은데, 그 이유는 성교가 여성에게는 가장 만족스런 형태의 성행동이 아닐 수 있기 때문이다. 성행위에 대한 소망을 고려할 때 남녀가 원하는 성행동의 빈도에서는 큰 차이가 없으나 그들이 원하는 성행동의 종류에서는 차이가 있다. 즉, 여성은 사랑과 친밀감을 보여주는 성행동을 더 원하는 반면, 남성은 성적으로 자극이 되는 성행동을 더 원하였다(Hartfield, Sprecher, Pillemer, & Greenberger,

1988). 즉, 여성이 성적 소망이 약하다기보다는 남녀 간에 원하는 성행위의 양식이 다르다고 보는 것이 더 맞다.

② 친밀한 관계의 중요성

여성과 남성은 어떠한 맥락에서 성을 원하는가? 지금까지의 연구를 정리해 보면(Peplau, 2003) 여성은 친밀한 관계를 성행위의 중요한 맥락으로 강조하는 경향이 남성보다 더 강하다. 즉, 여성은 성적 소망을 낭만화하는 경향이 남성보다 더 높으며, 여성의 성적 환상은 성행위 자체보다 친한 파트너, 애정, 헌신을 포함하는 경향이 더 높고, 일시적인 섹스를 허용하는 경향이 더 낮다. 이러한 경향은 남녀가 선호하는 책의 장르에서도 나타나는데, 미국 여성들은 연애소설을 읽는 데 많은 시간과 돈을 쓰는 반면, 남성은 연애소설을 거의 읽지 않으며 포르노에 많은 돈을 쓴다(Lips, 2008). 연애소설과 포르노 모두 섹스를 많이 다루지만 그 접근방법은 매우 다르다. 연애소설에서 섹스는 특정인에게 열정적으로 매력을 느낀 결과인 반면, 포르노에서 섹스는 거의 익명이며 친밀한 관계에서 일어나는 경우는 거의 없고, 육체와 성기 중심의 성행위에 초점을 두는 경향이 더 강하다.

또한 여성은 일시적인 혼전성관계나 혼외 성관계에 대해 남성보다 더 부정적 태도를 보인다(김병수, 2007). 여성은 파트너에 대한 사랑과 헌신이 성행동의 동기라고 강조하며, 정서적 몰입이 성교행위의 전제조건이라고 하는 반면 남성은 육체적 욕구와 쾌락을 강조하는 경향이 더 높다. 그러나 이러한 연구 결과가 곧 남성은 관계에 관심이 없음을 나타내는 것은 아니다. 남성도 어떤 면에서는 여성보다 더 낭만적이어서 사랑에 더 쉽게 빠지고 헤어질 때 더 고통스러워하는 경향이 있다(Pesman, 1991).

③ 공격성과 성의 관계

남성은 자신의 성적 자아를 공격성에 근거하여 생각하는 경향이 있지만 여성은 그렇지 않다. 남성들은 자신의 성을 말할 때 자신이 공격적이고, 힘이 있고, 노련하고, 지배적이고, 성을 개인적인 경험으로 보는 경향이 여성보다 더 높다. 그러나 여성은 이러한 차원을 기초로 자신의 성적 자아를 설명하지 않는다(Anderson, Cyranowski, & Espindle, 1999). 반대로 여성은 남성이 이야기하지 않는 차원으로 성을 묘사하는데, 예를 들어 당황스러움, 보수적임, 남의 이목을 의식함 등의 차원에서 성을 이야기한다. 또한 남성은 여성보다 성적 상호작용을 더 많이 주도하는데, 성행위를 시작하고 이끌고 속도를 조절하는 것은 여성이라기보다 남성이다(Impett & Peplau, 2003). 이러한 연구들은 남성에게 성은 공격성과 강한 관계가 있지만 여성에게는 그렇지 않음을 시사한다. 성과 공격성이 남성에게 관계가 있다는 점은 성폭력이 주로 남성에 의해 이루어진다는 점과 관련된다.

④ 성의 가변성

성은 특정한 상황이나 특정한 문화 혹은 사회적 요인에 따라 변하는가? 보메이스터(Baumeister, 2000)는 많은 연구들을 고찰한 결과 성은 여러 요인에 따라 변할 수 있으며, 특히 여성이 남성보다 여러 요인에 따라 성행동의 빈도에서 차이를 보인다고 하였다. 여성은 친밀한 관계를 맺고 있을 때 섹스를 자주 하지만, 관계가 끝나면 몇 달 동안 전혀 성관계를 갖지 않을 수 있다. 반면 남성은 관계가 좋든 나쁘든 상관없이 성적 활동을 꾸준히 유지하는 경향이 있는데, 물론 여기에는 파트너와의 성관계뿐 아니라 자위를 통한 성행위도 포함된다. 여성의 성은 사회문화적 환경의 변화에 남성보다 더 강한 영향을 받는다. 또한 성에 대한 태도와 행동의 일관성은 남성보다 여성이 더 낮았다. 예를 들어 여성은 섹스를 하고 싶지 않을 때도 섹스를 하는 경향 혹은 섹스를 하고 싶을 때도 섹스를 하지 않는 경향이 남성보다 더 높았다.

이상에서 살펴본 바와 같이 여성과 남성의 성반응 주기는 유사한 반면 성행동은 네 가지 측면에서 차이가 있는 것으로 보고되었다. 이러한 점을 고려할 때 여성과 남성의 성을 모두 설명하는 단일한 모델은 가능하지 않을 것이다. 흔히 남성은 섹스에 관심이 있고, 여성은 사랑과 친밀한 관계에 관심이 더 많다는 말도 남녀의 성을 너무 단편적으로 바라본 설명이다. 성은 개인적이고 사적인 경험이지만 개인의 사회화 경험과 밀접한 연관이 있고, 사회화는 그 시대, 그 사회와 문화의 가치와 규범을 반영하므로 성이 매우 개인적인 차원에서 이루어진다고 하더라도 복잡할 수밖에 없다.

4) 성행동의 기준: 성각본

성은 생물학적으로 결정될 뿐 아니라 사회문화적, 역사적 맥락에 의해 영향을 받는다. 그리하여 한 개인이 누구와 어떠한 목적으로 성관계를 가지며, 어떠한 성행위를 용납할 수 있는가 등은 생물학적으로 결정된다기보다 사회적으로 구성된다는 시각이 더 지배적이다(Barber & Allen, 1993). 이러한 시각이 사회적 차원에서 논의되고 회자될 때 '성담론'이라 하며, 개인적 차원에서 선택의 문제가 될 때 '성각본(sexual script)'이라 한다. 성각본은 성에 대해 사회가 인정하는 일련의 행위와 지위, 그리고 이러한 행위와 지위를 지배하는 규칙과 기대, 규약을 모두 말하는 것으로서(Laws & Schwartz, 1977), 사회적 규범이 성에 대한 역할, 성적 정체성, 성행위에 대한 의미에 어떤 영향을 미치는가를 이해할 때 도움이 된다. 한 개인이 속한 사회문화적 및 역사적 맥락 안에서 그리고 생후부터 시작되는 젠더화 과정을 통해 개인은 성각본을 발전시킨다. 성각본은 첫째, 누구와 성관계를 가지며, 둘째, 어떠한 성행위가 용납될 수 있고, 셋째, 언제 성관계를 갖는 것이 적절하며, 넷째, 어디에서 성관계를 갖는 것이 용납될 수 있고, 다섯째, 성행위의 이유는 무엇인가를 포함한다(Barber & Allen, 1992).

성각본은 크게 가부장적 성각본과 표현적 성각본으로 구분할 수 있다(Lamanna & Riedman, 1988). 가부장적 성각본이 전통적인 가부장 사회에서 지배적이었던 성행동 기준이라면, 표현적 성각본은 남녀평등과 성적 표현의 자유를 중시하는 현대 사회에서 더 보편화된 기준이다. 〈표 4-1〉에서 이 두 가지 각본을 비교하여 제시하였다.

| 표 4-1 | 가부장적 성각본과 표현적 성각본 비교

구분	가부장적 성각본	표현적 성각본
배경	자손과 유산 등이 남성 혈통을 통해 유지되는 가부장제 사회체계로부터 비롯됨. 가부장적 가치, 신념, 태도, 행동이 성에 대한 태도에도 그대로 반영되어 있다.	남녀평등권 등장, 여성의 경제적 독립 증가, 인구 억제에 대한 관심 증가, 새로운 피임법 개발, 성 자유화 풍조 확산 속에 등장한다.
성의 소유권	남성은 여성과 여성의 성을 포함한 사회의 모든 것을 소유하며, 그 자녀들도 합법적으로 남성의 소유물이 된다.	일방적인 성의 소유권을 인정하지 않으며, 성은 남녀 모두에게 인간적임을 표현하는 기초이고, 모든 사람은 자신의 성적 자아(sexual self)를 표현할 자유가 있다.
성의 기능	성은 자녀출산이라는 생물학적 기능만 가지므로 성교만이 적절한 성행위이며, 다른 형태의 성행동이나 나이 든 배우자 간의 성관계는 적절하지 않다.	성은 생물학적 기능뿐 아니라 대인간 의사소통과 친밀감을 향상시키는 주요 수단이다. 따라서 모든 형태의 성적 활동은 인정될 수 있다.
성적 욕구	남성은 성적 욕구와 충동을 선천적으로 가지고 태어나며, 여성은 본질적으로 성적으로 수동적이다.	남녀의 성적 욕구와 능력은 근본적으로 같으며, 여성도 성적 흥분과 오르가슴을 느낄 수 있다.
성적 긴장의 방출	오르가슴을 통한 성적 긴장의 방출은 남성에게만 필요하다.	성적 긴장의 방출은 여성과 남성 모두에게 중요하다.
성적 쾌락 추구 권리	부부관계에서 성적 욕구가 충족되지 않는 남성은 혼외관계에서 성적 욕구를 충족할 수 있으나, 여성이 혼외관계에서 성행위를 하는 것은 용납될 수 없다.	남녀 모두 성적 쾌락을 추구할 정당한 권리가 있으며, 성은 남녀 모두에게 육체적 즐거움뿐 아니라 정서적 유대를 제공할 수 있다.
부부간의 성	여성은 남성에게 종속되기 때문에 원하지 않을 때도 남편이 원하면 성관계에 응해야 한다.	부부간의 성은 부부 모두에게 의미 있어야 한다.

가부장적 성각본을 살펴보면 성행동에 대한 이중기준이 적용되고 있음을 알 수 있다. 이중기준(double standard)은 남성과 여성에게 적용되는 성행동의 기준이 서로 다름을 의미한다. 이중기준은 가부장제의 산물로 남성의 성적 활동에 대한 소

망과 욕구가 여성보다 더 크다는 가정에 근거한다. 이러한 이중기준에 의하면 남녀관계에서 남성이 성적으로 공격적이고 여성은 수동적인 입장이 되는 것이 당연한 것처럼 여겨진다. 또한 남성은 성적 욕구를 가질 수밖에 없으므로 성적 충동이 약한 여성이 성행위의 한계를 설정할 책임을 져야 한다고 여긴다(Lips, 2008).

이중기준은 여성과 남성의 성행동과 경험뿐 아니라 남녀 간의 권력관계에 많은 시사점을 제공한다. 즉, 여성의 성적 소망이 중요할 수 있다는 점을 거부하면서 여성의 성적 감정을 대수롭지 않게 여기는 반면, 남성의 성적 충동은 자연스럽고 어찌할 수 없는 것이므로 남성의 성적 충동 조절 능력을 중시하지 않는다. 따라서 여성이 성적으로 적극적일 경우 남성보다 더 부정적인 평가를 받는 반면, 남성은 성적으로 소극적이면 부정적인 평가를 받게 된다. 또한 성희롱이나 성추행, 강간을 당한 여성을 오히려 비난하는 경향이 더 많다. 이중기준을 적용하는 경우 남성은 자신의 성행동을 조절할 책임을 지기 위해 배울 필요가 없고, 여성은 스스로 성적 즐거움을 학습할 필요가 없으며, 남녀로 이루어진 성적 파트너는 성적 감정에 대해 의사소통할 필요가 없게 된다(Lips, 2008).

성행동에 대한 이중기준은 역사가 오래되었음에도 불구하고, 사실에 근거하고 있는 것이 아니다. 여성과 남성은 성반응 주기가 매우 비슷하고, 당연히 여성도 성적으로 쾌락을 느낄 수 있으며, 남성의 성욕 또한 통제가 가능하다. 앞서 페플로(Peplau, 2003)가 제시한 성행동에서 남녀 간의 차이는 성적 소망이나 욕망의 본질적 차이보다는 성행동에 대한 사회적인 이중기준, 그리고 성행동이 여성에게 더 큰 영향(임신의 가능성)을 미친다는 점을 여성 스스로 자각하고 있기 때문에 나타나는 것일 수 있다.

한편 표현적 성각본은 남녀평등과 성 자유화 분위기 속에서 탄생하였으므로 성행동에 대한 이중기준으로부터 벗어나 있다. 남녀의 평등한 권리가 보장되므로 남성이 여성의 성을 소유하는 권한이 인정되지 않고, 성은 남녀 모두에게 의미 있는 것으로 받아들여진다. 성의 기능은 생물학적 자녀출산에 있을 뿐 아니라 친밀한 두 사람 간의 의사소통 수단이고 정서적 유대감을 나누기 위한 매체이며, 쾌락은 성의 중요한 기능으로 여겨진다. 성적 욕망은 남성뿐 아니라 여성에게도 자연스럽고 필요한 것으로 여겨지며, 다양한 형태의 성행동이 용납되고, 자녀출산과는 무관한 사람들 사이에서의 성도 자연스러운 행동으로 받아들여진다. 이 두 가지 성각본은 성행동 기준을 크게 분류한 것일 뿐 현실에서의 성행동은 보다 더 복잡하여 두 가지 각본을 혼합한 형태이거나 두 각본의 중간 어느 지점에 해당하는 형태일 것이다.

2. 성적 역기능

인간의 건강한 성생활은 자아성취와 생산력을 향상시키고, 신체적・정신적 건강문제를 완화시킴으로써 삶의 질을 높이는 한편, 건강하지 못한 성생활은 우울이나 위기감 등 여러 가지 심리적, 신체적 문제를 초래하고 부부간의 갈등, 혼외정사, 이혼 혹은 가정해체 등을 야기함으로써 가정과 사회 전반에 지대한 영향을 미칠 수 있다(배정이, 2004). 다음에서 여성과 남성이 경험하는 대표적인 성적 역기능에 대해 살펴보고, 이것이 젠더 이슈와 어떻게 연관되는지 살펴본다.

1) 여성과 남성의 성적 역기능

여성이 경험하는 성적 역기능(sexual dysfunction) 중 가장 대표적인 것으로 불감증을 들 수 있다. 이는 성반응의 네 단계 가운데 고조기에서 절정기 없이 흥분기에서 회복기로 넘어감으로써 오르가슴을 느끼지 못하는 경우이다. 여성은 자위를 통해서는 남성만큼 빨리 오르가슴을 느낄 수 있지만, 성교행위 동안에는 여성이 남성보다 오르가슴을 느끼기 어려운 경향이 있다(Lips, 2008). 여성에게 흔한 또 하나의 성적 역기능은 질근경직(vaginismus)으로 성행위 시 음경이 질에 접근할 때 질 입구에 있는 괄약근이 경직되어 음경이 질 내로 들어가는 것이 어렵게 되는 것을 말한다. 이때 성교행위를 계속하면 부부는 둘 다 고통을 느끼게 된다. 질근경직은 부부들이 마주칠 수 있는 성적 역기능 중 가장 치료하기 어려운 문제 가운데 하나로 알려져 있다.

남성의 대표적인 성적 역기능은 발기불능과 조루이다. 발기불능은 음경이 성교를 할 만큼 충분히 발기를 지속하는 능력이 부족하거나 상실되는 경우이다. 약 40%의 남성이 때로 발기에 어려움을 경험하는 것으로 추정되며 이는 특정 연령의 남성에게만 국한하는 것은 아니다(Lawson, 2003). 발기불능을 치료하는 데 효과적인 것으로 입증된 비아그라(Viagra)가 생산되고 그 광고가 대중에게 일반화되면서 남성들이 발기의 어려움을 인정하는 것이 보다 더 쉬워졌다고 한다(Lips, 2008). 한편 조루는 남성이 가지고 있는 가장 흔한 성문제 가운데 하나로 남성이 사정을 조절할 수 있는 능력을 상실하여 일정시간 동안 고조기를 유지할 수 없으며, 흥분기에서 곧바로 절정기로 넘어가게 된다. 따라서 조루증 남성의 여성 파트너는 오르가슴을 느낄 만큼 충분한 기회를 갖지 못한다.

2) 젠더와 성적 역기능

남성의 발기불능이나 여성의 불감증 같은 성적 역기능은 흔한 문제이지만 그것은 개인에게 큰 불안을 경험하게 한다. 성적 역기능이 성적 즐거움을 방해한다는 명백한 사실 외에도 그것이 많은 사람들에게 큰 스트레스가 되는 이유는 그런 어려움을 다른 사람과 공개적으로 이야기하기 어렵다는 점과 그런 문제에 붙여진 부정적 이미지 때문이다.

인간의 성이 육체적 측면뿐 아니라 심리적 및 사회문화적 측면까지 포괄하는 것이라 볼 때 성적 역기능 또한 이러한 여러 측면과 밀접한 관계가 있다. 특히 페미니스트 성 과학자(sexologist)는 성적 기능과 역기능이 성에 관한 전통적인 남성 모델에 강한 영향을 받았다고 주장한다. 전통 모델은 성기 중심적이며 성교만이 '진짜 섹스'라는 관념에 사로잡혀 있다(McCarthy, 2002).

전통적 사회화 과정에서 남성은 불안이나 억압 없이 '성 전문가'가 되어야 한다고 사회화된다. 섹스는 경쟁적이고 어떠한 나약함이나 질문도 용납되지 않으며, 남성성과 성은 상관성이 아주 높다고 가정된다. '진짜 남성'은 어느 시간, 어느 곳에서든 여성과 섹스를 하고 싶어야 하고, 또 그렇게 할 수 있다고 가정한다(McCarthy & McCarthy, 1998). 남성들은 성적 소망과 흥분, 오르가슴은 쉬운 것이고 예측할 수 있으며 자동적으로 일어나는 것이므로 남성이 여성으로부터 필요로 하는 것은 아무것도 없다고 배운다. 전통적으로 남성은 친밀하고 상호적인 성을 가치 있게 여기지 않는 경향이 있다. 남성은 주로 여성과 기쁨을 나눈다기보다 여성을 위해 성행위를 한다고 강조한다. 이러한 점은 남성의 성적 역기능의 주요한 원인이 된다(McCarthy, 2002). 예를 들어 남성의 조루증상은 대부분 생리적 문제가 아니라 심리적 원인에 의한다. 즉, 여성에 대한 무의식적 증오나 적개심, 자신의 사정을 적절히 통제시켜야 한다는 불안이나 부담, 파트너를 성적으로 만족시켜야 한다는 것에 대한 불안 등이 조루와 밀접한 관계가 있는 것(윤가현, 1998)으로 여겨진다.

한편 페미니스트 성 과학자는 성의 의미와 경험에 있어서 융통성, 다양성, 개인적 차이를 존중하는 것(McCarthy, 2002)이 중요하다고 강조한다. 성치료를 통해 남성은 성을 행위가 아니라 기쁨으로 볼 수 있게 되고, 여성을 자신이 무엇인가를 증명해 줄 대상이 아니라 성적 파트너로서 가치 있게 여기고, 성교를 잘하고 못하는가에만 초점을 두기보다 성관계를 다양하고 융통성 있게 즐길 수 있고, 또 성을 자동적인 것이 아니라 친밀하고 상호작용적인 것으로 보도록 배울 수 있다(McCarthy, 2002).

3. 성과 권력

고정관념적인 성역할사회화는 성행동이나 태도에서 권력 차이를 가져오고, 성이 권력과 밀접히 연결되어 있음을 시사한다. 〈참고자료 4-3〉은 성역할사회화 과정에서 남성과 여성에게 강요되는 성과 관련된 성역할 규칙의 예를 제시한 것이다. 이러한 규칙을 내면화한 남자들은 성적으로 공격적이 되고, 여성을 성적 대상으로 보게 되며, 여성에 대한 성적 공격을 정당화하고, 여성이 성행위에서 복종할 것을 기대할 뿐 아니라 여성을 성폭력의 피해자가 되기 쉽게 한다(Worell &

참고자료 4-3 성과 관련된 성역할 규칙

□ 남성을 위한 성역할 규칙

① 남성은 신체적으로 공격적이고, 역동적이며, 지배적이어야 한다.
② 성행위는 정복으로 간주된다. '아니오'라고 말하는 여성이 진짜로 의미하는 것은 '괜찮아'이다.
③ 남성은 데이트 비용을 지불해야 하고, 여성은 그들에게 성적으로 '갚아야' 한다.
④ 여성은 그들을 보호하는 남성의 소유물이다.
⑤ 여성은 성적 대상으로 보아도 된다.
⑥ 남성은 성행위를 주도해야 하고 여성을 지배해야 한다.
⑦ 남성은 우두머리가 되어야 하고 여성은 남성에게 복종해야 한다.

□ 여성을 위한 성역할 규칙

① 여성은 남성의 성적 행동을 통제할 책임이 있다.
② 여성은 남성에 의해 보호받을 필요가 있다.
③ 여성은 친절하고, 부드럽고, 신체적으로 비공격적이어야 한다.
④ 여성은 신체적으로 강건해서는 안 된다.
⑤ 여성은 항상 공손하고, 남성에게 의존해야 하며, 수동적이어야 한다.
⑥ 좋은 여성은 처녀이다.

출처: Worell & Rember (2004). pp. 309-310.

Remer, 2004). 성이 남녀 간의 권력과 관계가 있음을 나타내는 대표적인 예는 음란물과 성폭력에서 찾을 수 있다.

1) 음란물

음란물 혹은 포르노는 독자나 시청자에게 성적 흥분을 불러일으키기 위해 제작된 노골적인 성 표현물을 말하며, 그 범주에는 사진이나 그림, 소설 등의 문학작품, TV, 영화 및 동영상 등이 포함된다. 포르노는 주로 여성의 가치 저하를 표현하고 있으며, 성에 대한 노골적 표현을 폭력성과 결부하여 나타냄으로써 성적 충동이 폭력적 행동으로 나타날 가능성을 제공한다는 점에서 매우 해로운 것으로 인식되고 있다(김준호, 1996; Lips, 2008). 오늘날에는 선정적이고 음란한 자료와 프로그램이 인터넷을 통하여 급속도로 보급됨으로써 많은 사람들이 아주 어린 연령부터 인터넷 음란물을 접촉하고 있는 실정이다. 남녀 가리지 않고 초등생부터 음란물을 보게 되는 것은 성 혹은 젠더에 어떤 영향을 미치게 될까?

음란물에 나타난 성과 권력의 관계는 우선 성적 자극을 일으키는 대부분의 음란 자료들이 남성을 위해 제작되며, 대부분의 음란물에서 여성은 독립된 인격체라기보다 수동적이고 무기력하며, 육체적으로 이상화된 성적 대상으로 그려진다는 점에서 찾아볼 수 있다. 사람들은 성적으로 폭력적인 포르노에 많이 접촉할수록 여성에 대한 폭력을 수용하는 경향이 증가하였으며, 또 '모든 여성은 은밀하게 강간당하기를 원한다'와 같은 신화를 수용하는 경향이 더 높아졌다(Demare, Briere, & Lips, 1988). 또한 폭력적인 포르노에 반복적으로 접촉할수록 여성 폭력 피해자에 대한 민감성이 감소되는 결과를 가져왔고, 공격적인 포르노 접촉은 강간 장면을 연상시키고 강간에 대한 신화를 수용하며, 실제로 강간을 할 가능성의 증가와 깊은 관계가 있었다. 더 나아가 음란물을 많이 접촉하는 남성일수록 현실 속의 여성 파트너와 친밀한 관계를 맺으려고 하기보다 이상화되고 비현실적인 모습으로 관계를 맺으려 하기 때문에 성적 친밀감을 발달시키기가 어려워진다(Lips, 2008).

우리나라 연구에서 음란물은 청소년들로 하여금 성적 충동의 유발, 성도덕의 약화, 성에 대한 비정상적이고 잘못된 지식과 사고의 발달, 성행동에 대한 왜곡된 신념과 태도의 발달, 성희롱이나 강간과 같은 성범죄에 대한 억제력의 약화 가능성을 증대(양돈규 · 조남근, 2004)시킴으로써 청소년의 건전한 성적 사회화를 저해하는 것으로 나타났다.

참고자료 4-4 음란물 본 청소년 5% "성폭행 충동"

성인 음란물을 본 청소년의 5%가 성추행 · 성폭행 충동을 느낀 것으로 나타났다.
행정안전부는 청소년들의 성인 음란물 이용 실태를 조사한 결과를 30일 발표했다. 성인 음란물을 초등학교 남학생은 포털이나 카페 등 인터넷(32.0%)을 이용해 접하는 경우가 가장 많고, 고등학교 남학생은 대부분 P2P나 파일공유 사이트(46.2%)를 통해 접촉하는 것으로 나타났다. 휴대전화를 통해 음란물을 접촉하는 경우도 7.9%를 차지했다.
이러한 성인 음란물을 본 다음 변화에 대해 '이성 친구가 성적 대상으로 보인다'(7.9%) '성추행, 성폭행 충동을 느꼈다'(5.0%) 등 적지 않은 폐해가 있는 것으로 나타났다. 이러한 성폭력 충동은 자기조절능력이 약한 초등학생이나 중학생이 더 높은 것으로 나타났다. 또 음란물을 본 후 음란 채팅(4.9%), 야한 내용의 문자나 사진 전송(4.7%), 몰래 카메라 촬영(1.9%) 등 부적절한 행동으로 이어지는 경우도 적지 않았다. 특히 음란 채팅은 청소년 성매매로 이어질 가능성이 높아 학생지도가 필요한 것으로 지적됐다.
성인 음란물을 본 후 남학생은 따라하고 싶은 모방심리가 강한 반면 여학생은 성적 수치심이나 불쾌감을 느끼는 경우가 많은 것으로 조사됐다.
이 조사는 전국 초등학교 5학년~고등학교 2학년 1만2251명을 대상으로 온라인 표본조사로 실시됐다. 행안부는 이 조사 결과를 바탕으로 웹하드 업체의 음란물 차단을 의무화하고 경찰과 함께 9월까지 집중 단속을 계속하기로 했다.

출처: 경향신문 (2012.7.30.) (http://news.khan.co.kr/kh_news/khan_art_view.html?artid=201207302244365&code=940100)

2) 성폭력

성폭력(sexual violence)은 성희롱이나 성추행, 성폭행 등을 도두 포괄하는 개념으로 '성을 매개로 상대방의 의사에 반해 이뤄지는 모든 가해행위'를 뜻한다.

"남성과 다르게 훈육되어온 여성의 몸과 생각, 행동은 남성이 여성을 보호/통제하는 기반이 되고, 저돌적이고 공격적인 남성(성)과 이에 대응할 수 없도록 길들여진 여성(성)의 관계는 폭력적인 일방의 침해를 가능하게 하며 이러한 '비대칭적인 성별관계'는 성폭력의 원인으로 작용한다."

"성폭력은 또한 권력관계와 관련되어 있다. 많은 성폭력은 가해자-피해자의 권력관계와 밀접한 연관이 있는데 이는 권력자가 자신의 권력을 확인하고 사회적 약자를 차별하는 수단으로 성폭력을 이용하기 때문이다. 특히 한국 사회는 수직적인 상하관계와 위계가 강해, 가족, 직장, 군대 등에서 지배와 순응을 내면화하고 서열에 따르도록 교육받는다. 이러한 위치에 있을 때 개인들은 자유로운 의사표현을 할 수 없고 수평적 관계를 맺기 어려우며 성폭력이 발생해도 문제를 제기하기가 어렵다."

출처: 한국성폭력상담소 홈페이지 (2020.2).

성폭력은 피해를 당한 여성 개인뿐 아니라 사회 전체에도 심각한 영향을 미친다. 성폭력은 피해를 당한 여성 개인에게는 공포, 우울, 불안, 모욕감, 복수심, 남성혐오감, 성관계의 어려움, 불면, 소화 장애, 두통 등을 가져오고, 인간관계의 손상이나 직장 상실 등 삶의 전반에 부정적 영향을 미친다. 사회적으로는 직장 내에서 행해지는 추행의 경우 여성들의 근로의욕을 떨어뜨리고, 밤늦게 일해야 하는 직장에 대해서는 선택을 꺼리게 한다. 결과적으로 성폭력은 남녀 간 또는 사회구성원 간의 불신감을 조장하는 주요한 원인으로 작용한다.

그러나 이러한 심각한 실태에도 불구하고 성폭력에 대한 오해와 그릇된 통념들이 이에 대한 해결을 어렵게 하고 있다. '성폭력은 정숙하지 못한 여성들의 옷차림이나 행동 때문에 일어난다', '남성은 순간적인 성충등을 억제할 수 없어 강간한다', '여성이 끝까지 저항하면 성폭력은 불가능하다' 등 성폭력에 대한 잘못

참고자료 4-5 성폭력 피해자에 대한 2차 가해

다음 2차 가해 양상을 살펴보면서, 이러한 사람들의 반응에 영향을 준 성폭력에 대한 통념이나 성고정관념에는 어떤 것이 있는지 토론해 보자.

- **피해자를 대하는 태도:** 피해자가 '여지를 줬다'거나 '유혹한 거 아니냐'는 식으로 책임을 전가하는 것, 성폭력을 당한 것은 부끄러운 일이라 여기는 것, 피해자가 씻을 수 없는 상처를 입었으며 언제나 슬프고 무기력할 것이라 기대하는 것, 이러한 피해자상에 부합하지 않는다는 이유로 진짜 피해자가 맞느냐고 의심하는 것, 더럽혀진 존재로 취급하는 것, 피해로 인한 분노나 무력감을 비합리적이거나 나약하다고 취급하는 것 등
- **사회적 시선:** 피해자를 가십거리로 여기는 것, 피해자의 신상 유포, 피해 여부를 반복적으로 의심, 피해자의 사생활·성생활에 대한 가십과 추측 등
- **사법기관에 의한 2차 가해:** 수사 단계에서 피해자가 만나는 관계자(대부분 경찰, 검찰, 재판 관계자) 등이 피해자에게 가하는 경솔한 발언, 수사 및 기소의 소홀, 피해자를 무고자로 의심하고 들어가는 태도, 성노동자나 성경험이 많은 여성은 피해자로 취급하지 않는 것, 강하게 저항하지 않았다는 이유에서 피해자가 아니라고 판단하는 것 등
- **변호사의 의도적 2차 가해:** 친고죄의 경우 피해자가 버티지 못해 소를 취하하기를 노려, 피해 당시를 자세히 묘사하라고 재차 요구하거나 모욕적인 발언을 하거나 피해자에게 책임을 물음. 검사가 이를 피하기 위해 강간이 아니라 비친고죄인 강간치상죄로 고소하는 경우가 많았음
- **언론에 의한 피해:** 피해자를 전면에 내세우거나 가십거리로 소비하는 보도, 피해자 신상 공개, 피해 사실관계의 왜곡, 선정적인 제목 등
- **가족, 친구, 주변인에 의한 피해:** 친족 성폭력의 경우 가족이 사건 은폐를 강요할 수 있음. 가해자와 인간관계가 겹칠 경우 가해자의 주변인들이 적당히 화해하라고 종용하거나 가해자를 옹호, 피해자에 대한 악소문을 퍼뜨리는 경우가 많음. 피해자의 신상이나 사생활, 성생활에 대한 정보가 주변인에 의해 유포되는 경우도 있음
- **소속된 조직이나 공동체에 의한 피해:** 사건 은폐를 종용하거나 사건에 대해 쉬쉬하는 분위기, 가해자에 대한 솜방망이 처벌, 조직의 원활한 운영을 사건의 정의로운 해결보다 우선시하는 태도, 가해자의 편을 들며 화해를 종용하는 행위, 피해를 공개하는 것을 집단에 폐를 끼친 행동이라 규정하며 피해자를 비난하는 행위, 피해자를 따돌리거나 공동체(직장, 종교기관 등)에서 나가라고 종용하는 행위 등

출처: 페미위키 (2020.2). (https://femiwiki.com/w/2%EC%B0%A8_%EA%B0%80%ED%95%B4)

된 통념으로 인해 성폭력 사건은 오히려 피해자인 여성에게 2차 가해를 일으키고 있다. 성폭력 피해자에 대한 2차 가해란 사건이 일어난 이후에 사법기관, 의료기관, 가족, 친구, 언론 등이 피해자에 대한 잘못된 통념에 기초한 반응으로 인해 피해자에게 정신적, 사회적, 경제적 불이익이나 심리적 고통을 주는 것을 말한다(권인숙 · 이건정 · 김선영, 2016). 우리는 성폭력이 일어나는 맥락, 그리고 성폭력 피해자를 대하는 사회문화적 맥락에서 성폭력에 대한 통념, 성고정관념 등이 어떤 식으로 작동하고 있는지에 대해 주의를 기울일 필요가 있다(참고자료 4-5).

4. 성적 자유와 존엄을 향하여

성역할고정관념은 아직도 인간의 성경험에 깊은 영향을 미치고 있다. 대표적으로 여성에 대한 정절과 순결이데올로기가 여성의 성적 경험을 제한하고 이로 인해 남녀관계는 지배와 억압구도가 형성되는 경우가 많다. 또한 개인의 성적 지향에 대해 '정상'과 '비정상'의 논쟁이 여전히 뜨겁다. 뿐만 아니라 젠더는 여성과 남성이 경험하는 성적 역기능, 개인의 성행동의 기준인 성각본, 음란물 접촉 실태와 음란물에 표현된 내용, 성폭력의 가해와 피해 상황에 복합적으로 영향을 미친다. 젠더와 관련된 고정관념이 성의 어떤 양상으로 나타나든, 남성 혹은 힘을 가진 자의 성적 지배와 성적 욕구충족을 정당화하고 여성 혹은 약한 자로 하여금 성적으로 소극적이고 의존적이며 피해자가 되기 쉽도록 한다는 데 문제의 심각성이 있다. 그리하여 성은 관계된 사람들 간에 만족스럽고 상호 존중하는 방향으로 이루어지기보다 지배 복종의 권력구도가 형성되는 가장 대표적인 장이 되어 일방의 육체적 욕구충족으로 끝나거나 두 사람 간의 갈등 혹은 어느 한쪽의 심리적, 신체적 문제를 야기시키는 경우가 많다.

건강한 성생활과 성적 만족을 위해서는 개인적 차원에서 첫째, 파트너와 서로의 성에 대한 태도와 가치관, 기대 등에 대한 상호이해를 높이기 위한 대화가 필요하고, 둘째, 성역할고정관념의 초월을 통한 자연스러운 성적 의사소통이 필요하며, 셋째, 성에 있어서 파트너 간 상호존중과 협력의 자세 등이 필요하다(임정빈·정혜정, 1997).

사회적 차원에서는 무엇보다 성적 자기결정권이 인정되는 분위기가 마련되어야 한다. 성적 자기결정권(right to sexual autonomy)은 각 개인이 자신의 인생관을 바탕으로 사회공동체 안에서 각자 독자적으로 성적 가치관을 확립하고, 이에 따라 자기 스스로 내린 결정과 자기책임하에서 성관계를 가질 권리로서, 무제한적인 성적 권리가 아니라 상대방에 대한 인격적 존중이 포함되는 권리이다(박선영, 2005). 개인이 성적 자기결정권을 가지도록 돕기 위해서는 무엇보다 전통적 성역할고정관념에서 탈피한 사회화 과정이 제공되어야 한다.

전통적 성역할고정관념은 성폭력이 일어나는 맥락을 제공한다. 성폭력을 예방하기 위해서는 남성지배적인 문화와 성역할고정관념을 탈피하고 여성과 남성이 서로를 동반자로 여기며 성차별적 관행과 제도를 변화시키는 노력이 필요하다. 성을 둘러싼 가장 사적으로 보이는 행위 뒤에는 가장 사회적이고 문화적인 힘이 작용하고 있음을 인식하는 것이 이러한 노력의 시작이라 하겠다.

논의해 봅시다

1. 성(sexuality)에 대해 각자 가지고 있는 고정관념(예, 남성의 성욕이 여성보다 강하다)은 무엇인지, 그러한 고정관념이 자신의 성적 표현에 미치는 영향은 무엇인지 논의해 보자.

2. 한국 사회에서 동성애에 대한 의견은 다음과 같이 크게 세 가지로 나뉜다. 각자 어떠한 입장인지, 왜 그런 입장을 취하는지, 그런 입장을 취했을 때와 다른 입장을 취했을 때 자신의 삶에 미치는 영향에는 어떠한 차이가 있는지 논의해 보자.
   - 동성애자나 트랜스젠더 등 소수의 성적 목소리를 존중해야 한다는 진보적인 입장
   - 종교적인 이유 등으로 동성애를 배척하는 입장
   - 동성애를 인정하지는 않지만 동성애자들의 인권은 존중해야 한다는 입장

3. 음란물이나 포르노를 접촉한 경험에 대해 나누어 보자. 그러한 경험이 자신과 이성을 보는 시각에 어떤 영향을 미쳤는지 논의해 보자.

4. 성적 자기결정권과 성적 만족을 위해 개인과 파트너가 실제적으로 할 수 있는 일은 무엇인지 논의해 보자.

PART 2
가족과 젠더의 관계적 차원

CHAPTER

05

성평등한 결혼문화

CONTENTS

chapter

05 성평등한 결혼문화

결혼을 흔히 성별화된 경험이라고 한다. '성별화'되었다는 것은 결혼관계에서 남성과 여성의 경험이 이질적이며 때로 불공평하다는 의미를 내포한다. 그렇다면 결혼은 본질적으로 특정 성(性)에 억압적이거나 불평등한 것인가? 조화와 균형의 관계를 유지할 수 있는 결혼은 어떻게 가능한가?

이 장에서는 우선 결혼에 대한 우리나라의 전통적인 관점, 서구의 구조기능주의 관점, 미시교환이론, 그리고 최근의 성인지적 관점들을 검토해볼 것이다. 다음으로 성평등한 결혼문화의 전제조건으로서 젠더와 사랑에 대해 살펴볼 것이다. 구체적으로 사랑의 성차와 낭만적 사랑의 신화, 의사소통과 친밀감의 성차 등에 초점을 두고자 한다. 마지막으로 우리 사회의 결혼문화에 대해 살펴보도록 하겠다. 구체적으로 배우자 선택과 결혼준비과정, 혼전성관계, 피임과 낙태 등 혼전이슈들을 다루어 보면서 다음과 같은 문제에 대한 답을 생각해 보도록 한다.

- 결혼제도는 어떻게 유지되어왔는가?
- 사랑, 배우자 선택, 결혼에서 남녀 간의 성차는 왜 나타나는가?
- 성평등한 결혼문화를 위해 어떤 점이 개선되어야 하는가?

1. 결혼에 관한 관점

1) 유교적 관점

전통사회에서 강력한 사회이념이었던 유교는 우주적 질서의 일환으로 결혼관계를 이해한다. 주역에서 "천지가 있은 후에 만물이 있고, 만물이 있은 후에 남녀가 있고, 남녀가 있은 후에 부부가 있고, 부부가 있은 후에, 부자가 있고…."라고 한 것과 같이, 부부관계를 발생론적으로 가장 선행하며 중요한 관계로 인정하였고, 혼인을 '인륜지대사'라 하여 백년해로의 혼인관을 강조하였다(최홍기, 2006). 혼인의 의의는 '위로 종묘를 섬기고 아래로 후세를 잇는 것'으로 인구의 재생산 기능을 결혼의 가장 중요한 기능으로 보았다. 따라서 일부일처제를 원칙으로 하되 자녀가 없는 남자가 첩을 얻는 것에 대해서는 사회적으로 당연시하였다.

이러한 전통적 혼인관의 저변에는 남성과 여성이라는 생물학적 두 범주를 자연의 법칙, 또는 천리로 여기는 음양오행사상이 있었다. 음양이론은 하늘의 기(양)와 땅의 기(음)가 상호작용할 때 무수한 사물(자손)이 번창한다고 보았으며, 이를 바탕으로 양을 상징하는 남성과 음을 상징하는 여성은 근본적으로 서로 다르지만 상호보완적인 관계로 인식되었다.[1] 음양이론의 근본에는 성별 간의 균형과 조화를 강조하며 일체만물의 절대평등을 주창하는 세계관을 내포하고 있다. 이는 남녀가 생물학적으로 동일하지는 않지만 남성은 남성대로, 여성은 여성대로의 역할과 모습 속에 평등성을 가지며 두 성이 상호의존적임을 가정한다. 따라서 우리의 전통적인 결혼관은 음양이론을 바탕으로 남녀의 차이와 조화, 그리고 균형을 중요시했음을 알 수 있다.

1) 음양이론에서 양은 '강직함'이고 음은 '양보'이므로, 남성은 힘으로써 존경받고 여성은 온순함으로 아름답다고 본다. 그러나 남성과 여성의 역할이 무질서해질 때 음과 양의 질서가 상실되고, 그 결과 재앙이 발생한다는 주장은 음의 지나친 기운이 순리에 어긋난다는 논리로 귀결되었다. 유교적 차별주의를 이념으로 하는 인(仁)의 원리는 성별 간의 위계를 강조하는 방향으로 발전되면서 점차 여성 억압적 요소를 갖게 되었다.

고려시대의 결혼풍습은 부계제와 모계제가 혼재된 형태였다. 비록 소수 귀족 계층에서는 중국의 부계제를 따랐지만, 일반 백성들 사이에서는 남녀가 좋아지면 곧 맺어질 수 있었고, 혼례는 처가에서 신랑을 맞아 치렀으며 혼수나 예물은 없었다. 혼인 후에 신랑은 처가에서 살며 자녀를 낳아 성장시킨 후에 아내를 데리고 본가에 들어갔다. 장가든다는 어원은 장인, 장모 집에 들어간다는 서류부가혼(胥留婦家婚)에서 유래한 것이다(고려대학교 민족연구소, 1970). 고려의 호적자료를 근거로 볼 때, 고려의 가족은 부계와 모계(처계)를 함께 가지고 있는 양계제의 성격이 강했으며, 결혼과정에서도 남녀가 비교적 평등했다.

한편 조선시대는 새로운 왕조의 창업을 계기로 유교적 개혁을 단행하였고, 성리학의 가부장제와 부계중심의 결혼문화는 서서히 고려시대까지 존속된 오랜 양계제의 풍습을 대체하기 시작하였다(최홍기, 2006). 조선 명종조 이후 일반대중들도 중국의 혼례양식에 영향을 받게 되었고 고려의 풍습과 절충된 결혼문화가 확산되었다. 즉, 처가에서 혼례를 치루지만 처가에 머무는 기간이 짧아지고 시가에 들어가 자손을 낳고 결혼생활을 하는 문화가 자리 잡게 되며, 이러한 전통은 오늘날의 혼례에도 남아 있다(이기숙 · 공미혜 · 김득성 · 김은경 · 손태홍 · 오경희 · 전영주, 2001). 유교의 강력한 영향을 받은 조선시대의 가부장적 가족제도가 결혼생활을 규제하면서, 남편과 아내의 역할이 엄격하게 분리된 성별 이원체계를 고수하게 되었고, 이로 인해 남녀 모두 서로의 역할을 넘볼 수 없게 되었다.

가부장적 결혼제도에서 문제가 제기되었던 것은 성별분업 자체라기보다 사회와 가족을 관통하는 엄격한 위계질서로 인해 결혼관계 안에서 여성이 자율권을 행사하지 못하는 불평등한 구조였다. 상호보완적 남녀관에 대한 음양오행의 담론과 별개로 실제 가부장적 가족제도하의 결혼생활에서는 남편이 아내를 지배하고 아내는 복종해야만 하는 억압적 구조를 가졌으며 이는 근대화와 더불어 큰 도전에 직면하게 된다.

2) 구조기능주의 관점

19세기 말부터 20세기 초까지 서구사회가 산업화와 시민혁명을 기점으로 근대에 진입하며 자유와 평등의 가치가 만연되었고, 개별화된 개인 간의 관계맺음에서 낭만적 사랑이 남녀 결합의 새로운 기준이 되었다. 근대의 사회과학자들은 다윈(Darwin)의 생물학적 진화론을 사회현상에 적용하고자 노력하였는데, 구조기능론적 관점은 사회유기체론적 입장에서 개인과 사회를 연결하는 가족의 역할과 재생산기능에 초점을 두고 결혼과 가족의 기원을 설명하였다(한국 가족학연구회, 1991). 이 시기에 뿌리 내린 핵가족 정상담론은 남편의 도구적 노동과 아내의 애정적 돌봄노동이라는 성별화된 역할분업에 기반하며, 공적영역으로부터 분리된 부계중심 가족을 정상으로 간주한다. 이 당시에 가부장제 가족, 직계가족, 핵가족 등의 개념이 정립되었다. 구조기능주의에 입각한 이론들은 당시 남성학자들을 중심으로 구축되었기 때문에 이후 여성주의자들에 의해 '남성들의 결혼과 가족'이라는 비판을 받게 된다.

서구 구조기능주의 관점에서도 대표적으로 파슨스(Parsons)를 비롯한 남성 사회학자들을 중심으로 발전된 성역할이론은 성별분업을 가족의 범문화적 특징으로 보고, 가족 내 성을 기본 축으로 남녀의 역할과 기능을 설명하였다. 이들은 가족의 핵심 기능을 재생산, 즉 자녀의 사회화와 가족원의 정서적 건강유지라고 보고 가족의 안정과 균형을 강조하였다. 이들은 성별역할 분업을 건강한 결혼관계의 기준으로 규정하고 이 기준에서 벗어나는 결혼관계는 역기능적인 것으로 보았다. 즉, 남편은 가족 밖에서 가족생계부양의 역할을 하고, 아내는 가족 안에서 자녀 사회화나 남편의 안녕을 위한 양육적이며 정서적인 역할을 하는 것이 자연스러우며 그러한 결혼을 기능적이라고 보았다. 아내가 직업을 갖는 것은 적절하지 않다고 보았으며 '역할긴장'과 같은 용어가 만들어졌다(임정빈 · 정혜정, 1996).

남편과 아내의 애정관계는 역할관계에 비해 부차적인 것이며 부부의 결혼관계 역시 성별에 따라 주어진 역할을 얼마나 잘 수행하는지에 따라 영향을 받았다.

남편이 생계부양의 역할을 잘 할 때, 그리고 아내가 정서적인 역할을 잘 수행할 때 결혼관계도 돈독하게 유지된다고 보았다. 산업혁명 이후 자유연애를 통한 결혼이 확산되면서 남편과 아내의 역할관계보다 부부간의 애정과 성적 욕구에 대한 충족, 친구와 같은 파트너십을 더 중시하게 되었지만, 성역할에 대한 오랜 전통은 최근까지도 허물어지지 않고 있다.

3) 교환 및 형평성 관점

교환 및 형평성 관점은 모든 사회적 관계가 호혜성의 과정, 즉 주고받는(give and take) 과정이며, 결혼도 교환과 형평성의 관계로 보는 관점이다. 인간은 최소한의 비용으로 최대한의 보상을 추구하는 존재이지만, 관계의 균형이 깨질 정도의 불공평한 교환을 추구하지 않는데 이는 지나치게 보상을 많이 얻는 쪽이 불균등한 권력관계를 감내해야 하기 때문이다. 배우자 선택에서 외모, 부모의 재력, 외모, 교육수준, 직업 등은 개인의 자원으로 간주된다. 결혼 이후에도 부부간의 권력관계는 부부 각각이 가지고 있는 상대적 자원에 의해 결정되며, 그 자원이란 경제적·사회적인 것일 수도 있고 심리적인 것일 수도 있다.

예를 들어 미모의 여성과 커플인 남성을 보면서 '저 남자는 돈이 많을 것이다'라고 생각한다면, 이는 여성의 자원(미모)과 남성의 자원(돈)이 서로 공평한 교환으로 간주되었을 것이라고 추측하는 것이다. 이와 같이 남성과 여성은 양측에 공평하다고 간주되는 지점에서 교환을 하게 되며, 남녀의 사회적·개인적 자원을 총체적으로 비교할 때 어느 정도 균형을 이루는 형평성의 원칙에 부합하는 결합이 안정적으로 유지될 가능성이 높다.

교환 및 형평성 관점은 배우자 선택, 맞벌이부부관계, 가정폭력, 이혼 등 결혼관계에서의 다양한 상호작용 현상을 설명하는 관점으로 각광을 받아왔다. 예컨대 배우자 선택은 남성과 여성이라는 상품을 중심으로 한 결혼시장에서 벌어지는 현상이며, 이때 교환은 이들이 가지고 있는 물질적·비물질적 자원에 의해 결정된다고 본다(한국 가족학연구회, 1991). 다른 예로, 최근 늘고 있는 결혼연기 또는 독신가구의 증가 현상에 대해서는 결혼이 줄 수 있는 보상(경제적 안정, 심리적, 사회적 소속감 등)이 결혼에 의해 발생하는 비용(가사노동가중, 시댁관계의 어려움 등)보다 작아지고 있기 때문에 발생한다고 설명될 수 있다.

경제학적 관점에서 볼 때 결혼은 하나의 계약이며, 계약당사자인 두 사람은 상호 간의 특정한 권리를 허용하고 의무를 수행하는 것으로 볼 수도 있다(Beck, 2007). 교환이론은 인생을 자유시장으로 가정하고 결혼과 가족 안에서 개인 행위의 예측에 합리적인 설명 틀을 제공한다. 그러나 일부 학자들은 교환이론 자체가 인간성의 본질보다 현대 자본주의 산물로서 사회적 관계 안에서 일어나는 헌신과 같은 이타적 행동을 설명하기 어려우며, 개인주의와 교환을 가치 있게 여기는 미국인의 이념일 뿐이라고 비판하기도 한다(한국 가족학연구회, 1991).

4) 성인지적 관점

1960년대부터 결혼에 대한 유교적 관점과 구조기능주의 관점은 여성주의 관점에 의해 큰 도전을 받게 된다. 마르크스(Marx)의 갈등이론에서 비롯된 페미니즘은 결혼의 균형과 질서를 강조한 기존의 시각에 반발하며 가족과 성별의 기본구조에 관한 새로운 관점을 제시하였다.

여성주의자들은 역사적으로 결혼과 가족에 대한 인식은 남성의 결혼, 남성의 가족에 대한 관점이었다고 반박하였다. 여성주의 관점에서 볼 때 봉건적 결혼제도는 여성을 억압하고 희생시킴으로써 유지되어온 비합리적인 제도이며, 대부분의 가족연구가 남성의 관점에서 남성의 경험을 바탕으로 이루어져 왔다고 비판한다(정영애, 1998). 구조기능주의 시각과 대비하여 여성주의 관점이 보는 결혼과 가족의 의미는 다음과 같다.

첫째, 구조기능론자들이 가족을 가장 자연스러운 생물학적 단위로서 정서적 안정을 제공하는 '안식처'라고 보지만, 여성주의자들은 가족이란 자연발생적 단위 이상의 사회적 구성물, 즉 이데올로기라고 지적한다. 둘째, 여성주의자들은 성 역할에 대한 이분법적 시각에 동의하지 않으며 역사적으로 결혼관계에서 남성과 여성 모두 도구적 역할과 표현적 역할을 병행해 왔다고 보았다. 또한 여성이 도구적 역할을 수행하는 경우를 역기능적으로 보는 관점 자체가 남성 편향적 시각이라고 비판한다. 셋째, 여성주의자들은 전인격적인 정서관계가 반드시 가족 안에서만 이루어지는 것이 아니며, 가족 밖에서도 가족만큼 강한 유대관계를 가질 수 있다고 본다. 구조기능주의자들은 자녀양육과 남편에 대한 정서적 지원과 같은 표현적 역할을 여성의 일로 강조함으로써 여성을 가족 안에 묶어두어 사회의 남성 지배구조를 유지하였다고 비판한다. 넷째, 여성주의자들은 '정상가족'에 대한 낭만성과 가족이 공동운명체라는 관점에 도전한다(임정빈 · 정혜정, 1996). 결혼생활은 성별화된 경험이며, 성별 간 권력 차이를 고려할 때 결혼에 대해 제대로 이해할 수 있다. 마지막으로, 결혼의 평등성은 궁극적으로 가족 밖의 세계에서의 남녀평등에 의해 보장된다고 보았다. 성평등한 결혼이란 결혼관계 안에서의 가사노동 및 육아의 평등한 역할분담과 더불어 가족 밖의 임금노동시장에서의 평등한 취업과 대우 보장이 될 때 가능하다고 주장한다.

한편 남성학은 20세기 후반 진정한 '남성다움'에 대한 통찰과 인간성 회복운동으로 시작되었다(김정휘 · 김병선 · 김정인, 1995; 함한희, 2005). 1984년 미국 전국남성연맹 산하 남성학 담당부서가 조직되어 남성학의 공식적인 학문적 분과로 출범한 이래, 독일, 스웨덴, 일본 등에서도 남성운동이 전개되면서 좋은 아버지, 평등문화를 가꾸는 남성모임이 꾸준히 생겨왔다. 이들은 여성운동에 따른 남성위상의 변화와 더불어 문명전환에 의한 성 개념 및 성역할의 변화, 탈산업사회, 포스트모더니즘 시대의 가족과 직업세계에 대한 변화 등을 겪으면서 위기에 처한 남성성의 정체성 등 남성의 문제에 관심을 가지고 연구하고 있다(정유성, 2005; 조정문 · 권명수 · 이의수 · 이옥 · 이나영, 2000).

남성들이 자신의 존재의 왜곡을 거부하며 '반란'을 일으킨 사건은 1950년대 미국의 '히피족' 출현을 들 수 있다(김정휘 외, 1995). 이들은 전통적으로 남성이 짊어졌던 가족에 대한 부양의 의무를 거부한 최초의 집단이라 할 수 있다. 남성성에 대한 사회적 기대가 강한 사회일수록 남성들은 자신들의 힘없고 연약한 모습을 솔직하게 드러내기 어려울 수밖에 없다. 한국 사회에서 남성다움에 대한 압력은 여성다움에 대한 사회적 압력 이상으로 혹독했으며 가부장제도 또한 여성에게보다 남성에게 더 강력한 사회적 억압기제를 통해 개인의 정체성을 강하게 규정하고 획일화한다.

강인한 여성 또는 부드러운 남성이 상대방을 성평등의 파트너이자 인생의 동반자로 기꺼이 받아들일 수 있는 사회라면, 특정성에 갇히지 않고 자신의 모습을 드러낼 수 있을 것이다. 남성운동가들은 남성과 여성이 모두 억압되거나 소외되지 않고 성평등의 파트너이자 인생의 동반자로서 수용되도록 형평성을 유지하는 것이 중요하다고 주장한다.

여성이 힘 있는 남성을 선택하기 때문에 여성에게 선택받으려면 남성은 힘을 추구할 수밖에 없습니다. 억압적 남성상에서 빠져 나오려고 해도 빠져나올 수 없는 것은 바로 여성들 때문입니다.

출처: 조정문 외 (2000). 해방된 남성이란 무엇인가? 남성학과 남성운동. p. 100.

2. 젠더와 사랑

사랑은 오랫동안 문학과 예술의 주된 주제였으며, 특히 '운명처럼 다가온' 또는 '사랑에 빠졌다'고 표현되는 낭만적 사랑은 많은 이의 로망이기도 하다. 사랑의 개념은 광범위하나 여기서는 남녀 간의 낭만적 사랑에 초점을 두고 살펴보도록 하겠다.

1) 낭만적 사랑과 젠더

많은 사람들이 결혼이란 '사랑'을 바탕으로 성립된 성평등한 관계라고 생각한다. 그러나 사랑과 결혼 간의 관계가 밀접해진 것은 매우 최근에 와서야 가능한 일이었다(Coltrane, 2000). 역사적으로 결혼은 사랑에 의한 것이라기보다 부모와 가족에 대한 의무로서 이루어졌다. 서양의 경우, 부모와 가족 또는 가문에 대한 충성이 결혼을 통해 부모님이 선택해준 배우자에 대한 충성으로 전이되었다. 특히 중세 사회에서 대부분의 사람들은 사랑이 아닌 현실적인 이유 때문에 결혼했는데, 상류층일수록 더욱 그러하였다. 예컨대 황실이나 귀족계층에서 결혼은 외교의 수단이었다(Coltrane, 2000). 우리의 전통사회에서도 가계를 굳건히 하고 재산증식을 위한 수단으로서 결혼이 이용되었다는 것은 잘 알려진 사실이다.

한편 유럽의 시민혁명과 산업혁명을 기점으로 근대에 들어오면서 사랑하는 상대와 결혼하고 성관계를 맺는 것을 이상적으로 보는 '낭만적 사랑'에 대한 관념이 보편화되었다(이여봉, 2017). 배우자 선택에서 친족의 통제력이 약화되면서 '낭만적 사랑'은 개별화된 개인들의 관계맺음에 강력한 새로운 기준이 되었다. 특히 낭만적 이성애에 근거한 부부 간의 성별 분업은 중산층 여성의 결혼관을 대표하게 되었다.

봉건시대에 부부가 함께 농사를 짓던 것과 달리, 근대사회에서는 개인이 개별화된 경쟁을 통해 생존해야 했다. 거친 사회에서 경쟁을 헤쳐 나가는 남편은 정숙한 아내가 보살핌을 제공하는 안락한 가족의 품을 원했고, 사회적 지위, 부, 능력 등 공적영역에서 성취가 큰 남성은 매력적이고 아름다운 여성을 발견하면 구애하고 결혼을 통해 사적 영역의 성취, 즉 낭만적 사랑을 완성했다. 여성은 외모와 같은 기준으로 대상화되었으며, 남성은 대상화된 성에 몰두하여 정복하고 소유함으로써 낭만적 사랑을 쟁취했다.

반면 공적 사회에서 소외된 여성은 사회적 지위를 획득하는 방식이 남성과 달랐다. 성장기에는 아버지가, 결혼 이후에는 배우자가 사회적 자본에 접근할 수 있는 방법이었다. 따라서 남성에 의해 선택받음으로써 남성이 가진 지위와 경제력을 공유할 수 있기에 신체적, 성적 매력을 가꾸어 '사랑받고', '선택받는' 것은 생존과 직결된 문제였다(이여봉, 2017). 그렇다면 이렇게 선택되어 결혼하게 된 후 낭만적 사랑은 지속될까? 만남부터 남성과 여성 간의 불평등한 관계가 전제된 낭만적 사랑은 대등한 애정관계로 지속되기가 쉽지 않다. 열정은 남녀가 사랑을 하게 되는 원천이지만 일순간의 황홀함이나 집착에서 벗어나 개별적 주체성과 독립성을 유지하며 동등한 위치에서 상호 존중하고 배려하는 관계가 지속될 수 있는 친밀한 관계라고 할 수 있다.

2) 사랑의 성차

성차에 대한 통념 중 하나는 여성의 삶에서 차지하는 사랑의 비중이 남성에 비해 더 크다는 것이다. 또 다른 통념은 사랑과 성의 관계에서 남녀의 차이가 있다는 것이다. 사랑이 여성에게 의미하는 것은 상호 간의 친밀감과 소통, 시간의 공유, 공동의 관심사 등을 의미하지만, 남성은 종종 사랑과 성, 친밀감을 혼동하며 성적인 면과 낭만적 측면의 사랑을 중시한다.

이에 대해 여성주의자들은 사랑에서의 성차란 사회의 성역할고정관념과 맥을 같이 하며 사회화된 것이라고 지적한다. 어릴 때부터 남성은 자율적으로 행동하고 무엇인가를 성취했을 때 사랑받지만, 여성은 타인을 즐겁게 하고 그가 원하는 대로 행동할 때 사랑받는 경험을 한다. 이러한 사회화 과정에 의해 남성과 여성은 사랑하고 사랑받는 것에 대한 다른 경험과 태도를 갖게 된다. 남성은 감정을 조절하고 파트너에게 몰입하는 것에 대해 주의하며 정서적 관계가 시작된 후에도 그 관계를 본인이 주도하는 것이 당연한 사랑의 표현이라고 생각한다. 남성에게 사랑의 대상은 종종 순종의 대상과 동일시되며, 이러한 관계에 어울리는 순종적이며 동시에 성적 매력이 있는 여성을 선택하게 된다. 반면 여성은 자율적인 존재로 기능하는 것보다 타인지향적인 태도와 가치를 갖도록 양육되므로, 정서적 관계에서도 관계를 주도하기보다 이끌려가는 쪽을 선택한다. 또한 감정을 억압하기보다 감정을 행동으로 드러내는 것이 남성에 비해 사회적으로 더 허용된다(임정빈 · 정혜정, 1996).

아동기 때부터 소녀들은 장래에 결혼할 것으로 믿고, 이러한 결심은 낭만적인 사랑의 감정에 기초할 것이라는 가정을 하며, 이러한 감정이 결혼의 기초라는 규범을 내면화시킨다. 시몬과 동료들(Simon, Edler & Evans, 1992)은 소녀들이 이미 애착이 형성된 소년이 아닌 다른 이성의 누군가와 한 번에 한 명씩만 낭만적인 감정을 가지도록 사회적으로 기대된다고 하였다. 여성은 백마 탄 남성을 유혹하기 위해 자신의 외모를 가꾸는데 초점을 두게 되고, 남성은 아름다운 여성에 대한 숭배와 동시에 자신의 능력을 증명하는 트로피 아내(trophy wife)를 지배하고 속박할 수 있다고 믿게 되었다. 여성은 결혼 후에도 남편의 사랑을 잃지 않기 위해 젊음과 아름다움을 유지하는 데 집착하게 되고, 남성을 성적으로 유혹하는 경향성은 결국 여성 스스로를 속박하는 결과를 초래하게 된다. 이와 같이 낭만적 사랑의 신화는 여성을 억압하는 기제의 젠더관계 체계와 매우 밀접한 관련이 있다(Coltrane, 2000).

참고자료 5-1 신화적 사랑 - 채워지지 않는 자리

플라톤의 '향연'에서는 낭만적 사랑의 기원에 대한 고대 그리스의 신화적 전설을 소개한다. 인간은 원래 양성을 모두 소유하고 있었다. 당시 인간은 머리 두 개, 네 개의 팔과 다리, 남녀의 생식기를 한 몸에 가지고 있었다. 이들 인간은 힘이 세고 교만해져 하늘에 사다리를 타고 올라가 신들과 싸움을 벌일 정도였다. 신들은 인간의 무례를 참을 수 없어 반쪽으로 잘라버렸다. 그래서 인간은 무 자르듯이 반으로 잘려져 힘이 약해졌고 아폴로의 도움으로 상처는 보이지 않게 되었다. 잘려진 두 반쪽은 각각 반대방향으로 가게 되어 평생 자신의 반쪽을 찾아 헤매도록 하였다.
사람들이 꿈꾸는 낭만적인 사랑의 모습은 뜻하지 않게 헤어진 운명의 반쪽을 만나 자신을 온전히 완성시켜 줄 누군가를 기다리는 모습이다. 즉, 사랑은 전체성을 회복하기 위해 불완전한 반쪽이 결합하는 과정이라는 것이다.

출처: 권석만 (1999). 인간관계 심리학. p. 273.

3) 의사소통과 친밀감의 성차

남성과 여성의 의사소통방식에 차이가 있다는 점은 많은 심리학자들에 의해 지적되어왔다. 존 그레이(John Grey, 2000)는 남성과 여성을 화성인과 금성인으로 비유하며, 감정표현중심의 여성의 언어와 사실전달중심의 남성의 언어는 비록 같은 어휘를 사용하더라도 서로 다른 의미로 사용된다고 지적하였다. 최근에는 이러한 차이가 뇌의 구조와 기능의 차이에 따른 것이라는 주장도 나오고 있다(참고자료 5-2).

의사소통은 흔히 언어적인 소통과 비언어적 소통의 두 가지 수준으로 나뉜다. 이 두 가지 영역에서 모두 남녀의 성차가 있는 것으로 나타났다. 우선 남성과 여성은 언어를 사용하는 방법이 다르다(Kaplan & Sedney, 1988). 남성이 여성에 비해 더 오래 말을 하고 더 자주 타인의 말을 가로막는 반면, 여성은 불확실한 표현을 더 많이 사용하고 실생활의 주제들에 대해 자세하게 말하는 경향이 있다.

또한 비언어적 의사소통에 있어서도 여성은 남성보다 더 자주 웃으며, 시선을

아래로 떨구거나 하던 말을 자주 중단한다. 반면 남성은 여성에 비해 더 자주 응시하거나 손가락으로 가리키는 행동을 한다. 이러한 비언어적 의사소통의 상징에서 남성이 더 지배적인 표현을 자주하는 반면 여성은 복종적인 표현을 자주 사용하는 것으로 나타난다(Kaplan & Sedney, 1988). 비언어적 표현에서의 남녀 차이는 관습적인 성역할사회화와 맥을 같이한다.

의사소통에서의 남녀 차이는 남성과 여성의 정보처리방식과도 관련이 있다. 일반적으로 여성들은 자연스러운 의식의 흐름을 표현하는 편이다. 반면 남성은 반응을 보이기 전에 시간을 끌며 반응에 대한 예측을 궁리하고 그 다음에 천천히 말을 하는 경향이 있다(Gray, 2000). 이럴 때 남성은 종종 침묵을 지키는데 여성은 이 침묵을 사랑이 떠나는 신호로 받아들이므로 불안하게 반응한다.

> 여자들이 해결해야 할 가장 큰 난제는 남자가 말을 하지 않을 때 그것을 어떻게 받아들일 것이며, 어떻게 해야 그가 필요로 하는 도움을 정확히 제공할 수 있느냐 하는 것이다.
>
> 출처: 존 그레이 (2000). 화성에서 온 남자, 금성에서 온 여자. p. 104.

커플관계 안에서 남녀가 서로의 정서적 기대와 충족이 일치되는 것은 쉬운 일이 아니다. 많은 경우에 여성의 관계지향적인 욕구에 대해 남성의 반응은 불만족스럽다. 이혼자들을 대상으로 한 국내외 연구에 의하면 여성의 이혼 사유는 복합적이며 관계적인 것들이 많은 반면, 남성의 이혼 사유는 단순하고 외부요인에 대한 귀인이 많음을 공통적으로 보고한다(전영주, 2006; Kitson, 1994). 심지어 남성들은 자신이 왜 이혼을 했는지 정확히 알지 못하는 경우도 많다. 이와 같이 많은 남녀관계는 금성인과 화성인, 또는 개와 고양이처럼 정서적으로 교감하기 어려운 부분이 존재하며, 이는 관계에 좌절감을 낳고 결국 의사소통이 감소되어 행복한 결혼생활의 걸림돌이 된다.

친밀감과 독립성의 욕구 주기(cycle)가 남녀 간에 다른 것도 친밀감을 발전시키는데 어려움을 유발한다. 남성은 파트너 여성을 사랑하고 있는 경우에도 때때로 멀어지고 싶은 욕구를 갖는다(Gray, 2000). 남성과 여성 모두 자신이 좋아하는 방식대로 사랑을 표현할 것이 아니라, 상대방이 생각하고 느끼고 반응하는 방식이 자신과 어떻게 다른지 터득해야 할 필요가 있다(Gray, 2000).

참고자료 5-2 말싸움에선 아내를 도저히 못 당하는 이유

부부싸움을 할 때 말로는 아내를 당할 수 없어서 아예 입을 다물어버리는 남편들, 다 이유가 있다. 케임브리지대 심리학과의 배런 코언 교수는 오랜 진화과정에서 여성의 뇌는 '공감하기'에 더 적합하게 프로그래밍되고, 남자의 뇌는 '체계화하기'에 더 적합하게 됐다고 주장한다. 여성은 언어력을 관장하는 좌반구가 남성보다 크게 발달해 커뮤니케이션 능력이 우수하다고 한다. 대뇌피질의 신경세포 또한 남자보다 11%가량 더 많은데 특히 언어구사 등에 할애된 부분에 신경세포가 더 빽빽이 들어차 있어 '언어를 순발력 있게 구사하는 능력'이 뛰어나다고 한다.

예일대 샐리 셰이위츠 교수는 여성이 동일한 철자로 시작하는 단어를 남성보다 더 많이 생각해내고 동의어나 빛깔, 형태를 나타내는 단어도 더 빨리 생각해 내는데, 이는 "여성이 책을 읽을 때 뇌의 좌우반구에 있는 신경영역을 모두 사용하기 때문"이라고 한다. 여성은 언어와 제스처 같은 상징적 행동과 관계있는 부위에서 두뇌활동이 왕성해 말하거나 글을 읽는 속도가 남성보다 빠르다. 남성이 하루에 약 7,000개의 단어를 사용하는 반면 여성은 2만개의 단어를 사용하는 것으로 나타났다.

또한 여성은 육감을 통해 타인의 표정언어를 읽어내는데 탁월하다. 여성의 육감은 막연한 감정상태가 아니라 뇌의 특정 부위에 의미를 전달하는 실제 감각이다. 여성의 뇌에는 '거울신경'이 풍부해 타인의 감정을 거울처럼 비춰 읽어낼 수 있다. 그렇다고 모든 뇌 부위에서 여성이 뛰어난 것은 아니다. 체계화를 잘하는 남성은 구름 모양을 보고 곧 폭풍이 올 것을 예측하고 여러 사람으로 구성된 집단을 하나의 체계로 보고 주어진 목표에 맞게 이끌어갈 줄 안다. 따라서 남성이 기죽을 필요는 없다.

인간의 뇌는 그 구조와 기능에 영향을 미치는 성호르몬의 변화를 조정하고 촉진하면서 '타고난 운명'도 바꿀 수 있다. 여자는 수동적이고 소극적이라는 '상식'이 깨질 수 있고 '남자답지 않은 남자'의 문화가 현실적으로 존재할 수도 있다. 우리에게 익숙해진 남성다움과 여성다움의 개념은 시간과 장소에 따라 변하는 상대적인 것일 뿐이다.

출처: 주간조선 (2008.10.27).

3. 결혼문화

1) 배우자 선택

(1) 배우자 선택의 경향

최근 배우자(spouse)보다 동반자(partner)라는 용어가 점차 많이 사용되고 있는 추세이다. 이는 '동반자'가 전통적인 이성애 및 법적 혼인관계를 넘어 동성애를 포함한 광범위한 친밀한 동거관계의 상대를 포괄하는 용어이기 때문이다. 그러나 편의상 여기에서는 배우자와 동반자라는 용어를 모두 사용하고자 한다.

배우자 선택은 당사자 개인뿐만 아니라 가족의 삶의 질에 영향을 미치기 때문에 남성과 여성 모두에게 일생의 가장 중요한 선택 중 하나이다. 한국의 평균 초혼연령은 2008년 기준, 남성 31.1세, 여성 28.1세이다(통계청, 2008). 남녀 모두 초혼인 부부 중 남자연상 부부의 구성비는 감소하고 있는 추세이나 동갑 또는 여자연상 부부는 매년 증가하고 있다. 또한 1990년대 들어 외국인과의 혼인도 꾸준히 증가하였다.

배우자 선택의 중요성은 과거보다 현대 사회에서 더욱 커지고 있다. 과거의 결혼은 부모와 가문의 영향력이 중시된 중매혼이 대부분이었지만, 최근에는 혼인 당사자의 자유의사가 중시되는 연애혼이 늘고 있다. 이는 평균수명의 연장과 자녀수의 감소로 부부간 유대가 더욱 중요해지고 있기 때문이다(이기숙 외, 2001). 그런데 연애혼이 늘면서 개인적인 애정과 더불어 신체적 매력요인이 배우자 선택의 주요한 조건으로 부각되고 있다. 동시에 남녀의 사회인구학적 배경이 유사한 동질혼의 경향은 여전한 것으로 나타나고 있다. 한국결혼문화연구소(2005)의 조사에 따르면, 동향 간 결혼이 타향 간 결혼보다 높으며, 동일한 종교를 가진 경우가 상대적으로 높고 학력도 유사한 경우가 가장 많다(한국결혼문화연구소, 2005).

참고자료 5-3 영국, 이성 커플에도 '동반자 관계' 허용… 깨지는 '가족 신화'

"우리는 평등과 상호 존중에 중점을 두고 좀 더 현대적인 방식으로 우리의 사적 관계를 공식화하고 싶었습니다. 이제야 누구나 서로에 대한 사랑과 헌신을 현대적으로 표현할 수 있는 길이 열렸네요."

… 중략 …

영국은 동성애자 커플의 법적 부부에 준하는 기본권 보장을 위해 2004년부터 '등록동반자법(Civil Partnership)'을 시행 중이다. 지난달 2일부터 이 법은 잉글랜드와 웨일스 지역에 한해 이성애자 사실혼 커플에게도 적용됐다.

스코틀랜드와 함께 이달부터 동성 결혼이 허용되는 북아일랜드에서도 '등록동반자법'을 이성애자 커플에게 확대 적용하는 방안이 논의되고 있다. 가디언과 파이낸셜타임스(FT) 등 외신은 이날 "동거 가족은 영국에서 지난 20년간 2배 이상 늘어 가장 빠르게 증가하는 가족 형태"라며 스타인펠드와 케이단의 동반자 등록 소식을 비중 있게 다뤘다.

등록 동반자는 상속, 세금, 연금, 양육, 친척관계 등과 관련해 법적 배우자와 유사한 대우를 받는다. 구속력이 있는 합의이기 때문에 결별 시에도 법적인 절차를 밟아야 한다. 하지만 결혼 제도에 포함돼 있는 종교적·성차별적 의미는 생략된다. 영국의 전통적 결혼식에는 신부의 '복종 서약'이 들어 있고, 혼인증명서에는 신랑과 신부 양측의 아버지 이름만 기재하게 돼 있다. 반면 동반자로 등록할 때는 커플의 양친 이름을 모두 적는다. 스타인펠드와 케이단 커플은 "결혼이라는 오래된 제도는 여성을 소유물로 취급하고 여성의 선택권을 제한해왔다"면서 "우리는 아이들이 현대적이고 균형 잡힌 등록동반자로 자라나길 바란다"고 말했다. 영국 정부는 올해 이성애자 커플 8만4,000쌍이 등록동반자가 될 것으로 전망하고 있다.

이처럼 혼인과 혈연으로 묶인 전통적인 가족 개념이 희미해지는 현상은 영국만의 일은 아니다. 많은 유럽 국가가 사실혼 관계의 커플에게 법적 부부에 준하는 기본권을 보장해 주는 제도적 장치를 마련해 놓고 있다. 프랑스는 1999년부터 '시민연대계약(PACs)'을 도입해 결혼하지 않은 동거 커플도 사회복지서비스 등을 받을 수 있게 했다. 스웨덴에도 삼보(Sambo)라는 등록동반자법이 있어 파트너가 법적인 보호자에 준하는 역할을 수행할 수 있다. 스웨덴의 삼보 커플은 180만 명에 이른다.

이성애자 커플의 동반자 등록이 가능해지면서 영국 출산율에 미칠 영향도 주목된다. 유럽연합(EU)에서 출산율이 가장 높은 프랑스는 PACs 도입으로 전통적인 가족 개념을 깨고 혼외 출산을 제도권으로 끌어들이면서 출산율을 끌어올린 것으로 평가된다.

출처: 한국일보 (2020.01.01). (https://www.hankookilbo.com/News/Read/202001011794038382?did=DA&dtype=&dtypecode=&prnewsid)

전통적으로 남성은 여성의 외모, 연령, 경제력을 중시하며, 여성은 남자의 사회적 지위, 학자적 인격을 선호하였다. 이러한 경향은 현대에도 그대로 지속되고 있으며, 교환적 성격의 배우자 선택이 결혼시장에서 여성의 남성에 대한 종속으로 연결된다. 가부장적인 결혼관과 함께 여성의 경제구조적인 열등함은 개인의 자율적인 의사와 선택에 의한 결혼계약에 장애가 되며 배우자 선택과정에서 여성들이 주도권을 행사하지 못하게 만든다. 한편 한국결혼문화연구소(2019)에 따르면 여성은 남성에 비해 정치성향이 다른 이성을 만나지 않겠다는 의향이 높은 것으로 나타났다. 이는 배우자 선택에서 이념적 동질성에 대해 남성보다 여성이 더 중요하게 인식하고 있음을 시사한다.

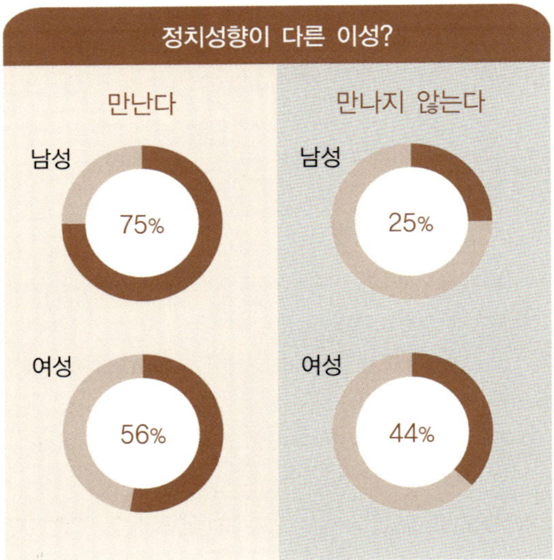

| 그림 5-1 | 정치성향이 다른 이성에 대한 선택

출처: 한국결혼문화연구소 (2019). (http://usa.couple.net)

(2) 배우자 선택의 조건

과거에서 현재에 이르기까지 배우자 선택의 조건은 성별과 시대에 따라 변화되어왔다. 과거에 비해 배우자 선택에서의 부모의 영향력은 점차 약화되고 있으며, 결혼 당사자의 사랑은 더욱 중시되는 추세이다.

근대의 우리 사회에서 주요한 배우자 선택조건이었던 요인들을 살펴보면 다음과 같다. 1958년 조사에서는 학력, 성격, 가문의 순이었으며, 1970년대 조사에서는 성격, 건강, 가문 순, 1980년대는 건강, 성격, 장래성, 직업 순, 1990년대 조사에서는 성격, 애정, 장래성의 순으로 나타났다(이동원·김현주·최선희·함인희·김선영, 2002). 그러나 배우자 선택 조건에서는 시대차이와 더불어 성차가 나타나는데, 예컨대 1987년과 2000년의 조사를 비교해 보았을 때, 남성이 여성을 선택할 때 1980년대에는 성격, 정신적·사회적 성숙도, 건강, 사랑, 외모를 중시하던 것이 2000년에는 성격, 사랑, 외모, 집안, 장래가능성으로 변화되었다. 반면 여성이 남성을 선택할 때는 1980년대에는 성격, 건강, 사랑, 직업, 정신적·사회적 성숙도를 중시하던 것으로부터 2000년에는 성격, 사랑, 장래가능성, 집안, 직업의 순으로 변화되었다(이동원 외, 2002).

맞벌이가 보편적인 최근에도 배우자 선택조건에서의 성차는 여전히 존재한다. 최근 결혼정보회사의 조사에 따르면 여성은 능력, 성격, 가정환경, 외모 순으로, 남성은 외모, 성격, 능력, 가정환경 순으로 상대의 조건을 고려해서 배우자를 선택하고 있었다(한국결혼문화연구소, 2008). 즉, 여성은 남성의 능력을 가장 중요시하는 반면, 남성은 여성의 외모를 가장 중시하는 것으로 나타났는데, 이는 배우자 선택에서 나타나는 거래관행의 특성을 보여주는 것이다.

최근에는 미혼직장남녀들이 배우자 선택을 위한 경로로서 결혼정보회사 앱 등을 이용하는 경우가 늘고 있다. 이들 결혼정보회사는 자체적인 컴퓨터 프로그램을 통해 연령과 학력, 직업, 종교, 신장 등 외적인 조건에 맞춘 배우자를 찾아주기도 한다. 이는 자본주의 시장원리가 배우자 선택과정에도 노골적으로 적용되고 있음을 보여주는 예라 할 수 있다.

한편 사회계층에 따른 결혼의 양극화도 주목해야 할 현상이다. 경제적 자원이 풍족한 계층은 결혼을 통해 탄탄한 가족을 이루는 반면 저소득층은 결혼하지 않은 채 아이를 낳아 한부모가족이 되는 결혼 양극화가 심화하고 있는 것이다. 결혼 양극화는 부모의 교육 수준에서 시작해 자녀의 교육 격차로 이어져, 좋은 교육과 높은 임금을 주는 직장을 다니는 사람일수록 결혼할 가능성이 크고, 그 자녀도 안정적인 환경 속에 학교를 다니게 되는 선순환 구조가 형성된다. 경제적 어려움 탓에 아이를 낳고 결혼을 미루는 커플은 갈라설 확률이 더 높으며, 아이의 성장 환경도 불안정해진다(조선일보, 2012.7.17).

참고자료 5-4 결혼이 계층구분 기준이 되다

자녀 있는 美 가족 중 저소득층 41%·고소득층 88%가 결혼
결혼 여부도 대물림 - 싱글맘 등 한부모 자녀, 결혼할 가능성 낮아져

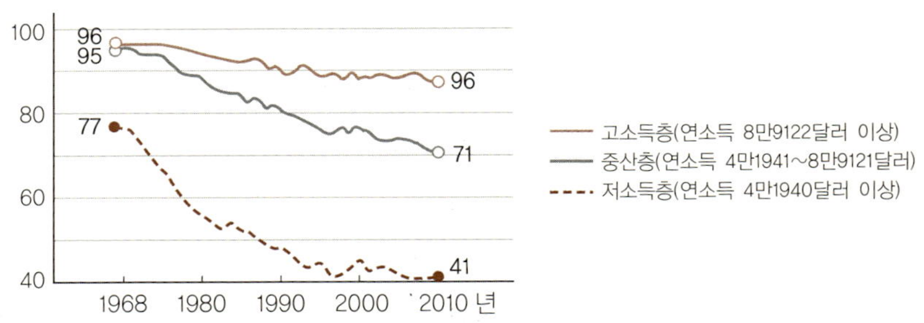

▲ 자녀가 있는 미국 가정의 소득 수준별 결혼 비율(%)

출처: 조선일보 (2012.7.17).

2) 결혼준비과정

(1) 결혼의례

의례(ritual)는 사회구성원들의 공유된 정서를 반영하는 상징적 절차이며, 결혼의례(혼례)는 결혼의 사회적 기대를 수용하고 사회가 그 결혼을 승인한다는 의미를 공유하는 자리로 한 시대의 결혼문화를 보여준다. 결혼식을 통해 두 개체는 성관계와 출산의 권리를 지닌 단위가 됨을 공인받는다. 혼례과정은 혼수준비와 결혼식, 신혼여행까지의 전 과정을 의미한다.

한국의 전통혼례는 입장제, 친영제, 반친영제 등의 세 가지로 나눌 수 있다. 입장제는 고려와 조선 초까지 보편적이었던 혼례방식으로 신랑이 신부 집에서 혼례를 치르고 처가에 머물며 자녀를 낳아 양육한다. 따라서 입장제는 우리 고유의 모계전통을 반영하는 형태라고 할 수 있다. 반면 친영제는 조선시대의 억불숭유책에 따라 중국의 부계 전통을 따른 것으로서, 신랑이 혼인날에 신부를 데리고 와 신랑집에서 혼례를 치르며 신부는 혼인 직후부터 시가에서 살게 된다. 친영제는 상류층 중에서도 특별히 부유한 계층에서 실시되었다. 반친영제는 입장제와 친영제의 중간형태로서 처가에서 혼례를 치루고(친영) 단기간 처가에 머물지만, 곧 시가에 들어가 생활하게 되는 형태로서, 현재 우리가 전통혼례로 알고 있는 방식이 반친영제인 셈이다. 조선 후기부터 정착된 혼례식은 신부집에서 치르고 3일 후 신랑집으로 돌아오는 반친영(半親迎)으로 혼례과정이 변화된 것도 출가외인에 대한 사상을 정착시키는 데 기여하였다. 남성들은 소속집단의 변경 없이 평생 부계혈연집단 성원으로 남아 있을 수 있었으나 여성들은 친정과 단절하게 되면서 남편의 부계집단에 충성하게 되었다. 이러한 결혼의례는 현대까지 계속되어 전통적 가부장적 결혼관으로 이어지고 있다.

한편 우리나라의 근대적 혼례문화는 19세기 후반 서양문물이 들어오면서 시작되었다. 한국 최초의 신식혼은 1895년 정동교회에서 이루어진 기독교식 결혼식이었으며, 이후 신교육을 받은 지식인계층 중심으로 신식혼이 확산되었다(김주희,

2005). 1934년 일제는 '의례준칙'을 발표하였고 혼례장소로 교회, 절, 신사 등을 제시하였으며 혼례복도 양복을 제시하였다(이기숙 외, 2001). 혼례의식에 피로연이 등장하였고 혼례복도 한복과 일본옷, 양복 등 다양해졌다.

오늘날 혼례는 전통과 근대가 혼합된 형태로, 궁합, 함들이, 폐백, 이바지 등은 전통혼례 부계중심적 가치를 내포하는 전통혼례의 산물이라면, 예식장이나 호텔에서 이루어지며 웨딩드레스와 턱시도, 신혼여행 등을 포함하는 것은 일본과 서구문화의 영향을 받은 근대식 혼례문화이다(이기숙 외, 2001). 최근 낙하산 결혼식이나 수중결혼식 등 다양한 형태의 결혼식이 등장하면서 우리의 혼례문화는 계속 변화하고 있다. 유교문화나 서구문화에서 빌려온 혼례가 아닌 우리 고유의 남녀공존의 질서와 성평등한 맥락에서 혼례문화를 구축하는 노력이 필요하다.

(2) 결혼식과 혼수

우리에게 익숙한 결혼식은 화려한 예식장에서 순결을 상징하는 순백의 웨딩드레스를 입은 신부가 친정아버지의 손에 이끌려 턱시도를 입은 신랑에게 인계되는 모습이다. 최근 신랑과 신부가 함께 손을 맞잡고 입장하는 결혼식이 늘고 있는데, 성평등한 결혼에 대한 자각과 의지를 보여주는 변화라고 하겠다.

성평등 결혼은 결혼의식에서부터 시작된다. 결혼의 시작부터 남편과 아내가 동등한 권력과 책임을 함께 지는 결혼관계를 갖겠다는 의지를 보여주는 것이기 때문이다. 그러나 동등한 인격체끼리의 결혼생활이 시작되는 자리임에도 불구하고 결혼식에서의 남녀 역할이 불평등하고 허례허식적 요소가 많다는 문제의식에서 여성단체들은 결혼 매뉴얼로 신랑신부 동시입장과 공동선언문 낭독, 사회자와 주례자의 남성일변도 탈피, 폐백의 양가 참여 등을 제시하였다. 이외에도 결혼비용 공동 부담, '부부재산 약정서' 작성 등도 여성계가 제시해온 평등결혼식의 필수조건들이다. 최근 전통적 의식인 폐백도 부계부모만 참석하기보다 양가 부모형제가 함께 치르는 경우가 있는데, 이는 신부의 부계편입이 아닌 양가의 평등한 연결로서의 혼례를 의미하는 것이다(이기숙 외, 2001).

주례 없는 결혼식이나 여성 주례, 혹은 남녀 공동주례(사회자도 마찬가지)를 세우는 것도 성평등한 결혼식을 위해 시도해볼 수 있는 부분이다. 자신들이 꾸려갈 부부상의 모델이 될 만한 부부를 주례로 함께 세우는 것이다. 주례사도 남녀가 보호자와 보호받는 자의 개념이 아닌 평등한 존재임을 원칙으로 작성돼야 한다. 또한 성평등 결혼식을 위해서 신랑신부가 독립된 주체라는 의미에서 동시 입장하거나 두 사람이 다 양가 부모와 함께 입장할 것, 혼수 및 살림집은 부모에게 의존하지 않고 남녀가 공동으로 생활에 필요한 기본적인 품목만을 마련할 것 등을 고려해볼 수 있다.

한편 혼수란 결혼과 관련된 지출 비용으로 결혼식, 거주지, 살림 마련, 예물과 예단 등에 쓰이는 비용을 총칭한다. 근대화 이후 부모가 결혼을 주관하게 되면서 시가 중심의 혼인관행과 과다혼수 관행이 문제가 되었는데, 자본주의 사회에서 혼수는 무직의 여성이 경제력을 가진 남성과의 결혼의 대가로 준비하는 교환적 성격을 갖고 있으며 혼수가 계층 정체성의 지표로 인식되기도 한다. 2014년 기준 30만6천 쌍이 결혼했는데 이들의 평균 결혼비용은 2억3천8백만 원에 달하며 이 중 70% 이상이 주택비용으로 사용되었다(통계청, 2015; 이여봉, 2017에서 재인용). 결혼이 자유로운 의사에 따른 사랑의 결합이라고 본다면, 과다한 혼수는 개인과 가족에게 부담을 줄뿐만 아니라 사회적으로는 비혼이나 만혼 발생의 이유가 된다.

한국 사회에서는 양가 부모들이 본인들의 체면 때문에 무리한 비용을 들여 예물과 피로연 등을 치르기도 한다. 그 결과 혼수문제는 물질만능주의, 사회적 지위에 대한 허황된 욕구, 과잉기대, 가부장적 가족가치관 등이 맞물린 사회적 문제가 되었고, 과도한 혼수요구가 혼인파경의 원인이 되는 경우도 발생하고 있다. 이와 같이 혼수문제는 부계가족의 영향력을 보여주는 가부장성의 또 다른 모습이라고 할 수 있다.

참고자료 5-5 세종시청 정원 · 중앙공원 등 결혼식 제공

"소박한 결혼식, 세종 공공시설 활용하세요" … 16개 시설 무료제공

세종시가 호수공원 등 지역 공공시설을 이용한 나만의 작은 결혼식을 개최할 참여자를 모집한다. 세종시의 나만의 작은 결혼식은 많은 비용이 소요되는 결혼문화를 개선하고 실용적인 혼례문화를 정착하기 위해 시가 제공하는 공공시설에서 소규모 하객을 초대해 실시하는 결혼식을 말한다. 공공시설 결혼식 장소를 무료로 제공해 줄 뿐만 아니라, 교육과 더불어 예비부부가 원하는 맞춤형 결혼 컨설팅과 소정의 비용을 지원해 주고 있다. 지난해 시는 호수공원 축제섬과 매화공연장, 세종시청 중앙정원, 초려역사공원, 새롬종합복지센터 등 4곳에서 총 6차례에 걸쳐 작은 결혼식을 진행했다. 특히 올해부터는 결혼식 장소를 관내 12개 복합커뮤니티센터까지 확대해 계절과 날씨에 관계 없이 강당을 꾸며 실내 결혼식을 올릴 수 있다.

세종시에 거주하는 예비부부라면 누구나 신청가능하며, 세종시 건강가정다문화가족지원센터 홈페이지에서 신청양식을 작성해 이메일 또는 방문 접수하면 된다. 보다 궁금한 사항은 세종시건강가정・다문화가족지원센터로 문의하면 안내받을 수 있다.

출처: 중도일보 (2020.1.15).

3) 혼인 전 이슈

(1) 혼전단계 폭력

결혼 전 교제 중인 젊은이들은 흔히 낭만적 사랑에 빠져 상대방을 미화하는 경향이 있으나, 혼전 단계의 상호작용 유형은 결혼 후 부부관계에서 지속된다는 점을 주목해야 한다. 특히 혼전단계의 폭력(또는 데이트폭력)은 원가족(family of origin)과 생성가족(family of procreation)에서 각각 일어나는 폭력의 연결고리이다. 폭력은 주로 질투심, 음주행동, 성(性)적 거부에서 느끼는 분노심에서 우발적으로 일어난다. 이성교제 과정에서 가장 빈번하게 사용되는 폭력은 밀기나 잡아채기, 손바닥으로 때리기, 물건 던지기 등이다(김용미, 1996).

김용미(1996)에 따르면 혼전단계 폭력의 피해자들은 파트너의 폭력적 행동을 사랑과 애정의 표현, 혼란과 슬픔의 표현이었다고 해석하는 경향이 있으며, 가해자 역시 상대에 대한 사랑의 표현이며 본인이 혼란스럽고 화가 난 상태라고 지각하였다. 폭력의 결과, 절반 이상의 커플이 사이가 벌어지거나 중단되었다고 한 반면 약 30~50% 정도는 관계를 유지하거나 더욱 가까워졌다고 한다(김용미, 1996; Makepeace, 1981). 이와 같이 이성교제 중에는 폭력적 행동에 대해서 관대하게 이해하고 미화하는 경향이 있으며, 혼전단계 폭력을 경험하고도 결혼을 하는 경우가 적지 않은 이유가 여기 있음을 알 수 있다.

실제로 혼전단계 폭력은 피해자에게 신체적 손상뿐만 아니라 분노, 혼란, 불안 등 정서적 손상을 입히며, 자존감 파괴와 같은 장기적 후유증을 남기기도 한다(장희숙 · 조현각, 2001). 또한 혼전단계 폭력을 경험한 사람들은 부부폭력에 대해서도 보다 허용적이다. 따라서 미래의 가정폭력을 예방하는 가장 좋은 방법은 혼전단계 폭력에 대해 단호하게 대처하는 것이라 하겠다.

(2) 혼전성관계

최근 개방적으로 변화되는 추세이기는 하나, 혼전성관계는 동서양을 막론하고 남성과 여성에 대해 '이중적 잣대'를 적용하는 대표적인 영역 중 하나이다. 전통적으로 남성의 혼전성관계에 대해서는 너그러웠지만, 여성이 혼전성관계를 경험하게 되면 육체적 순결을 지키지 못한 것에 대해 사회적으로 비난받았다.

1990년대 이후, 성 개방 풍조에 따라 혼전성관계가 늘고 있으며, 남성보다 여성의 입장이 더 많이 변화되고 있다. 한국대학신문(2010)이 전국 200여 개 대학 남녀 대학생 2,001명을 대상으로 조사한 '2010 전국 대학생 의식 조사'에 따르면 대학생의 43.0%가 성경험이 있는 것으로 나타났는데, 남학생은 58.1%가, 여학생은 30.3%가 '성경험이 있다'고 응답했다(헤럴드경제, 2010.10.12.에서 재인용). 학년이 높아질수록 성경험이 있는 학생의 비중도 늘어났다. 대학 4학년의 경우 남학생은 55.1%, 여학생은 44.9%가 성경험이 있다고 답했다. 혼전성관계에 대해서도 10명 중 9명 가까이가 '가능하다'고 답한 것으로 나타났다. 혼전성관계에 대해 전체 응답자의 56.2%가 '사랑이라는 조건이 전제된다면 가능하다'고 답했다. '결혼이 전제된다면 가능하다'는 의견은 21.1%로 그 뒤를 이었다. '특별한 전제조건 없이 가능하다'는 반응도 12.2%에 달하였다.

(3) 피임과 낙태

혼전성관계는 늘고 있지만 미혼자들의 피임에 대한 지식은 매우 제한적이며, 낙태로 인한 사회적 비용이 매우 크다. 한국보건사회연구원(2019)이 만 15세에서 44세 여성 1만 명을 대상으로 인공임신중절 실태조사를 실시한 결과, 낙태수술 건수가 2017년 기준으로 5만 건 정도로 추산된다고 밝혔다. 이는 2005년 34만 건과 2010년 16만 건에 이어 감소 추이를 보이는 것으로, 피임약 처방 건수가 늘어나고 젊은 층의 지속적 감소 등이 영향을 미친 것으로 보인다. 낙태 이유와 관련해서는 직장생활 등을 꼽은 비율이 33.4%로 가장 높았고, 경제적 부담이 32.9%로 뒤를 이었다. 특히 응답 여성 가운데 '낙태죄'를 규정한 형법을 개정해야 한다고 응답한 비율은 75.4%에 달했는데, 인공임신중절의 불법성이 오히려 여성을 위험한 환경으로 내몰고 여성만 처벌받는 건 불공평하다는 등의 이유였다.

낙태는 태아가 생존능력을 갖기 이전에 인위적 방법으로 임신 및 출산과정을 중단하는 행위로, 종교적, 의학적, 사회적 문제가 복잡하게 개입되어 논쟁거리를 제공한다. 임신한 여성의 권리가 우선인지, 인간으로서 태아의 생명이 우선인지, 어느 시기부터 태아를 인간으로 인정해야 하는지 등에 대한 문제는 쉽게 답이 나오지 않는 복잡한 윤리적 문제를 안고 있다. 특히 임신 7개월 이후의 낙태는 제왕절개술과 유사한 방식의 자궁절개술을 통해 시도되며 이때는 태아가 자궁 밖에서 생존 가능한 시기이므로 낙태술 자체가 심각한 도덕적 문제를 초래한다.

4. 성평등한 결혼문화를 향하여

경제개발이 본격화되기 이전인 1960년대까지 우리나라 여성들의 이상형은 '현모양처'였지만, 2000년대 이후 '결혼은 선택, 취직은 필수'라고 할 정도로 결혼에 대한 여성의 가치관이 변화되었다. 이 장에서는 결혼에 대한 관점, 젠더와 사랑, 결혼문화 등의 주제를 통해 남성과 여성 모두에게 평등한 결혼문화를 위해 필요한 요인들을 고찰하였다. 전통과 현대, 동양과 서양, 남성과 여성 등 각각의 관점에 따라 결혼을 바라보는 시각을 살펴보았다.

커플관계에서 가장 관심을 끄는 주제는 역시 낭만적 사랑이다. 개인주의 성향이 강한 현대인들은 역설적으로 남녀 간의 친밀감, 성, 그리고 낭만적 사랑에 대해 더 갈망하며, 지대한 관심을 갖고 있다. 특히 대중매체나 학문영역에서 모두 사랑과 소통에서의 남성과 여성의 차이에 주목하고 있다. 여성주의자들은 사랑의 스타일이 성역할사회화와 다르지 않다는 점을 지적하며, 대중매체가 낭만적 사랑의 신화를 강화함으로써 두 성이 차별적인 부분에 지나치게 사로잡히게 된다고 비판하였다.

한편 결혼과정의 첫 단추라고 할 수 있는 결혼의례와 결혼식, 혼전성관계 등은 성평등 관계의 시작이라고 할 수 있는 사건들이다. 최근의 결혼문화를 살펴보면, 전통적인 결혼의례의 장점은 유지하되, 부모보다 결혼 당사자 중심, 그리고 성평등한 결혼문화로 변해가는 것을 볼 수 있다. 혼전성관계, 피임과 낙태 등의 주제는 성평등의 문제를 넘어서 생명존중의 의식과도 관련된다. 생명에 대한 존엄성을 갖지 않은 채 남성과 여성이 평등하고 행복하다는 것은 의미가 없을 것이다.

지금까지 남성과 여성에 대한 연구는 두 성이 지니고 있는 근본적인 유사성보다 각각의 성이 갖는 차이점이 더 부각된 측면이 있었다. 성평등한 결혼이 어려운 까닭 또한 이 두 성의 차별성에 초점을 두고 문제를 바라보았기 때문일 것이다. 그러나 진정한 남녀평등은 투쟁하는 것이 아니라 서로의 차이를 인정하고 보완해 주는 것이다. 생각해 보면 남성과 여성 모두 평생 동안 특정성에 따른 삶을 살면서 동시에 성을 초월한 보편적인 인간으로서의 삶을 살아간다. 남성과 여성은 동반자라는 관점에서 우리의 결혼문화를 재고해 본다면, 성평등한 결혼문화를 향해 더 큰 문을 열 수 있을 것이다.

논의해 봅시다

1. 결혼에 대한 다양한 관점을 비교해 보고 자신의 관점을 이야기해 보자. 각 관점 간의 유사점과 차이점에 대해서도 이야기해 보자.

2. 사랑, 성, 결혼에 대한 본인의 가치관을 정리해 보고, 이야기를 나누어 보자. 세 요인 간의 관계에 대해 어떻게 생각하는가? 21세기에 사랑과 성, 결혼은 어떤 방식으로 '함께 또 따로' 결합되어 있다고 생각하는가? 남학생 집단과 여학생 집단으로 나누어 따로 이야기해 보고, 또 함께 이야기해 보자.

CHAPTER

06

동반자적 파트너관계

CONTENTS

chapter

06 동반자적 파트너관계

혼인율의 감소, 저출산 및 고령화는 21세기 가족뿐만 아니라 사회적으로도 우리의 삶에 많은 영향을 미친 환경들이다. 이러한 환경은 사람들의 행동에 많은 영향을 미쳤으며 가족행동 전반에도 영향을 미쳤다. 그러나 이혼과 가정폭력 등 가족문제의 증가에도 불구하고 많은 사람들은 결혼을 꿈꾼다. 우리나라 사람의 80%는 일생에 한 번 결혼을 한다. 이러한 결혼생활에서 가장 중요한 관계는 부부관계인데 결혼제도 자체의 한계점과 부부관계의 갈등으로 부부관계의 해체율은 계속 증가하고 있다. 그러나 흥미로운 것은 이혼자들의 결혼에 대한 부정적 인식에도 불구하고 재혼율도 계속 증가추세에 있다는 점이다. 재혼의 증가는 우리나라에서 결혼제도 자체나 성별화된 부부관계의 불합리성에 대한 많은 비판에도 불구하고 여전히 결혼의 지위가 매우 중요한 사회적 역할이라는 반증이기도 하다. 이 장에서는 혼인에 대한 사람들의 인식과 혼인관계를 포함한 파트너관계에서의 문제점을 우리나라 가족의 생활방식에 깊숙이 자리 잡고 있는 가부장제를 중심으로 분석해 보고, 이러한 영향으로 나타나는 부부관계에서의 남녀 차이를 살펴본다. 이를 토대로 파트너관계에 대한 새로운 정의와 이러한 관계에서 요구되는 관계의 속성을 검토하면서 다음과 같은 문제에 대한 답을 살펴본다.

- 가부장제는 무엇이며, 결혼생활에서의 성별화에 어떤 영향을 미쳤는가?
- 부부관계에서 남녀 간의 성차는 어떻게 나타나는가?
- 동반자적 파트너관계는 무엇인가?

혼인율의 감소(〈그림 6-1〉 참조)와 저출산 및 고령화는 21세기 가족뿐만 아니라 사회적으로도 우리의 삶에 가장 영향을 미치는 환경이다. 결혼을 통해 형성되는 부부관계는 점차 감소하고(〈그림 6-1〉 참조), 생애비혼여성(40세 기준)의 비율도 1944년생은 1.2%, 1954년생은 2.6%, 1964년생은 4.2%, 1974년생은 12.1%로 증가하고 있다(유해봉, 2020). 또한 동거와 졸혼 등 새로운 관계맺기가 등장하면서 관계에서 요구되는 파트너십에 대한 인식도 변화하고 있다. 이러한 요구는 이혼(〈그림 6-2〉 참조)의 증가와 부부관계에서의 낮은 만족도로 드러난다.

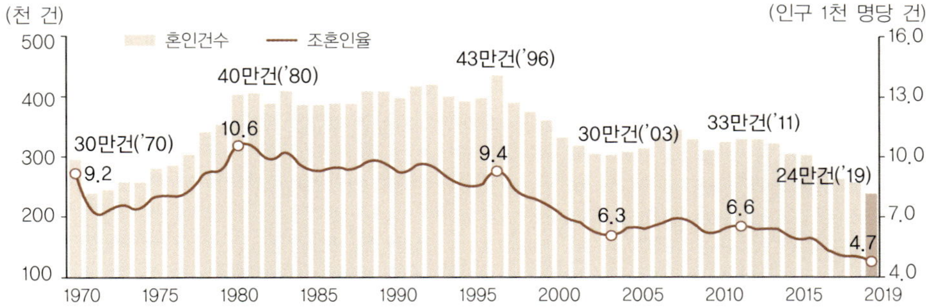

| 그림 6-1 | 혼인건수와 조혼인율(1970-2019)

출처: 통계청 (2020). 2019년 혼인이혼통계. p. 1.

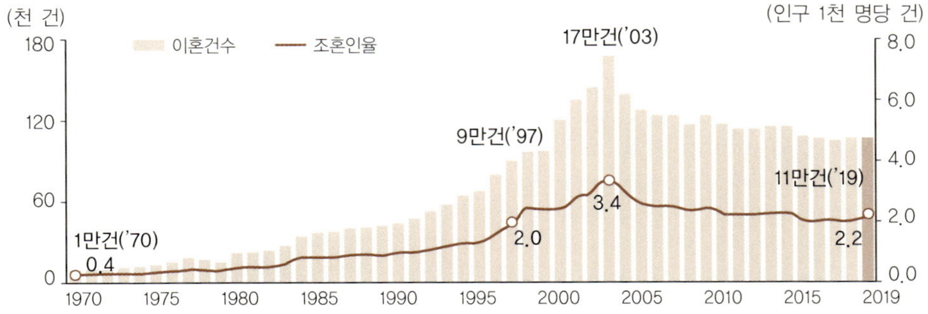

| 그림 6-2 | 이혼건수와 조이혼율(1970-2019)

출처: 통계청 (2020). 2019년 혼인이혼통계. p. 1.

| 표 6-1 | 부부관계에 대한 전반적인 만족도

구분	매우 불만족	약간 불만족	보통	대체로 만족	매우 만족	전체
남성	226(1.7)	898(6.8)	4,655(35.4)	6,109(46.5)	1,245(9.5)	13,132(100.0)
여성	529(4.2)	1,332(10.6)	4,862(38.9)	5,054(40.4)	729(5.8)	12,505(100.0)
전체	755(2.9)	2,230(8.7)	9,517(37.1)	11,162(43.5)	1,974(7.7)	25,637(100.0)

출처: 여성가족부 (2015). 가족실태조사. p. 219.

부부간의 전반적인 만족도는 〈표 6-1〉과 같이 약 50% 내외는 만족하지만 나머지 50%는 불만족하거나 보통이라고 인식한다. 또한 동시에 가정폭력 등 가족문제가 증가하고 있지만, 많은 사람들은 여전히 결혼을 꿈꾸고, 이혼율 증가와 함께 재혼율도 증가하고 있다.

그렇다면 이러한 현상의 원인은 무엇이고 사람들이 삶의 과정에서 파트너관계에 바라는 기대와 요구는 무엇인가? 물론 동거와 비혼을 선택하는 사람들의 비율은 지속적으로 증가하고 있다. 그러나 결혼이 인간이 선택하는 중요한 삶의 방식 중의 하나이고, 결혼을 통한 부부관계가 개인의 삶뿐만 아니라 자녀의 삶에 미치는 영향의 중요성을 고려해 볼 때, 혼인관계를 포함한 파트너관계에서의 문제점이 무엇인가에 대한 분석은 앞으로의 부부관계와 파트너관계에 대한 방향을 파악하는 데 매우 중요한 작업이 될 것이다. 따라서 이 장에서는 전통적인 가부장제에서부터 현대까지 남편과 아내의 지위와 역할에 영향을 미치는 요인들은 무엇이며, 이로 인해 부부관계가 어떻게 변화되었는지를 검토해 보고, 이를 통해 향후 바람직한 파트너십이 무엇인가에 대해 살펴보고자 한다.

1. 부부관계의 특징과 시간에 따른 변화

결혼을 통해 형성된 부부의 지위에 대한 역할과 관계에 대한 특성은 시대에 따라 다양하다. 미국의 가족학자인 올슨과 드프레인(Olson & Defrain, 2000)은 1960년대부터 현대까지 시대변화에 따라 가족 관점과 부부관계가 제도적 결혼에서 의도적 결혼으로 변화되었다고 주장한다. 그러나 우리나라 가족에서의 부부관계는 역사를 거슬러 가부장제에서 의도적 결혼으로 이어지는 긴 역사적 전통이 있다. 특히 성과 젠더적 관점에서 볼 때 가족관계에 가장 많은 영향을 미친 요소는 가부장제이다. 따라서 여기서는 가부장제에서 현대에 이르기까지 부부관계의 변화와 이러한 과정에서 부부의 성차가 어떤 방식으로 나타났는지 그 특징을 살펴보고자 한다.

1) 가부장제와 부부관계

(1) 가부장제의 정의와 시각

전통사회에서 부부관계는 직계의 가계계승과 가장권이 핵심인 가부장제에 뿌리를 두고 있다. 가부장제는 심리적 차원에서부터 사회, 정치, 경제적 차원까지를 포괄하는 남성의 여성지배체제 전반을 일컫는다(김혜순, 1989: 53)고 평가된다. 이러한 이유로 가부장제는 개인 행위, 사회관계, 사회제도 등 총체적인 사회구조적 수준에 따라 다양하게 분석이 이루어지며(함인희, 1992), 사회구조적 특성, 성역할 분업구조, 가족관계의 차원, 지배의 기제, 권위의 특성, 인격적 특성과의 관계에 대한 분석이 이루어지기도 한다(조혜정, 1986). 또한 노동력과 재생산에 관한 물적 토대에 관련된 것, 이데올로기로서의 가부장제의 구성과 재생산을 다루는 것, 문화체제로서의 가부장제 구조나 문화체계인 개인적인 해석과 수용에 초점을 맞추는 등 가부장제의 형태를 연구하는 방법도 매우 다양하다(김혜순, 1989). 이러한 관점에서 보면 가부장제는 우리나라 가족의 모든 행위방식에 영향을 미치는 요소라고 볼 수 있다. 이러한 가부장제를 보는 시각은 〈표 6-2〉와 같이 세 가지 시각이 지배적이다.

그러나 학자들은 이러한 세 가지 관점은 상호배타적이 아니라 상호보완적이라는 점을 강조한다. 가족학 분야의 연구들은 첫 번째 관점인 여성학적 관점에 따라 가족생활에서의 성규제와 여성의 생산노동이 사회와 가정에서 어떻게 통제되는가에 초점을 맞추어 연구가 이루어진다. 또한 유교는 이데올로기로 우리에게

| 표 6-2 | 가부장제에 대한 시각

관점	특징
여성학적 관점	• 가부장은 가족의 우두머리인 가장을 의미 • 가부장제: 자본주의에 필적하는 사회체계로서 남성 지배와 여성 억압구조의 거시적 사회체계(조혜정, 1988; 함인희, 1992)이며, 가족구성원에 대한 지배를 지지하는 체계임. 이러한 지배는 남성들 간의 위계관계와 남성에 의한 여성지배로 나타남(조옥라, 1986) • 가부장적 사회: 권력의 기초가 되는 다양한 권력자원의 접근이 남성에게 유리한 제도이며, 결과적으로 양성관계에서 우위를 점할 수 있도록 남성이 권력화된 사회(조형, 1996) • 자본주의적 가부장주의: 자본주의 사회로의 발전과정에서 여성이 사회의 핵심적 기능 담당 부문에 유입되지 못한 채 주변적 부분에 한정되어 여성이 남성에게 지배받고 종속(이순형, 1993; 조형, 1991)된다고 가정 • 중요 연구주제: ① 남성집단이 여성집단을 지배하는 가부장제의 기원 연구를 통해 가부장제의 재생산 방식과 여성 해방을 위한 길 모색, ② 사회구조 안에서 여성을 통제하기 위한 가족제도와 혼인, 관혼상제, 통과의례와 일상생활에서의 성규제, 여성의 생산노동이 사회와 가정에서 어떻게 통제되는가를 연구(조옥라, 1986)
가족적 관점	• 근대적 가족과 대비되는 가족의 유형으로 가부장제를 인식함 • 장남이 세습적으로 재산을 상속하여 안으로는 가족을 통솔, 지배하고 밖으로는 가족을 대표하는 사회적 제도 • 부계사회에서 혈통을 부계로 상속하는 제도이며, 집을 대표하는 가장으로서의 남자 가족원이 있으며, 가장이 조상의 제사를 지내는 제사장 역할 담당(이광규, 1975)
사회적 사상과 의식 (이데올로기)으로 보는 관점	• 가부장제를 사회적 사상이나 의식, 즉 이데올로기(집단이나 사회에 존재하는 사고의 집합이나 신념, 더 크게는 한 사회를 지배하는 문화의 하위영역)로 인식 • 중요 연구주제: ① 개인의 가치관이나 행위규범에 내면화되어 일생생활 속에서 행동으로 표출되는 행위양식으로서의 가부장제가 개인의 수준에서 어떻게 내면화되고 실행되는지, ② 가장에 의해 가부장제가 어떻게 정당화되고 있는지, ③ 이러한 구조에서 불이익을 당하는 구성원들의 적응 요인, ④ 남녀 간의 거래의 종류 등 분석 • 유교적 가족제도는 사회구조의 역사적인 진전에 따라 자동적으로 발전한 것이 아니라 유교적 이데올로기가 추구한 사회체제와 함께 이념적으로 발전시킨 제도(최홍기, 1991)

영향을 미친 문화적 환경이므로 우리나라의 가부장성은 위의 세 가지 관점이 함께 영향을 미치는 강력한 사회적 이데올로기라고 볼 수 있다. 따라서 가부장제를 가족 이데올로기 중의 하나로 규정하고, 가족의 가부장적 이데올로기가 부부관계를 포함한 파트너관계에 구체적으로 어떻게 표출되는가를 살펴보는 것은 매우 중요한 과제이다. 함인희(1992)는 가부장제와 같이 성에 따라 구조화된 사회현상을 연구하는 데 있어서 누구의 시각에서 현상을 분석하느냐는 매우 중요한 문제라고 지적하였으나 부부의 시각을 구분한 연구도 제한적이고, 부부관계는 상호관계적인 특성을 지니기 때문에 부부관계에서 가부장성으로 인해 나타나는 행동특성에 관한 내용만을 정리하였다.

(2) 가부장제의 근원과 영향 요인

우리나라 사회에서 가부장적 요소들이 두드러지게 나타난 것은 고려 말부터이다. 조선 초기 성리학의 수용과 사대부들의 정치적 입지가 강화되면서 가부장제 개념이 성차별적 가부장제로 변화하게 되었으며, 『경국대전』에서 이러한 내용이 법제화되면서 가부장제가 조선 사회의 이데올로기로 보편화되는 계기가 되었다고 학자들은 분석한다. 경국대전 이전에는 가장이라는 용어가 사용되지 않았고, 가족관계는 부모, 자녀, 부처(夫妻), 조부모와 손자녀 등 개별적 관계로 파악되었을 뿐이며 가장과 가속(家屬)관계로 파악하지 않았다고 한다(박병호, 1988). 따라서 가장은 법률상 공식적으로 집을 대표하고 일상적인 집안일을 관장하고 통솔하는 대외적인 가족의 대표를 의미하였으며, 첩에 대한 부, 노비에 대한 주인으로서의 의미로도 사용되었다. 이러한 관계는 성별 상호 존중과 분리 원칙에 입각한 것이었다(이순형, 1993). 그러나 17세기를 전후하여 혼인거주규칙과 그에 따른 가족 유형, 상속과 양자제도, 상제, 족보 등 가족제도 영역에 부계적 요소가 강화되면서 가족의 범위도 부계혈연의 배타적 가족체제를 강화하게 되었고, 가족 내의 역할구조도 가장권과 효 중심의 생활원리가 뿌리를 내리게 되었다(신수진, 1998b; 이효재, 1996).

특히 조선시대 가부장권의 근거는 부계혈연적 원리에 의한 것이며, 가족 내 제반 사항들은 가장의 의견을 중심으로 결정되었다. 유교적 이상인 장유유서와 효의 원리에 의해 가장권이 강화되었으며, 주부권도 존재하였으나 전통 가족에서 주부권은 가장권에 복속되는 하위개념이다(신수진, 1998a).

유교의 기본적인 인간관은 사회체계를 성립시키는 두 가지 사회관계인 차등주의(義)와 친소관계(仁)로 설명된다. 차등주의적 관점에 의하면 인간의 천부적인 도덕적 본성은 모두 평등하지만 타고난 기질적인 품성이 차이가 있기 때문에, 차등적 인간들로 구성되는 사회에서 인간이 차등적인 사회관계에 놓이는 것은 당연하며 본질적인 상태라고 본다. 즉, 차등적인 사회관계를 바탕으로 하는 위계적인 사회질서가 사회의 본질적인 상태라는 것이다. 이러한 수직적 상하에 따라 위계관계를 구분하는 차등주의는 가족관계에서 성·세대에 의한 차등으로 나타나며, 남녀유별과 소목(昭穆)의 가치관을 형성하였다. 이러한 차등주의는 지위관계, 역할관계, 물리적 관계에까지 적용된다(최홍기, 1991). 이러한 유교의 기본적인 인간관과 가부장제의 핵심이 되는 가치나 태도는 조선시대 유학자들에게 매우 중요시되었던 『소학』 등 전통적인 문헌의 영향이 크다. 전통적인 문헌에서 보이는 일상생활을 지배한 가부장적인 요소들은 남녀유별(男女有別)과 부내부천(夫內婦天)이 대표적이다(김진명, 1994). 남녀유별의 개념은 삼종지도나 칠거지악의 개념과 연결되며, 부부가 방을 따로 써야 하고 남자는 가정일에 관심을 가져서는 안 되고 여성은 가정 밖의 일에 관심을 갖지 않는 것과도 연결된다. 또한 여성의 외출금지와 정절의 강조, 아내의 남편에 대한 순종으로 연결된다. 부내부천의 이념은 가장과 다른 가족원과의 관계를 군왕과 신하의 관계처럼 지배복종의 관계로 규정한다. 부부관계도 우주 질서의 한 부분으로서 남편은 가장으로서 가정 내에서 군주와 같은 위치를 부여받아 가정을 잘 다스리기 위해 효경(孝敬), 형내(形內), 교자(敎子), 친친(親親)의 네 가지 인륜을 중심으로 가정을 운영해야 한다(김진명, 1994). 여기서 형내는 아내를 다스리는 법으로 여자는 가사에 있어 스스로 결정하거나 성취하는 일이 있어서는 안 되며, 재질과 능력이 있더라도 바깥일에 간섭할 수 없고 오직 남편의 부족을 보좌하는 데 그쳐야 하며, 여자의 큰소리가 규중 밖에 들려서는 안 된다는 것이다. 그 결과 여자의 재산상속권이나 분가, 호주상속이 인정되지 않은 결과를 초래하였다. 이러한 가부장적 가치관과 유교의 이데올로기는 조선 후기부터 근대화 시기까지 〈표 6-3〉과 같이 정치구조와 경제구조, 법제도 및 대중매체의 영향을 받아 강화되었다.

| 표 6-3 | 가부장제 강화에 영향을 미친 요소들

원인	특징
정치사회제도	• 조선 후기 수취구조(대동법)가 가부장제 강화(신영숙, 1991) • 일본 제국주의 식민지 통치하(내선일체, 천황제 군국주의와 식민지 여성의 성노예화 및 일본 자본주의의 침략)의 정책으로 강화됨 • 1961년 이후 근대화과정에서 성장과 저임금 위주 정책이 가부장제 노사관계와 합법적 노동탄압으로 이어지면서 사회 전반에 고착(이효재, 1996)
대중매체	• 고소설(구운몽, 변가쇠가 등)에서 현대의 TV 드라마에 가부장적 가치가 반영되어 강화됨 • 1960년대의 소설의 가족윤리는 부부 불평등, 도구적 역할을 강조하는 소설이 대부분임(이정덕 등, 1998)
법제도	• 공적 영역인 법에서 여성은 오랫동안 배제되어왔고, 법의 인간관은 남성을 기준으로 성별 역할분업에 근거한 가부장제의 남녀 역할을 당연한 것으로 전제함(김선욱, 1996) • 호주제가 2005년 폐지되었으나 오랫동안 민법은 호주승계 순위를 아들–딸–처–어머니–며느리의 순서로 규정함

서선희(1995)는 사회의 이데올로기는 일종의 문화적 무의식으로 사회구성원들이 그들의 세계를 이해하고 체험하는 매체가 되어 일상생활에서 문화적 관습으로 재생산되는 특징이 있다고 강조한다. 따라서 이러한 가부장적 이데올로기는 문화적 관습으로 자연스럽게 가족관계 내에서 재생산되어 부부들의 태도와 행동에 무의식으로 영향을 미치고 가족원들은 비판 없이 가부장적인 결혼관과 가족관을 자연스럽게 받아들이게 되었다고 볼 수 있다.

(3) 가부장제로 인한 특징

조선 가부장제의 구조적 특성에 의해 가족관계에 중요한 영향을 미치는 행동 특성이나 구조적 특성은 가부장적 권위주의와 성별에 의한 역할 구분, 집단주의적 특성 등으로 설명할 수 있다. 특히 조혜정(1988)은 1960년대 우리나라의 가부장제는 전통적인 가부장적 요소가 아직 남아 있기는 하지만 서구적인 인간 가치와 남녀평등에 대한 가치의 도입으로 인해 남존여비의 규범보다는 남성다움과 여성다움에 대한 심리적인 성차를 강조하고, 이러한 심리적 차원의 성 차이에 대한 기대가 남녀 간의 역할을 분리시키며 역할분리를 정당화시키고 있다고 한다. 가부장제로 인한 가족관계와 사회적 특징은 간단히 정리하면 〈표 6-4〉와 같다.

| 표 6-4 | 유교와 가부장제로 인한 가족관계와 사회관계의 특성

특성	내용
가부장적 권위주의	• 권위주의: 장유유서로 인해 권위주의 강화(최준식, 1998) • 손윗사람 중심 가치관으로 연장자에 대한 의무 강조: 개인의 가족에서의 위치나 자원에 따라 상대방을 평가하고 권위의 정도와 행위의 규범이 달라짐. 연장자에 대한 절대적인 존중과 남편과 아내의 호칭과 아내의 남편에 대한 존칭어 사용 • 체면과 눈치 문화: 체면 중시의 결혼문화나 권위주의적인 고부관계(한규석, 1998) • 부부들의 상호작용 패턴에서 권위주의적 의사소통과 갈등해결 방식 • 가족의 지위에 따른 위계구조: 남편은 아내, 부모는 자녀, 형은 동생, 시어머니는 며느리에게 권위의 상징이 되며, 갈등의 원인이 됨
성에 의한 역할 구분	• 가장의 역할: 가장이 조상 제사를 주관하는 사제권, 가족을 대표하는 대표권, 가족의 재산을 관리 소유하는 재산권, 가족원의 생활을 감독 지도하는 감독권 지님(신수진, 1998a; 이광규, 1975). 경제적 능력이 없어도 가족부양에 대한 책임의식이 강한 가장 콤플렉스로 발전 • 여성의 가사노동과 정서적 역할 강조: 여성들은 역할분담 과정이 불평등하지만 대안 없는 상태에서 선택을 강요받아 결혼 불만족도가 높음
집단주의	• 개인보다 일차집단인 가족이나 친척 혹은 공동체를 우선으로 생각하며 개인보다는 집단을 개인의 욕구충족과 보상의 원천으로 여기는 행위로 사회적 행동기준을 제공하는 문화의 하위차원(한규석, 1995) • 특징: ① 인간관계에서 정에 약한 것, ② 상하관계에서는 윗사람에게는 체면을, 아랫사람에게는 눈치를 주는 방식으로 상호작용, ③ 응석과 떼쓰기를 통해서 문제를 해결하려는 태도, ④ 의례를 강조, ⑤ 자기가 속한 집단의 화목과 결속을 중요시함으로써 개인의 희생이 있더라도 즐거움으로 받아들이는 성향, ⑥ 이름을 말할 때 성을 먼저 내세우는 것, 이름보다는 소속을 먼저 밝히고, 족보를 중시하는 것 등(최준식, 1997) • 가족주의, 가족이기주의 발전

2) 현대의 부부관계

현대의 시점을 언제부터로 할 것인가는 논란의 여지가 많지만, 여기서는 가부장제의 핵심인 호주제가 폐지된 2005년을 전후하여 부부관계에 영향을 미친 요인과 특성들을 살펴보고자 한다.

(1) 부부관계에 영향을 미친 요인

정현숙(2017, 2019)은 우리나라의 가족관계에 가장 많은 영향을 미친 요인은 3가지로 경제체제의 변화(농경사회에서 산업화사회, 정보화사회로의 변화)와 이로 인한 가치관의 변화가 함께 영향을 주고받으면서 영향을 미쳤다. 각각의 변화로 인한 부부관계의 영향은 〈표 6-5〉와 같이 정리할 수 있다.

| 표 6-5 | 사회 변화의 원인과 부부관계의 영향 요인

특성	변화의 내용	부부관계에 영향
경제제제의 변화	• 가족과 분리된 고용, 여성직업 참여 증가 • 중류층 증가 및 빈부격차 확대 재생산 • 주5일 근무제 등 가족을 둘러싼 사회환경 변화 • 이동성 증가로 핵가족화, 가족구조 다양화	• 성역할 변화 • 개인의 선택에 의한 이혼, 동거, 한부모가족 증가 • 여성의 역할 가중 • 가족경제 향상에 대한 기대 증가
기술과 과학의 발전	• 의학발달: 평균수명 증가, 유아사망률 감소, 출산조절	• 개인주의적 가족이념 • 노인부양의식 약화
가치관의 변화	• 개인주의 가치관 확대, 세대차: 전통가치와 새로운 가치관의 갈등과 대립 • 가족에 대한 가치 혼재 • 다양한 가족의 증가	• 가부장제와 양성평등에 대한 가치 혼재 • 결혼과 가족에 대한 개인주의적 가치 심화 • 이혼, 재혼, 동거 등 증가

(2) 부부관계의 특징과 성차

위에서 설명한 사회 변화에 따라 부부관계에도 다양한 영향을 미쳤으나 조혜정(1988)의 지적과 같이 1960년대 이후 서구적인 인간 가치와 남녀평등에 대한 가치의 도입에도 불구하고 심리적인 성차에 대한 기대가 남녀 간의 역할을 분리시켜 왔다. 또한 박민자(2004)는 1980년대 이후 혼인관련 논문분석을 통해 1970년 이후 제도적 결혼에서 우애적 혼인의 의미로 변화되었으며, 2000년 이후는 결혼의 의미를 개인의 성장, 자아실현 등 개인중심적인 가치를 중시하는 방향, 즉 관계를 통한 자아실현을 강조하는 방향으로 변화되었다고 분석하였다. 그러나 양성평등하고 민주적인 결혼문화에 대한 의식변화는 남성보다 여성에게서 더 빠르게 나타나고 있으며, 이러한 차이로 인해 성별지체현상이 나타난다고 분석하였다. 비록 우리 사회의 부부관계가 남성 의존적이고 지배적인 형태에서 평등하고 동반자적인 관계로 변화하고 있다고는 하지만 남성과 여성 간에 결혼에 대한 가치관의 차이가 커지면서 잠재적인 성별 갈등이 커지고 있다. 따라서 여기서는 젠더적 관점에서 성별 차이를 중심으로 부부관계의 특성을 정리하고자 한다.

① 결혼만족도

결혼만족도는 관계에서의 개인의 주관적인 신념이나 생각을 나타내는 개인의 지각에 의해 결혼생활을 평가하는 개념이다(정현숙, 1997). 국내외 조사연구에서 신혼 초를 제외하고 출산 이후부터는 남편보다 아내의 결혼만족도가 낮다는 사실은 일관성 있게 보고되고 있다. 2005년 여성가족부의 가족실태조사에서 남편의 59.5%, 아내의 53.1%가 만족하지만, 40% 이상은 부부관계에 대해 만족하지 않는 것으로 나타나 결혼생활을 유지하는 부부들의 만족도 수준은 높지 않았다. 10년 후인 2015년의 결과는 남성의 56%, 여성의 46.2%가 만족하는 것으로 나타나 2005년과 비교하면 여성들의 만족도 하락을 볼 수 있다.

| 표 6-6 | 부부관계에 대한 전반적인 만족도

구분	매우 불만족	약간 불만족	보통	대체로 만족	매우 만족	전체
남성	226(1.7)	898(6.8)	4,655(35.4)	6,109(46.5)	1,245(9.5)	13,132(100.0)
여성	529(4.2)	1,332(10.6)	4,862(38.9)	5,054(40.4)	729(5.8)	12,505(100.0)
전체	755(2.9)	2,230(8.7)	9,517(37.1)	11,162(43.5)	1,974(7.7)	25,637(100.0)

출처: 여성가족부 (2015). 가족실태조사. p. 219.

결혼만족도에 대한 성차의 이유는 여러 가지로 분석되는데 첫 번째 이유는 결혼제도 안에서 여성은 남성보다 가사노동이나 자녀양육 등 복잡한 영역의 과중한 역할수행이 기대되기 때문이다. 이는 맞벌이부부의 경우에도 마찬가지인데 여성에게 편중된 역할수행에 대해 불공평하다고 인지하며 이는 결혼만족도를 낮추는 요인이 된다. 뿐만 아니라 우리나라의 결혼제도는 사위에 비해 며느리에게 과중한 역할을 부과하는 경향이 있다. 예컨대 시부모 봉양이나 명절 때마다 제사준비 등 며느리로서의 전통적 의무는 결혼제도에 대한 여성의 불만을 높이는 요인이 된다(전영주, 2008). 특히 자녀돌봄에 대한 기대는 여성에게 집중되는 경향이 있으며 이러한 이유로 자녀출산과 함께 부부의 결혼만족도는 전반적으로 감소하는데, 그 결과 신혼 초에 남성에 비해 높았던 여성의 만족도 수준이 급격히 감소하여 남성들보다 낮아진다.

두 번째 이유는 결혼관계 안에서 여성의 정서적 욕구가 일반적으로 남성의 그것보다 복잡하고 예민한데 공동의 결혼관계에서 남녀가 서로의 정서적 기대와 충족이 일치하지 않기 때문이다. 많은 경우 여성의 관계지향적인 욕구에 대해 남성의 반응은 불만족스럽다. 실제로 우리나라 부부는 하루 평균 5시간을 함께 지내며, 1시간 53분간 대화한다(이동원 등, 2002). 대화의 주제는 주로 자녀에 관한 것이며 대화는 남편보다는 관계지향적인 아내에 의해 주도되는 경향이 높다. 이혼자들을 대상으로 한 국내외 연구들은 여성의 이혼 사유가 복합적이며 관계적인 요인들이 많은 반면, 남성의 이혼 사유는 단순하고 외부 요인에 대한 귀인이 많음을 공통적으로 보고한다. 심지어 남성들은 자신이 왜 이혼을 했는지 정확히 알지 못하는 경우도 많다. 이와 같이 많은 남녀관계에서 금성인과 화성인, 또는 개와 고양이처럼 정서적으로 교감하기 어려운 부분이 존재하며, 이는 행복한 결혼생활의 걸림돌이 된다(전영주, 2008).

이러한 이유로 부부들의 결혼만족도는 성차가 있으며, 결혼만족도의 하위영역별로 살펴보면 남편과 아내의 인식 차이를 볼 수 있다. 부부간 결혼만족도의 영역을 교류적 과정(부정적 의사소통, 효율적 의사소통과 갈등해결)과 정서적 과정(존중, 상대방 배려, 성·애정표현, 여가 및 시간 함께 보내기) 및 인지적 과정(부모역할, 개인역할, 가사역할, 친인척관계 역할, 경제역할, 종교심, 응집성)으로 구분해 볼 때 우리나라 부부들은 배우자가 개인적 역할을 잘할 때 만족도가 높으며, 남편은 아내의 배려와 부모역할, 가사역할 등의 하위영역에 대한 결혼만족도가 높고, 아내들은 남편들보다 여가와 시간 함께 보내기와 배려, 존중 영역의 만족도가 높다(정현숙, 2001). 즉, 여성들은 남편들과의 정서적인 측면에 대한 만족도 점수가 높으며, 남성들은 여성들의 도구적인 역할에 대한 점수에서 결혼만족도가 높아 남녀 간의 결혼에 대한 기대의 차이를 보여준다. 특히 효율적 의사소통, 부모역할, 가사역할, 상대방 배려, 종교심 영역에서는 남녀 간 인식의 차이가 크다.

많은 학자들(심혜선·이정우, 2001; 이정우·강기연, 2001)은 부부의 결혼만족도에 가장 많은 영향을 미치는 요인이 의사소통 효율성이라고 한다. 그러나 우리나라 부부들의 의사소통 유형은 상대방을 비난하고 일방적인 태도와 무관심한 태도가 특성인 독선형과 권위지향적인 특성이 많이 나타나며, 권위지향형은 특히 남편에게서 많이 나타난다(이정순·박성연, 1991). 이러한 부부관계의 특성을 공미혜(2002)는 여성의 경제구조의 열등함으로 설명한다. 즉, 여성의 경제구조적인 열등함으로 인해 부부관계에서 자신의 역할을 공평하게 협상하거나 계약할 수 없으며, 강제적으로 가족원을 위한 서비스를 제공하게 된다는 것이다.

② 부부갈등

현대의 여성들은 기회균등의 원리와 남녀평등의 문화를 배우면서 성장하지만 성인기에 들어서면서, 특히 결혼을 통해 경험하는 가부장적 가족문화에서 부부의 성별화된 인식과 상호역할 불일치를 경험하게 되고 이것은 잠재적인 부부갈등의 원인이 된다.

이러한 구조적 요인 이외에도 부부관계는 친숙한 일상을 공유하기 때문에 개인적 특성이나 성격, 기대수준의 차이에서 오는 갈등이 존재할 수밖에 없다. 물론 어느 정도의 긴장과 갈등은 부부관계를 원활하게 하는 요소로 작용하기도 하지만, 쉽게 조정되지 못하거나 원만한 합의에 이르지 못할 경우에는 결혼관계의 파국을 초래하기도 한다. 그러므로 부부관계의 갈등 요인과 정도는 결혼관계의 안정성을 가늠할 수 있는 주요 지표가 된다.

부부갈등을 일으키는 또 다른 요인은 부부들의 대화에서 비롯된다. 우리나라 부부들은 배우자의 어떤 말을 가장 싫어할까? 남편의 경우에는 생활태도에 대한 잔소리(예: 술, 담배 끊으라는 말), 금전적 불평, 자존심을 건드리는 말, 시댁 험담 등이 기분 나쁘다고 한 반면, 아내의 경우에는 남편으로부터 무시하는 말, 신체와 관련된 말(예: 살 빼라는 말), 친정 험담 등이 가장 듣기 싫다고 한다(여성가족부, 2005; 이동원 등, 2002). 또한 부부싸움의 주요한 원인은 금전적인 문제이며, 그 다음으로 자녀문제와 시댁/처가문제로 인한 갈등도 빈번하다. 이러한 결과를 볼 때 남편은 생활태도 및 금전적인 불평이나 잔소리를 견디기 힘들어하는 반면, 배우자 가족과의 갈등이나 배우자의 생활방식으로 인한 갈등은 남편보다 아내들이 더 자주 경험하고 있다.

갈등에 대처하는 방법에서도 성차가 나타나는데 여성들은 남성들보다 대화로 해결, 차라리 입을 다물음, 스트레스를 자녀에게 투사하여 아이에게 화풀이하는 방식으로 문제를 해결하는 경향이 높다. 반면 남성들은 자리를 피함, 화를 내고 큰소리 침, 욕을 함, 끝까지 따짐, 물건을 던지거나 부숨, 신체폭력을 행사하는 경향이 높아(이동원 등, 2002) 남녀 간의 차이를 보여준다. 이러한 갈등해결 방식에서의 성차는 개인의 성격이나 원가족 배경과 같은 다양한 개인적, 문화적 요인에 의해 중재되기도 한다.

그러나 이러한 특성들은 사회적 변화, 법과 제도의 발전 및 가족상담이나 교육 등의 확대 등으로 평등적 부부관계에 대한 사회적 인식과 개인의 가부장적 사고나 행동에서의 많은 변화가 나타날 것으로 기대하지만, 여성가족부의 가족실태조사(2015)에 의하면 남녀 간의 갈등에 대한 인식에서의 성차가 나타난다. 갈등의 영역은 〈표 6-7〉과 같이 남성들은 배우자의 성격이나 사고방식, 경제적 문제, 배우자의 생활방식, 내 부모, 형제, 자매와의 관계에서의 갈등 순으로 갈등이 빈번하며, 여성들의 경우는 배우자의 성격이나 사고방식, 배우자의 생활방식 자녀교육문제, 배우자의 부모, 형제, 자매와의 관계에서 갈등이 일어나며 거의 전 갈등 영역에서 부부간 인식의 차이가 여전히 존재한다. 특히 배우자 부모와 형제자매 관계에서는 여성들이 남성들보다 높은 갈등수준을 나타낸다.

| 표 6-7 | 2015년 여성가족부의 가족실태조사에서 부부간 갈등영역과 평균점수

구분	내 부모/형제자매와의 관계	배우자 부모/형제 자매 관계	배우자의 생활방식	자녀교육 문제	경제적 문제	가사 및 육아분담	성생활	배우자의 성격, 사고방식
남성	2.25	2.10	2.27	2.31	2.51	2.21	2.16	2.49
여성	2.16	2.32	2.52	2.39	2.58	2.28	2.15	2.70
전체	2.21	2.21	2.39	2.35	2.54	2.25	2.15	2.59
*t*값	4.154***	10.510***	10.190***	−3.631***	−3.236**	−3.344**	.314	−9.471***

주: 1) 점수가 높을수록 갈등경험이 빈번함을 의미함(1점: 전혀 없음, 5점: 매우 자주 있음)

2) ***p〈.001, **p〈.01, *p〈.05.

출처: 여성가족부 (2015). 가족실태조사. p. 195.

위의 〈표 6-7〉에서와 같이 부부관계에서 경제적 문제에서의 갈등은 현대 부부관계에서 가장 핵심적인 요인처럼 보인다. 50년간의 상담통계(〈그림 6-3〉 참조)를 분석한 가정법률상담소의 자료(정현숙, 2019)에서도 1970~1980년대를 거치면서 외도, 폭력, 갈등과 같은 문제들이 부부들의 중요한 갈등요인이었다면, 2000년대로 오면서 경제문제와 이혼으로 인한 다양한 법적인 문제들이 중요한 갈등요인으로 대두되고 있다. 이혼에 대한 다양한 연구들은 이혼 이후 남성과 여성의 적응에 영향을 미치는 요인과 적응과정은 많은 차이가 있다고 한다.

| 그림 6-3 | 1950년 이후 60년간 한국가정법률상담소에 의뢰된 상담통계 내용 분석

출처: 정현숙 (2019). 가족관계. p. 109.

그러나 이러한 부부간 갈등은 우리 문화에서의 문제만은 아니다. 행복하거나 불행한 부부들의 삶의 연구한 웨이트와 동료들(Waite et al., 2002)은 5년 종단연구에서 부부들이 불행하다고 하는 원인은 크게 ① 외부의 스트레스(병, 실직, 우울증, 자녀문제), ② 남편의 문제행동(가부장적, 약물, 알코올), ③ 의사소통문제와 성격특성의 어려움(만성적 갈등, 의사소통문제, 정서적인 유기 등) 등 3가지 유형이지만, 2번 유형인 '남편의 문제행동'으로 이혼이나 별거를 통해 부부관계를 벗어난 사람들을 제외하고는 이혼이 성인들에게 희망적인 심리적 혜택은 주지 않았다고 결론내렸다. 즉, 가부장적 남편의 문제행동으로 인한 부부간의 갈등은 상담도 효과적이지 않아 행동변화가 어렵기 때문에, 다른 문제보다는 이러한 문제로 갈등을 겪는 부부들에게는 이혼이 여성들에게 긍정적으로 영향을 미친다는 것이다. 이와 같이 가부장적 성격은 관계에 가장 부정적 영향을 미치는 요소 중의 하나이다.

③ 부부권력, 의사결정과 역할분담

결혼관계에서 의사결정과정은 부부의 권력관계를 이해하는 중요한 지표가 된다. 우리나라 부부의 의사결정방식은 과거 가부장제하의 남편지배적 의사결정

방식에서 점차 부부가 공동으로 의사결정을 하는 방식으로 변화되고 있으나 일반적으로 남편과 아내가 결정하는 영역이 분리되어 있는 것이 특징이다. 남편들은 취업이나 이직·재산관리·주택관리 영역에, 아내들은 생활비 지출·자녀교육·재산관리에 더 많은 영향력을 행사한다(여성가족부, 2005). 즉, 남편은 취업이나 이직 등 외적인 사안에 대해 의사결정을 주도하며, 아내는 생활비 지출이나 자녀교육 등 가족에서의 문제에 대한 의사결정을 주도한다. 그러나 재산관리나 주택구입 등 중요한 경제적 문제에 대해서는 부부가 공동으로 의사결정을 하는 경향이 있다. 이동원 등(2002)의 조사에서도 부동산 매매, 목돈 굴리기 등 비중이 큰 경제적인 문제에 대해서는 부부가 공동으로 결정한다는 응답비율이 상대적으로 높게 나왔다. 그러나 가전제품 구입이나 자녀 과외비 등의 영역에서는 여성의 의사결정 비율이 높아 부부가 합의하여 결정하기보다는 사안에 따라 의사결정

| 표 6-8 | 가사노동의 참여 여부와 참여횟수 (단위: 천 명, %)

항목	주로 남편이	대체로 남편이	남편과 아내가 똑같이	대체로 아내가	주로 아내가	해당 없음	전체
자녀교육	731 (2.8)	1,185 (4.6)	9,437 (36.8)	7,928 (30.9)	4,789 (18.7)	1,568 (6.1)	25,637 (100.0)
주택구입 문제	1,987 (7.7)	4,640 (18.1)	14,738 (57.5)	2,758 (10.8)	1,514 (5.9)	0 (0.0)	25,637 (100.0)
투자 및 재산관리	2,145 (8.4)	5,194 (20.3)	11,190 (43.6)	4,631 (18.1)	2,478 (9.7)	0 (0.0)	25,637 (100.0)
생활비 지출	906 (3.5)	2,161 (8.4)	7,462 (29.1)	9,992 (39.0)	5,117 (20.0)	0 (0.0)	25,637 (100.0)
배우자의 취업, 직장이동	3,032 (11.8)	6,086 (23.7)	13,263 (51.7)	1,899 (7.4)	1,357 (5.3)	0 (0.0)	25,637 (100.0)
가사 등 집안일	173 (0.7)	380 (1.5)	5,997 (23.4)	10,909 (42.6)	8,178 (31.9)	0 (0.0)	25,637 (100.0)
가족원 돌봄	223 (0.9)	662 (2.6)	8,406 (32.8)	9,634 (37.6)	6,688 (26.1)	25 (0.1)	25,637 (100.0)

출처: 여성가족부 (2015). 가족실태조사. p. 341.

영역이 구분되어 있음을 알 수 있다.

그러나 여성가족부(2005)와 이동원 등(2001)의 연구 이후 약 10여 년이 지난 이후의 통계인 여성가족부의 가족실태조사(2015)는 〈표 6-8〉과 같이 주택구입(57.5%), 배우자의 취업(51.7%), 투자 및 재산관리(43.6%) 등은 부부가 함께 결정한다는 비율이 높지만, 여전히 가사일, 생활비 지출, 가족들 돌봄, 자녀교육 등은 50% 이상 여성이 결정하는 영역으로 나타나 의사결정 영역이 구분되어 있음을 알 수 있다.

이러한 의사결정에서의 구분은 부부간의 역할분담에 그대로 반영된다. 전통적으로 한국의 부부는 성별에 따라 상이한 역할이 기대되어 왔다. 비록 여성의 교육수준이 높아지고 사회 진출이 늘어나면서 평등한 젠더관계가 부각되어 왔지만 실제 부부의 삶 속에서 공평한 역할분담은 이루어지지 않고 있다. 왜냐하면 여성가족부(2005)에 의하면 1주일 기준으로 집안일에 참여하는 횟수를 조사한 결과 다림질을

| 표 6-9 | 가족생활 영역별 부부 의사결정

항목	수행 여부			참여횟수 및 소요시간								
				전체			남성			여성		
	전체	남성	여성	1주 평균 수행 횟수	1회 평균 소요 시간 (분)	1주 평균 소요 시간 (시간)	1주 평균 수행 횟수	1회 평균 소요 시간 (분)	1주 평균 소요 시간 (시간)	1주 평균 수행 횟수	1회 평균 소요 시간 (분)	1주 평균 소요 시간 (시간)
식사준비	61.7	38.5	84.8	9.4	34.0	5.8	5.1	26.7	2.3	11.3	37.4	7.4
설거지	65.9	45.0	86.7	9.1	19.9	3.1	4.9	18.3	1.4	11.3	20.7	4.0
세탁	53.3	27.8	78.7	2.8	29.9	1.4	2.0	26.7	0.9	3.1	31.0	1.6
다림질	19.7	8.4	30.9	1.6	25.5	0.7	1.5	25.8	0.6	1.6	25.4	0.7
집안청소	68.1	50.8	85.3	3.3	30.9	1.7	2.3	27.6	1.0	3.8	32.9	2.1
음식물쓰레기 버리기	56.4	40.8	72.0	2.6	9.7	0.4	2.1	9.4	0.3	2.8	9.8	0.5
쓰레기 분리수거	59.1	47.4	70.7	1.7	12.0	0.3	1.6	11.9	0.3	1.8	12.1	0.4
시장 보기	58.7	38.6	78.7	2.1	47.5	1.6	1.6	46.3	1.2	2.3	48.0	1.8

출처: 여성가족부 (2015). 가족실태조사. p. 180.

제외한 모든 항목에서 여성의 가사참여는 95%를 넘는데 비해, 남성은 '쓰레기 분리수거'와 '시장 보기'를 제외한 모든 영역에서 30% 미만의 저조한 참여율을 보이기 때문이다. 남편과 아내의 가사노동 참여횟수는 적게는 2배에서 15배까지 격차가 난다. 이는 평등한 성역할에 대한 인식은 높아졌지만 실제 역할수행에서는 분리된 성역할체계가 유지되고 있음을 보여준다. 그렇다면 2005년 여성가족부의 연구 10년 후 2015년 여성가족부의 연구 결과는 어떤 변화를 나타내고 있는가? 〈표 6-9〉를 살펴보면, 여전히 가사분담의 모든 영역에서 여성들의 참여수준이 매우 높다.

④ 부부의 성(性)

어느 파트너관계에서나 나름대로 성(性)에 대한 기준이 있으며, 이러한 기준의 차이로 가족원들 사이에서 성에 대해 의사소통되는 방식은 차이가 있다. 유교의 영향을 받은 우리 사회는 성(性)의 언급을 금기시하고 남녀 차별적 성(性) 규범을 적용해 왔다. 그 결과 부부의 성에 대해서는 몇 가지 특징이 나타나는데, 첫 번째는 성에 대한 언급을 금기시하고 개방적 의사소통을 하지 않는 것이다. 우리 사회에서 성만큼 자주 대화의 대상이 되는 주제도 없지만, 어린 시절부터 성에 대해 이중기준이 적용되어온 여성의 경우 성을 공개적으로 이야기하는 것 자체가 사회화되지 않았기 때문에 부부관계에서조차 성의 문제가 있어도 언급 자체가 어려운 실정이다. 또한 남성의 경우도 표현적인 역할이 부족하여 남성 동료들 사이에서는 중요 주제로 이야기하지만 막상 성을 통해 친밀감을 표현해야 하는 부부간에서는 언급을 회피하는 경향을 보인다. 실제로 성은 부부간 친밀감의 가장 중요한 표현방식 중의 하나이지만 성에 대한 표현적 역할의 부족과 의사소통의 부족은 부부간 친밀감에 부정적인 영향을 미치는 요인이다.

두 번째는 강요된 성관계이다. 영국, 미국과 프랑스 등에서는 부부 사이에서 한쪽이 폭행 등 불법적인 방법으로 강제하는 성행위인 부부강간죄를 인정하고 있다. 우리나라에서도 부부간 일정 수준 이상의 폭력에 의한 강압적인 성관계가 일어나면 처벌한다는 대법원 판례가 있다. 부부강간이 범죄로 성립되기 위한 필수적인 요건은 배우자로부터 폭행을 당한 이후 또는 별거를 하는 중에 강압적으로 성적 관계를 맺는 경우, 이에 저항하는 물적·정황적 증거가 있는 경우에 해당된다. 가정폭력으로 구타를 당한 여성 피해자의 17.4%가 구타 후 성관계를 강요받았으며(한국여성개발원, 1999), 67.3%의 여성이 남편 또는 동거자의 강요에 의해 원치 않는 성관계에 응한 적이 있다고 답했다(한국형사정책연구원, 1989).

세 번째는 성에 대한 이중기준이다. 조선 중기 이후 혈통보다는 명분을 중시하는 종통제가 채택되고 적처가 법률적·공식적 관계로 인정되며 그의 자손이 적자로서 종통을 잇게 되었다. 첩은 개인적·애정적 관계로만 인정받게 되는 처첩간의 이중관계가 여성과 성에 대한 이중관계를 형성하는 근간이 되었다(이순형, 1997). 이러한 전통은 성에 대한 왜곡과 성의 이중기준 형성 및 남성들의 왜곡된 성문화로 연결된다. 우리나라 20~60대 남성 대상의 조사에서 남편의 외도는 세대가 변해도 여전히 줄지 않는 것으로 나타났다. 남편들은 자신의 부인이 보통 이상으로 성적 매력이 있다(88.3%)고 생각하지만, 부인 외에 성적 충동을 느끼는 남성은 81.6%에 이르렀고 실제 경험자도 73.3%나 된다(중앙일보, 1997.11.20). 성행위에 대한 이중적인 기준은 남성의 혼외관계를 여성의 혼외관계보다 더 허용하는 경향성으로 나타난다.

남녀의 성적 욕망의 목적은 차이가 있으며, 외도의 원인도 성차가 나타난다. 마크와 동료들(Mark et al., 2014)은 관계에서 남녀의 성적 욕망의 목적은 매우 다면적이어서 남성들은 성욕분출, 오르가슴과 상대방을 즐겁게 해주기 위한 목적을 높게 지적하며, 여성들은 정서적 친밀감과 성적으로 남자보다 매력적이라는 느낌이 중요하다고 한다. 이러한 점들이 혼외관계와도 관련된다. 정혜정과 김병수(2009)는 문헌고찰을 통해 성중독증, 남성우월주의에서 나온 가부장적 혼외관계, 모델링에 의해 세대간 전수된 혼외관계, 성격차이로 인한 부부갈등 등이 혼외관계의 원인으로 연구되었으며, 이들의 연구를 통해 원만하지 못한 부부관계와 여성 편력도 추가적인 원인으로 지적하였다. 양다진과 조희선(2005)은 외도하는 여성 74%가 시집과의 갈등, 경제적 이유 등 '결혼생활 불만족'을 외도의 이유로 지적하였으며, 이외에도 성관계에 대한 불만족(73.2%), 여성 본인의 개인적인 도덕성(26.0%), 충동성(25.6%) 등도 제시되었다.

반면 남성들은 뚜렷하게 세분화된 이유가 없었다고 한다. 스프링과 스프링(Spring & Spring, 1993)은 미국의 경우 외도 이유에 남녀 간 차이가 있는데 남성은 성적 파트너를, 여성은 마음의 친구를 찾기 위해 외도를 하며, 여성은 그들의 외도가 사랑이라고 믿으며 괴로워하는 반면, 남성은 사랑이 아니라고 생각하고 즐긴다고 한다(Spring & Spring, 1993). 남성과 여성 모두 성역할고정관념과 개방적 결혼인식 및 혼외관계 수용성이 성적 외도 실행의도(신성자, 2017)에 영향을 미친다. 외도의 원인에 관계없이 일반적으로 외도는 부부관계의 신뢰감에 영향을 주는 중요한 사건으로 이혼의 중요 원인이 되고 있다. 외도로 인한 이혼의 비율은 2000년 8.1%, 2010년 8.6%였으나, 2017년에는 전국의 이혼 10만6천 건 중 성격차이(43%), 기타(20%), 다음으로 배우자 부정이 7천5백건으로 나타나 전체 7.1%로 감소하였다(통계청, KOSIS 자료).

⑤ 파트너 간 폭력

전국 19세 이상 6천 명을 대상으로 한 가정폭력실태조사(여성가족부, 2016)에 의하면 〈그림 6-4〉와 같이 부부간 폭력률은 2013년과 2016년을 비교하면 법과 제도의 정비와 가치관의 변화 등 다양한 요인에 의해 현저히 감소하는 추세가 나타났다. 그러나 가해자는 남성이, 피해자는 여성의 비율이 상대보다 높다. 폭력에 대한 반응은 '그냥 있었다'가 66.6%로 높은 비율을 차지하며, 여성들이 느끼는 위협이나 공포심의 정도와 정신적 고통, 신체적 상처 등의 피해는 매우 심각한 수준이다.

이러한 폭력의 원인이 무엇인지에 대해 한국가정법률상담소에서 2008년부터 2017년까지 상담을 받은 가정폭력 행위자와 피해자 부부를 대상으로 조사한 결

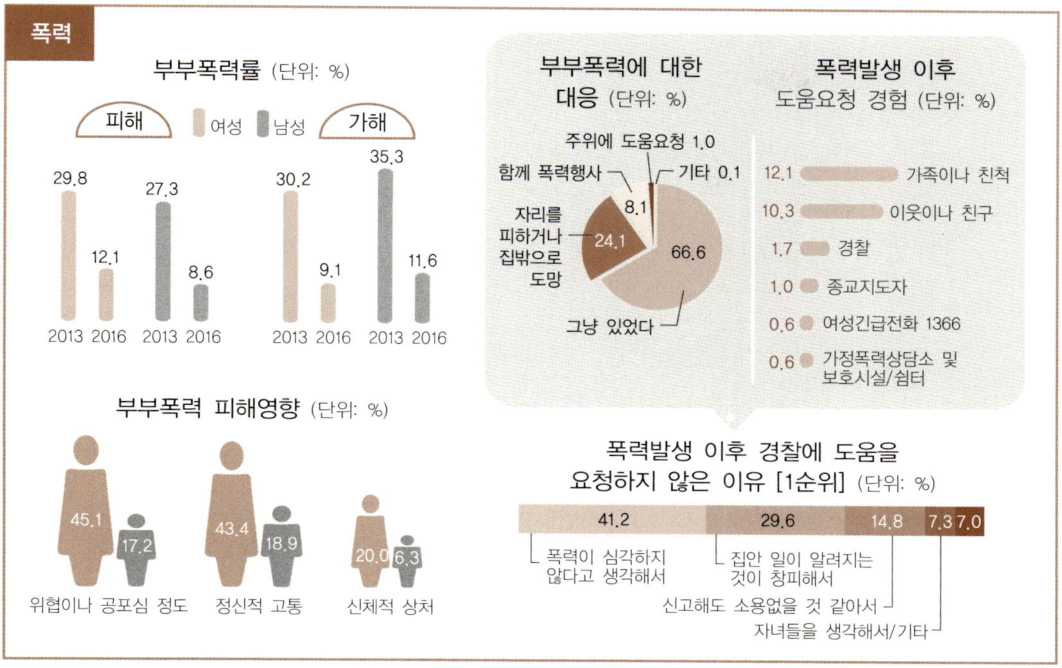

| 그림 6-4 | 부부폭력률, 대응방법 및 피해수준

출처: 여성가족부 (2017). 전국가정폭력실태조사.

과(조선뉴스프레스, 2018.7.9)에 잘 나타나 있다. 〈그림 6-5〉와 같이 가정폭력으로 발전하는 부부갈등의 요인 중 가장 높은 비율을 차지하는 이유는 경제갈등(27.7%)과 행위자의 가부장적 사고방식(27.1%)이다. 그러나 행위자의 88.9%, 피해자의 69.2%가 상담후 신체적 폭력이 재발하지 않았다고 응답하였으며, 재발하지 않은 이유는 〈그림 6-6〉과 같이 '공권력에 대한 두려움', '폭력에 대한 확실한 인식', '피해자에 대한 이해력 증진' 등을 지적하여 상담의 중요성이 강조되었다. 이러한 결과에서 보듯이 공권력 등 사회적 개입에 대한 두려움이 작동하고 있어 가부장적 사고가 많이 감소하고 있다고는 하지만 가부장적 사고는 여전히 부부간 폭력의 중요 원인임을 알 수 있다.

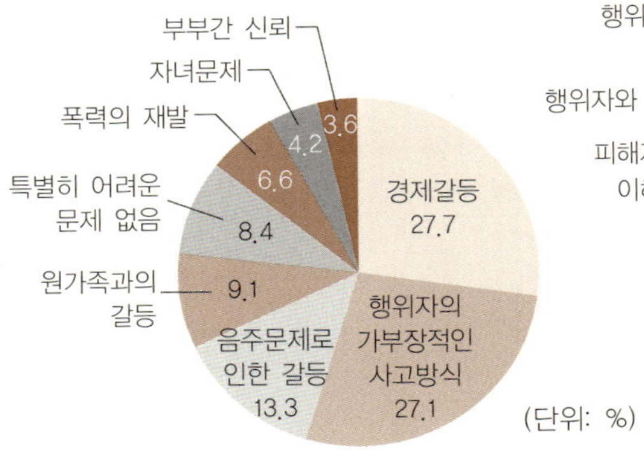

| 그림 6-5 | 가정폭력 상담 후 부부갈등 요인

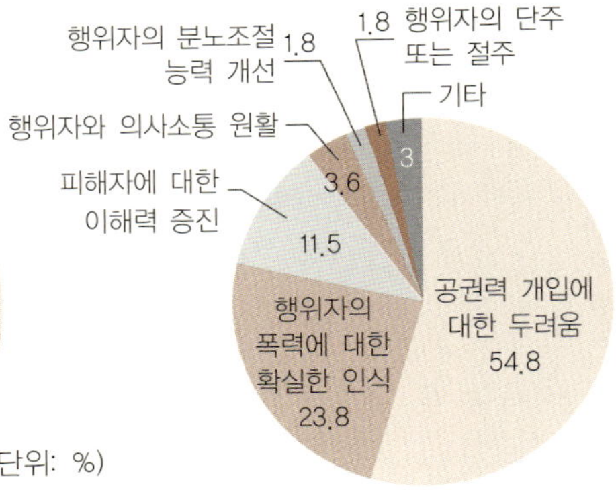

| 그림 6-6 | 가정폭력 재발방지 요인

출처: 조선뉴스프레스 (2018.7.9).

2. 동반자적 파트너관계

가부장제와 유교적 가치관이 가족관계, 특히 부부관계에 미치는 영향이 점차 감소하고 있으며, 경제체제 변화와 기술과 의학의 발달로 촉발된 사회생활 전반에 걸친 가치관의 변화에도 불구하고 부부관계의 여러 영역에서의 성차는 여전히 나타나고 두드러진다.

이 책에서는 비록 시기와 장소에 따라 중요하거나 이상적이라고 규정짓는 부부관계의 내용은 다르지만 1장에서 우리 필자들은 결혼 유무, 동거구성원, 배우자나 부모와의 접촉 정도, 정서적 유대감 등에 의해서도 사람들은 가족에 대한 정의를 다르게 규정할 수 있기 때문에 가족을 매우 느슨한 형태로 우리가 일상에서 마주치는 '일련의 대인관계' 정도로 규정하였다. 이러한 관점에서 파트너는 결혼한 배우자 혹은 동거하는 두 사람이 될 수도 있으며, 이 두 사람은 서로에게는

'의미 있는 타자(Significant other)'가 될 것이다. 이 용어는 설리번(Sullivan, 1953)이 처음 사용한 용어로 결혼의 지위나 성적 지향성을 내포하지 않으면서 친밀한 관계의 한 개인의 파트너를 지칭한다. 특히 가족 속에서 여성과 남성의 욕구는 똑같이 중요할 뿐만 아니라 가족구성원의 어느 누구도 착취당해서는 안 된다는 점이 강조된다. 그러나 법적·경제적·사회적 배경에 따라 늘 변할 수 있는 구성체인 '가족'에서의 부부관계는 사회적으로 구성된 여성 또는 남성을 의미하는 것으로 각 성에 적합하다고 생각되는 행동과 특성을 포함하는 젠더에 의해 연애 때나 동거하는 집단에서의 파트너관계와는 다른 양상을 나타낸다. 따라서 평등적 관점에서의 의미 있는 타자로서의 관계가 동반자적인 파트너관계에 대한 새로운 정의가 될 수 있을 것이다. 이 정의에서는 동성애관계와 양성애관계가 모두 포함되어야 한다. 우리 사회에서 동성애에 대한 사람들의 인식은 보수적이지만 이제는 동성애도 개인 삶의 선택적 관점에서 볼 때 하나의 라이프스타일이므로 인권의 차원에서 존중되어야 한다. 그렇다면 동반자적 파트너관계를 어떻게 정의할 수 있으며 이들 관계에서 요구되는 역할은 무엇인가를 살펴보자.

1) 동반자적 파트너십 대한 관점

동반자적 파트너십은 어떤 모습이 되어야 할 것인가에 대한 관점은 부부관계에 대한 친밀감 이론을 적용할 수 있을 것이다. 친밀감에 대한 가장 포괄적인 정의는 키퍼(Kieffer, 1977)의 정의로 "다른 사람과의 강력한 지적, 신체적, 정서적 의사소통을 통해 자신의 자아의 실체를 경험하는 것(p.267)"으로 정의하며, 이러한 친밀감은 자신의 선택에 의한 관계이며, 상호관계(mutuality), 호혜주의(reciprocity), 신뢰 및 기쁨 등이 포함되는 개념이라는 점을 강조하는데 자신이 선택한 친밀한 관계를 유지하기 위해서는 상호관계를 통해 관계를 발달시켜야 한다는 것이다. 즉, 관계 향상을 위한 개인의 노력의 중요성을 강조한다.

또한 기든스(Giddens, 2003)의 '순수한 관계(Pure relationship)'라는 개념과도 유사한데, 기든스는 친밀성을 "평등한 두 사람 간의 인격적인 관계에 대한 협상이며 … 중략 … 공적 영역에서 민주주의가 실현된 것과 완전히 상응하는 방식으로, 개인 간의 상호작용 영역이 전면적으로 민주화되는 것을 함축한다(p.27)"고 주장한다. 이러한 관계는 〈표 6-10〉과 같은 특징이 있다. 이들 학자들의 주장을 정리하면 동반자적 파트너십은 친밀한 관계를 통해 자아가 발전하고, 항상 변화하며, 배려를 통해 함께 문제를 해결하고 각자의 개인성을 포용하는 관계 등이 특징이다.

| 표 6-10 | 기든스(2003)의 친밀한 관계의 특성

친밀한 관계
• 자아의 발전을 최우선으로 함
• 장기적 만족에 대한 욕망 : 단계적으로 발전하는 관계
• 선택의 자유
• 관계 내에서 균형과 상호성
• 타협, 협상 또는 번갈아 주도
• 욕구, 감정의 공유, 파트너가 당신에게 갖는 의미 존중
• 솔직함
• 적당한 신뢰(즉, 파트너의 근본 본성에 비추어 그 사람이 어떻게 행동할지를 대충 알 수 있는 것)
• 각기 타자의 개인성을 포용
• 현실의 모든 면을 다루는 관계
• 항상 변화하는 관계
• 파트너 각자에 의한 자기-배려
• 사랑에서 우러난 초연함(그냥 내버려 두면서 파트너의 안녕과 성장에 쏟는 건강한 관심)
• 우정과 배려에서 비롯한 섹스
• 함께 문제를 해결
• 편안함과 만족의 순환

출처: 엔서니 기든스 (2003). 배은경 · 황정미 역. pp. 155-156.

2) 동반자적 파트너십을 위한 부부간 역할

부부관계를 보는 관점은 시대 변화에 따른 가족 관점을 반영하면서 다양하게 정의된다. 올슨과 드프레인(2000)은 부부관계의 특성에 따라 제도적 결혼에서 의도적 결혼까지 네 가지로 부부관계가 변화하고 있다고 지적한다. 가족의 가장 중요한 기능이 경제적 공동체로서의 기능인 제도적(institutional) 결혼에서는 아버지에게 권위가 있으며, 친족 간 유대, 가족과 지역사회 간 유대가 강한 것이 특징이다. 결혼과 부부관계는 기능적인 동반자로서 각자의 역할이 나뉘어 있고, 조상숭배, 가족의 전통, 가족유대가 강조되며, 남편은 대외적 권위와 경제적 책임 그리고 아내는 도구적 역할의 책임감이 강조된다. 가장 중요한 부부의 책임은 결혼관계의 안정성 유지에 있다.

배우자 선택 시 우정, 사랑, 상호매력 등이 강조되고 부부관계에서도 개인적인 만족이 관계를 지속하게 하는 요인이 되는 심리적(psychological) 결혼의 부부관계에서는 부부간의 책임과 부부간의 만족이 중요하다. 여성의 사회적 활동과 경제활동 참여가 증가하면서 결혼의 필요성은 약화되었고, 여성은 더 독립적이 되면서 다원적(pluralistic) 결혼으로 변화하는데, 이 결혼에서의 부부관계는 성적 평등과 개인의 자유에 중요한 가치가 있으며 모든 가족에 공통적으로 적용되는 이상적인 부부관계가 있다는 인식보다는 다양한 가족에 적합한 부부관계가 있음을 강조한다.

심리적 결혼과 다원적 결혼이 결합된 의도적(intentional) 결혼에서 부부관계는 동등성과 다양성을 기초로 하며 유연성과 책임감이 중요한 가치로 인식된다. 따라서 이 유형에서의 부부관계는 평등성을 바탕으로 한 동반자적 관계를 지향한다. 특히 '관계를 통한 개인의 성장'이 중요한 과제이며 이를 위해 두 사람의 파트너십이 강조된다. 이러한 결혼과 부부관계의 속성 변화를 토대로 볼 때 파트너는 어떠한 성으로 구성되며, 어떠한 역할을 누가 수행하는가 하는 문제보다도 이 둘의 관계에서 무슨 일이 벌어지고 있으며, 이 둘의 관계를 통해 상호 얻게 되는 것은 무엇인가가 중요한 이슈가 되어야 한다.

그렇다면 어떠한 역할이 의미 있는 타자로서의 파트너관계에서 요구되는 것일까? 부부의 역할은 남편과 아내의 지위에 부여하는 개인적이며 또한 사회적인 요구이다. 일반적으로 부부의 역할은 생물학적인 성에 의해 규정되는 성역할에 따라 부여되며 권리와 함께 의무가 부여된다. 그러나 평등적인 관점에서는 성에 의한 역할 구분보다는 건강한 가족관계에서 필요로 하는 역할들을 부부가 함께 수행해 나가야 하는 과업으로 인식하고 공동의 노력으로 효율적으로 이러한 역할 수행이 이루어져야 한다는 것이 가정되어야 한다. 왜냐하면 결혼 여부에 상관없이 동반자적 관계는 관계의 지속성, 경제적 자원과 공유성 및 정서적 친밀감의 세 가지 요소로 연결되기 때문이다. 따라서 부부관계와 파트너관계는 남녀 구분 없이 〈그림 6-7〉과 같이 세 가지 역할이 균형적으로 이루어졌을 때 건강한 부부관계라고 규정할 수 있을 것이다.

정현숙과 유계숙(2002)은 〈그림 6-8〉과 같이 건강한 부부관계를 위한 개인적 자원(자율성, 자존감, 책임감, 관계에의 몰입)과 공동의 자원을 강조하는데 이러한 관점을 파트너관계에까지 확대할 수 있을 것이다. 공동의 자원이 파트너들의 역할을 구성하는 데 도구적 역할(가정을 꾸미거나, 유지, 가사분담 등)과 표현적 역할(사랑하

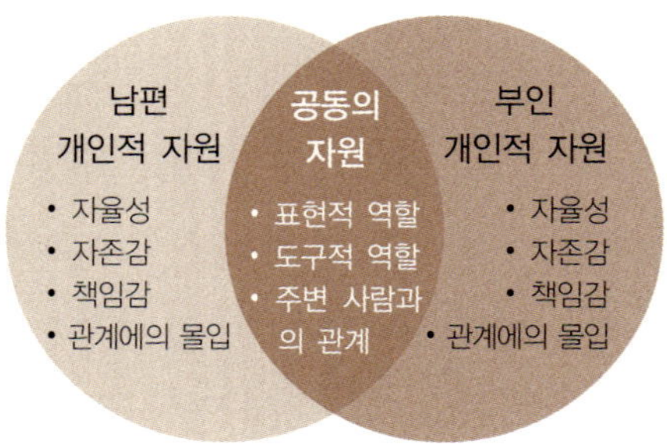

| 그림 6-7 | 부부관계의 자원과 역할

출처: 정현숙 · 유계숙 (2002). 가족관계. p. 185.

| 그림 6-8 | 부부관계에서 공동의 자원

출처: 정현숙 · 유계숙 (2002). 가족관계. p. 184.

고 사랑받기, 성적인 관계와 의사소통), 그리고 주변 사람들과 관계형성(자녀, 친척, 친구, 일과 지역사회)을 위한 역할을 균형 있게 수행해야 한다.

스프레처 등(Sprecher et al., 2002)은 사회적 네트워크가 부부관계와 개인에게 매우 중요한 요소임을 강조한다. 왜냐하면 관계망은 사회적 힘을 의미하며 다양한 거시적인 사회적 과정이 네트워크와 네트워크를 구성하는 관계에 영향을 미치기 때문이며, 사회관계망은 관계의 변화와 안전성을 설명하는 중요한 요소이기 때문이다. 부부관계에서의 관계망은 부부 개인의 친구와 직장 동료 그리고 그들이 상호작용하는 지역사회의 단체나 모임 등이 포함될 수 있다. 또한 체계론적 관점에서 볼 때 부부관계를 중심으로 부모자녀관계와 고부관계 등의 친인척관계도 관계 네트워크에 포함된다. 그러나 만혼현상과 저출산의 영향과 동거가족의 증가 및 자녀에 대한 가치관의 변화로 인해 무자녀가족도 증가하고 있어 자녀와의 관계에 대한 역할은 상대적으로 약화되고 있으나, 한편으로는 저출산으로 인한 소자녀화는 자녀에 대한 지나친 기대와 교육열로 이어지기도 한다.

그러나 파트너를 둘러싼 사회관계망도 중요하지만 파트너관계에서는 표현적 역할과 도구적 역할의 균형도 중요하다. 인간의 기본적인 욕구 중 하나는 타인으로부터 사랑받고, 심리적·정서적 만족을 얻는 것이다. 이러한 만족을 위해 두 사람의 관계에서 가장 중요한 것은 두 사람 간의 의사소통, 성적인 관계 등을 포함하는 상호작용이다. 부부간의 친밀감은 정서적인 감정뿐만 아니라 부부간의 성적 행동을 통해 이루어지며, 표현적 역할에서 중요한 것이 갈등해결이다. 5년 이내 이혼자에 대한 한경혜 등(2004)의 연구에서는 실직, 사업 실패 등의 경제적 문제와 부정행위가 이혼의 중요 원인이며, 무관심과 대화 부족, 행복하지 않아서 등의 정서적인 문제는 상대적으로 낮았다고 한다.

그러나 헤리스(Harris, 2006)는 평등성에 대한 문헌고찰을 통해 가사일에 대한 공평한 분담, 공동의 의사결정, 비위계적인 의사소통, 평등적인 성관계 및 상호 존중과 호의 등 5가지 차원이 평등한 관계를 위해 핵심적인 요소임을 강조한다. 즉,

앞에서 지적한 부부간의 성차 영역의 극복이 평등한 관계를 위한 과제가 될 수 있다는 것이다. 비록 도구적인 역할이 부부관계에서 중요하지만 개인주의와 물질주의가 강조되면서 부부관계에서 도구적인 역할만을 강조하는 것이 현대의 부부관계에서 문제라는 견해도 증가한다. 그러나 학자들은 파트너관계에서의 여러 차원 중 가사일의 분담과 권력을 가장 중요한 요소로 지적한다. 따라서 파트너관계에서 도구적, 표현적인 역할을 균형 있게 유지하는 것이 매우 중요하다.

3) 동반자적 파트너십을 향하여

선택에 의한 파트너와의 관계는 결국 성이나 결혼 지위에 상관없이 평등적인 관계에서 서로의 삶에 지지기반으로 작용하는 관계이며, 이를 통해 자신의 일에서 성취를 이루고, 궁극적으로는 타인을 배려할 수 있는 공동체 의식을 발전시키고 서로를 통해 자아가 성장하는 관계일 것이다. 또한 동반자적 파트너관계는 상호작용하는 두 사람 각자의 자율성과 독특성이 인정되고 관계의 상호작용이 융통성 있게 이루어지는 관계라고 정의(정현숙, 2019)할 수 있을 것이다.

덩컨 등(Duncan et al., 2014)은 친밀한 관계에서 개인적 요구와 삶의 상황에서의 요구 간의 균형을 이룰 수 있는 전략으로 개인에게 자유를 허용하는 새로운 가족유형인 LAT를 제안하는데 LAT는 다양한 용어(Living-apart-together, non-cohabiting, non-residential relationships: LAT)로 명명된다. 이러한 유형은 이 장에서 강조하는 동반자적 관계의 특징을 가장 잘 내포하는 개념이지만, 이들의 관계방식은 동거하는 파트너관계에서도 그대로 적용되어야 할 것이다. LAT는 스기야마 유미코(2017)의 '졸혼' 개념과 유사하다. 스기야마는 부부관계를 유지하며 각자의 삶을 살아가는 파트너들을 소개하면서 부부가 각자 하고 싶은 걸 하면서 서로를 든든하게 지지해 주는 새로운 라이프스타일로 이 개념을 제안하였다. 그러나 실제 파트너관계에서는 동거 여부를 떠나 이러한 관계적 특성을 유지하는 것이 현대의 파트너십에서 요구되는 특성이 되어야 할 것이다.

논의해 봅시다

1. 결혼의 전통적 의미는 무엇이었으며, 평등한 파트너관계를 위해 새롭게 변화되어야 하는 영역은 무엇이라고 생각하는가?

2. 조남주(2016)의 『82년생 김지영』을 읽고 부부의 역할(도구적, 표현적, 주변 사람과의 관계에 대한 역할)에 대해 토론해 보자. 이를 위해 조부모세대와 부모세대(베이비붐세대, 중년세대), 82년생 김지영세대(2016년 기준으로 35세) 각각을 인터뷰해 보자. 그리고 내가(2020년 대학생세대, 20대 초반) 중요하게 인식하는 부부역할이 무엇인가도 생각해 보자. 각 세대별로 파트너관계에 대한 인식이 어떠한지 비교해 보자. 또한 본인이 생각하는 파트너십에 대한 인식과는 어떠한 차이가 있는지도 평가해 보자.

3. 평등적인 파트너십을 위한 장애요인은 무엇이라고 생각하는가? 이러한 관계를 통해 궁극적으로 기대하는 목표는 무엇인가?

4. 사람들이 비혼과 동거와 결혼을 선택하게 하는 이유는 무엇이라는 생각하는가?

CHAPTER

07

젠더와 다양한 가족

CONTENTS

chapter 07 젠더와 다양한 가족

한국의 가족형태가 다양해지고 있다. 20세기 후반부터 우리 사회의 가족은 급속하게 다양화되었는데, 한부모가족, 재혼가족, 비동거가족, 입양가족, 조손가족, 무자녀가족, 다문화가족 등 가족의 형태와 구성에서 다변화가 진행되었다.

21세기에 들어선 후, 전통적인 핵가족과 확대가족 유형은 더욱 줄고 있는 반면 개인이 선택하는 삶의 방식은 더욱 다양해지고 획기적인 가족 유형도 출현할 것으로 예상된다. 가족 다양화 현상은 전통적인 남성의 삶과 여성의 삶을 크게 바꾸어놓고 있는 만큼 이는 젠더문제와 직결되어 있다. 이 장에서는 다양한 가족의 발생 배경을 살펴보고, 젠더의 틀로 커플관계의 다양화, 부모자녀관계의 다양화, 나 홀로 가구의 증가 등의 주제 안에서 최근 증가하고 있는 다양한 가족형태들에 대해 살펴보도록 하겠다. 이러한 주제들을 다루면서 다음과 같은 문제에 대해 생각해 보자.

- 저출산·고령화 현상은 우리 사회의 고정화된 성역할 관념에 어떤 영향을 미칠 수 있는가?
- 가족의 다양화는 성평등한 혼인관계에 어떤 영향을 미치는가?
- 독신가구의 증가추세 속에서 미래의 여성과 남성의 삶에 어떤 변화가 생길 것인가?

1. 다양한 가족의 발생 배경과 젠더

1) 저출산과 고령화

한국 가족의 지형을 바꾸고 있는 가장 중요한 구조적 변화는 저출산과 고령화의 추세이다. 우리나라는 1983년 합계출산율[1]이 2.0 이하로 하락하였고, 2001년부터 합계출산율 1.3명 이하의 초저출산 사회로 진입한 이래 2017년부터 합계출산율은 1.0명 이하로 떨어졌다(통계청, 2019). 고령화 역시 매우 빠른 속도로 진행되고 있는데, 특히 농어촌 지역의 고령화 속도는 더욱 빠르다. 2020년 기준 우리나라 전체 인구 중 65세 이상 노인비율은 15.7%이며, 일부 시・군・구는 이미 노인인구 20% 이상인 초고령 사회에 진입하였다. 저출산과 고령화는 소(小)가족화 현상과 함께 동거커플, 무자녀부부가족, 조손가족 및 노인 단독가구 등의 가족형태의 다양화를 초래하고 있다.

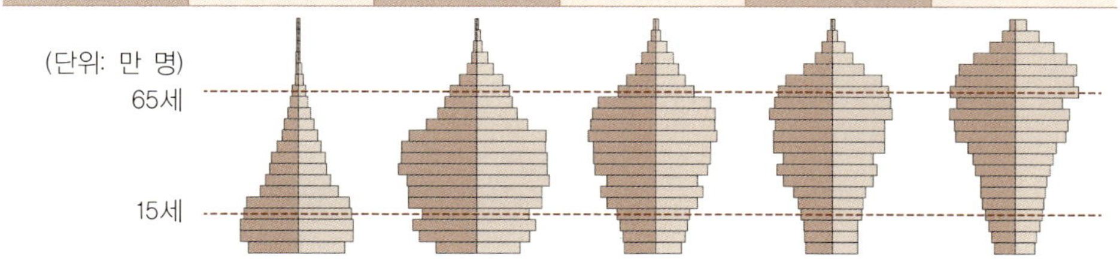

구분	1980년	2005년	2020년	2030년	2050년
총인구	3,812	4,728	4,996	4,933	4,235
생산가능인구	2,372	3,369	3,584	3,189	2,276
노인인구	146	437	782	1190	1,579
유소년인구	1,295	899	630	554	380

* 합계출산율: 2005년 1.19명, 2035년 1.30명으로 가정

| 그림 7-1 | 인구구조 변동 추이 및 전망

출처: 통계청 (2005). 장례인구특별추계; 통계청 (2006). 2005 인구주택총조사 인구부문 전수집계결과.

1) 합계출산율: 15~49세의 가임 여성이 평생 동안 출산할 것으로 예상되는 출생아 수

저출산과 고령화 현상은 대다수 선진국에서 공통적으로 나타나고 있는 인구학적 변화로 젠더문제와 깊게 연관되어 있다. 출산과 양육은 남성보다 여성의 문제이며, 남성보다 평균수명이 긴 여성은 노인문제의 주요 대상이기도 하다.

저출산 현상은 여성이 임신과 출산을 자율적으로 통제할 수 있게 해준 의학기술의 진보 덕이지만, 개인의 자아실현을 중시하는 개인주의 가치관의 확산과 여성의 사회적 역할 변화와도 깊은 관련이 있다. 교육기간이 길어지고 결혼연령이 상승하면서 가임기간 단축, 불임의 증가, 출산에 대한 부담 가중, 일과 가정 양립의 어려움, 자녀양육 및 교육비 부담 등의 복합적인 요인이 저출산의 직접적 원인이 되고 있다.

한편 질환의 예방 및 치료의 발전, 식생활 개선, 교육수준 향상, 위생환경 개선 등은 평균수명의 획기적 연장을 가져왔다. 이로 인한 노인인구의 증가는 가족 내 노인돌봄과 부양문제, 노인의 정신건강, 생활의 질 등의 문제가 정책적·실천적 과제로 부각되고 있다. 노인인구의 성비 불균형은 연령이 높아질수록 현저하다. 70세 이상에서 여성노인이 배우자가 있을 확률은 20%를 밑돈다(김태현, 2007). 즉, 여성의 80%는 결국 '홀로 된 여성'으로 남게 된다.

2) 도시화와 민주주의

지난 반세기 동안 우리 사회는 근대화의 물결 속에서 도시로의 인구집중이 가속화되었고, 민주화운동을 통해 개인의 인권 민감성이 높아졌다. 가족의 변화된 생활양식으로 첫째, 산업화와 도시화에 따라 부부와 자녀로 이루어진 핵가족이 주요 가족형태로 자리 잡게 되었고, 여성의 노동시장 진출과 아파트형 주거생활의 확대로 가족의 고립과 양육기능의 약화가 심화되었다. 둘째, 민주주의 정착과 남녀평등의식의 확산, 여성의 지위 향상과 의식 변화는 결혼과 가족생활에 획기적인 변화를 초래하기 시작했다. 셋째, 서구의 개인주의가 유입되면서 우리 문화 특유의 집단주의 성향이 약해졌고, 이로 인해 친족이나 가족중심의 태도가 약화되고 개인이나 커플 지향적인 행동과 태도가 확산되고 있다.

3) 과학기술의 진보: 4차 산업혁명시대의 도래

산업화와 정보화를 넘어 오늘날 혁신적 과학기술은 유비쿼터스와 모바일 인터넷, 인공지능과 기계학습을 통해 기존의 틀을 깨고 '새로운 가치'를 세상에 내놓았다. 인공지능(AI), 사물인터넷, 빅데이터, 모바일 등 첨단 정보통신기술이 경제 사회 전반에 융합되어 디지털 기기와 인간, 그리고 물리적 환경의 융합으로 대표되는 4차 산업혁명이 과학기술 영역의 경계를 넘나들며 세상을 급속도로 바꾸고 있다(최선화 · 공미혜 · 전영주 · 최희경, 2018).

이런 혁신적 기술은 가족공동체를 포함한 인간관계에도 영향을 미치기 시작했다. 예컨대 돌봄 영역에서 인공지능 로봇의 역할이 늘고 있는데, 과학기술이 친밀감과 정서적 교감을 대체할 수 없을 것으로 생각했음에도 로봇을 통한 돌봄서비스에 대한 만족도는 의외로 높으며, 인간 못지않게 더 큰 위안과 치유를 받기도 한다. 로봇은 남성이나 여성으로서의 성별을 갖고 있지 않기에, 돌봄에서 젠더문제의 불균등성을 극복할 수 있는 대안이 될 수 있다.

4) 세계화

1990년대 이래 우리 사회는 저출산과 고령화로 인한 생산가능 인구의 감소에 대응하기 위해 외국인 인력을 늘려왔으며, 농촌지역 등 결혼시장에서 소외된 남성들이 외국인 여성을 신부로 맞이하는 사례도 크게 증가하였다. 세계화는 노동시장과 결혼시장에도 영향을 미쳐 우리 사회 가족의 문화와 인종구성을 변화시키고 있는 것이다. 단일민족에 대한 전통적 관념으로 인해 국제결혼으로 형성된 가족에 대한 사회적 편견과 부정적 인식이 존재하나, 최근에는 세계화의 추세로 인한 사회현상으로 국제결혼이나 다문화가족에 대해 보다 수용적으로 받아들이고 있다.

한편 같은 혈통의 가족이지만 가족원이 서로 다른 국적을 가졌거나 다른 국가에 체류하면서 가족으로서 소속감이나 정체성은 유지하는 '초국적 가족' 유형도 크게 증가하고 있다. 초국적 가족에 포함되는 '기러기가족'의 경우 자녀가 해외에서 교육받고 세계로 진출하는 것을 지향하는 부모들이 '따로 또 같이'의 삶을 선택하여 발생한다. 인터넷의 영향으로 세계는 국경이 사라지고, 다양한 라이프스타일에 대한 정보공유를 가능하게 하였다. 이러한 정보화 추세 속에 개인은 규범적인 생활방식에 순응해야 하는 사회적 압력을 덜 느끼게 되었고, 다양한 가족형태에 대한 수용도도 증가하게 되었다(최선화 외, 2018).

2. 가족의 양상 변화

지난 반세기 동안 산업화를 거치면서 핵가족은 한국 가족의 대표적인 가족 유형으로 자리잡아왔다. 핵가족이란 한 세대의 부부와 그들의 미혼자녀로 이루어진 기본적인 구조로, 지리적 이동이 잦은 산업화시대에 가장 최적화된 가족 유형으로 인식되어왔다. 그러나 최근 정보화시대로 접어들면서 가장 기본단위라고 생각되었던 핵가족의 분열이 진행되고 있다. 결혼을 하지 않거나 결혼하고도 자녀를 낳지 않거나, 기혼자들의 이혼 또한 늘어나면서 독신가구나 무자녀부부가족, 한부모가족 등 핵가족보다 더 작은 단위의 가족이 늘어나고 있는 것이다. 이러한 사회현상은 ① 가족생애주기의 변화, ② 가족구조의 변화, ③ 가족기능의 변화, ④ 가족가치관의 변화 등 가족에 대한 전반적인 개념 변화를 요구하게 되었다.

1) 가족생애주기의 변화

평균수명이 늘어나고 출산율이 저하되면서 가족주기의 뚜렷한 변화로는 자녀 출산과 양육기간이 줄어들고, 탈양육기의 중노년 부부가 둘만 남아 함께 보내는 빈 둥지(empty nest) 시기는 길어졌다는 것이다. 이와 같은 변화로 가족생활에서 부부관계의 질에 대한 비중이 더욱 중요해졌으며, 조기은퇴나 황혼이혼이 주요 가족문제로 나타나고 있다.

2) 가족구조의 변화

가족구조의 주요 변화로는 소(小)가족화 경향에 따른 가족규모의 축소, 그리고 다양한 가족형태의 증가를 볼 수 있다. 독신가구나 무자녀부부, 한부모가족, 재혼가족 등 다양한 라이프스타일이 사회적으로 수용되면서 증가하고 있어, 농경사회에서 지배적인 가족형태였던 전통적 봉건 확대가족은 산업화 이래 근대적 부부중심 가족형태로 변화되었고, 최근 탈근대적 가족형태인 가족의 다양성이 부각되고 있는 실정이다.

3) 가족기능의 변화

가족의 기능도 크게 변화되었다. 사회경제적 환경의 변화로 농경시대 자급자족하던 생산과 소비, 교육, 오락, 종교적 기능 등이 대폭 축소되었다. 무엇보다 소(小)가족화와 맞벌이 증가, 이혼율 증가 등에 따른 가족의 돌봄기능 약화로 어린 자녀와 노인, 장애를 가진 가족원에 대한 보호를 사회와 국가가 나누어야 한다는 제도적 필요성이 제기되어왔다. 가족이 일터와 분리되면서 가족의 생산기능은 쇠퇴했지만 소비기능은 늘었다. 과거에 비해 높아진 가족기능은 가족의 정서적 유대기능과 여가기능이다. 결혼이 부부의 사랑과 성을 중심으로 유지되면서 부부간의 친밀감과 애정의 기능이 중요시되고 있다.

4) 가족가치관의 변화

산업화의 진행과 함께 직업 중심의 잦은 지리적 이동, 개인주의 확산, 변화하는 경제환경, 자유로운 선택 보장 등은 결혼과 가족에 대한 가치관을 빠르게 변화시켰다. 결혼과 가족에 대한 가치관이 변화하면서 혼인율은 지속적으로 감소하고 있는 반면 이혼율은 고공행진을 계속하고 있는데, 이러한 저혼인, 고이혼 현상은 '결혼을 꼭 해야 한다'는 인식과 '이혼은 절대 하면 안 된다'는 인식이 모두 낮아지고 있는 것과 관련이 깊다. 또한 혼전동거나 독신, 국제결혼에 대한 수용성도 높아졌으며, 결혼하면 반드시 자녀를 가져야 한다는 과거의 의식과 달리 자발적 무자녀가족을 선택하는 사람도 증가하고 있는 추세이다. 노부모부양에 대해서는 장남이나 가족이 부양해야 한다는 의식이 낮아지고, 사회나 국가와 함께 부양해야 한다는 의식이 높아지고 있다.

5) 혼인구조의 불안정성

가족의 다양화의 또 다른 배경으로 혼인의 감소와 이혼의 증가 현상을 들 수 있다. 이는 점점 더 많은 여성들이 결혼제도에 들어가는 것을 기피할 뿐만 아니라 이혼 제기도 늘고 있기 때문이다. 결혼과 이혼은 가치관의 변화뿐만 아니라 경제적 요인의 영향을 민감하게 받는 사회현상 중 하나이다.

혼인저하의 현상 뒤에는 젊은 세대의 고용 불안정과 교육기간의 연장, 결혼과 가족에 대한 가치관의 변화 등의 요인들이 복합적으로 연결되어 있다. 미혼자들은 부모와 함께 거주하기도 하나 독립하여 독신가구를 이루거나, 제도적인 결혼의 대안으로서 동거양식을 선택하기도 한다. 통계청(2005)의 자료에 따르면, 우리나라 25~29세 연령대의 미혼율은 남성 82%, 여성 59%에 이른다. 이는 2000년의 남성 71%, 여성 40%에 비해 5년간 크게 증가한 수치이다. 30~34세 연령대에서도 남성 41%, 여성 19%가 미혼으로 나타나, 20대 후반과 30대 초반에서의 미혼율이 매우 높은 수준임을 알 수 있다.

한편 지난 30여 년간 우리나라의 조이혼율[2)]은 1970년 0.4에서 2003년 3.5에 이르기까지 꾸준히 증가하다가, 2003년을 정점으로 다소 감소하여 2007년 2.5를 기록하고 있다. 이혼의 급증은 경제발전 또는 경제위기, 여성의 경제력 증가, 가치관의 변화, 결혼과 가족에 대한 성별간의 인식 차이 등의 요인들에 기인한 것으로 알려져 있다.

평균이혼연령은 남성 43.2세, 여성 29.5세이며, 이혼자 중 약 72%를 30대와 40대가 차지한다. 고령화 역시 이혼율의 증가에 영향을 미친다. 현재 20년 이상 함께 사는 부부의 이혼율이 급증하고 있는데, 이는 결혼지속기간이 길어질수록 결혼만족도가 떨어지고 외도 등의 결혼 위험요소가 증가하기 때문이다. 이혼의 증가는 필연적으로 이혼 후 혼자 살게 되는 독신가구, 자녀를 양육하게 된 한부모가족, 이혼 후에 재혼을 하게 됨으로써 형성되는 혼합가족(재혼가족) 등 다양한 가족형태의 증가에 영향을 미치게 되었다.

많은 연구자들이 이혼도 결혼과 마찬가지로 성별화된 경험(gendered experience)이라는 점에 동의한다(이재경, 2002; 한경혜 · 이정아, 2002; 전영주; 2006). 여성은 남성에 비해 복합적인 결혼불만을 가지며 이혼을 먼저 제기하는 경향이 있다. 여성은 이혼의 원인을 관계에 돌리는 경향이 있는 반면, 남성은 본인 내적 원인이나 외부요인(경제적 문제, 폭력 등)으로 돌리는 경향이 있다. 이혼한 남성들은 종종 본인이 왜 이혼을 했는지조차 정확히 모른다는 결과는 국내외 연구의 일치된 지적이다(전영주, 2006; Kitson, 1994).

2) 조이혼율(crude divorce rate): 1년간 신고된 총 이혼건수를 당해 연도의 연앙인구로 나누어 1,000분율로 나타낸 것

3. 가족의 다양화와 젠더 이슈

2000년대 이래 가장 큰 폭으로 증가한 가구형태는 독신가구이다. 그 외에 비친족가구, 조손가구, 1세대가구(무자녀가족, 노인부부가족 등), 한부모가족 등도 증가하고 있는 가족 유형이다. 반면 부부와 자녀로 이루어진 2세대 핵가족과 3세대 이상의 확대가족은 감소하였다. 이는 한국 가족이 빠르게 다양한 형태로 재구성되고 있음을 보여주는 것이다. 이러한 가족재구성이 근대 핵가족의 연장인지, 새로운 탈근대적 가족인지에 대해서는 여전히 논의 중이다. 이 장에서는 최근의 자료를 중심으로 우리나라의 다양한 가족형태를 살펴보고자 하며, 젠더의 관점에서 혼인관계의 다양화, 부모-자녀관계의 다양화, 나 홀로 가구의 증가 등을 중심으로 다양한 유형의 가족에 대해 고찰하고자 한다.

1) 커플관계의 다양화

(1) 무자녀커플가족

'무자녀'는 의식적으로 무자녀를 선택하거나 그렇지 않은 경우라도 상황적인 측면에서 적극적으로 임신의 노력을 기울이지 않거나 신체적인 이유로 임신이 되지 않은 경우이다(이동원 외, 2006). 일반적으로 무자녀가족은 그 형성 동기에 따라 크게 자발적 무자녀가족과 비자발적 무자녀가족 유형으로 나누고 있다. 자발적 무자녀가족은 부부의 합의에 의해 자발적으로 또는 상황적 고려하에 자녀를 갖지 않기로 결정하고 자녀 없이 부부로만 구성된 가족이다(김상수, 2006; 이동원 외, 2006). 이와 달리 비자발적 무자녀가족은 신체적 혹은 생리적 이유로, 배우자와 동거하면서 피임을 하지 않고 정상적인 부부관계를 가진 상태에서 12개월 이내에 임신이 되지 않거나 임신은 가능해도 생존아를 출산하기 어려운 부부가족으로, 불임의 원인을 명확히 모르는 경우도 있다.

무자녀로 사는 가장 큰 매력은 독립성, 생활의 자유로움, 자율성 증가, 다양한 사회참여 기회의 확대, 경제적 여유, 배우자와의 친밀성 증가 등이다. 특히 자녀 양육기에 경험하는 시간과 신체적 소모 없이 조용하고 평화로운 생활을 하는 즐거움이 있다. 대부분의 경우 모성과 같은 돌봄노동은 희생과 책임이 필요하지만 무자녀를 선택하면 여기에서 해방되어 독립적으로 자신이 하고 싶은 활동을 하며 지낼 수 있다는 장점이 있다. 뿐만 아니라 자녀양육에 들어가는 경제적 부담을 덜고 보다 많은 여가활동과 자기개발에 경제적 자원을 사용할 수 있다는 것이다(Kelly, 2009). 또한 무자녀 결정이 배우자의 충분한 이해 속에서 이루어졌을 경우 부부관계에 집중할 수 있어 부부의 친밀성이 높아지고 동반자로서 확고한 위치를 가지는 경우가 많다(Gillespie, 2003).

그럼에도 불구하고 이들에게 주어지는 사회적 비난과 고립 등의 손실도 존재한다. 이들이 경험하는 손실은 자녀양육의 기회와 여기서 파생된 부모역할의 성취감, 자녀와의 신체적, 정서적 상호작용, 사회적 재생산의 의무 수행에서 오는 소속감 등 개인적인 경험을 상실하는 것이다. 무엇보다 자녀양육의 개인적인 면을 고려해 보면 무자녀부부는 전통적인 가족생활이 주는 자녀와의 신체적, 정서적 상호작용을 경험하지 못하는 손실이 크다.

(2) 재혼커플가족

평생 결혼을 한 번만 해야 한다는 생각이 바뀌고 있다. 이미 한 번 또는 그 이상 결혼하여 가정을 이룬 남성이나 여성이 이혼이나 사별 후 다른 배우자와 새롭게 구성한 재혼가족이 늘고 있다. 최근의 재혼 추세를 보면 '남녀 모두 재혼'인 형태가 가장 높은 비율이고, 다음으로 '초혼남성+재혼여성', 마지막으로 '재혼남성+초혼여성'의 순으로 나타나고 있다. 여기서 주목할 것은 '남자초혼+여자재혼' 커플이 빠른 속도로 증가하여 '남자재혼+여자초혼' 커플보다 더 높은 비율을 보이고 있다는 점이다. 이것은 여권신장, 정절 이데올로기의 쇠퇴, 여성 주도성의 사회적 수용 등을 반영하는 현상이라 할 수 있다.

지난 이십여 년 간 전체 혼인 구성비 중 초혼비율은 감소하고 있는 반면 재혼비율은 지속적으로 증가해왔다. 특히 여성의 재혼이 크게 늘었다. 재혼이 증가하는 구조적인 이유는 이혼의 증가에 있지만, 사회적으로 여성의 정절 이데올로기가 쇠퇴하고 개방적 가족관 및 개인주의 성윤리의 확산 때문이기도 하다. 현재 전체 혼인의 약 1/4 정도가 재혼이지만, 사실혼 형태의 재혼커플까지 포함한다면 재혼가족은 행정자료에서 나타난 것보다 훨씬 많을 것으로 추정된다(이동원 외, 2001).

한 결혼정보회사에 등록된 남녀의 만남을 분석한 보고서에 따르면, 다른 집단에 비해 초혼남성과 만나는 재혼여성이나 초혼여성과 만나는 재혼남성은 평균재산이 많은 것으로 나타났다(한국결혼문화연구소, 2008). 초혼남성과 만나는 재혼여성들 중 출산 경험이 있는 경우는 5%에 불과하였으나, 초혼여성과 만나는 재혼남성은 22%가 자녀가 있었다. 주목할 점은 재혼시장에서도 여성과 남성의 파트너에 대한 조건에 성차가 존재한다는 점이다. 여성은 남성의 경제력을 가장 중시하는 데 반해, 남성은 여성의 외모를 중시하는 점에서 초혼에서의 배우자 선택 조건과 크게 다르지 않은 듯하다(결혼문화연구소, 2008).

재혼가족의 어려움은 재혼의 이혼율이 초혼의 이혼율보다 높다는 데서도 잘 나타난다. 재혼자들이 재혼준비 없이 또 다른 결혼생활을 시작했다가 적응에 실패하기 때문이다. 재혼가족은 초혼가족과 다른 복잡성을 갖는다. 부부관계보다 부모자녀관계가 먼저 형성되므로 경계의 문제와 전혼자녀에 대한 역할수행 등의 어려움이 있을 수 있다. 자녀의 경우 계부모와 친부모 사이의 충성심 갈등이나 형제자매간의 경쟁을 경험할 수 있다. 재혼에 앞서 예상되는 어려움에 대해 충분히 교육과 상담을 받을 필요가 있다. 또한 재혼부부는 부모역할이나 가계재정 등에 대해 서로 충분히 협의하고 소통하는 자세를 유지하며, 서두르지 말고 가족 간의 신뢰와 소속감을 쌓아나가야 한다.

(3) 국제결혼커플가족

우리 사회의 결혼은 오랜 기간 동안 동일 국적의 민족내혼이었다. 그러나 세계화의 흐름과 함께 1990년대 중반 이후부터 한국 내 국제결혼 사례가 급증하였고, 특히 한국인 남성이 결혼이주여성과 혼인해 형성한 다문화가족의 비중이 전체 국제결혼의 다수를 차지하고 있다. 이 유형의 가족은 우리나라보다 경제력이 낮은 국가 출신의 여성들이 국제결혼중개인을 통해 한국인 남성과 결혼하여 한국에 이주, 정착하여 형성되는 경우가 많다.

결혼이주여성 가족의 부부관계의 특징으로 부부간 결혼의 동기가 다르고, 결혼 전 만남이 짧으며, 결혼의 도구적 성격이 강하며, 대부분 결혼중개업체를 통해 결혼이 성사되며, 부부 간의 나이 차이가 많은 점 등을 들 수 있다(한재희, 2014). 가부장적인 한국인 남편은 현모양처를 기대하며 어린 신부를 맞지만, 외국인 아내는 돈을 벌어 친정에 보내고 한국문화에 대한 환상을 가지고 있어, 결혼 후 한국 사회에 적응하는 과정에서 부부관계의 어려움, 확대가족과의 갈등, 경제적 어려움, 자녀양육과 교육문제, 취업에 대한 갈등, 합법적 체류문제, 의료 및 복지체계 결여 등 광범위한 어려움에 직면한다. 이러한 문제들은 복합적으로 나타나는데 저변에는 한국 가족의 뿌리 깊은 가부장적 의식, 부부 간 세대차이 및 계급관계 형성 등의 문제가 내재되어 있다.

결혼이주여성 가족은 문화충돌로 인한 혼란과 갈등을 겪기도 하지만, 부부가 양쪽 문화를 잘 수용한다면 풍부한 문화적 자산이 가족과 사회에 큰 자원이 될 수 있다. 국가와 사회가 이러한 가족에 대한 지원체계를 촘촘히 구축해 나가야 하며, 다문화가족의 아동들이 차별받지 않고 우리 사회에 통합되어 기여할 수 있도록 교육, 취업영역뿐만 아니라 전반적인 사회구성원들의 다문화민감성을 높여 나가야 한다.

결혼이민자가족이 늘어나는 가장 큰 이유는 세계화, 즉 자본과 상품, 그리고 인력이동이 활발해지며 노동력의 이동이 경제적으로 낙후된 지역에서 발전한 지역으로 이동하고 있기 때문이다. 특히 아시아 지역의 인적이동은 '이주의 여성화' 특징을 보이고 있는데 후진국 여성이주자들이 선진국 남성에게 서비스를 제공하는 '성별화된 계급'으로 인력이동이 이루어지고 있다(한건수, 2006). 우리나라의 경우, 한국인 남성과 외국인 여성의 결혼은 심각한 농어촌 청년들의 결혼문제 해결책으로 시작되었다(한건수, 2006). 처음에는 농촌의 영농후계자와 중국연변 처녀들과의 '민족내혼'이었지만 국제결혼중개업체의 등장으로 국제결혼 대상국이 필리핀, 베트남, 몽골, 태국 등으로 다변화되고 있다(신영화, 2002; 한건수, 2006).

김경신(2006)은 결혼이민자 가족지원센터의 주요 가족지원 프로그램들을 살펴본 결과, 다문화가족을 위해 실행되고 있는 대부분의 우리나라의 지원정책 및 실천프로그램들이 결혼이민자 여성들을 '한국화'시키는 데 비중을 둔 동화주의 지향이 강하다고 보고하였다. 그들의 문화적 다양성을 존중하고 우리 사회의 자원으로 활용하려면 동화주의보다 다문화주의 정책 및 서비스를 확충할 필요가 있다. 또한 다문화교육의 대상자는 결혼이민자 여성만이 아니라 남편과 시어머니 등 가족 전체로 확대·적용해야 한다.

(4) 비동거커플가족

부부는 반드시 함께 살아야 하는가? 비동거커플가족(또는 분거가족)은 가족원들이 취업활동이나 자녀교육 등 여러 이유로 같은 공간에서 생활하지 못하고 떨어져 생활하는 가족형태이다. 비동거 사유에 따라 직업적 목적이나 자녀교육 목적으로 인한 비동거가족 유형으로 나누기도 하고, 거주장소에 따라 국내 또는 해외 비동거가족으로 나누기도 한다. 2016년 기준 맞벌이가구 중 비동거가구는 58만 가구로 꾸준히 증가하고 있다(통계청, 2016).

비동거가족의 남편과 아내는 모두 직업과 가정 일을 각자 처리해야 하므로 이중부담을 경험하는 반면 역할갈등은 심각하지 않다. 비동거가족의 가사처리양식은 전체의 반 정도가 시간제 가사도우미의 도움을 받으며, 이러한 조력자가 없는 경우에는 친정부모나 시부모와 동거하기도 한다. 특히 남편은 의식주 처리가 미흡한 편이며, 가사처리에 대한 조력자의 의존도가 크다.

비동거가족은 일반가정에 비해 배우자 각자 동등하게 직업생활을 추구한다는 점과 독립성 및 자율성의 획득이라는 장점이 있다. 그러나 어려운 점도 적지 않다. 첫째, 재정관리 면에서 주거비용, 가정관리비용, 통신비, 교통비, 대리양육비 등 비동거 여건으로 인한 지출이 많다. 둘째, 동거가족에 비해 친밀감 형성이나 정서적 지지가 부족하며 외로움이나 소외감을 느낄 수 있다. 셋째, 비동거부모는 부모역할 갈등과 양육죄책감을 경험할 수 있으며, 자녀들도 부모와의 관계 불균형 및 부모로부터 충분한 보호를 받기 어려울 수 있다.

한편 '분리동거(LAT: living apart together)'의 한 형태인 기러기가족은 주로 자녀의 조기유학을 목적으로 1990년대부터 출현하여 현재 한국 가족형태의 하나로 자리잡게 되었다. 기러기가족의 특징은 다음과 같다. 첫째, 주말부부나 월말부부에 비해 상대적으로 더 오랜 기간 떨어져 사는 장기분거이며 국내와 국외로 대륙을 달리한다는 특징을 갖는다(최양숙, 2006). 둘째, 분거의 주요 원인은 부부불화나 생계형보다 자녀교육이 목적인 특징을 갖는다. 셋째, 기러기가족은 '영어가 되는 엄마'와 '돈 있는 아빠'의 전략적 조합이 기본구도인 자녀중심의 부부라는 특징을 가진다(조은, 2004).

기러기부부의 분거동기는 첫째, 자녀의 생존과 성공을 위한 자녀교육에 있다. 둘째, 자년의 영어습득의 동기로, 국내에 거주하며 외국어를 습득하는 것은 시간과 비용, 노력에 비해 효과가 크지 않기 때문에 생활환경을 외국으로 옮긴다. 셋째, 부부의 성별에 따라 차이가 있는 분거동기로 기러기아빠의 경우 자녀의 과열경쟁 탈피욕구, 기러기엄마의 경우 자녀의 질병치료로 한국 탈피를 결행하게 된다(최양숙, 2006).

분거생활 경험은 성별에 따라 다르다. 국내에 남은 기러기아빠는 불가피한 독거생활을 유지하기 위해 '취미생활', '운동', '일에 몰두', '종교생활' 등 다양한 활동에 몰두한다. 이들은 대부분 재정적으로 긴축생활을 하고 있지만 처자가 만족하므로 자신도 현재 생활에 만족하려고 노력한다. 그러나 분거 이후 이성과의 접촉이 늘고 대화상대로서의 여성에 대한 필요성 등 성적 욕구와 정서적 욕구가 충족되지 않는 문제가 있다(엄명용, 2002).

반면, 기러기엄마는 자녀와 함께 생활하지만 합법적인 거주를 유지하기 위해 학업을 유지하거나 자녀의 과외활동을 돕기 위해 바쁜 생활을 한다. 기러기엄마의 대처전략은 '혼자 조용히 지내기', '국내 친척에게 하소연하기', '영어 배우기', '골프', '쇼핑' 등으로 나타난다(최양숙, 2006). 장기간의 부부분거는 다양한 결과로 나타나는데, 일반적으로 네 가지 유형으로 나눌 수 있다. 첫째, 부부가 만족해하는 '만족형', 둘째, 분거의 장단점을 수용하고 적응해가는 '균형 유지형', 셋째, 어쩔 수 없이 분거를 유지해야 하는 '불균형 유지형', 넷째, 결혼관계의 종결로 이어지는 '가족 해체형' 등이다(최양숙, 2006).

(5) 성소수자커플가족(동성애가족)

성소수자 또는 동성애가족은 동성의 커플로 구성되거나 동성애커플과 자녀로 이루어진 가족형태이다(최선화 외, 2018). 동성애가족의 자녀는 인공수정을 통한 생물학적 자녀이거나 입양을 통해 얻어진다. 우리 사회에서 성소수자인 동성애에 대한 논의가 시작된 것은 1990년대 이후이며, 남성끼리 또는 여성끼리 결혼하는 동성애커플에 대한 일반적인 시선은 아직 수용적이지 않다. 이성 간의 성적 결합으로 종족보존이 가능하다는 점에서 동성애는 비정상이며 정신적·심리적으로 건강하지 않은 상태로 인식되기도 한다. 그러나 성소수자들은 동성애는 타고나는 것이라고 주장하며, 성소수자도 행복할 권리를 인정해달라고 호소한다. 다수의 성소수자들은 이성혼에 대한 압력 및 불안정한 교제관계에 대한 스트레스를 경험한다.

한국 사회에서 커밍아웃 전의 성소수자는 이성혼에 대한 원가족의 압박을 피해 가능한 원가족과 떨어져 지내는 삶의 방식을 택한다. 부모님의 압력으로 이성과 결혼을 하거나 위장결혼을 하는 경우도 있지만, 커밍아웃 후에는 부부로서의 정체성을 갖기 위해 결혼식을 올리거나 부부관계를 인정받기 위해 노력한다.

자녀가 성소수자임을 알게 된 부모의 반응은 충격, 부정, 죄책감, 감정표출, 결단, 수용 등 6단계를 거치게 된다(Sauerman, 1995; 김진이, 2016에서 재인용). 부모는 성소수자 자녀를 거부하거나 비수용적 태도를 보이는 경향이 높고, '가문의 수치'로 여기기도 한다. 국가인권위원회(2015)에 의하면 한국 성소수자의 82%가 가족에게 커밍아웃을 하지 않았다고 하였으며, 커밍아웃 시 아버지의 4.7%, 어머니의 11.1%만이 자녀에게 수용적 반응을 보였다고 한다. 다수의 부모는 성소수자 자녀를 강제출가시키거나 자녀 스스로 가출하기도 한다(김진이, 2016).

성소수자커플은 아직까지 제도적 혼인이 불가하기 때문에 동거커플로서 인공수정이나 입양을 통해 가족을 이룬다. 성소수자커플에게는 이성애커플과 달리 '남성=생계부양자, 아내=양육 및 가사노동전담자'라는 성역할 기대의 공식이 존재하지 않는다. 따라서 성소수자커플은 다양한 영역에서 협상을 통해 실용주의적인 가족생활 실천을 하는 편이다. 이러한 이유로 커플의 본질적 역동을 연구하는 연구자들의 주목을 받기도 한다. 외국의 경우 인공수정이나 입양을 통해 자녀를 출산, 양육하는 경우도 적지 않아 이러한 삶의 방식에 대한 논의가 필요할 것이다.

2) 부모됨의 다양화

(1) 한부모가족

한부모가족은 만 18세 미만의 미성년자녀가 한쪽 부모와 거주하는 가족 유형으로 이혼, 별거, 배우자의 사망, 미혼모·부 등의 다양한 이유로 형성된다. 1990년대 중반 이후 이혼이 증가하면서 일시적 또는 영구적 형태의 한부모가족이 증가하고 있는데, 많은 한부모가족이 생계부양과 육아의 역할 과부하 외에 정서적 어려움, 사회적 편견 등의 어려움을 경험한다. 전통적 관점에서 볼 때 모자가족은 경제적 부양자를, 부자가족은 양육자와 보호자를 상실한 것으로 인식되고 있다.

대다수 모자가족의 어머니는 생계부양에 전념하면서 자녀를 제대로 돌보지 못한다는 죄책감을 경험하거나 소진으로 인한 감정적 양육태도를 보이기도 한다. 간혹 헤어진 배우자에 대한 감정을 자녀에게 투사하여 부정적 감정을 나타내거나, 자녀에게 배우자 역할을 기대하기도 한다. 자녀 입장에서는 부의 부재로 인한 감독 부족, 동일시 대상의 상실, 사회적 편견에서 오는 열등감 등을 경험할 수 있다. 한편 부자가족의 경우, 아버지들의 공감능력과 유연성 부족으로 자녀와의 의사소통 및 정서적 교류가 부족할 수 있고, 양육 네트워크 결여로 인해 자녀양육 정보가 제한적일 수 있다. 가사문제가 겹칠 경우 자녀양육에 필요한 적절한 의식주 생활이 이루어지지 않아 자녀의 건강한 발달에 저해요인이 될 수 있다(김정옥 외, 2015).

미혼모가족은 '혼전에 출산을 한 미혼모와 그 아동으로 구성된 미혼모자가족'으로 한부모가족의 한 유형이다. 최근 자발적 미혼모의 증가로 결혼을 거부하거나 선택의 문제로 보는 여성을 위한 '비혼모'라는 용어가 사용되기도 하며, 양육 미혼부 증가로 '미혼 한부모가족'이라는 용어가 사용되기도 한다. 현재 미혼모가족은 증가추세로, 통계청 자료에 의하면 미혼모가족은 1995년 90,986가구에서 2015년 193,113가구로 지속적으로 증가하고 있다(한국정책연구원 성인지통계 https://gsis.kwdi.re.kr/gsis/kr/tblInfo/TblInfoList.html, 검색일 2017.8.17).

미혼모들은 출산 이후에 자녀양육을 결정한 후 가장 힘든 사항으로 '경제적인 부분(67.5%)'와 '가족과의 힘든 관계(15.0%)'를 지적한다(정용순, 2003). 미혼모들이 '갑자기 돈이 필요'하거나 '자녀에게 위급상황'이 생겼을 때 도움을 요청하는 대상도 과반수는 부모나 형제자매로 응답하고 있어서 물질적 지원은 여전히 가족에게 의존하는 한편, 이야기 상대가 필요하거나 어려움을 말하는 정서적 지원은 주로 친구로부터 받는 것으로 응답하고 있다(김혜영, 2010).

결혼으로 이어지지 않는 미혼부와의 관계가 이미 단절된 경우가 과반수가 넘는데, 이들에 대한 분노와 배신감 등 감정정리가 해결되지 않은 상태에서 생활하는 경우가 많아 미혼모들은 경제적 어려움 외에도 정서적 어려움 속에서 자녀양육을 하게 된다. 미혼모들의 80% 이상은 미혼부에게 출산 및 양육 사실을 통지했으며 이들에게 기대하는 아버지 역할로 자녀양육비 지급을 제시했지만 실제 미혼부에게 양육비를 받고 있는 경우는 4.7%에 불과한 것으로 나타났다(김혜영, 2010).

(2) 조손가족

저출산으로 전체 아동 수는 줄고 있음에도 불구하고, 이혼율 증가와 경제난으로 인해 조부모가 부모를 대신하여 18세 이하 손자녀를 키우는 조손가족이 오히려 증가하고 있다. 전체 아동 비율 중 조부모와 살고 있는 미성년자는 0.4%이며, 이 중 도시지역은 0.3%, 농촌지역은 1.1%가 조부모와 살고 있다.[3] 과거에는 조손가족이 형성되는 이유가 주로 부모 사망으로 인한 경우가 많았다면, 지금은 부모가 생존해 있어도 사회경제적 이유에 의해 가족이 해체되어 발생하는 경우가 많다. 여성가족부가 조사한 조손가족실태조사(2010)에 따르면 조손가족 형성 이유로 부모의 이혼 및 재혼이 53.2%로 가장 높게 나타났고 다음은 부모의 가출 및 실종(14.7%), 부모의 질병 및 사망(11.4%), 부모의 실직 및 파산(7.6%) 등으로 나타나 우리 사회의 높은 이혼율을 방증하고 있다(최선화 외, 2018에서 재인용).

어떤 원인에 의해 조손가족이 되었든 조손가족의 아동은 시설아동에 비해 부모와 분리된 느낌을 덜 받는다. 가족의 일원인 조부모의 양육에 의해 친밀감과 유대감 속에 정서적으로 안정된 상태에서 생활하기 때문에 손자녀의 사회적 적응력도 개선되는 것으로 나타났다.

그러나 조손가족의 노인들은 만성질병과 열악한 사회적 환경 속에 손자녀를

3) 미국에서는 최근 30년간 조손가족이 급격히 증가하여 200만 명 이상의 아동이 부모 대신 조부모와 거주하고 있다. 백인 아동의 4%, 히스패닉 아동의 6%, 흑인 아동의 12% 이상이 조부모와 함께 살고 있다(정일선, 2006).

양육해야 하는 부담을 지고 있어 어려움이 적지 않다. 특히 농촌조손가족의 여성노인은 '농촌'이라는 지역적 특수성과 '가족해체'라는 가족적 특성, '노인'이자 '여성'이라는 개인적 특수성이 결합된 복합적 양상을 보인다. 농촌, 노인, 여성이라는 삼중고의 소외집단이면서 손주에 대한 양육 스트레스, 양육비 및 교육비 부담, 만성질병, 낮은 학력과 소득, 세대 간의 의사소통 부족, 사회적 지원의 미비 등 복합적인 어려움에 노출되어 있는 상태이다(정일선, 2006).

손자녀를 양육하는 여성노인의 문제는 '노인문제'인 동시에 '여성문제'로서 다루어져야 한다. 조손가정의 문제는 여성이 전생애에 걸쳐 경험하는 성차별이 노년기에 축적된 상태로 나타나는 것이며, 이들에게는 경제적 지원뿐만 아니라 정서적 지원을 포함한 포괄적인 지원 대책이 필요하다(정일선, 2006). 손자녀를 보살피는 노인에 대한 경로연금과 경로우대 등의 사회보험 및 재가노인복지 서비스 방안이 확대되어야 하며, 아동에 대한 후원자 연결, 공부방/공부지도, 생활문제 상담 프로그램 등 다양한 복지서비스 프로그램 마련이 시급하다.

(3) 입양가족

입양은 생물학적 과정이 아닌 법적·사회적 관계에 의해 친자관계를 맺은 가족형태이다. 친부모의 사망이나 이혼, 수감, 빈곤 등 다양한 이유로 아동이 친부모의 양육과 보호를 받지 못하는 경우, 법적 절차를 통해 타인에게 양육의 권리와 의무가 영구적으로 이행되어 합법적인 입양가족이 형성된다. 입양의 유형은 친족입양 대 비친족입양, 독립입양 대 기관입양, 공개입양 대 비밀입양 등으로 나누기도 한다.

조상숭배와 가계계승이라는 전통적 가족제도의 영향으로 과거에는 공개입양보다 부모중심의 비밀입양이 주를 이루었지만, 최근으로 올수록 아동의 욕구를 충족하는 데 중심을 둔 아동중심 입양이 강조되면서 공개입양이 늘고 있다. 2000년대 들어서 국내입양과 국외입양 모두 감소하는 추세인 반면, 가정위탁은 꾸준히 증가하고 있다. 국내입양의 초창기에는 가계계승을 목적으로 한 남아입양이 여아입양보다 높았으나, 1990년대부터는 여아비율이 더 높은 증가세를 보이고 있다. 2005년 기준으로 성별에 따른 국내입양현황을 보면 남아 33%, 여아 67%로 여아의 국내입양비율이 압도적으로 높다. 또한 2006년 기준, 유자녀가정의 입양은 482명인 반면 무자녀가정의 입양은 850명으로 친자녀가 없는 부부의 입양이 월등히 많다.

우리나라는 한국전쟁 이후 사회 혼란기에 발생한 전쟁고아, 혼혈아, 기아들의 해외입양이 오랫동안 성행하였으며, 이로 인해 '고아 수출국'이라는 오명도 따라다녔다. 입양 초기에는 기아로 인한 입양비율이 높았지만, 현재는 미혼모의 자녀가 입양아의 90% 이상을 차지하고 있다.

입양가족 안에서 양부모와 양자는 정서적 유대와 친밀감을 공유하며, 소속감과 사회적 인정을 받는다. 입양가족은 아동의 복지를 위해 선택된 가족 유형으로 아동을 위한 안전과 보호, 정서적 소속감을 제공할 수 있다는 데 매우 큰 장점을 갖는다. 반면 입양가족의 어려움으로는 입양아의 경우 원가족 분리에서 오는 애착문제, 친부모와 양부모 사이의 갈등, 유전학적 당혹감 등을 경험할 수 있으며, 입양부모의 경우 부모역할에 대한 불안감, 생물학적 연결성이 없는 데서 오는 불안감, 아동이 친부모에게 돌아가지 않을까 하는 두려움 등을 경험할 수 있다.

입양은 여성의 문제이자 아동의 문제이다. 많은 입양이 아버지 부재상태에서 어머니에 의해 결정된다. 친부모가 양육할 수 없는 아동에게 안정적인 가정 분위기를 제공함으로써 아동의 복지를 증진할 수 있는 환경을 마련하는 것이기에 저출산 시대에 입양가족의 의미는 더 크다고 하겠다. 입양아의 정체성과 관련하여 입양 전에 가족들 간의 충분한 사전 동의가 필요하며, 입양을 하는 부모는 반드시 사전 부모교육과 정기적인 재교육을 받도록 해야 한다. 입양가족의 자조모임을 활성화함으로써 입양가족이 자신감을 갖고 입양아의 정체성 문제를 다룰 수 있도록 도와야 하며, 아동의 권리와 최선의 이익을 기준으로 행동해야 한다. 파양은 원칙적으로 불허해야 하며, 현행 간단한 파양수속제도를 개선하여 입양아에게 치명적인 상처를 줄 수 있는 파양을 엄격히 제한해야 한다.

(4) 그룹홈가족

그룹홈은 가정의 보호가 필요한 요보호아동 및 청소년을 위한 일반가정과 유사한 규모의 거주시설로, 아동보호와 양육이 목적인 대안가족의 한 형태로서 비혈연 가족생활공동체라고 할 수 있다. 생물학적 혈연관계를 가진 이성애 부모의 보살핌을 가정하는 전통적인 '정상가족' 형태와는 다르지만, 아픔이 있는 아동과 청소년에게 안전한 생활공간과 치유의 장이 되는 대안적 가족이라고 하겠다.

그룹홈은 요보호아동에게 단순히 거주와 생활의 공간만 제공해 주는 것이 아니라 대리부모와의 관계를 통해 정서적 회복과 사회적 적응을 도와준다. 대리부모가 아동에게 안정감과 애착을 적절하게 제공하는 경우 '심리적 부모'로서 아동의 건강한 성장과 발달에 도움이 줄 수 있다. 또한 그룹홈은 다양한 연령층의 또래들로 구성되므로 비혈연 형제자매관계 속에서 서로 경쟁도 하고 돌보아주기도 하면서 역동적 상호작용을 경험할 수 있다.

그룹홈 아동들이 어쩔 수 없이 원가족과 분리되어 있지만, 대리부모는 아동이 지속적으로 친부모와 만남을 유지해 자존감과 정체성을 유지할 수 있도록 돕고, 장기적으로 원가족 회복 후 가족 재결합이 가능할 수 있도록 노력한다. 그룹홈 대리부모의 경우 독신이 아닌 자신의 가족생활을 유지하는 데 어려움을 갖기 쉬우며, 폭력적이거나 특수한 욕구를 가진 아동들을 지속적으로 돌보는 과정에서 좌절감, 회의 등 소진을 경험할 수 있다.

(5) 펫밀리(Petmily, 반려동물가족)

부모됨에는 돌봄이 필요한 어린 대상에게 애정을 주고자 하는 욕구가 있다. 그런데 자녀는 반드시 '사람'이어야만 하는가? 펫밀리는 반려동물을 의미하는 'pet'

과 가족을 의미하는 'family'의 합성어로, 반려동물이 단순한 애완동물을 넘어 가족의 일원으로 여기는 사람들을 지칭한다. 사람에게 즐거움을 주기 위해 기르는 애완동물이 아닌 사람과 더불어 살아가며 심리적으로 안정감과 친밀감을 나누는 가족과 같은 존재라는 의미에서 '반려동물'이라고 칭한다. 이는 가족은 2인 이상의 인간으로 구성되어야 한다는 기존 개념을 벗어나는 것으로, 사람이 아닌 개나 고양이 등을 가족원의 범주로 포함하는 추세가 확산되고 있다.

고령인구와 1인가구의 증가도 펫밀리 현상과 맞닿아 있으며, 무자녀부부가 자녀 대신 반려동물을 돌보는 현상도 적지 않다. 김정희(2017)는 반려동물을 키우는 사람들은 반려동물과의 신체접촉을 통해 위안과 우정, 교감, 정서적 안정을 경험하며, 우울, 외로움 감소와 주관적 행복감의 증가를 경험한다고 하였다(최선화 외, 2018에서 재인용).

그러나 반려동물에 대한 지나친 관심과 애정으로 말미암아 가족에게는 소홀해져 가족갈등이 일어나기도 하며, 반려동물 돌봄을 둘러싸고 가족원들 간에 다툼이 일어나기도 한다. 또한 반려동물이 사망했을 때 슬픔과 상실감으로 심각한 펫로스(pet loss)증후군을 경험하기도 한다. 뿐만 아니라 반려동물에 대한 이해부족으로 인한 이웃 간 갈등, 유기동물의 증가 등도 풀어야 할 과제이다.

3) 나 홀로 가구의 증가

'독신'이란 통상 '배우자가 없는 사람'을 의미하지만 행정적으로 '성인이 홀로 거주하는 1인가구'를 의미한다(장현숙, 2002). 독신가구(single household)는 전체 가구 유형 중 가장 빨리 증가하고 있는 형태로, 우리나라 4가구 중 1가구 이상이 독신가구이며, 2035년경에는 전체 가구 중 1/3을 차지할 것으로 예상되고 있다. 엄밀하게 독신가구는 '가족'의 형태는 아니지만, 엄연히 하나의 생활양식이자 문화로 자리잡아가고 있다. 통계청 장래가구추계에서도 가족의 핵화 진행으로 독신가구는 앞으로도 지속적으로 증가할 것으로 전망하고 있다.

독신가구의 증가 요인으로는 개인주의 확산, 인구 구조의 변화, 취업의 어려움, 경제적 불안정성, 독립과 삶의 여유에 대한 욕구 등이 꼽히고 있다. 청년들의 취업의 어려움과 결혼관의 변화로 초혼 시기가 늦어지고, 이혼이나 기러기가족 등의 이유로 혼자 사는 장년이 늘고 있으며, 고령층 인구의 증가로 배우자 사별 후 혼자 사는 노인이 늘어나고 있기 때문이다. 이러한 요인의 배경에는 점점 많은 사람들이 결혼의 당위성이나 제도적 가족에 대해 회의를 갖기 때문인 것으로 보인다.

통계청의 '인구주택총조사'에 따르면 2018년 기준 1인가구의 성별 구성은 남성 291만 가구, 여성 294만 가구로 성별 간 차이가 크지 않다. 연령별로 보면 30~40대 1인가구가 전체 1인가구의 31.8%를 차지해 가장 큰 비중을 차지하고 있고, 50~64세가 25.1%, 65세 이상 노인가구가 24.7%, 20대 이하 1인가구가 18.4%를 차지한다. 지난 20여 년간 40~60대 초반의 중장년층 1인가구 구성비율이 높아지고 있다. 이는 중장년층의 높은 이혼율, 기러기가족 등 교육적 요인이 복합적인 영향을 미치기 때문인 것으로 보인다(통계청, 2019).

이에 따라 원룸 수요의 증가와 혼자 사용할 수 있는 제품 수요도 높아지고 있으며, 특히 고학력 전문직종의 경제력 있는 소위 '골드미스'나 '골드보이' 독신가구의 증가로 싱글산업의 규모도 빠르게 성장하고 있다. 이들은 결혼을 거부하는 독신주의자라기보다 결혼을 필수로 생각하지 않고 결혼시기에 대해서도 자유로운 경향이 있다(장현숙, 2002). 독신가구는 새로운 소비주체로 주목받기도 하지만, 최근 고독사 등 사회문제도 적지 않아 국가적 차원의 대책이 필요하다.

독신가구가 늘고 있음에도 불구하고 아직 이들을 바라보는 우리 사회는 '별종'이나 '비주류'라는 시각이 존재하는데, 가족중심적인 성향이 강한 사회에서 독신을 일종의 일탈로 생각하기 때문이다(장현숙, 2002). 소위 '화려한 싱글'은 극소수에 불과하고 대다수 독신가구원은 제한된 인간관계와 스트레스, 우울증의 문제에 시달리고 있다는 것이다. 뿐만 아니라 독신에 대한 편협한 사회적 시선으로 인해 싱글족들을 더욱 주변화, 고립화된다. 따라서 TV시청, 휴식 등의 소극적 활동에 치중돼 있던 여가생활을 점차 개선하는 노력과 적극적·긍정적 사고가 필요하며 동호회를 통한 여가시간 활용과 사회적 참여가 필요하다.

저소득, 저학력, 고연령층의 독신가구는 사회적 지원이 절실한 형편으로, 특히 저학력 40~50대는 경제적 어려움 외에도 건강문제와 고독 등으로 인해 생활만족도가 매우 낮은 것으로 나타났다(변화순·송다영·김영란, 2001). 이들은 가사일이나 무료급식, 반찬배달, 간병지원, 방문간호, 직업훈련 및 취업알선 등의 복지서비스 욕구를 갖고 있었다.

4. 차이와 다양성의 존중을 향하여

1) 가족위기론 대 가족진보론

현대 사회의 복잡한 가족 변화를 바라보는 입장은 크게 두 가지로 나뉜다. 가족의 변화를 위기로 인식하는 입장과 사회 변화에 따른 불가피한 재구성으로 인식하는 입장이다. 전자는 가족의 다양화 등의 변화를 가족의 붕괴로 보는 반면, 후자는 가족의 진화 또는 진보로 바라본다(조흥식·김인숙·김혜란·김혜련·신은주, 2010).

가족위기론자는 정서적 유대와 상호 의존성에 기초한 전통적 가족구조를 강조하며, 성별 역할에 기초한 아동양육과 부양, 사회화, 노동력 재생산 기능을 잘 할 수 있는 '전형적 가족'을 지향한다. 현재의 가족 변화가 극단적인 이기주의와 쾌락주의에 기인했다고 본다. 산업화, 도시화, 자본주의 등의 영향으로 개인주의가 극대화되고 자아실현을 중시하면서 자녀의 보호나 가족의 연대감 제공과 같은 가족의 재생산 기능이 위축되었다고 주장한다. 가족공동체를 위한 희생과 배려의 가치가 상실되고, 성인은 자녀의 복리보다 자신들의 자유와 독립, 직업적 성공을 우선시하면서 독신가구나 동거가족, 결혼하더라도 자녀를 갖지 않는 무자녀부부가족, 이혼으로 인한 한부모가족 등이 증가하고 있다고 진단한다(조흥식 외, 2010).

반면 현대가족의 변화는 불가피하며 자연스럽다고 보는 가족진보론자는 과학기술과 세계화 등 거시적인 사회 변화뿐만 아니라 기존의 가부장적 가족 이데올로기와 경제구조의 불안정성이 가족 변화의 한 가지 원인이라고 본다. 현대 가족이 기존 가족의 성과 연령에 따른 불평등성에서 벗어나 보다 민주적이고 평등을 강조하는 방향으로 변화되고 있다는 것이다. 전형적 가족에 대한 위기론자들의 주장에 대해 정상가족은 역사적으로 신념으로 존재했을 뿐, 가족은 항상 다양한 문제와 해결과정의 연속선상에 있었다고 반박한다. 위기론자들이 정상가족의 밝은 면만 부각함으로써 가족의 현실인 복잡성, 유동성, 다양성을 비정상가족으로 범주화하는 것에 대해 비판한다(최선화 외, 2018).

| 표 7-1 | 가족위기론과 가족진보론의 쟁점별 비교

쟁점	가족위기론	가족진보론
가족 변화의 원인	• 극단적 개인주의, 이기주의, 쾌락주의	• 가부장제의 모순 • 자본주의 경제구조의 불안정성
이상적 가족형태	• 생계부양자 남성과 양육자 여성으로 이루어진 부부와 친자녀	• 존재하지 않음
중심적 가치	• 정서적 유대와 상호의존 • 공동체를 위한 헌신과 희생	• 평등과 인권 • 자율성과 독립성
가족 다양성에 대한 입장	• 가족제도의 위기 • 가족붕괴 및 해체	• 가족의 재구성 • 대안적 가족
대안	• 전통적 가족가치 회복 • 분명한 성역할 정립	• 복지정책을 통한 가족기능 사회화

출처: 이혁구 (1999). p. 277. (조흥식 외, 2010에서 재인용, 수정함)

2) 탈근대주의 가족의 수용

이와 같이 전통적 가족형태인 확대가족과 핵가족이 해체되고 다양한 가족형태가 증가하는 현상을 가족의 쇠퇴 혹은 위기로 보기도 한다. 그러나 부계혈연중심의 규범적 가족제도의 범주에 들지 못했던 비주류 라이프스타일이 최근 폭넓게 선택되고 있다는 점에서 오히려 좀 더 유연하며 양성평등한 가족 형성이 가능해지고 있다고도 볼 수 있다. 우리는 이런 다양화의 과정에서 많은 도전을 받고 있지만 평등하고 충족적인 부부관계와 부모역할, 그리고 본연의 진실한 가족의 기능으로 돌아가고 있는지도 모르겠다.

프랑스 등 많은 유럽 국가들은 1980년대 이후 특정 가족형태에 대한 지향을 포기하고, 다양한 가족의 특수성을 고려한 지원과 프로그램을 시행하고 있다. 예컨대 저출산문제를 해결하기 위해서는 미혼모가족이나 국제결혼가족에 대한 지원을 확대하고, 혼외자나 혼혈아동을 적극적으로 사회구성원으로 수용하는 정책을 펴고 있다. 우리나라 역시 고령화와 저출산, 세계화의 물결 속에서 다양성을 받아들이고 변화하지 않으면 개인과 가족, 사회가 생존할 수 없는 시대에 이미 진입해 있다.

탈근대주의 사회의 화두는 다양성의 수용이다. 차이에 대한 존중은 젠더의 문제를 넘어서 인종과 계층, 다양한 문화로 확산되고 있다. 성차를 존중하고 여성의 경험과 남성의 경험이 다름을 인정하는 것처럼, 다양한 생활방식을 존중하고 그에 따른 도전과 어려움을 지원해 주는 태도는 성숙한 사회의 척도라 할 수 있다. 최근 많은 사회과학자들은 젠더를 포함한 문화나 사회계층 등 맥락변수들이 규정하는 역할과 기능들이 사회적 구성물이라는 견해에 동의하고 있다. 제도화된 가족, 제도화된 성역할은 포스트모더니즘이라는 학문적 조류 속에 해체되고 있으며 보다 인간중심의 가족과 성역할이 재구성되고 있다.

이 장에서는 21세기 가족환경의 변화로서 저출산과 고령화, 도시화와 민주주의, 과학기술의 진보, 세계화 등 가족 변화의 거시적 배경과 함께 가족 변화의 양상을 살펴보았다. 이러한 맥락에서 심화되고 있는 가족형태의 다양화는 남성과 여성에게 예전과 다른 역할과 기능을 요구하고 있다.

가족의 핵화, 다양화, 그리고 탈제도화의 추세는 여성의 탈가족화 현상과 맞물려 있다. 기존에 여성이 담당했던 보호와 양육, 돌봄의 기능을 이제는 사회와 국가가 분담하는 방향으로 가고 있다. 이와 함께 가족 밖의 노동시장에 여전히 존속하는 성차별문제나 부계중심사회에서의 사회적 낙인의 문제 등도 앞으로 해결해 나가야 할 과제이다.

논의해 봅시다

1. 저출산·고령화 사회에서 커플관계, 부모됨, 노부모 돌봄 등에 대한 인식과 행동이 어떻게 변화되고 있는지 생각해 보자. 또 여성과 남성의 관점에서 이 문제들에 대하여 토론해 보자.

2. 자신의 주변에서 탈근대적 가족형태라고 할 수 있는 사례를 두 가지 선택해 보자. 각 사례에서 남성과 여성의 경험을 살펴보고 이들의 생활방식에서 장점과 어려운 점에 대해 토론해 보자.

3. 당신이 예측하는 2040년 우리 사회의 가족에 대해 예측해 보자. 변화된 인구구조의 맥락에서 당신의 모습과 당신 가족의 모습은 어떠할 것인가?

CHAPTER

08

모성과 젠더

CONTENTS

chapter

08 모성과 젠더

출산율은 전반적으로 감소하고 있지만 많은 사람들은 혼인의 목적 중 하나가 출산이며, 여성은 이를 통해 자아가 완성된다고 인식한다. 또한 결혼생활에서 자녀, 노인, 질병과 장애를 가진 가족원들에 대한 돌봄노동을 당연한 여성의 역할로 인식한다. 이 장에서는 이러한 인식의 기초가 되는 모성 이데올로기와 이로 인해 야기되는 출산과 관련된 다양한 이슈들을 살펴본다. 또한 가족의 돌봄노동 유형과 내용을 살펴보고, 이러한 돌봄이 부양자에게 미치는 영향을 통해 문화적 신념에 의해 구성된 돌봄과 출산에 관한 이데올로기가 어떻게 여성의 삶과 가족원의 삶을 구성하는지 알아본다. 따라서 이 장에서는 다음과 같은 질문에 답하고자 한다.

- 모성신화란 무엇인가?
- 출산과 돌봄노동이 여성의 성별화된 경험에 어떠한 영향을 미치는가?
- 성평등적 가족관계를 위해 개선되어야 할 점은 무엇인가?

1. 모성

젠더는 여성과 남성의 특성과 행동에 관해 문화적으로 구성된 신념과 태도이다(Lott, 1997). 젠더적 관점에서 볼 때 우리 사회에서 여성의 출산은 문화적으로 매우 당연한 것으로 받아들여지는 신념과 태도이다. 그 결과 우리나라 20대 미혼 대학생들은 가족을 유자녀가족으로 동일시하며 무자녀부부를 불임으로 인한 불쌍한 부부 혹은 자유로움과 자아성취를 강조하는 이기적인 부부 등으로 부정적으로 인식한다(양성은, 2004). 이 장에서는 이러한 문화적 신념에 도전하며 모성과 가족에서의 돌봄에 대해 살펴보고자 한다.

모성(motherhood)은 사람을 돌보고 양육하는 것을 의미하는 것으로 여성에게만 한정된 개념은 아니다. 그러나 대부분 문화권에서 여성은 자녀를 출산할 뿐만 아니라 일차적인 양육자로서의 역할을 수행한다. 이러한 이유로 모성애는 전통적으로 여성을 찬양하는 최대의 찬사이면서, 여성을 가사와 양육에 가두게 되는 억압기제로 인식되기도 한다. 유지나(2003)는 모성애의 화신으로서 어머니는 무성의 존재이며, 인고와 헌신의 상징이고 또한 가부장제를 강화하는 요인이 되었다고 주장한다. 1960년대 말에서 1970년대 초 서구의 여성학자들은 임신과 출산, 육아라는 '어머니되기'가 갖는 허구성과 역사성을 걷어내는 일에 집중하면서, 사람들이 태고부터 존재해 온 자연스러운 진리라고 받아들여 왔던 모성신화가 특정 역사 시기에 출현한 역사적 산물이라는 점을 강조한다. 또한 성별 노동분업을 수행하는 핵가족에서 아버지는 분리된 경제영역에서 활동하며 가족을 부양하는 자이고, 어머니는 전업주부이자 집안의 '살림꾼'이라는 전형적 가족 이데올로기를 강화하였기 때문에 이러한 점들이 여성 억압을 강화하는 기제로 작용되었다고 한다(한선, 2008). 통계청의 '2018년 하반기 맞벌이가구 고용 현황'에 의하면 전체 가구 중 맞벌이의 비율은 43%로, 여성의 취업률은 지속적으로 증가하고 있으며 출산율과 초혼연령뿐만 아니라 모성에 대한 기대도 변화하였다. 현대적 의미의 모성은 아동양육의 논리적이고 관계적인 측면을 강조함으로써 그 의미를 확대 해석하지만 여전히 모성의 경험은 여성의 삶에서 가장 중요한 요소로 남아 있다.

이러한 모성에 대한 태도의 형성에 대해 이연정(1999)은 임신, 출산, 수유와 같은 생물학적 요소뿐만 아니라 사회적 요소인 양육과 이데올로기와 같은 사회적 요소에 의한 복합적인 기제에 의해 영향을 받음을 강조한다. 그러나 아동양육에 대한 일차적인 책임이 어머니에게 있다는 오랜 사회적 통념은 여성의 사회적 욕구보다는 어머니로서의 욕구에만 제한시킴으로써 가족에서의 여성의 역할만을 지나치게 강조해 왔다. 이 장에서는 사회의 변화와 모성과 관련된 사회적 쟁점을 검토하면서 여성의 모성에 대한 새로운 방향을 모색해 본다.

1) 모성애 신화

대부분의 사회에서 출산과 부모됨은 여성의 가장 중요한 역할로 규정되며, 여성의 역할과 어머니 역할은 동일시되고 있다. 그러나 모성을 여성이 자연적으로 습득하게 되는 피할 수 없는 운명으로 보는 관점도 사회의 변화에 따라 두 가지로 구분된다.

첫째는 1960년대 말에서 1970년대 초 서구의 페미니스트에 의해 제기된 것으로 여성의 삶이 자녀양육이나 출산에 의해 구속되어서는 안 되며, 모성을 선택의 관점으로 보아야 한다는 주장이다. 이연정(1999)에 의하면 선택의 관점에서 모성을 억압의 원인으로 보는 입장과 해방의 원천으로 보는 두 가지 입장이 있다고 한다. 여성학자 파이어스톤(Firestone)은 재생산을 여성 억압의 원인으로 보고 생물학적 모성에 대해 반대하며, 오클리(Oakley)와 같은 학자도 생물학적 모성이 여성의 자연적 필요가 아니라 억압적인 신화와 같은 문화적 구성물이라는 점을 강조한다. 반면 오브라이언(O'Brien)은 재생산이 여성 해방의 원천이기 때문에 생물학적 모성은 보호되어야 한다고 주장한다(이연정, 1999).

두 번째는 1980년 이후의 변화로 어머니가 되지 않을 권리뿐만 아니라 어머니가 되는 경험에도 중점을 두고, 남녀 간 차이를 인정하면서 여성성을 찬양하는 관점이다. 이러한 관점에서는 여성 억압에 대한 반발로 어머니가 되는 것을 반대하는 것은 쉽고 간편한 방법이지만 자기 부정적인 행위이며, 가부장적 사회화에 의해 왜곡된 것이라고 한다. 따라서 이러한 관점에서는 모성의 다양한 측면을 강조하는데 모성을 찬양하거나 거부하는 추상적 단계에서 자녀양육문제에 초점을 맞춰 부모가 자녀의 양육을 공유하는 것, 공동육아, 국가의 정책적 지원의 방향 등 다양한 측면을 강조하는 쪽으로 변화하고 있다.

그러나 페미니스트들의 선택의 관점 혹은 여성성의 관점과는 별개로 우리 사회에서는 여전히 출산과정에서 여성의 주체성은 거부되고 있으며, 육아는 여성의 몫으로 그리고 여성성은 내 아이에 대한 표현적인 역할을 수행하는 어머니로서의 관점만이 강조, 실천되고 있는 실정이다. 따라서 우리나라에서는 출산과 관련해 다음과 같은 다양한 젠더 이슈들이 제기되고 있다.

2) 출산과 관련된 젠더 이슈들

모성애의 신화에 의해 결혼한 여성들은 출산을 자연스러운 과정으로 인식한다. 그러나 출산은 결혼한 부부관계뿐만 아니라 동거하는 커플과 미혼여성들의 삶에서도 가장 커다란 변화를 일으키는 사건이다. 젠더적 관점에서 출산과 관련된 문제점은 의무적인 출산, 출산하지 않을 권리, 소수자의 출산권, 출산방법의 선택, 낙태권, 출산과정에서 인권의 문제 및 건강문제 등이 있으며, 최근에는 상업화된 출산문화 등이 있다.

(1) 의무적 출산(compulsory motherhood)

대부분의 문화권에서는 결혼한 여성의 출산에 대한 사회적 압력이 매우 크고, 출산 자체를 개인의 성숙이나 성취와 관련이 있다고 가정한다. 또한 어머니가 된다는 것을 여성의 생애과정에서 '정상적'인 것으로 간주하기 때문에 문화에 따라서는 임신에 대해 의문을 가지지 않을 뿐만 아니라 무자녀가족을 이루는 것이 다양한 삶의 하나라는 점을 인식하지 못하기도 한다(Bools, 2003). 출산에 대한 압박은 친인척이나 친구들과 같은 개인적인 관계망에서뿐만 아니라 사회적으로도 작용하며, 취업이나 교육 등을 이유로 출산을 하지 않는 여성을 이기적으로 평가하기도 한다. 종교적 관점에서도 자녀는 신의 소중한 선물로 인식된다. 따라서 우리 사회에서는 무자녀가족에 대한 사회적 편견이 매우 크며, 결혼은 곧 출산으로 연결된다. 이러한 인식은 불임을 비정상적으로 인식하게 하며, 저출산의 원인을 여성의 이기심으로 인식하지만, 여전히 혼인관계에서의 출산만을 합법적으로 인식하는 이중성 또한 나타난다.

① 불임에 대한 인식

불임에 대한 국내 2개 신문의 보도형태를 분석한 김민경, 이윤선과 조수영(2014)은 약 25%의 기사가 불임부부를 비정상, 불완전한 것으로 묘사하거나, 불임의 원인을 여성 개인의 건강문제로 귀인하는 것과 같은 편견을 보이고 있었다고 분석하였다. 이와 같이 불임으로 인해 출산하지 못하는 여성들도 많이 있으나 출산에 대한 의무는 이런 여성들에게 또 다른 스트레스 요인이 되고 있다. 비록 부모됨을 선택하는 것은 부모의 의무가 아니라 개인의 권리이지만, 준비되지 않은 부모역할의 폐해가 크기 때문에 개인이 부모됨을 선택하고 준비하는 권리를 강조하는 것이 중요하다. 출산에 대한 권리는 개인이 언제 어떤 조건하에서 부모가 될 것인가를 스스로 결정하는 것을 의미한다(정현숙 · 유계숙 · 최연실, 2003). 그러나 부모로서의 역할의 어려움 때문만이 아니라 혼인의 결과 자연스러운 과정 혹은 의무적인 과정이 아니라 여성의 삶에 대한 선택권 관점에서 출산이 고려되어야 한다.

따라서 쿡과 디킨스(Cooke & Dickens, 2002)는 여성으로서의 삶에 대한 권리, 자유에 대한 권리, 개인의 안전에 대한 권리, 건강에 대한 권리와 모성보호와 차별금지에 대한 권리를 부여하는 것이 국가와 사회가 안전한 모성을 위해 수행해야 하는 기본 과제라는 점을 강조한다. 특히 여성의 몸에 대한 권리는 철학적 관점에서도 검토되어야 하는데 로라 샤너(2000)에 의하면 임신은 여성만의 생생한 신체적 현상이지만, 출산은 생식에 있어서의 의사결정과 생식에 관한 인식에 영향을 주는 가족, 의료제도, 사회규범과 권력구조 내에 위치하고 있기 때문이라는 것이다. 왜냐하면 남성지배적인 종교적 위계질서와 정치적 구조의 영향으로 남성지배적인 의료전문가들이 여성의 몸에 대한 통제력을 갖기 때문이다. 따라서 출산과정과 출산 자체에 대해 젠더적 관점에서 영향력이 검토되어야 한다.

② 저출산과 여성의 출산에 대한 기대

저출산이 화두가 되면서 여성의 출산은 또 다른 국면을 맡고 있다. 역사적으로 한 국가의 인구는 정치적 힘과 군사력을 의미했으며, 이런 논의가 EU 통합 추진에도 기여했다고 한다(Hantrais, 2004). 우리나라 경우도 국가 노동인구(보건복지부, 2000; 이동원·박재홍, 1990)의 감소와 이로 인한 경제성장률 하락 때문에 혼인율과 출산율 감소를 우려하는 목소리가 높다. 그렇다면 과연 법과 국가는 임신과 출산에 관한 개인의 자율권을 침해할 수 있는가? 저출산 사회에서 현대 여성들은 알게 모르게 임신과 출산을 강요받고 있으며 정부의 '출산장려' 정책도 사회적인 압력으로 작용하면서 개인의 선택권이 침해받고 있다. 출산은 정부가 아니라 가족이 결정해야 한다는 개념이 강한 유럽에서는 적극적으로 출산을 장려하는 정책도 있지만 조세감면이나 탁아시설 확충과 같은 간접적인 정책을 더 많이 활용한다.

실제로 우리나라의 출생자 수는 1970년 이후 지속적으로 감소하고 있다(〈그림 8-1〉 참조). 그러나 우리나라 부부들은 결혼 후 2년 이내에 첫째아를 낳는 비율이 65.8%(통계청, 2018)이다. 첫째아 출산 시 평균 결혼기간은 1.97년, 둘째아는 4.47년, 셋째아 이상은 7.14년으로 셋째 자녀까지 출산할 경우 출산을 위해 약 10년이라는 시간이 요구된다.

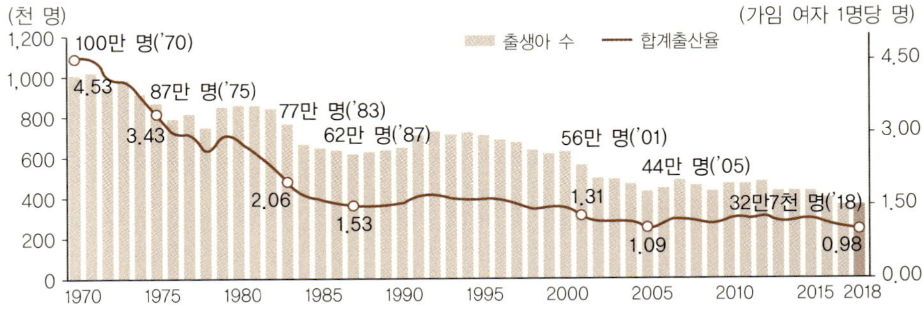

| 그림 8-1 | 출생아수 및 합계출산율 추이(1970-2018)

출처: 통계청 (2019). 2018년 출생통계(1970-2018). p. 1.

| 표 8-1 | 기혼여성 비율 및 출생 자녀 수 분포

연도	15세 이상 여성 수(a)	기혼여성 수(b)	a/b	0명	1명	2명	3명	4명	5명	6명	7명	8명 이상	총출생 자녀 수	평균 출생 자녀 수
2010	20,403,370	15,929,044	78.07065	1,044,288	2,939,787	7,477,163	2,512,825	989,822	526,200	261,025	114,857	63,077	34,924,902	2.2
2015	21,202,544	15,226,822	71.81601	607,138	2,719,021	6,972,218	2,518,299	1,131,972	657,492	348,822	165,651	106,209	36,192,137	2.4

출처: 통계청 (http://kosis.kr/statHtml/statHtml.do?orgId=101&tblId=INH_1IN1503_01&conn_path=I2)

저출산은 경제체제의 변화, 여성의 의식 변화, 의학의 발달 등 모든 사회적 변화가 함께 영향을 미친 결과이다. 의학의 발달은 자녀의 성별을 이미 태어나기 전에 파악하여 자녀의 성을 선택할 수 있게 하였으며, 출산을 조절할 수 있는 다양한 방법이 개발되고 있다. 이러한 변화와 함께 맞벌이가족의 여성들이 무자녀와 저출산을 선택하는 경향은 더욱 가속화될 것으로 미래학자들은 예측한다. 길버트와 반 보리스(Gilbert & Van Voorhis, 2003)는 경제학자인 조셉 슘페터(Joseph Schumpeter)의 이론을 이용하여 '라이프스타일 가정'이라는 개념으로 여성들의 저출산 현상을 설명한다. 슘페터는 경제학의 기본 가정인 이기심(self-interest), 가족가치의 변화에 대한 효용을 최대화하는 것에 대한 가정에 기초하여 부모역할에 대한 자기희생이 클 경우 아동양육에 대한 비용을 고려한 여성은 다른 생활방식을 선택하게 된다는 것이다.

실제로 정현숙(2007)은 연령별 출산 자녀 수 분석을 통해 출산율 감소는 무자녀 부부의 증가가 원인이라기보다는 세 명 이상 자녀를 낳은 부부의 감소가 더 큰 원인임을 강조한다. 결론적으로 출산율은 혼인율 감소와 여성의 취업이 직접적 영향이라기보다는 여성들의 고학력과 취업으로 인한 만혼현상과 원치 않는 자녀를 조절하는 피임방법의 발달, 베이비붐 세대와 그 자식세대가 결혼연령을 벗어나면서 인구 감소로 인한 출산율 감소, 혼인연령의 증가 및 합리적 선택에 의한 소자녀출산 경향, 결혼시장의 구조 변화 및 결혼과 가족에 대한 평등적 가치의 확산 등이 종합적으로 혼인율과 출산율 감소에 영향을 미치기 때문에 출산장려를 위한 현재의 단기적인 조치들의 효과는 매우 불투명하다고 주장한다.

③ 혼인관계에서의 출산만을 합법적으로 인정

2016년 OECD 국가의 혼외출산율 비율은 〈그림 8-2〉와 같이 1.9%로 일본과 함

구분	한국	일본	호주	독일	미국	프랑스	스웨덴	덴마크
혼외출산율(%)	1.9	2.3	34.4	35	40.2	56.7	54.6	52.5
합계출산율(명)	1.17	1.44	1.79	1.6	1.82	1.89	1.85	1.79

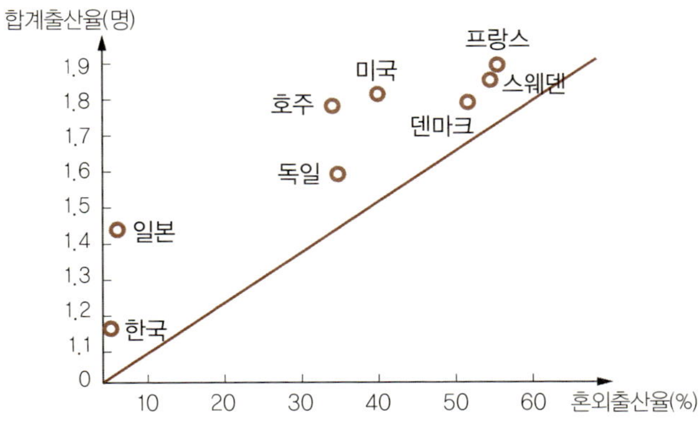

| 그림 8-2 | OECD 국가의 혼외출산율 비율

출처: 노컷뉴스 (2018.12.17). OECD data base(2016년 기준).

께 매우 낮은 수준이다. 그러나 프랑스, 스웨덴, 덴마크 등은 50% 이상이 혼외 출산이며 이러한 나라들의 출산율이 다른 국가에 비해 상대적으로 높다. 특히 프랑스의 출산율 증가는 30~40대 여성의 출산율 상승이 원인이며 다각적인 가족 친화 정책의 영향이라고 평가되고 있다. 보육비 지원과 각종 세제 혜택을 주는데, 법정 출산 휴가는 출산 전후로 16주이다. 특히 2006년 이후로는 비혼커플의 출산도 프랑스 출산율 증가에 크게 기여하고 있는데 이는 동거커플에게도 결혼한 부부와 거의 동등한 법적 지위를 보장해 주고 때문이다(한겨레, 2007.1.8).

한부모가족은 부모 중 한쪽의 사망, 이혼, 유기, 별거로 인하여 부모 중 한 명과 18세 미만의 자녀(취학 후에는 20세 미만)로 구성된 가족이다. 통계청의 인구추계에 의한 가구 유형별 분석에 의하면 2035년 전체 가구 중 모-자녀가족은 7.2%, 부-자녀가족은 2.5%에 이를 것으로 추정된다(통계청, 2017, 장래가구추계). 이전까지는 제공되지 않던 미혼부모에 대한 통계는 2015년부터 인구주택총조사를 통해 제공되는데 2017년을 기준으로 볼 때 법적 혼인상태별 출생은 혼인 중 자녀가 98.1%이며 혼인 외의 자녀가 1.9%이다. 미혼부모 수도 미혼모가 2만2천 명, 미혼부는 8천4백 명 수준이다.

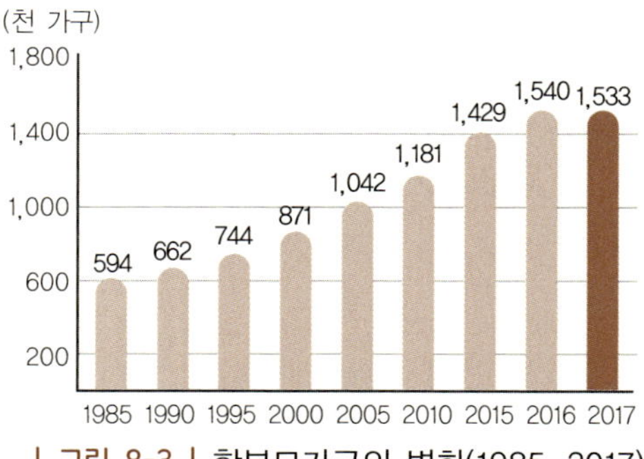

| 그림 8-3 | 한부모가구의 변화(1985-2017)

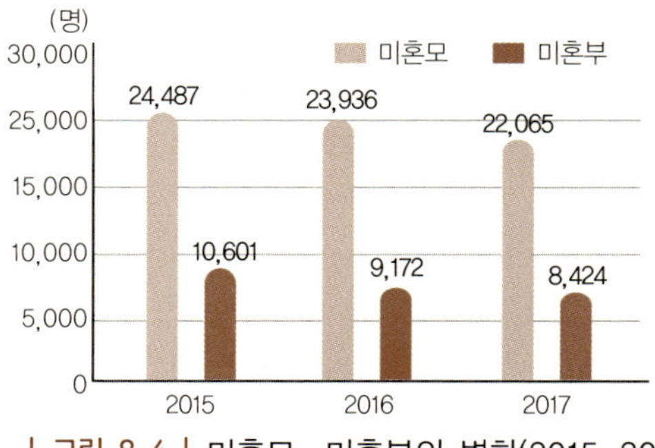

| 그림 8-4 | 미혼모 · 미혼부의 변화(2015-2017)

출처: 통계청 (2018.10.1). KOSTAT 통계플러스 2018년 가을호. p. iv.

그러나 우리나라의 경우 저출산문제에 대한 방안이 결혼장려정책에 맞춰지면서 혼인과 출산에 대한 여성의 역할을 지나치게 도구적으로 인식하는 경향이 있으며, 여성에게 또 다른 형태의 출산 강요를 한다는 비판의 소지도 안고 있다. 또한 미혼모보다는 미혼부의 수가 절대적으로 적다는 것은 출산을 여전히 여성의 일로만 인식하는 남성들과 사회적 인식의 결과이며, 한부모로서의 여성들이 생애과정에서 겪는 어려움에 대한 무관심으로 연결된다. 실제로 한부모들은 사회의 부정적인 편견과 경제적 문제, 사회적 지원의 부족 및 과중한 역할로 인한 어려움을 경험하고 있으며, 특히 모자가족의 경우에 지원체계가 매우 부족하고 그 결과 사회적 관계망이 축소되어 결과를 경험한다고 한다(정현숙, 2019).

많은 학자들이 진단하는 가족의 변화 중 하나는 파트너관계에서 동거의 증가이다. 실제로 우리나라에서도 혼인율은 점차 감소하는 대신 젊은이들 사이의 동거도 지속적으로 증가하고 있으며, 10대 임신과 출산도 증가하는 실태이다. 그러나 동거는 여전히 사회적으로 인정받지 못하는 라이프스타일 중의 하나이다. 개인이 자신의 라이프스타일을 선택할 권리와 다양한 파트너십에서의 출산의 권리가 보장되어야 할 것이다.

(2) 출산하지 않을 권리

무자녀(childlessness)는 자녀가 없다는 의미이지만 무자녀 선택의 자발성 여부와 그러한 선택의 지속 정도에 따라서 무자녀의 정의는 달라진다. 즉, 자발적인 의사결정에 따라서 무자녀를 선택한 커플과 불임과 같이 불가피한 이유 때문에 자녀를 갖지 못하는 부부간에는 분명한 차이가 있다. 또한 영원히 자녀를 갖지 않기로 결정한 부부와 일정기간 동안 자녀 갖기를 연기한 부부들의 무자녀에 대한 의미는 달라지며, 결혼 이후 자녀 갖기를 반복적으로 연기하는 과정에서 자연스럽게 무자녀가 된 부부들의 정의와도 많은 차이가 있을 것이다.

그러나 우리 사회는 무자녀가족에 대한 사회적 편견이 매우 크며, 결혼은 곧 출산을 의미하기도 한다. 메들린 케인(2003)은 의도적인 선택에 의한 무자녀 여성(childless by choice), 어쩔 수 없는 이유 때문에 무자녀가 된 여성(childless by chance), 상황에 의해 자연스럽게 무자녀가 된 여성(childless by happenstance)으로 무자녀의 유형을 분류하였다. 케인은 자연스럽게 무자녀가 된 여성들이 수적으로 급증하면서 무자녀 혁명은 이미 시작되었으며 이러한 경향은 앞으로 더욱 증가할 것이라고 예측한다. 그러나 문제는 이러한 수적인 증가에도 불구하고 무자녀 여성들에 대한 터무니없는 편견과 오해가 만연되어 있다는 점이다. 이러한 이유로 케인(2003)은 출산은 선택이며, 어떤 이유와 상황에서의 선택이든 존중받아야 하기 때문에 의사와 어머니들은 환자와 딸들에게 임신을 막는 법, 연령대별 가임률에 대한 통계, 낙태 허용을 막는 법, 먹는 낙태약과 응급피임약을 구하는 법, 입양 절차 및 무자녀의 이점 등을 알려주어 주어진 정보에 입각하여 자신의 삶에 가장 알맞은 결정을 내릴 수 있도록 도와주어야 함을 강조한다.

우리 사회에서 결혼생활 중 무자녀를 선택하는 것은 매우 다양한 요인이 작용한다고 한다. 여성의 생애과정에서 무자녀를 선택한다는 것은 매우 어려운 과정인데 그 이유에 대해 김미영과 김미란(2015)은 무자녀 선택이 가족 내 여성에게 부과된 가족 재생산이라는 성역할을 기각함으로써 규범적 생애과정을 변형하는 중요한 사건이며, '전형적' 부모역할(parenting)과 모성에 대한 문제의식, 개인의 욕구, 가임기 등으로 연계되는 과정적 삶을 거부하는 것이며, 아이를 출산하고 양육하는 사회에 대한 성찰과 노년기의 의미와 친밀감에 대해 새롭게 정립해야 하는 매우 대안적인 삶이기 때문이라고 분석한다.

실제로 자발적으로 자녀를 낳지 않는 가족이 증가하지만 무자녀 결정의 시기는 불임 요인의 소지 유무에 따라 다르게 나타난다고 한다. 이수현(2012)에 의하면 무자녀 결정에는 타고난 본래적 성향이 자녀나 출산 태도에 영향을 주었음을 나타내는 '개인의 내생적 성향', 자신과 부부의 삶의 질이 자녀보다 더 중요하다는 가치관과 관련된 '자신에게 충실한 삶의 추구', 배우자의 제의나 주변의 유·

무자녀가족이 무자녀의 결정에 영향을 준 '주위의 영향', 가족이 처한 경제적인 취약성 및 양육여건의 미비와 관련된 '양육자원의 부족', 자신과 자녀가 맺게 될 관계성에 대한 고려나 아이가 살아갈 사회적 환경에 대한 부정적인 인식이 반영되어 있는 '높은 부모됨의 책무성', 불임 요인을 지닌 무자녀가족의 경우에 초기 요인으로 지목된 '인위적 임신에 대한 부담감' 등 6가지가 작용한다고 한다. 또한 무자녀가족의 경우 불임 요인의 유무와 무자녀 결정의 시기에 따라 차이가 있는데 무자녀 결정은 자신과 배우자의 삶의 질을 자녀보다 우선시하는 자녀관 및 결혼관과 부모됨의 자기이해 등이 중요 요인이다.

그러나 무자녀 결정에 영향을 미치는 요인의 다양성이나 자발적 무자녀가족의 증가에도 불구하고 이민아(2013)의 29~45세 기혼남녀에 대한 심층면접을 통한 연구에 의하면 자녀를 갖지 않는 자신들에 대해 '이기적'이라고 표현하여 자녀출산에 대한 사회적 규범에서 완전히 자유롭지 않으며, 책임감 있는 부모, 좋은 부모의 상도 동시에 내면화하고 있다고 한다.

그러나 우리 사회에서 출산은 많은 사람들이 기대하는 성인의 역할이지만 이러한 인식도 점차 변화하고 있다. 전국출산력 및 가족보건복지실태조사(2015)에 의하면 기혼여성들의 60%가 자녀가 반드시 있어야 한다고 응답하였으며, 없어도 무관하다는 비율도 10.6%이다. 반면, 미혼남성들은 39.9%, 미혼여성들은 41.6%가 자녀가 반드시 있어야 한다고 응답하여 남성들이 여성들보다 자녀에 대한 필요성이 낮게 나타났다. 미혼남녀 중 '자녀가 필요 없다'는 응답에 대한 이유는 경제적으로 여유롭게 생활하고 싶어서(40.2%), 부부만의 생활을 즐기고 싶어서(30.1%), 자녀가 있으면 자유롭지 못하기 때문(26.9%)의 순서이며, 직장생활 유지를 이유로 지적한 사람은 2.8%로 출산의 선택에서 점차 경제적, 개인적 성취 등이 중요한 요인이 되고 있다.

(3) 소수자의 출산 권리

우리 사회에서 출산은 결혼관계에서만 합법화되고 있다. 따라서 결혼제도 밖의 다양한 소수자의 출산은 인격적 차원에서 논의되고 있지 못하다. 특히 장애인, 성매매자, 십대 임신 등은 논란의 중심에 있다. 지선(2008)은 우리나라의 출산 관련 정책이 생명경시 풍조를 막기 위한 것이라고 하지만, 정작 국가가 모성보호 및 양육에 대한 제대로 된 담론이나 정책 등을 가지고 있지 않고, 특히 장애인·청소녀·성소수자·비혼모와는 괴리된 정상성 중심적인 국가 이데올로기를 가시적으로 드러내고 있다고 반박한다. 이러한 근거로 중증의 지적장애 및 발달장애, 신체적 장애를 가진 여성들에게는 임신과 출산의 가능성 자체를 막아야 한다며 가족이나 보호자들이 자궁적출 및 불임시술을 공공연하게 행하는 등 장애여성의 인권침해를 정당화하는 점을 지적한다. 그러나 장애인의 출생권을 주장하는 것이 '반낙태'로 단순화되는 오류는 피해야 한다는 점 또한 강조한다. 소수자의 권리와 관련하여 주희(2008)는 성판매 여성의 낙태와 재생산권도 인권적 차원과 외부적 상황-내부적 결심의 당위를 통한 낙태의 선택이라는 관점으로 인식해야 한다는 점을 강조한다. 즉, 다채로운 여성의 인생이 있음에도 불구하고 임신, 출산, 낙태를 덜 중요한 것으로 만들거나 더 중요하게 생각하는 여러 상황들이 우리 사회에 존재하고 있다는 것이다.

한국 사회에서 십대는 '아직 성년이 안 된', '미성숙한' 그리고 '성인의 보호가 필요한' 동질적 집단으로 간주되기 때문에 출산을 선택한 십대 여성에 대한 새로운 관점과 관심도 필요하다. 서정애(2008)는 미성년이라는 개념 자체가 성인/십대와의 위계적 구별을 내포하는 것으로 성인의 십대에 대한 우월성과 동시에 십대에 대한 권리 유보와 제한을 드러낸다고 비판한다. 나이에 준거한 규범은 섹슈얼리티, 임신, 출산 등의 재생산 경험에서의 '적정' 연령을 규정함으로써 십대들의 섹슈얼리티, 임신, 출산을 비합법적이거나 수치스러운 사건으로 간주하는 문제점이 있다는 것이다. 그러나 이들의 임신, 출산 경험이 십대 성윤리의 문제이기보다는 이들이 살아가고 있는 삶의 조건 속에서 구성되는 삶의 과정이기 때문에 미혼모라는 윤리적 관점이 아니라 재생산적 관점에서 논의가 이루어져야 한다. 즉, 재생산권은 남성과는 다른 '생물학적 가능성'을 갖는 여성의 권리로 나이와 결혼을 넘어서는 여성들의 삶의 권리로 인정되어 사회적 지원이 필요함을 강조한다.

특히 미국에서는 1982년 이후 집단가족이나 수양부모가족을 포함한 가족 외에서 양육되는 아동 및 청소년의 수가 급증하고(이들 중 6~12세가 1/3, 13~18세의 청소년이 1/3), 이들이 대부분 성적·신체적 학대의 경험을 가진다는 연구 결과에 의해 국가적인 차원에서 성교육에 대한 관심이 집중되었다. 성행동과 약물중독 및 성적 학대 간에 강한 상관관계가 있으며, 이 집단이 또한 성적으로 학대받는 비율도 높다는 연구 결과에 따라 다양한 주에서 다양한 종류의 성교육을 실시하고 있다. 이러한 관점에서 성적으로 건강하지 않다는 의미는 미성숙, 보호되지 않는 성교, 성병, 성적 학대, 데이트강간 등 행동적인 것을 주로 의미한다. 그러나 1994년 국가 청소년성건강위원회는 건강한 가치, 태도, 행동, 기술 및 건강하지 않은 행동이나 결정을 피하는 것도 중요한 교육내용으로 포함하였다. 따라서 성적 행동과 임신건강은 의미 있는 대인관계를 유지·발전시키는 능력으로 자신의 신체를 귀하게 여기는 것, 양성과 인격적이고 적절한 방식으로 상호작용하기, 애정과 사랑과 친밀감을 자신의 고유한 가치와 일관되게 표현하기의 개념으로 확대되었다(정현숙, 2007). 이러한 관점에서 볼 때 생애과정에서 필요한 정보를 제공해 줌으로써 소수자들에게도 자신의 출산을 선택할 권리가 주어져야 할 것이다.

(4) 출산방법의 선택

출산방법과 관련해서는 인격적인 출산방법을 선택하는 문제와 임신협정 또는 대리모와 같은 문제들이 있다. 2005년 우리나라의 상반기 제왕절개 분만율은 37.5로 WHO의 권고수준인 5~15%보다 월등히 높다(정진주, 2006). 이러한 특성은 그대로 지속되어 2013의 경우에도 OECD 국가 중 5위를 차지하고(〈그림 8-5〉 참조),

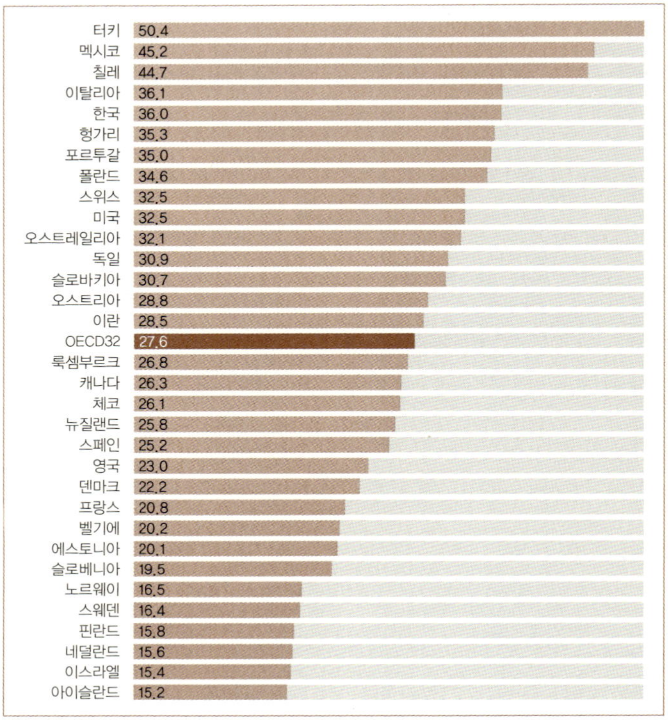

| 그림 8-5 | OECD 국가 제왕절개비율(2013)

출처: 세계일보 (2016.1.17).

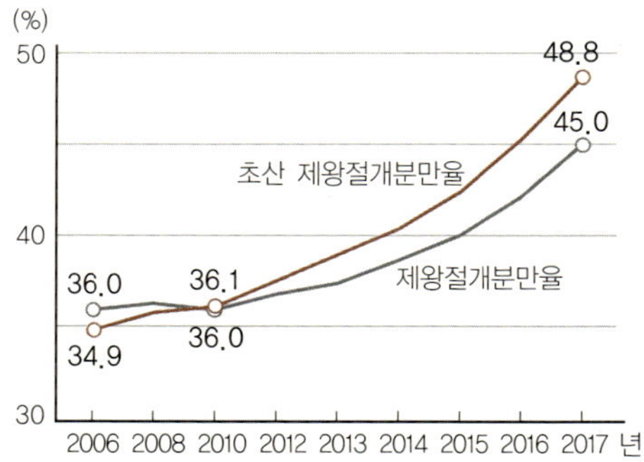

| 그림 8-6 | 초산 제왕절개분만율 추이

출처: 건강보험심사평가원 (2019). 제왕절개수술 모니터링 평가 보고서.

이러한 비율은 지속적으로 증가하여 2017년 초산의 경우 48.8%를 차지한다(건강보험심사평가원, 2019).

난산으로 인한 고통을 해소하고 사망위험에 처한 태아의 출산을 위해서 제왕절개분만은 중요한 출산 수단이다. 그러나 한국에서 제왕절개가 많은 이유는 수술이 더 안전하다는 믿음과 법적 책임을 면하려는 병·의원의 태도 때문에 또는 사주가 좋은 날 아이를 낳으려는 태도 때문인 것으로 보도되고 있다(조선일보, 2001.4.20). 이러한 이유 때문에 임산부는 여성의 건강증진을 위한 출산방법을 선택할 권리를 누리지 못하고 있다. 제왕절개분만은 산모에게는 출혈, 감염, 마취에 따르는 합병증과 요로손상의 가능성 등으로 인한 모성사망률을 증가시키며, 태아에게도 신생아 호흡곤란 등의 문제를 발생시킨다(정진주, 2006). 또한 세계보건기구는 제왕절개분만의 약 10~15%는 불필요하며, 영국 연구진들은 제왕절개로 태어난 아기는 중증 천식과 사망위험이 각각 3.73%, 0.40%로 자연분만(3.41%, 0.32%)에 비해 높다고 한다(세계일보, 2016.1.17). 그러나 이러한 의료적 결과보다도 산모와 신생아 간의 결속문제, 모유수유 실천장애의 가능성, 친밀감 형성장애 가능성이 있으며 긴 입원기간과 퇴원 후 회복에 따르는 비용도 문제점으로 지적된다.

또한 제왕절개를 하는 경우 산후우울증에 걸릴 확률이 더 높다고 한다. 이러한 경향은 개인의 성격과 환경, 성장과정 등에 따라 차이가 있는데, 우울증 병력, 아기돌봄 경험 유무, 어릴 때 성장배경, 원하지 않은 임신, 임신 분만상 장애 경험 유무 및 남편의 애정 결여 등이 있을 때 유발률이 증가한다(www.mdtoday.co.kr)고 한다. 이러한 결과는 출산에 대한 여성의 성별화된 경험에 의한 것으로 여성의 출산, 출산방식 및 양육에 대한 선택과 여성 스스로의 준비 또한 필요함을 시사하는 것이다. 결국 문제는 분만과 관련하여 여성의 건강증진을 목표로 건강한 환경 조성을 이루고, 목적에 적합한 출산방법을 여성과 가족이 선택할 수 있도록 법과 정책이 지원되어야 한다는 것이다.

또한 출산과정에 남편의 참여가 부모역할에 미치는 긍정적인 효과에도 불구하고 많은 병의원에서 남편들의 출산과정 참여를 금지하고 있다. 비록 일부 병원에서 산모가 진통을 겪는 동안 남편도 산모의 고통을 지켜보면서 출산과정에 동참하는 부부분만제도가 도입되고 있지만 그 수는 매우 제한적이다. 부모로서 인격적인 출산방법을 선택할 권리를 찾기 위하여 산모를 환자로 보는 의사 중심의 출산 문화에서 산모가 자신들이 원하는 바를 요구하고 태아의 인권을 존중하는 문화로 바꾸려는 노력이 필요하다(정현숙 등, 2001).

가장 논쟁적인 출산방법은 임신협정 혹은 대리모의 문제이다. 로라 샤너(2000)는 대리모라는 단어가 어머니 자격을 분절시키고 임신을 주변화시킨다고 한다. 유전적으로 관련된 아기를 원하는 사람들의 이해관계에 초점을 맞춤으로써 임산부인 여성과 태어난 아이에 대한 관심이 무시된다는 점을 비판한다. 과연 이러한 관행이 이타적인 협정에서 이루어지는 것이기 때문에 도덕적으로 바람직한가 혹은 여성들에게 아기 판매에 상당하는 위험과 노고의 대가로 어떤 보상을 해주어야 하는가, 또는 보상 없는 협정은 여성의 노동을 착취하고 아기를 하나의 대상으로 다루는 일이 되는가 하는 것 등이 대리모와 관련된 논쟁점이다. 우리나라에서는 '씨받이'라는 이름으로 가난한 집안의 여성들이 자녀를 낳지 못하는 가문에 출산을 위해 고용되는 경우가 있었으며, 이들의 어머니로서의 권리는 무시되었다. 그러나 이러한 관행들은 여성에 대한 착취이고, 비인간적이며, 친밀한 신체적 경험들을 주변화하는 과정이다. 이러한 이유로 로라 샤너(2000)는 대리모와 같은 과정이 여성을 단순한 태아의 용기로 특징짓는 위험을 내포함을 경고한다.

그러나 또 한편으로는 과학기술의 발달이 아버지의 권리와 아버지-자녀관계에 대한 패러다임을 변화시킬 것이라는 주장도 있다. 냉동정자를 이용해 독신여성이나 레즈비언들이 인공수정을 통해 출산을 하면서 아버지들은 아버지 역할을 선택할 수도 없으며, 자식의 존재를 알지 못하는 상황이 발생될 것이라는 것이다. 2007년 세계미래학회에서 카렌 멀로니(Caren Moloney) 박사는 '남자가 왜 필요한가'라는 발제에서 65억 인구를 보존시킬 만큼 많은 냉동정자가 존재하기 때문에 남자는 물리적으로 필요가 없다고 주장하였다(박영숙, 2007). 사회는 양성평등이 이뤄졌으며, 냉동정자 수정을 통해 독신어머니들이 빠른 속도로 증가하고 있어 남성의 필요성이 줄어들고 여성의 권력이 급속히 증가하고 있다고 주장하는 사람들도 있다. 그러나 한편으로는 출산에 앞서 아버지에게 출산을 알리지 않는 여성의 권력이 남자들의 입장에서는 문제가 될 수 있기 때문에 많은 국가의 아동양육 관련법은 여성이 아버지를 밝히도록 하고 있다. 따라서 정현숙과 옥선화(2008)는 미래 사회에서는 아버지의 권리찾기운동과 남성학이 더욱 활성화될 것으로 예측되기 때문에 인간생명과 출산에 대한 윤리뿐만 아니라 부모됨을 선택하는 과정에서도 부모의 윤리가 충분히 논의되어야 함을 강조한다.

이밖에도 피임, 새로운 출산기술들, 임신테스트, 임신중절, 불임치료, 임신진단, 태아의 조직 사용 등의 의학 발전은 여성들에게 신체적인 위험뿐만 아니라 정서적, 사회적, 재정적 비용을 치르게 한다는 점이 지적되기도 한다. 로라 샤너(2000)는 난자와 배아이식과 관련된 새로운 기술들로 생물학적 어머니됨의 과정이 분절됨으로써 누가 진짜 엄마가 될 것인가가 문제될 수 있으며, 유전적 기여와 관련되어 임신이 평가절하됨으로써 여성들에게는 새로운 두려움이 야기될 수 있음을 경고한다. 결국 출산은 여성이 하는 것이지만 출산에 이르는 과정은 남성과 여성의 성관계에 의해 이루어지는 것이며, 출산과정의 선택도 정치적, 경제적, 문화적 의미를 내포하고 있기 때문에 출산의 선택이 단순히 여성만의 문제가 아니라 남성과 여성, 두 사람 모두의 관점에서 다루어져야 하는 하나의 과정으로 접근해야 할 것이다.

2. 가족, 돌봄과 젠더

파슨스가 일찍이 지적하였듯이 전통적 핵가족에서부터 현대 사회에 이르기까지 남성은 도구적인 역할이, 여성에게는 표현적인 역할이 기대되어 왔다. 이러한 성에 따른 가족에서의 역할 중 여성에게 부과된 가장 중요한 과업 중 하나가 돌봄노동이다. 돌봄은 다른 사람에게 관심을 가지고 돌봐주는 행동을 의미한다. 돌봄노동은 스스로 자신을 돌볼 수 없는 사람을 돌보는 행위로 병자, 노인, 어린 자녀들을 대상으로 하는 노동을 의미하며, 행동과 역할수행 과정에서 정서적, 도덕적, 관계적 측면도 포함되는 복합적인 개념이다. 이러한 돌봄노동은 사회구성원의 유지와 재생산을 위해 요구되는 사회적 활동이며 필수적인 노동으로 인식된다(장혜경 외, 2006). 가족에서의 돌봄은 한 가족구성원이 다른 구성원에게 가족 상호작용의 일환으로서 규칙적으로 행하는 어느 정도 일상화된 활동이기도 하다. 여기서는 자녀, 손자녀, 노인의 돌놈노동의 현황과 문제점 등을 살펴본다.

1) 자녀와 손자녀의 돌봄과 여성의 부담

생물학적 특성에 의해 여성은 자녀를 출산하기 때문에 출산 이후 양육에 대한 사회적 기대를 크게 받는다. 또한 인간이 최소한의 활동을 할 수 있는 신체적 성숙을 위한 기간이 다른 동물에 비해 길기 때문에 부모역할에서 특히 어머니의 역할이 강조되지만 자녀돌봄에 대한 인식과 사회적 환경은 지속적으로 변화하고 있다. 가장 커다란 변화 중 하나는 맞벌이가족의 증가와 이로 인한 가족외적 양육의 증가가 대표적이다. 그러나 이러한 환경적 변화와 개인의 인식 간에는 많은 괴리가 존재한다.

1999년 여성 경제활동인구는 약 874만 명이며(통계청, 2000), 경제활동인구 중 기혼여성은 약 670만 명으로 기혼여성의 경제활동 참가율은 47.9%였다. 2018년의 여성 경제활동인구는 약 1200만 명이며, 2018년 여성의 연령별 경제활동 참가율은 20~29세가 65.7%, 30~39세가 62.7%, 40~49세가 67.4%, 50~59세가 65.6%, 60세 이상이 33.2%로 변화하였다. 이는 20대 후반부터 30대 초반의 맞벌이여성들이 육아문제로 취업현장을 떠나는 것을 의미하며, 맞벌이가족에서, 특히 어머니들이 일과 부모역할을 병행하는 데 현실적으로 어려움이 많음을 보여준다.

2019년의 경우 우리나라 15~54세 기혼여성(884만 명)의 62%가 취업하였으며, 경력단절여성은 19.2%(170만 명)에 이르며, 이는 25~34세 기혼여성의 19.2%를 차지한다(통계청, 2019). 이들의 경력단절 사유는 〈그림 8-7〉과 같이 육아, 결혼, 임신출산과 가족돌봄 등 다양한 요인에 기인하지만 임신과 출산 및 돌봄 관련 비율이 75%에 달한다.

초혼연령 상승과 자녀 소수화 및 고학력화로 기혼여성의 취업이 계속 증가할 것으로 예측되면서 전통적으로 가족 내에서 어머니/아내/딸에 의해 수행되어오던 돌봄노동을 수행하는 데는 많은 어려움이 있지만, 여전히 가족 내에서 육아는 여성들의 역할로 인식되고 있다. 보육시설은 점차 증가하여 2018년 141만 명이

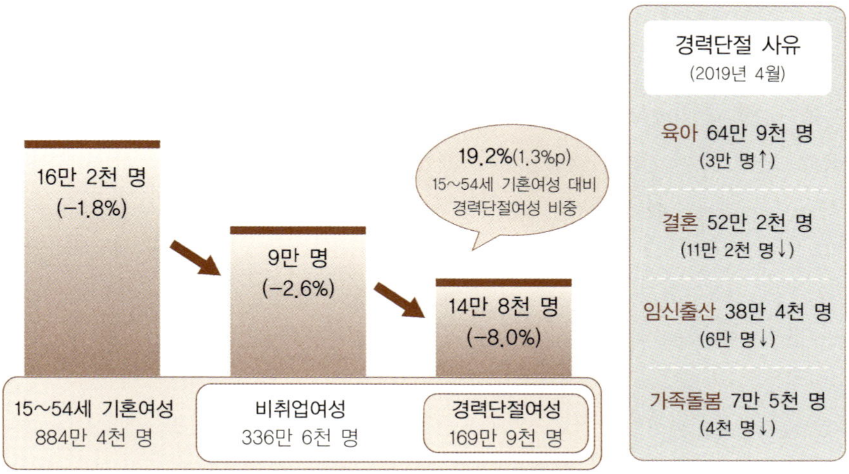

| 그림 8-7 | 기혼여성 취업률과 경력단절 비율과 경력단절 사유(전년 동월대비)

출처: 통계청 (2019). 2019 상반기 지역별 고용조사.

보육시설을 이용하고 있지만, 14%만이 국공립보육시설에서 보육되고 있어 보육시설의 질적인 문제점과 함께 이용비용에서도 많은 어려움이 보고되고 있다.

자녀를 양육하는 과정에서 맞벌이가족과 한부모가족에서 어머니의 역할 가중은 중요한 스트레스원이 되고 있으며 장애와 만성적인 질병을 가진 가족원을 돌보는 배우자와 며느리의 스트레스 수준은 매우 높다. 이러한 돌봄활동은 한 가족원이 24시간 오로지 한 사람을 돌보는 데 힘을 쏟아야 한다는 의미이며, 현대의 다양화된 역할관계에서 한 가족원이 수행하기 어려운 과중한 임무이고 수행 자체가 불가능한 환경이기 때문에 돌봄노동의 사회화가 필요하다. 이러한 이유로 초도로우(Chodorow, 1978) 같은 학자는 성적 불평등이 여성의 육아에 의해 재생산된다고 강조한다. 여성이 아이를 키우고 남성은 일하는 현재와 같은 성적으로 분업화되고 불평등한 사회는 결국 여성의 육아에 의해 재생산된다는 것이다.

그러나 또 한편으로는 맞벌이가족의 증가와 고령화로 인해 여성들은 자녀들이 성장하여 출가한 후 노인이 된 이후에도 이러한 재생산에 참여하게 되는 아이러니를 경험하고 있다. 이는 출가한 자녀들의 맞벌이를 선택하면서 조부모들이 대

| 표 8-2 | 보육시설 연도별 보육아동 현황 (단위: 명)

유형	2008	2009	2010	2011	2012	2013	2014	2015	2016	2017	2018
합계	1,135,502	1,175,049	1,279,910	1,348,729	1,487,361	1,486,980	1,496,671	1,452,813	1,451,215	1,450,243	1,415,742
국·공립	123,405	129,656	137,604	143,035	149,677	154,465	159,241	165,743	175,929	186,916	200,783
사회복지법인	113,894	112,338	114,054	112,688	113,049	108,834	104,552	99,715	99,113	96,794	92,787
법인·단체 등	53,818	52,718	51,126	50,676	51,914	51,684	49,175	46,858	45,374	43,404	41,298
민간	615,647	623,045	671,891	706,647	768,256	770,179	775,414	747,598	745,663	738,559	711,209
가정	210,438	236,843	281,436	308,410	371,671	364,113	365,250	344,007	328,594	321,608	302,674
협동	1,491	1,655	1,898	2,286	2,913	3,226	3,774	4,127	4,240	4,508	4,360
직장	16,809	18,794	21,901	24,987	29,881	34,479	39,265	44,765	52,302	58,454	62,631

출처: 통계청 (2019). 2018년 보건복지부 어린이집 및 이용자통계
(http://kosis.kr/statHtml/statHtml.do?orgId=117&tblId=DT_15407_NN002&conn_path=I2)

리부모역할을 수행하기 때문이다. 〈그림 8-8〉에 의하면 맞벌이가족의 경우 자녀가 0~3세까지는 부모, 조부모, 어린이집 순으로 양육이 이루어지고 있으며(0~5세 취업모의 약 21.5%가 조부모 돌봄) 자녀의 연령이 증가할수록 조부모양육은 감소한다. 비취업모(0~5세의 5%가 조부모 돌봄)의 경우도 취업모만큼 높은 수준은 아니지만 0~3세까지는 조부모가 중요한 양육지원을 하고 있으며 할머니들이 그 역할을 담당하고 있다.

그러나 2018 미래에셋의 조사보고서(세계일보, 2019.2.19)에 의하면 맞벌이가구의 조부모 육아비율은 63.5%로 위의 통계청 결과와는 괴리가 있다. 손자녀를 양육하는 조부모의 황혼육아 계기는 자녀 직장생활을 돕기 위해(48%), 자녀가 안쓰러워서(16.7%), 손주가 예뻐서(15.3), 부탁을 거절하지 못해서(9.8%) 등 비자발적인 이유들이다. 그러나 더 큰 문제는 이들은 황혼육아의 어려움으로 체력적 한계(55.6%), 내 시간을 빼앗김(49.8%), 당연시하는 자녀태도(21.5%), 자녀와 양육방식 갈등(17.8%) 다른 가족원과의 갈등(8.7%) 및 손주와의 갈등(2.9%) 등 다양한 어려움을 경험하고 있다. 이러한 결과는 자녀들의 육아를 노부모들이 강제적으로 떠맡게 되는 것이며, 여성들의 삶의 변화가 또 다른 여성에게는 과중한 역할로 세대간에 재생산되는 결과라고 볼 수 있다.

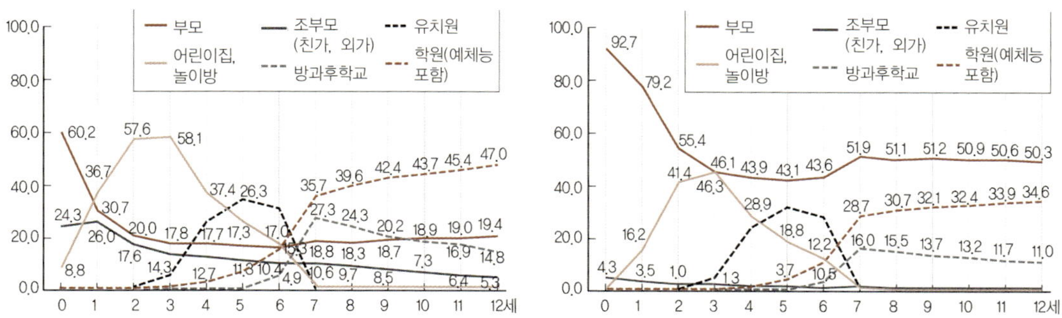

| 그림 8-8 | 부모의 취업 유무에 따른 자녀의 돌봄서비스 이용현황(왼쪽, 취업모) (단위: %)

출처: 통계청 (2017). 생애주기별 주요 특성 분석-출산, 아동보육, 청년층, 경력단절. p. 9.

| 표 8-3 | 주요 가구 유형별 가구(2015-2045) (단위: 만 가구, %)

구분		가구						구성비				
		2015	2017	2025	2035	2045	연평균 변화	2015	2017	2025	2035	2045
계		1,901.3	1,952.4	2,101.4	2,206.7	2,231.8	11.0	100.0	100.0	100.0	100.0	100.0
친족가구	계	1,362.0	1,373.4	1,403.9	1,416.5	1,392.8	1.0	71.6	70.3	66.8	64.2	62.4
	부부	295.2	313.0	384.9	456.0	474.2	6.0	15.5	16.0	18.3	20.7	21.2
	부부+자녀	613.2	593.3	507.5	424.8	354.1	−8.6	32.3	30.4	24.2	19.3	15.9
	부+자녀	53.5	57.0	67.2	73.8	75.1	0.7	2.8	2.9	3.2	3.3	3.4
	모+자녀	151.7	155.7	163.1	160.5	150.6	0.0	8.0	8.0	7.8	7.3	6.7
	3세대이상[1)]	103.4	100.0	85.9	74.6	64.5	−1.3	5.4	5.1	4.1	3.4	2.9
	기타[2)]	145.0	154.5	195.3	226.7	274.3	4.3	7.6	7.9	9.3	10.3	12.3
1인가구		518.0	556.2	670.1	763.5	809.8	9.7	27.2	28.5	31.9	34.6	36.3
비친족가구		21.4	22.7	27.4	26.8	29.1	0.3	1.1	1.2	1.3	1.2	1.3

1) 부부+미혼자녀+부(모), 3세대이상 기타
2) 가구주+형제자매(기타 친인척), 1세대 기타, 부부+부(모), 부부+자녀+부부형제자매, 조부(모)+손자녀, 2세대 기타
출처: 통계청 (2017). 장래가구추계(2015-2045년). p. 5.

맞벌이가족의 경우가 아니더라도 조부모가 손자녀와 가구를 구성해서 살고 있는 조손가족에서 할머니의 돌봄도 많은 어려움을 내포하고 있다. 2010년과 2018년 조부모와 미혼 손자녀가 같이 사는 비율은 모두 0.6%로 매우 낮은 비율이지만, 2018년의 경우 115,720가구에 이른다(통계청, 2018). 〈표 8-3〉과 같이 2017년 전체 가구 중 7.9%가 조손가족을 포함함 다양한 친족가구이며 이러한 가구는 계속 증가하여 2045년에는 12.3%로 증가할 것으로 추정된다. 조손가족에서는 조부모가 주양육자로의 역할을 하지만 이들은 다양한 어려움을 경험하고 있다.

특히 저소득층의 조손가족의 조부모들은 아동기부터 시작된 불행한 인생(교육기회 박탈의 차별적 경험, 청·중년기 동안의 자신의 무능력 등)이 노년기에는 경제적 어려움과, 비자발적 양육책임, 고난의 대물림 및 가족지지의 부재 등의 어려움으로 이어진다고 한다(오경석, 2010). 그러나 이들은 가족중심적 가치관과 지역사회

의 사회적 지지, 그리고 희생을 통한 자기 확인을 바탕으로 손자녀양육에 적응한다고 한다. 김오남(2007)도 손자녀양육을 경험한 조부모들이 건강, 경제문제, 가족관계의 악화, 양육의 어려움, 심리적 문제, 사회적 지지의 부족 등 다양한 어려움을 경험하고 있지만, 손자녀돌봄을 통해 신체적·경제적 및 사회적 차원에서의 다양한 보상감도 함께 존재한다고 한다. 이들의 손자녀돌봄에 대한 적응과정은 여전히 전통적인 성역할에 기인하고 있으며, 육아로 인한 사회활동 제한은 고립감과 외로움, 우울증의 원인이 되기도 한다(아시아경제, 2019.5.19).

2) 노인과 질병을 가진 가족원의 돌봄과 양육자의 부담

'병든 부모 보살피는 건 딸, 며느리… 남편 쓰러지면 또 수발'(중앙일보, 2019.5.9.)이라는 기사에서 알 수 있듯이 여성들은 환자를 돌보는 주수발자이다. 2019년 어버이날 효행상 수상자로 대통령과 장관의 훈장, 포장, 표창 등을 받는 사람 중에는 며느리가 23명(62%), 딸이 7명(19%), 아들이 6명(16%), 사위가 1명이었는데, 이러한 결과는 21세기에도 여전히 우리나라에서 노인과 질병을 가진 가족원의 돌봄이 여전히 며느리와 딸의 역할이라는 사실을 알려준다. 가족의 중요한 기능 중 하나가 돌봄이라는 데는 논의의 여지가 없다. 그러나 세계에서 고령화가 가장 빨리 진행되는 나라 중 하나인 우리나라에서 노인의 돌봄에 대한 인식이 변하지 않고 있다는 것은 매우 놀라운 일이다.

통계청의 인구추계에 의하면 우리나라는 2000년 65세 이상 노인인구가 7.2%로 고령화 사회에 진입한 이후 〈그림 8-9〉와 같이 65세 이상 고령인구의 비율은 2050년까지 지속적으로 증가할 것으로 예측되며 2067년에는 전체 고령자 중 34.4%가 75~84세, 28%가 85세 이상으로 현재와는 매우 다른 노년기를 맞을 것으로 보이지만 앞으로의 기술발달은 평균수명을 더욱 더 증가시킬 것으로 예측된다. 이러한 인구구조의 변화에 따라 돌봄의 수요는 증가되나 기혼여성의 경제활동 증가, 소가족화, 이혼율 증가 등으로 인해 가족이 해오던 아동, 노인, 장애인 등에 대한

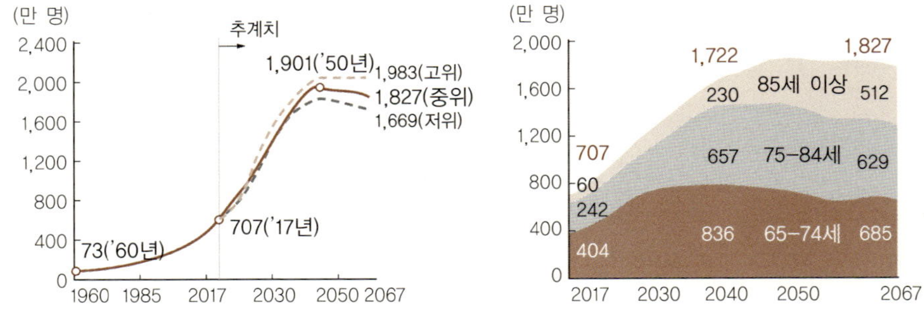

고령인구(1960~2067년) 고령인구 연령구조(2017~2067년)(중위)

| 그림 8-9 | 고령인구(1960-2067)와 연령구조(2017-2067)의 연령구조

출처: 통계청 (2019). 장례인구추계(2017-2067년) 보도자료. p. 12.

돌봄의 공백이 발생하고 있다. 게다가 가족은 점차 개인주의적으로 변화하고 증가하는 노인인구에 비해 이들에 대한 돌봄과 지원에 대한 사회적 인식과 가족원들의 책임의식은 여전히 부족한 실정이다.

부모부양에 대한 돌봄노동의 어려움은 일반적인 자녀양육과 같이 한정된 시기에 집중되지 않으며, 일반화된 규범이 없다는 데 있다. 왜냐하면 돌보는 사람이 수행해야 하는 역할과 책임감은 노인의 특성이나 질병의 종류와 질병의 진행단계에 따라 매우 다르기 때문이다. 단순히 노인을 부양하는 것과 가족원이 정신적인 장애나 신체적인 장애가 있는 경우는 돌봄의 내용이 매우 다르다. 또한 일시적인 질병으로 자녀나 배우자를 돌보아야 되는 경우가 있는가 하면 장애를 포함한 만성적인 질병으로 장기적인 돌봄이 필요한 경우도 있다. 만성적인 질병과 장애 같은 경우 돌봄의 내용은 가족구성원들이 수행해 온 전통적인 과업이나 활동과 매우 동떨어진 일은 아니지만 이들에 대한 돌봄은 장기간에 걸쳐 시간과 에너지를 쏟아야 하는 문제이므로 가족의 노동 범위를 많이 벗어난다.

질병을 가진 가족원에 대한 돌봄이 양육자에게 미치는 영향은 병의 조건에 따라서도 매우 다양하다. 롤란드(Rolland, 1994)는 돌봄의 행동도 네 가지 질병의 조건에 따라 돌보는 사람에게 미치는 영향이 차이가 있다고 한다. 첫째, 질병의 시기(onset)로 질병이 알츠하이머와 같이 서서히 시작되었는지, 발작이나 뇌졸중과 같이 갑자기 시작되었는지에 따라 차이가 있다. 둘째, 질병의 경과과정(disease course)으로 암이나 치매와 같이 점점 가중되는 것인지, 발작과 같이 초기에 일어난 사건이 그대로 일정하게 진행되는지, 혹은 심각한 정신질환이나 일부 암과 같이 부분으로 진행되는지에 따라 차이가 있다. 셋째, 결과(outcome)가 죽음을 초래하는 과정을 거치는지 혹은 회복될 수 있는지에 따라서도 돌보는 사람에게 미치는 영향은 다르다. 마지막으로 무능화(incapacitation)의 정도로 아픈 가족원이 단기 혹은 장기적으로 인지적, 행동적, 언어적, 사회적 불구를 초래하는지 혹은 화학요법과 같은 의학적 처치의 영향으로 어느 정도 장애나 불구로 발전되는지에 따라 미치는 영향이 다양하다.

치매의 증가는 성인자녀와 부모의 양육과 부양관계에서 중요한 과제가 될 것으로 예측된다. 알츠하이머협회에 의하면 2050년 세계 치매 환자가 1억 명이 넘고 한국은 세계에서 치매 환자가 가장 빨리 늘어나는 국가가 될 것인데, 2013년 57만, 2030년 127만, 2050년에는 271만 명으로 예측한다(중앙일보, 2015.1.27). 특히 치매는 현재까지 완치약이 없고, 치매 환자보호센터와 같은 시설과 인력이 부족하기 때문에 가족의 부양범위를 넘어서는 치매와 같은 문제는 가족에 또 다른 부담과 갈등 요인이 될 수 있을 것이다. 치매 환자의 주수발자에 대한 연구에서 수발자는 여성(73%)이 대부분이며, 배우자 36.7%, 딸 28.4%, 며느리 17.2% 순서라고 한다(중앙일보, 2019.5.9). 이러한 결과는 딸과 며느리가 여전히 가족에서 부양의 역할을 하며, 평균수명이 남성보다 긴 여성들이 또다시 남편이 쓰러지면 수발을 해야 하는 갈등적 상황에 놓여 있어 이들을 위한 지원책이 필요한 실정이다.

그러나 이제 우리나라 사람들은 가족의 돌봄은 〈표 8-4〉와 같이 더 이상 가족만의 문제가 아니라고 인식하고 있으며, 저출산 고령화 사회에서 국가와 사회가 이러한 문제를 가족의 문제로만 인식하는 것도 문제이다.

| 표 8-4 | 부모 부양에 대한 견해 (단위: %)

구분	계	부모 스스로 해결	가족	가족과 정부 사회	정부 사회	기타	가족 중 부모 부양자					
							소계	장남 (맏며느리)	아들 (며느리)	딸 (사위)	모든 자녀	자식 중 능력 있는 자
2016년	100.0	18.6	30.8	45.5	5.1	0.0	100.0	5.6	4.5	1.0	71.1	17.7
2018년	100.0	19.4	26.7	48.3	5.7	0.0	100.0	5.0	3.7	1.0	72.0	18.3
남 자	100.0	19.1	28.7	47.0	5.1	0.0	100.0	5.9	4.9	0.4	70.2	18.6
여 자	100.0	19.7	24.6	49.5	6.2	0.0	100.0	4.1	2.6	1.6	73.7	18.0
1인가구	100.0	22.0	31.5	39.0	7.5	0.0	100.0	7.6	4.4	1.2	67.6	19.2
1세대가구	100.0	23.7	25.3	44.6	6.3	0.0	100.0	7.4	3.9	1.0	67.3	20.3
2세대가구	100.0	17.7	25.7	51.6	4.9	0.0	100.0	3.5	3.4	1.0	74.7	17.3
3세대이상가구	100.0	14.2	29.2	50.9	5.8	-	100.0	6.4	4.6	1.1	68.9	19.0

주: 1) 부모의 노후 생계를 '가족', '가족과 정부 · 사회'가 돌보아야 한다고 응답한 자임.
출처: 통계청. 2016, 2018 사회조사.

영국의 경제 시사주간지 「The Economist」(2016.8.13~19)에서는 생화학 혁명과 유전자조작기술 등의 발달과 반-노화처치가 가능할 미래 사회에서 가족관계에 대한 인식의 변화와 함께 여성의 자유도 증가하면서 가부장적 남성이 경험하게 될 위기의 정도는 얼마나 될 것이며, 치매 · 암 등의 질병과 함께 살아가는 방법이 무엇인가에 대한 고민이 필요하다는 점을 강조한다. 이를 위해서는 윌리엄 새들러(김경숙 역, 2000)의 중년기에 대한 조언을 노년기에도 적용해 볼 수 있을 것이다. 새로운 시기인 중년기에 대한 정체감을 확보해야 하는 것과 마찬가지로 새롭게 우리의 삶에 주어진 길어진 노년기에 전통적으로 여성들에게만 부과되었고 여전히 부과되고 있는 돌봄을 어떻게 가족 내에서 평등적으로 수행할 것인가에 대한 새로운 정체감이 요구되며, 법과 제도 및 정책적 차원에서도 어떠한 지원망이 필요한가에 대한 논의가 적극적으로 이루어져야 할 것이다.

3. 모성과 돌봄에 대한 새로운 인식을 향하여

앞에서도 지적하였듯이 여성의 생물학적 특징과 구조기능론적인 관점에서의 어머니 역할에 대한 인식은 자연스럽게 출산과 돌봄을 여성의 역할로 강조하면서 여성들을 사회화시켰다. 출산과 돌봄은 여성 개인의 선택이라기보다는 성유형화된 사회적 규범이 내재화된 결과이다. 따라서 모성이데올로기에 의해 여성에게 부과된 의무적인 출산, 출산과정에서 비인권적인 문제, 출산과 건강문제 등을 젠더적 관점으로 새롭게 인식할 필요성이 있다. 특히 가족은 점차 다양해져 가고 있으며 다양한 가족에서 여성의 지위와 역할은 전통적인 가족에서의 모습과는 많은 차이가 있다. 가족도 개인의 삶의 과정에서 다양한 모습을 선택하듯이, 여성의 몸에 대한 선택 역시 여성이 주체가 되어 선택되어야 하며 어머니가 되는 경험도 여성성의 표현으로서 또한 존중되어야 한다.

또한 출산과 함께 동반되는 후속과정이 돌봄이다. 출산이 여성 혼자서 이룰 수 없는 두 사람의 선택에 의한 과정이듯이 돌봄 또한 남녀가 공유하는 것이 돌봄의 진정한 의미이다. 이러한 이유로 심리학 분야에서는 에릭슨(Erickson)의 발달단계에서 중년기의 생산성의 개념을 자녀양육을 통한 생산성으로 확대 해석한다. 결국 출산과 돌봄의 문제는 이와 관련된 개인의 삶의 변화와 가족과 사회의 변화에 따라 양성평등적인 역할 공유의 필요성을 제기하는 것이다. 즉, 1970년대 초 페미니스트들의 주장과 같이 여성의 삶이 자녀양육이나 출산에 의해 구속되어서는 안 되며 모성을 선택의 관점으로 보아야 하고, 1980년 이후의 페미니스트들의 주장과 같이 어머니가 되지 않을 권리뿐만 아니라 어머니가 되는 경험에도 중점을 두면서 남녀 간 차이를 인정하면서 여성성을 찬양하는 관점도 함께 받아들이는 것이 중요하다.

돌봄의 사회화는 현대 사회에서 매우 중요한 과제이며 국가의 책무이기도 하다. 장혜경 등(2006)은 한국은 초저출산 국가이자 인구 고령화가 급속도로 진행되는 나라로 돌봄 수요의 증가와 공식 돌봄 공급의 부족에 대응하기 위해 적극적으로 돌봄정책을 추진하고 있음을 강조한다. 실제로 노인장기요양보험이 제도화되었으며 장애인 활동보조인 지원서비스, 노인돌보미 지원서비스, 장애아돌보미 지원서비스 등 다양한 공식 돌봄서비스가 국가 차원에서 이루어지고 있다. 그러나 이러한 지원이 효율적으로 이루어지기 위해서는 공식 돌봄서비스의 확대에 따라 안정적인 돌봄노동인력을 확보하기 위한 임금 등 근로조건 개선이 이루어져야 하며, 공식 돌봄서비스 제도화가 일과 돌봄 책임의 양립을 위한 방향하에 추진되어야 한다는 점을 강조하여야 한다. 조손가족에서 노부모가 손자녀를 돌보는 상황에 어쩔 수 없이 참여하게 되는 것과 마찬가지로, 가사노동서비스 영역 대부분의 종사자도 여성이며, 저임금과 고강도의 신체적 노동력을 제공한다는 사실은 잘 알려져 있다. 즉, 사회서비스 수요층도 직업 때문에 돌봄노동을 사회에 기대고자 하는 여성들이 많지만 공급자도 또다시 여성이라는 아이러니를 보여주는 것으로 이는 돌봄노동의 사회화가 여성의 가정에서의 노동만으로 그치지 않고 사회영역에서도 그대로 유지되고 있음을 보여주는 결과이다. 이와 같이 공공영역에서의 돌봄이 여성들의 저임금과 불안전한 고용구조로 운영되면서 또 다른 여성의 불평등을 야기하는 체제가 되어서는 안 될 것이다.

그러나 또 한편으로는 돌봄노동을 사회화하는 것만이 바람직한 대안인가 하는 점도 조심스럽게 검토해 보아야 한다. 하몬과 휘트니(Hamon & Whitney, 2003)는 부양책임의 동기 형성에 대한 다양한 이론을 소개한다. 그중 하나는 부모양육에 대한 성숙(filial maturity)이 부양에 대한 동기라는 이론이다. 이 이론은 40~50대 성인자녀들은 일정기간 동안 중요한 지지기반이던 부모가 자신들이 경제적 혹은 정서적으로 어려운 시기가 닥쳤을 때 더 이상 자신들에게 지지적인 역할을 하지 못하는 부모들을 보면서 자신들이 부모에게 지지적인 자원이 되어야 함을 깨닫고 부모양육에 대한 위기감을 인식한다는 것이다. 따라서 부모양육에 대한 성숙이 중년기의 중요한 발달적 과업이라고 생각하는 동기에서 부양을 분담한다는 것이다.

또 다른 이론은 애착이론이다. 이 관점은 자녀의 양육규범에 대한 내면화로 부양의 동기를 설명한다. 애착은 내적 과정이 존재하는데 부모에 대한 자녀의 정서적·애정적 유대가 부모와의 의사소통과 접촉을 유지하게 하며 어려울 때 돕는 행동을 하게 하는 원인이 된다는 것이다. 따라서 부모양육 책임감은 의무감이나 부모에 대한 빚 때문이라기보다는 부모와의 애정, 상호성과 긍정적인 느낌에 기초한다는 점을 강조한다. 물론 동기가 행동으로 직접 연결되지는 않지만 이 두 가지 관점에 의하면 부모부양에 대한 행동은 중년기 이후의 양육을 담당하는 자녀와 부모 간의 동료애와 발달과정에서 성숙의 결과를 반영하는 것이다. 이를 통해 새로운 생산성을 얻을 수도 있고 어머니-딸 간의 새로운 자매애를 형성하는 긍정적인 측면도 있음을 알 수 있다. 이러한 점은 바로 여성성에 대한 긍정적인 측면이며, 양육을 담당하는 행동 자체도 중요한 개인의 선택으로 존중되어야 한다는 것이다. 물론 길어진 생애과정에서 함께 나이 들어가는 부모와 자녀세대가 동반자적 관계로서 서로 협력하고 지지기반이 되는 과정도 매우 중요하다. 그러나 이러한 관계 중 노부모와 성인자녀와의 관계는 친정어머니와 딸뿐만 아니라 시어머니와 며느리관계도 포함할 수 있어야 한다.

결국 출산과 돌봄은 개인의 선택에 의한 자연스러운 과정인데, 이 과정에 어떠한 인식이 개입되었느냐 하는 것이 젠더적 관점에서 문제가 되는 것이다. 1장에서도 정의하였듯이 가족은 성별, 결혼지위, 인종 등에 상관없이 '관계의 지속성'이 있으며, '경제적 자원과 공유성'이 있고, '정서적 친밀감'을 갖는 공동체로 두 명 이상의 대인관계로 구성된다. 현대 의학의 발달로 전통적인 남녀의 파트너관계나 동성애관계에서도 출산은 이루어지며 그 관계 안에서 양육이 이루어진다. 또한 이들은 관계의 지속성에 의해 상당한 기간을 함께 생활하면서 아프거나 불구가 되거나 혹은 나이가 들면서 서로에게 돌봄노동을 수행해야 한다. 따라서 공동체적 관점에서 성에 관계없이 평등적 역할수행이 이러한 문제에 대한 대안이 될 수 있을 것이다. 또한 저출산, 고령화로 인한 문제 및 맞벌이가족 증가 등으로 가족의 돌봄 범위를 넘어서는 부양에 대한 사회와 국가적 책임도 중요하게 다루어져야 할 것이다. 그러나 돌봄노동의 사회화 과정에서 여성의 돌봄노동이 가정에서의 노동만으로 그치지 않고 사회영역에서도 그대로 유지되고 있음을 고려할 때 돌봄노동에 대한 사회적 가치를 높이기 위한 노력도 필요하다.

논의해 봅시다

1. '자녀출산의 권리'가 의미하는 것은 무엇이며, 그 권리의 주체는 누구인지 토론해 보자. 또한 현행 모자복지법 제14조 인공임신중절수술의 허용한계에서 규정하고 있는 본인과 배우자(사실상의 혼인관계에 있는 자 포함)의 '동의' 규정의 타당성도 토론해 보자.

2. 의학과 기술의 발달로 생애과정은 점차 길어지고 있다. 정현숙(2019)은 평균수명의 증가로 가족관계에서 몇 가지 특징이 나타나는데, 가족관계 전 기간 동안 부부, 부모, 조부모 역할을 하는 시기가 이전보다 길어지고, 질병이나 노화의 정도가 가족관계에 미치는 영향력은 증가되어 만성적 질병을 안고 오랜 기간 살아가야 하는 문제 등이 발생하며, 세대관계가 더욱 중요해질 것이라고 예측한다. 또한 이혼의 증가나 가족가치관의 변화로 가족의 돌봄기능은 더욱 약화될 것이라고 한다. 그렇다면 저출산 고령화 사회에서 자녀와 노인의 돌봄을 위한 개인, 가족, 그리고 국가의 책무는 무엇이며, 각각의 책임의 비중은 어느 정도가 되어야 한다고 생각하는지 토론해 보자.

3. 저출산의 원인과 관련한 다양한 대중매체의 기사를 검토해 보자. 저출산의 원인을 바라보는 시각은 어떠하며, 원인으로 지적된 현상들의 타당성에 대해 토론해 보자.

CHAPTER

09

젠더와 부모자녀관계

CONTENTS

chapter **09**

젠더와 부모자녀관계

전통적 개념의 가족은 '성'과 '세대'라는 두 개의 축을 중심으로 구성되며, 출산과 양육에 의해 인간의 연속성을 이어가는 것이 가족의 핵심 기능 중 하나라고 인식되어왔다. 오늘날 저출산, 고령화의 인구학적 변동과 의학기술의 진보 등의 영향으로 부모역할이나 자녀에 대한 가치관이 변화하고 있고, 특히 성역할사회화 과정에서의 젠더역학도 큰 변화에 직면하고 있다. 이 장에서는 부모역할과 젠더, 성유형화된 부모역할의 신화와 소외, 부모자녀관계와 젠더 등에 대해 살펴보고자 한다.

- 부모는 어떻게 자녀의 성역할사회화에 영향을 미치는가?
- 성유형화된 부모역할은 어떻게 부성과 모성의 소외를 초래하는가?
- 원만한 부모-자녀관계는 자녀의 성역할 발달에 어떤 영향을 미치는가?

1. 부모역할과 젠더

부모역할은 부부역할과 같이 성유형화되어 있으며, 부모는 자녀양육과정에서 자녀의 성에 맞는 태도와 행동을 대물림한다. 이 절에서는 부모됨의 의미와 성역할 사회와의 주체로서의 부모역할에 대해 살펴보도록 하겠다.

1) 부모됨의 의미와 관점

(1) 부모됨의 의미와 특징

부모가 되고 자녀를 키우는 일은 시공간을 초월하여 인간 사회 어디에서나 발견되는 일이다. 부모됨은 낭만적인 경험으로, 도덕적이고 종교적인 의무로, 종족보존에 대한 시민의 책임으로, 또 본능에 대한 자연스러운 결과로 여겨졌다(Kaplan & Sedney, 1988). 또한 부모가 된다는 것은 성적 능력과 성인됨의 증거이며, 동시에 여성다움과 남성다움의 성역할을 수용하는 표시이기도 했다. 이와 같이 인류 역사상 부모역할은 정상적인 성인으로서 당연히 거쳐야 하는 성숙의 과정이었다.

또한 부모됨은 그 시대의 사회체제와 이데올로기를 내포한다. 조선시대의 전통적인 부모역할은 유교적 규범에 따라 입신양명(立身揚名)하여 가문을 빛낼 아들과 몸가짐이 단정하고 덕성 바른 딸을 양성하는 것을 목표로 하였다. 반면 현대의 부모됨은 민주적 생활규범의 전수를 강조하며 자녀의 개성을 존중하고 남녀차별을 덜 두는 한편 자본주의 이데올로기의 영향으로 자녀의 경제적·사회적 성취를 중시한다.

오랫동안 부모됨에 대한 낭만적 이미지가 사회적으로 과장됨으로 인해 젊은이들이 부모역할을 행복하고 만족스러운 것으로만 생각하는 경향이 있었다. 그러나 실제 부모됨의 경험은 개인생활의 포기와 피로의 누적, 성관계의 방해, 배우자와의 의사소통 부족 등 여러 어려움을 감수해야 하는 일이며, 특히 초기 부모역할단계에서 아버지와 어머니 모두 높은 긴장을 경험하게 된다. 역사상 유럽에서 빈번했던 유아 살인이나 최근의 어린이 학대 등의 현상은 부모됨에서 나타나는 분노와 가학성을 보여주는 예이다. 특히 상대적으로 많은 양육부담을 지는 어머니들이 자녀에 대해 부정적인 감정과 긍정적인 감정을 동시에 갖는 양가적 상태를 빈번히 경험한다는 것은 잘 알려져 있다(Kaplan & Sedney, 1988).

오늘날 부모됨의 의미는 과거와 다른 몇 가지 특징을 가진다. 첫째, 부모됨이 성인기 역할로 당연시되기보다 점점 개인의 선택사항이 되어가고 있다. 피임기술의 발전으로 언제, 몇 명의 자녀를 가질 것인가의 결정을 전적으로 개인이 조절할 수 있게 되었다. 둘째, 과거 부모가 되는 시기가 늦어지고 있으며, 적은 수의 자녀를 가지게 되었다. 이는 개인의 자아성취에 대한 욕구가 강해지고 교육기간이 길어져 취업과 결혼 등의 성인기 역할에 늦게 입문하게 된 것이 이유이다. 셋째, 저출산의 추세에도 불구하고 아동발달에 대한 지식이 많아진 예비부모들은 자녀출산과 양육에 대해 과거보다 더 많은 책임과 부담을 느끼게 되었다(정현숙 · 유계숙 · 어주경 · 전혜정 · 박주희, 2002). 넷째, 부모됨의 선행조건으로 혼인이 전제되어야 한다는 절대규범이 흔들리면서 결혼제도에 진입하지 않고도 부모됨을 선택하는 사람들이 등장하고 있다. 예컨대 미혼 싱글맘이나 동거커플의 자녀출산, 동성애커플의 자녀입양 등이 그것이다. 마지막으로 맞벌이부부의 급증으로 부모의 공동양육이 불가피해졌다. 이와 같이 오늘날의 부모됨은 과거에 비해 선택적이며 자율적이고 아동 중심적으로 변화되었다고 할 수 있다.

(2) 부모역할의 성차에 대한 생물학적 관점

동서양을 막론하고 어머니는 본능과 감성에 근거한 생물학적 양육을 수행하는 반면, 아버지는 문화와 이성에 근거한 훈육을 전수하는 사회문화적 양육을 해야 한다는 관점이 지배적이었다(박성수, 1996). 우리나라의 전통적인 부모역할의 규범 역시 '엄부자모(嚴父慈母)'라 하여 사회적으로 아버지는 엄하고 어머니는 자애로운 역할 수행이 기대되었다.

그렇다면 부모역할에서의 고정화된 성차는 어떻게 발전된 것인가? 여성은 본능적으로 모성에 대해 동기화되어 있다는 생물학적 시각은 플라톤(Plato)으로 거슬러 올라간다. 플라톤은 "남성의 행동은 뇌에 의해 지배되고 여성의 행동은 자궁에 의해 지배된다"라고 주장하며 성차에 근거한 생물학적 설명을 제시하였다(Gelles, 1995). 그에 의하면 자궁은 자녀 생산을 기다리는 동물과 같아서 사춘기가 지나고도 오랫동안 그대로 놔두면 고통을 받게 된다고 하였다.

근대에 들어와서 프로이트(Sigmund Freud, 1856~1939)는 부모성차에 대한 생물학적 설명을 심리성적 관점에서 연장하였다. 프로이트는 여성이 남근을 갖지 못한 것에 대한 열등의식과 낮은 자존감을 출산에 의해 보상받는다고 주장하였다. 또한 아동의 보육 경험에서 모유수유나 대소변훈련 등이 성격발달에 미치는 영향이 지대하다고 하며, 어머니의 생물학적 양육책임을 강조하였다. 발달심리학자인 볼비(Bowlby, 1951) 역시 1940년대 고아원의 아동들을 관찰한 결과로서 '모성박탈'의 개념을 발표하면서 아동발달에서의 어머니 역할의 절대성을 강조하였다. 그는 어머니와 자녀 간의 애착은 그 어떤 관계의 애착과도 대체될 수 없는 생래적인 것으로 보았다.

그러나 최근의 연구들은 어머니가 아기를 낳고 젖을 먹일 수 있는 능력을 가졌다는 것 외에는 아버지와 어머니의 양육능력에 의미 있는 차이가 없다고 밝힌다(Kaplan & Sedney, 1988에서 재인용). 비교문화 연구에서도 모성적 남성과 공격적 여성의 집단을 관찰한 결과 자녀양육에서 나타난 성차는 보편적이라기보다 문화적 차이가 있음을 밝히고 있다(박성수, 1996).

(3) 부모역할의 성차에 대한 사회문화적 관점

출산과 자녀양육에 대한 생물학적 관점은 1960년대부터 활발해진 여성운동에 의해 도전받게 된다. '모성본능(maternal instinct)'이나 '모성박탈(maternal deprivation)'과 같은 생물학적 개념은 재검증을 요구받게 되었으며, 오랫동안 도외시했던 남성의 양육적 역할도 재검토되기 시작하였다. 가족사회학자인 구드(Goode, 1963)는 자녀에 대한 내재된 동기나 본능이란 없다고 단언하였으며, 여성심리학자인 호니(Horney, 1967)는 여성이 남성에게 부러워하는 것은 프로이트가 주장한 남근이 아니라 남성이 보유한 우월한 사회적 힘과 지위에 대한 현실적인 평가일 뿐이라고 하였다. 이와 같이 가정과 사회에서의 학습된 행동 및 권력 차이를 강조하는 사회학적 관점은 점차 기존의 생물학적 관점을 대체하였다.

역사적으로 아버지와 어머니, 그리고 확대가족은 모두 어린이의 양육과 보호에 실제로 중요한 역할을 했다. 그러나 산업화 이후 가족이 핵화되고 가정과 일터가 양분되면서 아버지는 가정에서 더욱 멀어졌고 자녀양육은 어머니만의 영역으로 남게 되었다. 이러한 기능적 분리는 생물학적 결정론과 함께 여성이 선천적으로 자녀양육을 포함한 돌봄노동에 적절하다는 이데올로기로 발전되었고, 여성의 배타적인 양육을 합리화하는 수단이 되었다. 1950년대를 전후하여 세계적으로 베이비붐 시대가 도래되면서 여성의 출산과 양육에 대한 이데올로기는 더욱 굳어지게 되었다.

고정화된 성역할 규범이 지배하는 사회와 가족 안에서 개인은 태어나는 순간부터 성별에 따라 다른 기대와 대우를 받게 된다. 어린이는 자연스러운 호기심으로 자신의 성별과는 무관하게 다양한 새로운 행동들을 탐색하게 된다. 이 과정에서 자신의 성별에 적절한 행동을 할 때는 부모와 주변 사람들로부터 칭찬으로 격려를 받지만, 부적절한 행동을 할 때는 꾸중과 무관심으로 제지를 당하게 된다. 동성 부모와의 관계에서 여아는 은연중에 어머니와 자신을 동일시하고 남아는 아버지와 동일시함으로써 성역할 규범을 내면화한다. 이렇게 습득된 고정화된 성역할은 남아 또는 여아의 핵심 심리의 일부로 자리 잡게 되며, 이후 개인의 무한한 잠재력을 발휘하기보다는 성별에 따라 제한된 영역 안에서만 활동을 하고 만족하게 된다. 부모역할 역시 지배적인 사회규범에 맞추어 수행하게 되며, 아들과 딸에게 또 다시 고정화된 성역할규범을 전수하게 된다(Rossi, 1978). 그러나 관점이나 이론이라는 것은 항상 재검토와 도전을 받게 되는 법이다. 현재는 더 이상 부모역할이 생물학적 동기나 사회적 학습에 의해 배타적으로 지배된다는 극단적인 관점은 설득력을 가지지 못한다.

참고자료 9-1 슈퍼맘 · 슈퍼파파의 스트레스

가사와 양육 그리고 회사 일을 모두 훌륭하게 해낸다는 슈퍼맘은 그 반면에 모든 것을 해내야 하는 압박감과 스트레스에 힘들 때도 많다. 최근에는 젊은 맞벌이가정이 늘면서 슈퍼파파도 급증하고 있다. 돈만 잘 벌어오는 아빠가 아닌, 육아와 가사까지 도맡아 하는 이들은 슈퍼맘 못지않은 스트레스를 호소한다. 슈퍼맘과 슈퍼파파가 완벽하게 조화를 이루는 가정이라면 더할 나위 없겠지만 현실은 만만치 않다. 맞벌이가 선택이 아닌 필수가 되어버린 요즘, 슈퍼맘과 슈퍼파파들이 외치는 호소를 들어보았다.

▪ 女 : 돈은 같이 버는데 양육은 내 몫?

중학교 교사인 최모(31) 씨는 두 돌 된 아이를 키우는 슈퍼맘이다. 최 씨의 남편도 같은 학교에 근무하는 교사이기 때문에 최 씨는 육아문제를 분담할 수 있었다. 하지만 육아분담의 원칙은 시간이 흐르면서 깨지기 시작했다. 어린이집에 맡겼던 아이를 퇴근 무렵이면 데려와야 하는데 남편은 동호회 등의 저녁 약속을 이유로 늦는 일이 잦아졌다. 처음에는 그러려니 했지만 요즘에는 최 씨가 아이를 찾아오는 게 당연해졌다. 학교 회식은 물론 동료들과의 저녁 약속조차 어려워졌다. 최 씨의 불만 섞인 잔소리에 남편은 그래도 한 명은 높은 자리에 올라가야 하지 않겠냐면서 출세욕(?)을 보여 최 씨의 화를 돋웠다. "시간이 가면 갈수록 남편이 얄밉더라고요. 같은 학벌에, 같은 직장에 처음에는 당연히 같이 아이를 책임지게 될 줄 알았는데, 결국 육아는 여자 몫이라는 생각이 들더군요."

▪ 男 : 행복한 가정 위해 당연한 일

반도체업계에 종사하는 박모(35) 씨는 직장에서는 한 팀의 리더이고, 집에서는 엄마 · 아빠 역할을 모두 하고 있다. 8년차 박 씨는 기술개발팀의 팀장이다. 일의 성격상 야근이 잦아 보통 밤 9시를 전후해 퇴근하지만 홍보대행사에서 일하는 아내는 더 늦는다. 회사에서 밤을 새우는 경우도 적지 않다. 때문에 집안일과 육아는 항상 박 씨 몫이다. 밤 10시면 집안 구석구석을 청소하고, 빨래를 한다. 다음날 아침에 먹을 밥도 미리 해놓고, 다섯 살배기 아들의 잠자리도 챙겨준다. 아들은 낮 동안엔 인근에 사는 부모님에게 맡겼다가 퇴근길에 데려온다. 박 씨는 집 안팎에서 여러 역할을 하고 있지만 아내에게 불평 한 마디 하지 않는다. "저와 결혼해준 아내에게 늘 고마움을 느껴요. 일하랴, 살림하랴, 아이 돌보랴 몸이 힘들긴 해도 아내가 제 곁에서 힘이 돼주는 것에 비하면 아무것도 아니죠."

출처: 서울신문 (2008.5.27).

2) 성역할사회화의 주체로서의 부모

(1) 부모의 기대와 태도

아기가 태어난 순간, 부모가 가장 먼저 확인하는 것은 자녀의 성별일 것이다. 연구에 의하면, 아기가 태어난 지 24시간이 되지 않은 상태에서조차 딸의 부모는 아기가 작고 부드럽다고 지각하는 반면, 아들의 부모는 아기가 크고 민첩하다고 묘사하는 경향이 있다(Rubin, Provenzano, & Luria, 1974; 임정빈 · 정혜정, 1996에서 재인용). 그러나 영아의 평균 신장, 몸무게, 건강상태 등에서 남녀아 간에 차이가 없었다는 점에 비추어볼 때, 부모들의 이러한 지각은 성역할고정관념과 기대의 영향을 받은 것으로 볼 수 있다.

이러한 기대는 실제로 아이가 태어나기 전부터 시작되는데, 한 연구(Sweeney & Bradbard, 1988)에 의하면 아직 자궁에 있는 태아의 초음파를 통해 태아의 성별을 알고 있는 부모들은 여자 태아를 남자 태아보다 더 부드럽고 더 작고 더 조용하며 더 약하고 더 섬세하며 더 예쁘다고 평가했다. 이러한 연구 결과는 성역할사회화가 부모에 의해 얼마나 빨리 시작되는가를 단적으로 말해준다.

유치원 아동의 부모를 조사한 연구에서도 남자 아이가 반대 성에 적합한 행동, 예컨대 인형놀이 같은 것을 선택하였을 때 부정적인 태도를 취하였다고 한다. 그러나 여아가 반대 성의 놀이를 선택하였을 때에는 부모의 반응은 중립적이거나 긍정적이었다(Kaplan & Sedney, 1988에서 재인용). 자녀의 성에 맞는 행동에 대한 부모의 기대는 자녀 학령기가 되어도 지속되는데, 특히 어머니보다 아버지에게 두드러지게 나타난다.

부모의 성역할 태도 역시 자녀로 하여금 성별에 따라 다른 성역할사회화 과정을 거치도록 하는데 직접적인 영향을 미치게 된다. 즉 전통적인 젠더의식을 가진 부모들은 그 자녀들에게도 그것을 전수하려는 경향이 있었고, 그런 부모의 자녀들은 자신과 다른 사람에 대해 성역할고정관념을 더 강하게 갖는 경향이 있었다(Tenenbaum & Leaper, 2002).

우리나라의 연구에 의하면, 어머니와 유아의 성역할고정관념 간에는 높은 정적 상관이 있어서 어머니의 성역할고정관념이 높을수록 유아의 고정관념도 더 높았다(유은석 · 민혜영, 2008). 또 유아의 성역할고정관념은 어머니의 사회 · 문화생활에서의 양성평등의식에 의해 영향을 받았으나 아버지에 의해서는 영향을 받지 않았으며(강경석 · 박연희, 2008), 또 다른 연구(이효영, 2006)에서는 부모의 성역할 인식은 유아의 성역할고정관념에 영향을 미치는 것으로 나타났다. 유아와 어머니를 대상으로 한 관찰연구에 의하면(석은선, 1991), 어머니의 성역할 태도가 전통적일수록 남아에게 남성적 장난감을 장려하는 것으로 나타났으며, 여아에게는 신체적 접촉을 더 많이 시도함으로써 여아의 의존성을 더 강화하는 경향이 있었다. 또한 어머니와 자녀의 성역할 태도는 정적 상관관계를 보여 자녀들은 어머니의 성역할 태도를 보수적으로 지각할수록 자신의 성역할 태도 또한 보수적으로 지각하였고, 그 반대의 경우도 마찬가지였다(서인숙, 2001).

(2) 부모의 행동

많은 연구들이 성역할사회화와 관련된 부모의 행동을 다루었다. 그 중에서도 가장 일관성 있는 주장은 부모가 아동이 보이는 성유형화된 활동을 적극 격려한다는 것이다(Lips, 2008; Tenenbaum & Leaper, 2002). 남아는 여아보다 반대 성의 행동에 대해 부정적인 압력을 더 많이 받는다. 즉, 남아가 여자 같은 행동을 할 때 여아가 남성적 행동을 했을 때보다 더한 처벌을 받았다(Kaplan & Sedney, 1988에서 재인용). 또한 부모는 딸보다는 아들에게 운동감각을 키우는 행동을 하도록 자극하고 이에 대해 보상하는 경향이 더 강했다(Lips, 2008). 그럼에도 불구하고 이와 관련하여 이루어진 연구들을 메타분석한 결과, 상호작용의 양, 훈육방식, 온정적 태도와 같은 대부분의 차원에서 부모들이 아들과 딸을 대하는 방식에서 차이가 크지 않았다(Lytton & Romney, 1991; Lips, 2008에서 재인용)는 연구 결과도 보고되고 있다.

부모들은 또한 자녀들에게 장난감을 골라주며 성유형화를 유도한다. 6개월 이하의 유아들의 방에 있는 사물들을 비교해볼 때, 남아의 방에는 자동차나 운동기구, 군인 인형, 장난감 동물 등이 많은 반면, 여아의 방에는 인형 집과 소꿉장난 등이 있었다. 남아의 방은 동물 주제로 꾸며주는 반면, 여아의 방은 레이스와 꽃무늬로 꾸며준다. 또한 부모가 아들과 놀 때는 '남성적인' 장난감을 가지고 노는 데 시간을 더 많이 보내는 반면, 딸과 놀 때는 장난감을 더 융통성 있게 골랐다(Wood, Desmarais, & Gugula, 2002).

유아기 때부터 어머니는 아들보다 딸을 더 많이 안아주며 언어적 상호작용도 더 많이 하는 경향이 있다. 부모들은 딸에게 신체적인 애정표현과 밀접한 상호작용, 보호 등을 강조하며 기대하지만, 아들에게는 자율성과 경쟁, 규칙, 감정통제 등을 기대하고 격려한다. 딸이 도움을 청하거나 다른 사람을 돕거나 부모를 따라다니는 행동을 할 때에 부모는 긍정적인 반응을 보인다. 그러나 아들에게는 거칠고 신체적인 운동이나 자율적인 행동을 더 장려하는 경향이 있다. 부모들의 이러한 차별적 반응 양상은 심지어 높은 교육수준을 갖고 있으며 평소 성차별을 반대하는 부모들에게도 나타난다는 점에서 특히 충격적이다(Kaplan & Sedney, 1988).

부모는 딸과 아들에게 각각 다른 유형의 과제를 부여함으로써 성차를 초래하는 것으로 알려진다. 예를 들어 딸에게는 아기 보기, 음식 준비 돕기 등 다른 사람을 돌보거나 타인과 상호작용하는 과제를 보다 빈번하게 주는 반면, 아들에게는 집밖의 허드렛일이나 심부름 등의 과제를 더 자주 부여한다(Kaplan & Sedney, 1988에서 재인용). 이를 통해 남자 아이들은 집밖을 돌아다니거나 친구들과 쉽게 어울릴 수 있는 기회를 갖게 되는 것이다. 따라서 성별에 따라 다른 과제를 부여하는 것은 자녀에 대한 성유형화에 대한 압력 중 하나라고 할 수 있다. 아프리카 케냐에서의 연구에 따르면, 남자 아이들 중 집안일이나 아기 보기 과제를 부여받은 아이는 그런 일을 하지 않는 남자 아이들보다 더 책임감 있고 덜 공격적이며 덜 지배적인 것으로 나타났다(Ember, 1973). 부모가 자녀의 성별에 따라 사회화를 다르게 하는 것은 많은 문화권의 공통적인 현상으로서, 부모가 딸보다 아들에게 더 많은 관심을 보이며, 딸과 더 사교적으로 상호작용하고, 아들에게 성취와 자율성을 더 강조하는 경향이 있다.

참고자료 9-2 '평등아버지', 나는 몇 점?

"당신은 얼마나 평등한 아버지입니까." 한국여성단체연합은 아버지들이 얼마나 양성평등의식을 지니고 있는가를 평가할 수 있는 문항 10개를 만들었다. 10개 중 8~10개에 해당되면 '훌륭함', 5~7개는 '좀 더 노력을 요함', 4개 이하는 '성차별 요주의'이다.

① 가정생활에 애정을 갖고 육아와 가사 일을 동등하게 분담한다.
② 자녀들에게 "여자니까…", "남자가…"라는 말을 하지 않는다.
③ 회식에 참여하지 않고 육아, 가사를 위해 "지금 퇴근해야 한다"고 말할 수 있다.
④ 1주일에 적어도 1시간 이상은 자녀들과 시간을 보낸다.
⑤ 민주적이고 평등한 가족을 만들기 위해 호주제 폐지에 찬성한다.
⑥ 아들에게 가사 일을 분담시킨다.
⑦ 딸이 사회인으로 당당하게 살 수 있도록 자신감을 불어넣어준다.
⑧ 딸만 있는 가족에게 "아들이 있어야 한다"라는 말을 하지 않는다.
⑨ 자녀들에게 아버지의 말이라고 해서 무조건 따르도록 강요하지 않는다.
⑩ 친가를 생각하는 것만큼 처가의 일에도 관심을 갖고 참여한다.

2. 부모역할의 신화, 소외 및 회복

어머니와 아버지는 각각 어떠해야 한다는 성별화된 부모역할은 과연 타당한가? 사람들은 사회적으로 정해진 어머니 역할과 아버지 역할에 맞춰 부모역할을 수행하는 것에 대해 만족스럽게 느끼며 행복한가? 여기서는 사회적으로 성유형화된 어머니 역할과 아버지 역할의 허상과 그로 인한 소외를 살펴보고, 21세기 모성과 부성의 회복방안에 대해 살펴보도록 하겠다.

1) 모성신화와 소외

(1) 모성신화

"여성은 약하나 어머니는 강하다"는 말은 무엇을 의미하는가? 소설과 매스컴은 남성에게 보호본능을 일으키는 가녀린 여성의 모습과 대조적으로 어머니는 가족을 위해서 어떤 희생도 서슴지 않는 강인한 모성을 갖고 있음을 보여주곤 한다. 동서고금을 막론하고 여성의 가장 여성다운 모습을 모성에서 찾는 경우도 적지 않다. 이는 어머니가 되는 것이 여성의 가장 중요한 사명이며 여성의 정체성을 정의하는 기초라고 보는 오랜 시각 때문이다. 물론 임신과 출산을 경험하고 일차적 양육책임자로서 아이를 돌보기 때문에 어머니가 아동의 발달과 적응에서 중요하다는 사실은 부인할 수 없다. 그러나 모성에 대한 과도한 사회적 기대는 여성에게 부담감을 주며 어머니 역할에 내포된 양육 스트레스를 은폐한다는 비판을 받는다.

1960년대 말부터 시작된 여성운동은 그때까지 당연시했던 어머니 역할에 대해 의문을 제기하기 시작하였다(Gelles, 1995). 여성주의자들은 모성본능이나 모성박탈과 같은 개념이 사회적으로 구축된 것으로 보고, 가부장적 가족제도하의 모성에 대한 사회적 기대가 비현실적이라고 비판하였다. 사회학자인 앤 오클리

(Oakley, 1974)는 사회구성원들이 맹목적으로 받아들이는 모성에 대한 신화로 다음과 같은 세 가지를 지적하였다.

첫째, 모든 여성은 어머니가 되어야 한다는 신화이다. 이러한 관점은 모성이 본능이며 모든 여성은 완벽한 어머니가 될 수 있다고 가정하지만 이는 사실이 아니다. 실제로 독신여성이나 자발적 무자녀부부들처럼 모든 여성이 자녀를 원하는 것은 아니며, 최근의 저출산현상이 보여주듯이 대다수 여성들이 자녀 수를 제한하는 추세가 뚜렷하다.

둘째, 모든 어머니는 자녀를 필요로 한다는 신화이다. 그러나 아이를 갖는 것이야말로 다른 어떤 경험이 줄 수 없는 충족감을 준다는 것이 과연 사실인가? 많은 여성들은 어머니됨 못지않게 자아실현의 욕구를 갖는다. 또한 본인이 낳은 자녀가 아니더라도 여성은 다른 관계를 통해 양육적 역할을 수행하며 정서적 유대를 맺을 수 있는 능력을 갖고 있다.

셋째, 모든 어린이는 어머니를 필요로 한다는 신화이다. 발달심리학자인 볼비(1951)는 "신체건강을 위해 비타민이 필요한 것처럼 정신건강을 위해서는 영유아기와 아동기에 어머니의 사랑이 필요하다"는 주장을 펴서 아동의 발달과 적응에 대한 어머니의 역할이 결정적이라고 주장하였다(임정빈 · 정혜정, 1996). 20세기 후반까지 심리학, 정신의학 등의 정신건강 영역에서는 정신분열증을 비롯한 모든 심리적 병리의 원인을 어머니에게 돌렸으나, 이후 체계적 패러다임이 등장하면서 개인의 문제는 어머니뿐만 아니라 개인을 둘러싼 역기능적 환경(가족, 지역공동체 등)의 연대책임이라는 관점으로 대체되었다.

여성주의자들은 위와 같은 모성신화가 사회의 지배적 담론으로 존재함으로써, 여성으로 하여금 어머니 외의 다른 선택을 하지 못하도록 제한하였다고 비판한다(Oakley, 1974). 또한 자녀양육에 대한 일차적 책임을 여성에게 위임함으로써 여성만 속박되는 것이 아니라 남성 역시 자신 속의 여성적 측면을 거부하게 되었다고 하였다(Chodorow, 1978).

(2) 어머니 역할의 소외

자녀 수가 적고 가사노동을 보조하는 발전된 환경에서 아이를 키우는 현대 엄마들의 양육 스트레스는 과연 과거보다 적은가? 그렇지 않다고 보는 관점이 지배적이다. '아이는 반드시 가정에서 여자가 키워야 한다'는 분업원칙과 '자녀는 엄마 책임'이라는 사회적 기대로 인해 전업모와 취업모 모두 양육부담에서 자유롭지 못하기 때문이다. 오히려 과거보다 어머니의 역할은 더욱 사회적으로 고립되었으며, 어머니 역할에서 소외감과 좌절감을 경험하기 쉽다(Goldner, 1985; Thompson & Walker, 1989).

역사적으로 확대가족을 비롯한 친족과 친구들이 여성의 자녀양육을 직간접적으로 지원했으며 마을공동체도 어린이의 안전과 건강한 성장을 위해 함께 협력하였다. 비교적 작은 규모의 친족 중심 공동체에서 가족의 안과 밖의 경계는 희미한 편이었다. 부모자녀관계는 친척들에 의해 끊임없이 모니터되었고, 친척뿐만 아니라 마을 사람들까지도 자녀양육에 관한 조언과 양육을 위한 물리적 도움을 제공하였다.

그러나 오늘날 젊고 유능한 여성들도 각자의 가족 안에서 고립된 채 동일한 일(양육)을 따로 수행하고 있다. 어머니들끼리 육아에 협동하는 일은 드물며 아이들은 보육시설 외에 집단을 경험하는 경우가 거의 없다(박성숙, 1996). 여성주의자들은 이러한 고립된 양육환경을 '자궁가족(uterine family)'라고 명명하였다. 자궁가족은 여성이 자녀들과 본인을 정서적으로 단단하게 연결함으로써 가부장제에서의 지위를 확보하는 형태의 가족을 의미한다. 즉, 가정이 여성의 견고한 성처럼 고립된 상태에서 어머니와 자녀는 주변 관계로부터 소외되고 어머니가 모성의 전능함을 행사하게 되는 환경이다(임정빈 · 정혜정, 1996에서 재인용). 핵가족 상황의 전업모에게 사회활동의 기회가 주어지지 않고 집안일은 적어짐에 따라 어머니는 의식적, 무의식적으로 자녀를 통해 자신의 욕망을 실현하고자 하게 된다(박성숙, 1996). 어머니와 자녀의 정서적 결속은 자녀의 정서적 독립을 막아 '캥거루

자녀' 현상이나 고부갈등의 원인이 되기도 한다. 결국 여성은 가부장제에 의해 억압받는 동시에 자궁가족을 통해 본인의 권력을 행사하는 모순을 갖게 된다.

그런 의미에서 현대의 자녀양육은 어머니, 아버지, 확대가족, 지역공동체 등이 모두 개입된 공동양육에서 멀어져 있다. 오늘날 공동양육 부재 상황은 많은 어머니들을 불확실성에 빠지게 만들고 있다. 자본주의 사회에서 사회적・경제적으로 성공할 수 있는 아이를 키우는 것은 중요한 양육목표 중 하나이지만, 사회에서 단절된 채 그러한 목표를 성취해야 하는 젊은 어머니들은 심리적 부담과 불안을 겪게 된다.

매체에서 생성하는 완벽한 엄마에 대한 이미지나 사회적 기대 또한 어머니 역할에 대한 자신감을 떨어뜨린다. 광고나 드라마에서 보여주는 '완벽한 엄마'에 대한 사회적 기대와 비난, 아동발달에 대한 넘쳐나는 지식, 그리고 자녀의 부적응문제가 어머니의 탓이라는 사회적 통념은 비현실적인 엄마상을 구축하게 하여, 여성들로 하여금 자녀양육에 대한 스트레스와 죄책감을 경험하게 만든다. 특히 오늘날 어린이들이 처한 교통사고나 유괴 등의 안전사고에 대한 자녀보호를 어머니가 전적으로 책임져야 하므로 비록 자녀 수가 과거에 비해 적더라도 오늘날의 어머니 역할이 상대적으로 더 부담스러울 수 있다.

전업모의 경우, 대부분의 아이들이 하루 중 어머니와 보내는 시간이 절반도 되지 않았던 과거에 비해 현대의 어머니들은 자녀와 보내는 절대시간이 길다. 탁아시설이나 유치원에서 성인이 아동을 적절하게 돌볼 수 있는 최대 시간이 하루 6시간 정도라는 점을 고려할 때, 전업모가 하루 종일 자녀를 돌보는 것은 상당한 긴장과 불안, 고립을 초래한다. 즉, 어머니가 홀로 지속적인 최적의 양육환경을 제공하기는 어렵다는 뜻이다.

취업모 역시 자녀양육에 대한 책임과 의무에서 전업모와 크게 차이가 나지 않는다. 취업모들은 가정 밖에서 임금노동을 마치고 집에 돌아오면 무임금노동을 시작한다. 자녀돌봄에서 나타나는 부모역할의 실태조사에 따르면 자녀의 '밥 먹는 것 도와주기'부터 '학교 준비물 챙기기'까지 모든 문항에서 아버지에 비해 어머니의 참여가 압도적으로 높은 것을 알 수 있다(여성가족부, 2005). 반면 아버지는 자녀 목욕시키기와 놀아주기 외에는 거의 자녀돌봄에 참여하지 않는다. 아버지와 어머니 모두 참여하는 공동양육이 실현되려면 어머니들이 자녀양육에 대한 권한을 남편과 공유하는 결단이 필요하다. 여성이 이 권한을 나누지 않는 한 모성신화와 어머니 역할에 대한 책임 및 비판을 여성 홀로 고스란히 감수해야 할 것이다.

2) 부성신화와 소외

(1) 부성신화

가족 내 아버지의 위치는 종종 극단적인데, 가부장 가족에서의 '우상화'된 모습으로 권위의 상징으로서 존재하거나 또는 '쓸데없는' 부모로서 존재한다. 어머니 역할과 달리 아버지는 이와 같은 극단적인 위치에서 자녀양육과는 거리가 먼 존재, 일종의 '외부자'로 생각되었으며, 연구자들도 오랫동안 아버지 역할에 큰 관심을 두지 않았다(Gelles, 1995).

특히 어머니가 자녀에 대한 생물학적 양육을 담당하는 것은 당연하게 인식하는 반면, 아버지가 어린 아기를 돌보는 일은 적절하지 않은 것으로 여겨졌다. 아버지 역할은 자녀와의 관계적 의미보다 기능적 의미로만 인식되었으며, 아버지란 집밖에서 일을 하고 경제적 뒷받침과 같은 사회적 역할을 맡아야 한다는 관점이 지배적이었다. 아버지 역할에 대한 보편적인 통념으로 다음과 같은 것들이 지적된다(박성수, 1996).

- 남성은 아이들을 양육하고 돌보는 본능을 가지고 있지 못하다.
- 영아기 자녀는 아버지를 싫어하거나 아버지에게 애착행동을 보이지 않는다.
- 아버지는 훌륭한 남성이 되면 훌륭한 아버지가 된다.

- 아버지가 자녀를 직접 양육하는 것은 바람직한 일이 아니다.
- 아버지는 자녀양육으로 일상적 활동을 방해받기를 원치 않는다.

그렇다면 왜 아버지는 어머니와 같이 자녀양육에 개입하지 않는가?

첫째, 여성의 생물학적 절대성과 달리 남성은 생물학적으로 완전하지 않고 아이의 욕구충족 능력이 부족하며 따라서 양육에 개입하지 않는 것이 적절하다고 보았다. 그러나 실험을 통해 한두 살의 유아들을 관찰해 보면, 유아들은 아버지나 어머니에게 비슷하게 반응했으며, 부모와 떨어지기 싫어하는 반응에서도 아버지나 어머니에 대한 차이가 없었다고 한다(Lewis & Weinraub, 1976).

둘째, 남성으로 사회적 성공을 거두는 것이 아버지로서 자녀양육을 잘 하는 것과 일치하지 않는다. 이상적인 여성의 모습과 이상적인 어머니 모습이 일치하는 것과 달리, 남성의 경우 이상적인 남성과 이상적인 아버지의 모습은 오히려 상충된다. 그러나 지금까지 가정생활은 단지 아내의 몫이라 여겼던 바쁜 아버지들은 문득 자신의 위치가 가정 내에 거의 존재하지 않는다는 것에 충격을 받고 있다(조정문 외, 2000). 기존 관습에 의해 가장이라는 위상은 허울 좋은 껍데기일 뿐 아버지로서의 양육적, 정서적, 표현적 욕구는 무시되었던 것이다.

셋째, 프로이트나 볼비와 같은 발달심리학자들은 모성본능이나 모성박탈과 같은 개념을 통해 어머니의 절대적 역할을 강조함으로써 아버지가 자녀양육에 참여하지 않는 것에 대한 합리화를 제공해 주었다. 그러나 펭귄이나 중남미에 사는 원숭이 등 동물의 세계에서도 수컷이 중요한 양육역할을 수행하고 있는 것을 볼 수 있으며, 비교문화연구들은 이스라엘 키부츠(Kibbutz)의 아버지들을 비롯한 몇몇 사회의 아버지들이 양육과 애정 등의 정서적 역할을 훌륭하게 수행하는 것을 보고하였다(Coltraine, 2000; Kaplan & Sedney, 1988). 대부분의 문화권에서 어머니가 일차 양육자이며 아버지들의 역할은 상대적으로 적지만, 멜라네시아(Melanesia)의 트로브리안더(Trobrianders) 주민들이나 오키나와(Okinawa)의 타이타(Taita)족, 필리

핀(Philippines)의 일로코스(Ilocos)족 등 몇몇 문화권에서는 아버지도 어머니만큼 자녀양육을 담당한다(Parke, 1995).

아버지 역할에 관한 실증적 연구들은 아버지가 어머니와 동등하게 또는 전적으로 자녀양육을 책임지는 경우에도 자녀의 부적응이 거의 나타나지 않았음을 밝히고 있다(Parke, 1995). 이 연구는 아버지도 어머니만큼 훌륭하게 양육적 역할을 할 수 있을 뿐만 아니라 아버지가 자녀발달에서 중요한 몫을 하는 것을 보여주었다. 아버지가 자녀를 양육하는 경우에 아이들은 자신의 능력에 대한 신뢰가 더 컸으며, 심지어 아버지가 자녀와 지내는 시간이 적더라도 여전히 아이에게 아버지는 중요한 존재로 남는다(Parke, 1995).

(2) 아버지 역할의 소외

가부장적 아버지는 절대적인 권위를 갖는 것으로 인식되고 있으나 과연 그러한가? 부양자로서의 아버지 지위는 표면적으로 가족의 존경을 받으며 독점적 권력을 갖는 것으로 보인다. 그러나 내용적으로는 어머니가 가족의 정서적·심리적 구심점으로서 실제 권력을 갖고 있는 것으로 보인다. 이는 부양자로서의 역할이 끝난 시기, 즉 은퇴시점의 아버지의 가족 내 위치를 보면 쉽게 알 수 있다. 우리 사회의 중년기 아버지들의 위치를 보면, 가부장적 가족에서 아버지가 정서적으로 통합된 위치에 있었던 것이 결코 아님을 알 수 있다.

대다수 문화권에서 어머니가 일차 양육을 책임지지만, 일부 문화권에서는 아버지가 자녀양육에 참여하고 있다. 모성에 대한 사회적 기대는 아버지 역할을 축소시키고 있으며, 이는 어머니 역할 고립과 함께 가족 내 아버지의 소외를 초래하고 있기 때문이다. 아버지 역할의 소외는 산업화가 진행되면서 더욱 가속화되었다. 현대 한국 가족에서의 아버지 역할 역시 돈을 벌어다 주는 역할 이외에 가족 안에서의 영향력이 별로 없는데, 이는 직장 일 때문에 가족과 보내는 시간이 적을 뿐만 아니라 아직 가부장제 가족에서의 권위주의적인 요소가 남아 있기 때문이기도 하다(조옥라, 1996).

우리나라의 전통가족에서도 자녀에 대한 직접적 돌봄은 어머니의 몫이었지만 자녀의 윤리교육이나 사회적 역할은 일정 부분 아버지의 몫이었다. 엄부자모의 부모역할이 지배적이었던 봉건사회에서 아버지는 엄격한 도덕 교육의 전수자였고, 자녀에게 훈계나 교훈을 전수하는 부모였다. 과거에는 아버지가 부재한 가정의 자녀는 제대로 예절을 배우지 못한다는 사회적 통념이 만연되었을 정도로, 자녀가 가정 밖에서 어떻게 행동하는가는 아버지의 교육에 달렸다는 인식이 지배적이었다.

그러나 산업화 이후 아버지의 역할은 가족 밖으로 밀려났다. 가족 안에서 아버지가 맡았던 자녀에 대한 윤리 및 인성교육은 물론, 자녀와 놀아주는 역할도 함께 쇠퇴하였다. 아버지는 공장이나 회사에서의 임금노동에 집중하게 되면서 가계부양자의 역할만이 강조되게 되었고 자녀양육이나 자녀교육으로부터는 멀어졌다. 자녀양육과 교육은 모두 어머니의 영역으로 바뀌었으며 아버지-자녀의 관계는 정서적이라기보다 의무적인 성격을 가졌다. 좋은 아버지라고 하면 자녀와 상호작용하는 역할보다 가계부양의 책임을 다하는 것이 더 중요하게 부각되었다. 현대 사회의 아동, 청소년문제는 아버지 양육이 빠진 가족의 문제와 무관하지 않다는 각성이 늘고 있다.

많은 남성들은 원가족에서 충분한 부성을 경험해 보지 못했고, 본인이 아버지가 되었을 때 역할모델로 삼을만한 아버지 상을 갖고 있지 않은 경우가 많다. 자발적으로 무자녀를 선택하는 부부 중 아이를 싫어하여 무자녀로 남는 경우가 있는데 이러한 경향성은 여성보다 남성에게 더 많이 나타나는 것으로 알려져 있다(정현숙 외, 2002). 그만큼 남성은 부모됨에 대한 두려움이나 거부감을 많이 가지고 있으며, 이것은 어릴 때 경험한 본인의 양육 경험과 무관하지 않다. 따라서 좋은 아버지가 되기 위해서는 남성 본인의 아버지들과의 정서적 회복과 화해가 필요하다.

3) 모성과 부성의 회복

(1) 모성의 회복

탈근대주의 사회에서 어떠한 모습의 어머니가 이상적일까? 산업화 이후 어머니 역할에 대한 인식은 상당히 변화되었다. 농경시대에는 자녀 수가 많았고 평균 수명이 짧았기 때문에 어머니와 자녀 간의 애착이 현대의 모자관계와 같이 강하지 않았다(Coltrane, 2000). 영아사망률뿐만 아니라 성인의 사망률도 높았기 때문에 사람들은 상실과 애도를 드물지 않게 경험해야 했으며, 가족원 간의 강렬한 정서적 의존은 바람직하지 않았다. 그러나 현대 사회의 저출산과 감성적인 개인주의의 영향, 그리고 물질적 풍요로움 속에서 오늘날의 어머니는 자녀에게 특별한 이미지와 강한 애착을 갖게 되었다. 때로는 어머니 자신의 욕구와 자녀의 욕구를 구분하지 못할 정도의 강렬한 모자동맹과 자녀몰입을 초래하여 자녀의 정상적인 발달과 적응에 장애가 되기도 한다. 우리 사회의 바람직한 모성회복을 위해 다음과 같은 제안을 해볼 수 있다.

첫째, 취업모와 한부모가족 등 다양한 가족형태가 급증하는 현대 사회에서 어머니는 종종 도구적 역할과 표현적 역할을 병행해야 한다. 따라서 사회나 국가의 모성보호에 대한 지원 없이 어머니 홀로 자녀발달에 맞는 적절한 양육과 보호를 제공하는 데는 한계가 있다. 어머니가 의식주와 관련된 자녀의 기본적인 욕구를 충족시키기 위해서는 보육과 공교육에서의 사회적 지지와 자녀의 안전과 건강 유지를 위한 사회안전망이 구축되어야 한다. 남편과 확대가족, 친구, 지역공동체가 자녀양육을 보조해야 한다. 그러나 종종 아동의 기본적인 욕구를 무시하고 자기중심적이며 극단적으로 학대 또는 방임하는 어머니들의 경우, 국가가 아동에게 적절한 양육환경을 보장하기 위해 어머니로부터 아동을 분리할 수 있다.

둘째, 예나 지금이나 어린이는 사랑이 깃든 관계에 참여할 필요가 있으며, 단지 기본적 의식주의 욕구 만족으로는 불충분하다. 어머니는 아버지에 비해 자녀와 많은 대화를 나누고 정서적 교감을 한다. 특히 경쟁사회에서 가족 안의 정서적 기능은 과거보다 더 중시되고 있으며, 어머니는 아버지보다 정서적인 환경을 만드는 데 더 많은 비중을 차지한다. 이를 위해서 어머니 자신의 정서적 안정이 가장 중요하다는 것을 말할 것도 없다. 어머니의 미해결된 정서적 욕구는 종종 자녀에게 투사되어 자녀의 정신건강에 영향을 미치게 되기 때문이다. 따라서 '행복한 어머니'가 좋은 어머니 역할을 할 수 있는 중요한 요소라고 할 수 있다. 어머니가 행복한 가운데 자녀에게 최적의 양육환경이 제공될 수 있기 때문이다.

셋째, 어머니의 공동체와의 연결은 또 다른 중요한 어머니 역할이다. 앞서 보았듯이 어머니의 고립된 양육환경이나 심리적 소외는 자녀를 건강하게 키우는 데 좋지 않은 영향을 미친다. 어머니가 공동체를 위해 헌신할 뿐만 아니라, 도움이 필요할 때 외부체계에 지원을 요청할 수 있는 능력도 중요한 역할이라 할 수 있다. 모성은 가족 안에서만 발휘되는 것이 아니다. 본인 자녀에 대한 양육적 역할 외에 자원봉사와 같은 활동을 통해 모성을 확대하고 사회적 연결감을 갖는 것이야말로 어머니의 정신건강뿐만 아니라 자녀에게도 의미 있는 부모됨의 역할모델이 된다.

(2) 부성의 회복

최근 중산층을 중심으로 가계부양에만 매달리는 도구화된 아버지상으로부터 벗어나, 부성을 회복하고자 하는 움직임이 활발하다. 그와 같은 예로서 '좋은 아버지 모임'과 같은 자조모임이 늘고 있다. 미국의 경우 1980년대 후반 빌 코스비(Bill Cosby, 1986)의 『아버지 역할(fatherhood)』이 베스트셀러가 되면서 현대의 아버지 역할에 대해 재조명하기 시작하였으며, 한국에서도 1990년대 초반부터 30~40대 초반의 아버지로 구성된 '좋은 아버지가 되려는 사람들의 모임'이 결성되었다(조정문 외, 2000). 이렇게 조직된 모임 외에도 자녀교육에 직접적인 관심을 드러내는 남성이 늘고 있으며, 심지어 유치원이나 초등학교를 직접 방문하는 모습도 보인다. 미국 소아과 저널(2004.5.)에 따르면, 양쪽 부모가 모두 있는 가족에서 아버지가 자녀와 보내는 평균시간은 지난 10년간 주중에는 하루 2.5시간, 주말에는 6.3시간으로 증가한 것으로 나타났다(Kindlon, 2006).

아버지들이 가정으로 돌아오는 현상은 취업모가 증가하면서 아버지의 자녀양육 분담이 커진데 기인하기도 하지만, 가족 내에서 도구화된 남성역할에 대한 아버지들의 회의감과 각성도 이러한 움직임에 이바지하고 있다. 아내가 가계부양의 도구적 역할을 수행하고 남편이 가사와 자녀양육의 표현적 역할을 담당하는 역할전환의 사례들은 실제로 드물지만 이러한 사회운동은 남성의 양육적 역할을 회복하고 가부장제 안에 억압되었던 남성의 정서적 표현을 확장하려는 가능성을 보여준다는데 큰 의미가 있다.

연구자들은 아버지가 자녀양육에 참여할 경우 자녀에게 미치는 긍정적인 영향을 지적한다. 킨들런(Kindlon, 2006)은 아버지 역할이 딸과 아들의 적응 및 성역할 발달에 모두 중요한 영향을 미친다고 하였다. 아버지와 아동의 관계는 아동의 정신건강에 중요하며, 청소년 자녀 역시 아버지와의 관계가 좋을수록 자신감과 주관이 분명하다. 아버지가 자녀양육에 참여하는 것은 자녀들의 탈선이나 약물복용, 자신감 결여, 학습부진, 태도불량의 위험을 낮추고, 자녀의 사회적응력과 자제력에는 긍정적인 영향을 미치는 것으로 알려져 있다. 아버지는 '놀이(play)'를 통해 자녀와 보내는 시간이 많으며 노는 방식도 어머니보다 더 활동적이고 거친 경향이 있다. 아버지가 주도하는 활발한 놀이는 아이의 두뇌발달을 자극하며, 자녀의 지능과 사회성 발달에 중요한 역할을 한다. 아버지와 활발한 놀이를 하며 자란 소녀들은 유머감각과 새로운 경험에 대한 높은 개방성을 보였으며, 특히 경쟁상황에서 덜 긴장하고 남자들을 편안하게 대할 줄 알았다(Kindlon, 2006; Parke, 1995). 특히 아버지와의 관계가 좋은 청소년은 그렇지 않은 청소년들에 비해 남녀 집단 모두에서 자신감 점수가 더 높았다.

부성의 회복을 위해서는 모성회복과 마찬가지로 사회적 지원이 필수적이다. 우리나라에서도 최근 아버지의 양육을 배려하는 다음과 같은 정책적 노력이 이루어지고 있다. 첫째, 육아휴직제도가 어머니뿐만 아니라 아버지에게도 확대적용 되고 있다. 둘째, 재택근무와 탄력근무제와 같이 남자들의 근무시간이 이전에 비해 유연해지고 있다. 탄력근무제는 양쪽 부모가 모두 자녀와 시간을 보낼 수 있도록 하는 또 다른 전략이다. 셋째, 법원은 이혼하는 부부에게 공동양육 판결을 내리는 경우가 늘고 있는데, 이혼 후 공동양육은 여러 번거로움에도 불구하고 자녀의 이혼 적응에 긍정적인 영향을 미치는 것으로 알려져 있다.

3. 부모자녀관계와 젠더

부모자녀관계는 부모로부터 자녀에게 전달되는 사회화 과정뿐만 아니라 자녀로부터 부모에게 전달되는 역사회화 과정을 포함하는 쌍방적 과정이다. 여기서는 부모자녀관계의 질과 자녀의 성역할발달 간의 관계를 살펴보고, 젠더에 따른 부모자녀 하위체계의 이슈들을 선택적으로 고찰해 보도록 하겠다.

1) 부모자녀관계의 질과 하위체계별 특징

(1) 기능적인 부모자녀관계

전 생애에 걸친 성역할 발달에 관한 연구들은 부모자녀관계의 질이 자녀의 성역할 발달에 영향을 미친다고 보고하였다(Kaplan & Sedney, 1988). 블록, 리페와 블록(Block, Lippe, & Block, 1973)의 연구에 따르면 부모가 심리적으로 건강하고 자녀에게 관심을 가질수록, 자녀는 성인기에 이르러 본인의 부모와 일치하는 성역할 유형을 갖는 경향이 있었다(Kaplan & Sedney, 1988에서 재인용). 즉, 부모가 전통적으로 성유형화된 경우에는 자녀도 성인기에 부모와 같은 전통적인 성유형화로 발전될 가능성이 크며, 보다 양성적인 부모에게 양육된 자녀는 양성적 유형을 갖게 되었다. 가족의 정서적 분위기가 안정되고 부모가 수용적이라면 그 자녀들은 극단의 남성성이나 여성성을 갖지 않는다. 이러한 결과가 암시하는 것은 자녀의 양성성 발달은 양육가정의 분위기가 보호적이며 부모의 애정이 존재할 때 가능하다는 것이다. 긍정적인 부모자녀관계는 자녀로 하여금 저항이나 방어 없이 비전통적인 성역할을 탐색하고 선택할 수 있는 자기 확신의 기반이 되어준다.

여성의 양성성 발달을 위해서는 세 가지 요소가 중요한 것으로 알려져 있다. 첫째, 어린 시절에 부모의 평등한 결혼생활을 관찰함으로써 딸의 양성성 발달이 촉진될 수 있다. 특히 어머니가 비전통적인 성역할 이데올로기를 갖고 있거나 부모가 모두 평등주의자인 경우, 딸은 성인기에 독립성과 자기가치를 갖는다. 둘째, 양성적인 여대생일수록 어머니로부터 많은 애정과 관심을 받았다고 보고하고 있다. 셋째, 양성적 여성은 성장기에 부모로부터 허용적으로 양육되었으며 통제를 별로 받지 않은 반면, 부모들이 지적 호기심을 강조하였다고 한다(DeFronzo & Boudreau, 1979; Kaplan & Sedney, 1988에서 재인용). 즉, 딸의 양성성 발달을 위해서는 평등한 부모의 결혼모델을 관찰하는 것도 중요하지만, 양쪽 부모의 온정과 허용적인 양육태도, 그리고 인지적 측면의 지원이 중요하다는 것을 알 수 있다.

반면 남성의 양성성에 영향을 미치는 것은 부모의 온정과 관심이었으며, 통제나 인지적 자극은 중요하지 않다. 여성성 점수가 높은 남대생의 경우, 아버지의 가사참여 정도가 높았다. 이것은 딸이 양쪽 부모 모두에게 영향을 받는 것과 달리, 아들들은 아버지의 특성에 의해 성역할 유형이 강하게 영향을 받는 것을 보여준다. 즉, 아들의 양성성 발달을 위해서는 양성적인 아버지가 필요하다고 할 수 있다(Kaplan & Sedney, 1988).

(2) 역기능적인 부모자녀관계

부모자녀관계에서 갈등이나 융합, 또는 단절과 같은 어려움이 있는 가족에서 성장한 자녀들은 성인기에 이르러 극단적인 성역할을 수행하는 경향이 있는 것으로 알려져 있다(Kaplan & Sedney, 1988). 예를 들어 동성의 부모가 신경증적이며 자녀를 거부하는 양육태도를 보였을 경우 아이는 이성부모에게 관심을 돌리며 이성부모의 반응에 맞는 극단적인 성역할 태도를 발달시킨다. 따라서 성장기에 역기능적 부모자녀관계를 경험한 남성은 자기중심적이고 충동적인 특징을 가질 수 있으며, 이러한 가정에서 자란 여성은 자기애적이고 성취에 관심이 적으며 수동적인 특징을 가질 수 있다(Block et al., 1973; Kaplan & Sedney, 1988에서 재인용).

반대로 동성의 부모는 정서적으로 안정되어 있지만, 이성의 부모가 부정적인 성역할 측면을 가졌을 경우에 자녀는 이성부모가 보여주는 부정적인 특성을 배우는 경향이 있다. 예를 들어, 어머니가 우울증이 있는 가정의 아들은 복종적이고 비판에 민감한 편이다. 아버지가 강한 권력을 가지고 전제적 유형인 집안의 딸은 반항적이며 극단적으로 독립적이었다. 이와 같이 부모자녀관계에 어려움이 있는 경우에는 자녀는 동성부모나 이성부모의 극단적인 측면을 받아들이는 경향이 있으며, 이로 인해 심리적 적응에 어려움을 겪게 된다.

2) 부모자녀 하위체계와 젠더

(1) 모녀관계

어머니와 딸의 관계는 다른 어떤 인간관계보다 특별한 의미를 갖는다. 모녀관계는 가족 내 여러 하위체계 중에 가장 정서적 결속력이 높고 가장 오랜 기간 동안 지속되는 관계이기 때문이다. 이는 평균수명이 연장되고 여성의 정서적 측면이 부각되는 현대 사회에서 모녀관계의 의미는 과거보다 더 주목받고 있다.

생애발달적 관점에서 볼 때, 여자청소년은 남자청소년에 비해 어머니와 높은 애착수준과 근접성, 지지 등을 추구하며, 성인 딸 역시 성인 아들보다 노부모와 정서적으로 더 가깝고 물리적 지원이나 접촉비율이 더 높은 것으로 보고하고 있다(원수경, 2005; Rossi & Rossi, 1990). 최근 여성의 사회진출이 늘면서 성인 딸이 결혼 후에도 어머니와 근거리에 거주하며 도움을 주고받는 경우가 늘고 있다. 이와 같이 여성은 전 생애를 통해 어머니와 매우 친밀하고 가까운 관계를 지속하는 경향이 있다.

모녀관계는 여성들에게 자연스러운 주제이지만, 근대 심리학에서는 오랫동안 편향된 시각에서 모녀관계를 다루어왔다. 심리학에서는 모녀간의 밀접한 관계를 유아적이고 의존적인 관계라고 단정짓는 경향이 있었는데, 이는 개인의 심리발달에서 독립적인 자아형성과정을 과도하게 중시해왔기 때문이다. 이러한 근대 심리학의 성편향적 관점으로 인해 여성은 친밀한 관계에 대한 남성중심적인 시각을 내면화하게 되고, 어머니가 된 이후에 자신의 딸과 밀접한 관계를 갈망하면서도 동시에 가부장 사회 안에서의 생존을 위해 딸에게 관계적인 자아보다는 독립적인 자아를 형성할 것을 요구하는 모순에 빠진다. 이와 같이 모녀관계는 여성의 자아정체성에 결정적인 영향을 끼치지만 사회의 편견으로 인해 여성 심리 안에서 적절하게 통합되지 못했다.

그러나 높은 교육수준과 전문직을 가진 어머니가 늘어나고 있는 현대 사회에서는 전통적인 모녀관계의 성격이 변화되고 있는 것 같다. 모녀관계는 단지 여성의 정체성뿐만 아니라 딸의 성인기 대인관계와 성취에도 영향을 미치고 있다. 알파걸[1)]에 관한 최근의 연구에 따르면, 이들 중 75% 이상이 직장을 가진 어머니를 두고 있었으며, 자기주장이 강하고 독립적인 어머니를 자신들의 역할 모델로 지각하였다(Kindlon, 2006). 이들은 자신의 문제에 대해 어머니와 개방적으로 이야기하며, 어머니들은 딸의 판단을 믿고 의견을 존중해 주는 것으로 나타났다. 이와 같이 어머니는 딸의 정서적인 지지자이자 직업적 조언까지 할 수 있었다. 모녀애착은 여러 세대를 거쳐 전수되는 경향이 있으며, 모녀애착의 질이 높을수록 성인 미혼 딸의 자아탄력성 등 심리적 적응이 높다는 국내 연구 결과가 있다(임경이, 2008).

1) 미국 하버드대에서 심리학을 강의하는 댄 킨들런 박사는 미국 중고등학교 상위권 여학생 수백 명을 인터뷰하고 분석한 결과, 면담 대상의 20% 정도를 차지하는 여학생들이 높은 성취욕과 자신감 등 이전 세대 여학생들과는 확연히 다른 특성을 가졌음을 밝혔고, 이들을 '알파걸'이라 명명하였다.

(2) 부녀관계

부모자녀관계의 다양한 젠더 조합 중 아버지와 딸의 관계는 가장 소원한 관계로 인식되어왔다. 전 세계의 예비 아버지들을 대상으로 한 조사에서도 아버지들은 아들을 선호하는 경향이 있으며, 출산한 아기가 딸인 경우 아버지들은 심리적 거리감을 느낀다고 하였다(Kindlon, 2006). 특히 딸이 사춘기에 이르면 아버지와 딸의 관계는 가장 소원해진다. 앨리스(1999)는 아버지와 친밀한 관계인 소녀일수록 초경 시기가 늦어지는 경향이 있다고 하였는데, 아버지의 양육을 받은 소녀는 자신이 충분히 성숙되어 본인의 자식을 돌볼 아버지를 구할 수 있다고 느낄 때까지 사춘기를 미루게 되는 반면, 아버지가 부재한 소녀들은 진화과정에서 형성된 생화학적 본능에 따라 임신 능력을 재촉하게 된다고 설명하고 있다(Kindlon, 2006에서 재인용).

그러나 최근 여성의 노동시장 진출이 늘고 사회가치관이 변하면서, 아버지들의 딸에 대한 기대도 변화되고 있다. 과거의 아버지는 딸의 여성성을 강화시키는 행동을 강화하는 경향이 있었지만, 현대의 아버지는 딸에게 공작과 컴퓨터 등 남자들이 하는 일을 권하고 스포츠에 관심을 갖도록 유도한다(Parke, 1995). 오늘날의 아버지는 아들과 딸에 대해 거의 동일한 수준의 성취를 기대하고 있으며, 이와 함께 아버지와 딸 간의 관계도 친밀해지고 있다.

맞벌이가 증가하면서 아버지가 적극적으로 공동양육에 참여해 키운 딸들은 아버지로부터 사고방식과 심리, 사회와의 교류방식, 인생에 대한 소망과 기대 등에 지대한 영향을 받는다. 킨들런(2006)의 조사에서 알파걸(양성적이며 성취지향적 소녀들)과 비알파걸 집단의 가장 분명한 차이는 '아버지와의 관계'였다. 알파걸 4명 중 3명은 아버지와의 관계가 아주 좋다고 하였다. 이들은 아버지의 인정과 신뢰를 받는다고 느끼고 있었으며, 정서적인 문제까지도 아버지와 의논할 수 있다고 하였다. 친밀한 부녀관계를 통해 아버지들은 딸들에게 남성적 방식을 전달하게 되고, 전통적인 남성성은 딸의 심리의 일부로 자리 잡게 된다. 딸과 친밀한 관계를 유지한 아버지는 딸들에게 남자들이 했던 일을 권하고, 남성적인 방식을 전달하게 되기 때문이다. 아버지와 가까운 관계에서 자란 여성 경영인은 모험을 겁내지 않는다는 조사결과에서 보는 것처럼 이들은 아버지를 통해 남성을 역할모델로 받아들인다(Kindlon, 2006).

우리나라 연구자들도 아버지가 딸의 성역할발달에 미치는 영향에 주목하였는데, 청소년기 여학생의 성역할정체감에는 어머니보다 아버지의 양육태도가 더 큰 영향을 미치며(정행옥, 2004), 아버지가 자율적이며 수용적인 양육태도를 지닐수록 여대생 딸의 양성성이 높은 것으로 보고되었다(이병희, 1992; 이학옥, 1998).

참고자료 9-3 역사의 여성들

인도의 총리였던 인디라 간디(Indira Gandhi)는 그녀의 아버지인 자와할라 네루의 영향을 크게 받았다. 당시 간디는 정상적인 학교교육을 받지 않고 아버지의 교육관에 따라 개성 있는 교육을 받았다. 아버지 네루는 간디의 교육에 큰 관심을 갖고 간디에게 혼자서 읽고, 생각하라고 격려했다. 아버지가 집을 떠나 있는 동안에는 늘 딸과 '편지를 통한 대화(Great Dialogue)'를 하곤 했다. 인류학자 마가렛 미드(Margaret Mead)는 자서전에서 다음과 같이 밝혔다. "아버지는 나에게 사고하는 것과 약속을 정확히 지키는 것의 중요성을 가르쳐주었다. 어머니는 많은 자녀와 건강 때문에 활동의 제약이 있었고, 오히려 아버지가 나를 위해 내가 세상에 우뚝 설 수 있는 위치를 정해 주었다. 영국 수상이었던 마가렛 대처(Margaret Thatcher) 역시 어릴 때 아버지로부터 강한 격려를 받았다. 이와 같이 아버지는 딸의 인지발달에 확고한 영향을 주는 것이다.

출처: Parke, R. D. (1995). 아버지의 어린이 양육.

(3) 부자관계

수렵과 농경시대부터 아버지는 아들에게 농사기술이나 목공 등 생활을 위한 기술들을 전수하였으며, 삶에 요구되는 지식습득을 강조하였고, 집안을 돌보는 리더십과 권위도 가르쳤다. 왜냐하면 이 시대에는 가족이 생산단위였으므로 아들은 노동력의 원천이자 생계활동의 주축이며, 전쟁 등 혼란기에는 가족을 보호하고 국가와 민족을 위해 목숨을 걸고 참여해야 했기 때문이다. 아버지는 딸에 비해 아들에게 높은 기준을 설정하고, 아들의 경력과 직업적 성취를 강조하였다. 그 과정에서 아버지는 아들에게 '남성은 강해야 한다', '지배적인 위치에서 리더십을 발휘해야 한다', '어떠한 경우라도 나약함, 두려움, 소심함, 우유부단함, 의존성 같은 인간적인 결점을 드러내서는 안 된다'는 남성성의 관념을 가르쳤다. 아버지의 아들에 대한 사회화는 이성적인 사람, 독립심이 강한 사람, 책임감 강한 사람이 되는 것 등 아들의 직업적 성취 목표에 집중되었다(Parke, 1995).

앞에서 다루었듯이, 아버지는 어머니보다 전통적인 성유형화 경향성을 강하게 가지며, 성역할사회화의 압력은 여아보다 남아에게 더욱 강하게 작용한다. 따라서 아버지는 아들이 남성답게 자라도록 기대하며 이러한 성유형화 압력을 가하는 문화의 일부가 되기 때문에 이 과정에서 부자관계는 정서적으로 친밀하기 어렵다. 특히 산업혁명 이후 가족과 일터의 성별이분화가 촉진됨에 따라 아버지의 가족 내 역할이 대폭 축소되면서, 아들의 양육 역시 어머니의 몫이 되었고 아버지와 아들의 관계는 산업화 이전보다 더욱 소원해졌다. 아들은 어머니와 깊은 정서적 연대를 가지지만, 아버지와는 먼 존재로서 소원한 관계를 유지하게 되었다. 오히려 아들이 청년기에 접어들어 남성으로서 정체성을 갖기 시작하면(예컨대 군대를 다녀온 후) 아버지와의 관계는 남성 대 남성 관계로의 전환 국면을 맞게 된다.

후기 산업화시대에 접어든 오늘 날의 부자관계는 이전과 사뭇 달라지고 있다. 아버지는 아들에게 생계기술과 가장으로서의 리더십을 전수하는 역할보다 형제가 별로 없는 아들에게 형이나 친구 같은 아버지의 역할이 강조되고 있다. 형제가 없는 아들에게 아버지는 놀이 상대이자 역할모델로서 친구와 형제의 몫을 한다. 그런 면에서 그 어느 때보다 친밀감과 같은 정서적 측면이 부자관계에서 강조되고 있다고 하겠다. 특히 소년은 사회의 성차별적 규범과 대비되는 아버지를 둔 경우에 본인도 보다 성평등한 태도를 학습하게 된다.

원만한 부자관계는 아들의 발달과 적응에 긍정적인 영향을 미친다. 아버지와 관계가 좋은 아들의 경우, 음주 위험이 낮았으며 학업성적도 높았다(Kindlon, 2006). 아버지의 온정과 관여는 아들의 성취동기를 높이지만, 아버지의 제약과 통제는 부자관계의 충돌을 초래하고, 아버지의 기대를 충족시킬 수 없다고 생각하여 활동에 개입하지 않게 된다. 남자 대학생의 경우에도 아버지와 심리적 거리가 적고 아버지가 아들에 대해 수용적이며 통제하지 않는다고 지각할수록, 성적이 높은 것으로 나타났다(박성수, 1996). 반면, 등교거부나 은둔형 외톨이 등 부적응 남자청소년들의 경우 아버지와의 관계가 갈등적이고 소원한 것으로 알려져 있다(Tamura, 2008). 본인의 원가족에서 적절한 부성모델을 경험해 보지 못한 아버지가 자신의 아들에게 좋은 아버지 역할을 하는 것은 쉽지 않다. 그러나 최근 점점 더 많은 아버지들이 이전세대의 갈등과 소원함으로 점철된 부자관계를 되풀이하지 않기 위해 교육과 상담, 자조모임 등을 통해 정보를 교류하며 부성회복과 새로운 아버지상을 향해 나아가고 있다.

(4) 모자관계

전통적인 모자관계를 이야기할 때 가부장제와 떼어 설명하기 어렵다. 다른 성씨를 가진 여성이 남편의 집안에 들어오면 시가에서의 지위는 매우 미약한 위치에 있게 되나, 아들을 낳고 키우며 차츰 집안에서의 지위를 획득해 나간다(박정희, 2007). '아들 출산=어머니의 권력 획득'이라는 공식은 어머니와 아들의 관계, 특히 장남과의 관계를 결혼관계 못지않은 중요한 가족 내 관계로 만들었다. 여성은 아들을 통해 사회의 '남성성'과 연결된 것을 자랑스럽게 생각하였으며, 남편이 사별한 후에는 장자에게 생활을 의존하였다. 이러한 전통적인 모자관계는 필연적으로 모자간 강력한 동맹과 연합을 낳았으며, 심할 경우 아들에 대한 어머니의 집착적인 행동으로 발전되기도 하였다. 중년의 어머니는 아들이 집을 떠날 때 심한 상실감을 경험하며, 며느리를 맞은 후에는 아들의 애정 대상에 대한 질투로 고부갈등의 원인이 되기도 하였다.

한편 어머니와 아들의 관계는 정신건강 분야에서 오랫동안 관심을 둔 젠더하위체계였다. 특히 정신분열 연구에서 어머니와 정신분열증 아들 간의 공생적 밀착관계에 대한 연구는 유명하다(Lidz & Lidz, 1949; Jackson, 1965). 가족정서과정에서 어머니는 종종 장남과 정서적으로 과잉밀착관계가 되는데, 이는 아들의 사회적·심리적 기능을 낮추고 심할 경우 우울, 대인기피, 정신장애 등 역기능적 증상을 유발한다. 최근 문제가 되는 부모폭력의 경우, 폭력 청소년은 어머니에게 폭력을 행사하면서도 동시에 어머니에 대해 상당히 의존적인 양면성을 보인다(김유숙, 1998). 남아가 여아보다 정서적으로 취약하며 정서장애나 의사소통장애 등의 유병률이 2~3배 더 높다는 것은 잘 알려져 있다(DSM-IV, 1994). 남아의 정서적 탄력성은 여아에 비해 떨어지는 경향이 있으며, 남아가 어머니가 제공하는 정서적 환경에 더 예민하게 반응하는 것 같다. 따라서 모자관계에서 존중과 수용, 그리고 자율성의 보장은 아들의 사회적·정서적 기능을 최적화시킨다고 할 수 있다.

4. 주체적 부모됨을 향하여

"고정관념이나 사회적 압력의 지배에서 벗어나 참 자기가 될 때 인간은 자아실현의 길을 갈 수도 있고 훌륭한 어버이가 될 수도 있다. 참된 인간이 되는 길이 바로 참된 아버지, 참된 어머니가 되는 길이다."

출처: 박성수 (1996). 새로운 아버지상과 아버지됨. 또 하나의 문화 제1호. p. 68.

가족 안에서 성과 세대가 교차하는 핵심적 관계가 바로 부모자녀관계임은 분명하다. 부모는 자녀양육을 통해 성유형화된 사회규범을 전수하고, 자녀는 전수된 성역할 규범에 따라 생각하고 행동하면서 자신이 속한 문화를 내면화한다. 부모는 의식적, 무의식적으로 아들은 남성답게, 딸은 여성답게 행동하도록 자녀를 격려한다. 그러나 이런 성역할사회화 과정은 한 개인이 자신의 성을 넘어선 사고와 행동을 발전시키는 것을 제한함으로써 개인의 특성과 잠재력을 발휘하는데 장애요인이 되어왔다. 현대 사회에서는 젠더에 따른 성유형화된 양식보다 개인의 자질과 개성이 더 중요한 요인이 되고 있다. 또한 부모 역시 사회적으로 기대되는 어머니 역할과 아버지 역할에 지나치게 속박되다 보면 보다 자유롭고 주체적인 부모역할을 수행하는 데 어려움이 있을 수 있다.

여성운동의 결과로서 여성의 교육수준과 사회참여가 폭발적으로 증가한 상황에서 우리는 바람직한 어머니 역할에 대해 돌아볼 필요가 있다. 성공한 자녀를 원하는가 또는 행복한 자녀를 원하는가? 자녀를 잘 키운다는 것은 무슨 의미인가? 모성은 가정 안에서만 발휘될 수 있는가? 이러한 질문에 대해 진지하게 생각해볼 때이다.

부성회복을 위한 최근의 남성들의 고민과 노력도 주목할 만하다. 이러한 변화의 배경으로서 여성의 취업증가로 맞벌이부부가 보편화되면서 아버지의 공동양육이 불가피해졌고, 자녀의 성역할 및 도덕발달, 학문적 성취 등에서 아버지의 변수가 중요하다는 사실도 남성의 자녀양육 참여를 확산시키고 있다. 더 나아가 자유시장경제환경의 무한경쟁과 환경오염, 지구온난화 등 미래 사회의 문제에 맞서 아버지들이 생명존중과 인간성 회복에 기초한 새로운 아버지 역할을 탐색하고 있다.

저출산 시대에는 가족의 수가 적기 때문에 부모자녀 하위체계의 2인관계가 매우 중요하다. 어머니와 아버지는 자녀에게 부모인 동시에 친구와 형제・자매의 역할도 해주어야 하며, 따라서 가족관계는 규범적이며 위계에 근거하기보다 양성평등하며 민주적인 가족관계로 변화될 수밖에 없다. 양성적 부모됨이란 특정 성에 속박된 역할을 넘어서 자녀의 타고난 특성과 자질에 따라 돌보아주고 놀아주며 독립을 격려해 주는 것이다.

논의해 봅시다

1. 아래 표는 부모들이 자녀에게 할 수 있는 대표적인 성차별적 발언들의 예들이다. 빈 칸에 당신이 성장기에 경험했던 성차별적 발언들을 적어 보자.

아들에게	딸에게
① 너는 우리 집안의 대들보야.	①
②	② 여자애가 옷차림이 단정해야지.
③ 공부 못하면 어떻게 처자식 먹여 살릴래?	③
④	④ 공부를 열심히 해야 시집을 잘 가지.
⑤ 사내자식이 뭐 그런 걸 가지고 울어?	⑤
⑥	⑥ 여자니까 예쁘게 걷고 예쁘게 말해라.

2. 부모가 성(性) 초월하여 한 인간으로서 아들과 딸을 어떻게 양육하고 보호하고 관계를 맺어가야 하는지에 대해서 생각해 보고 토론해 보자.

PART 3
가족과 젠더의 사회적 차원

CHAPTER

10

일과 젠더

CONTENTS

1. 성별분업의 지속과 변화
2. 여성과 일
3. 가사노동과 젠더
4. 변화의 가능성을 높이기 위하여

chapter

10 일과 젠더

우리나라 여성의 경제활동 참가율은 2005년을 기점으로 과반수를 넘어섰다. 여기에는 여성의 교육수준이 높아진 이유도 있지만 독신과 이혼율의 증가에도 영향을 받은 것으로 나타났다. 여성의 경제활동 참가율이 조금씩 증가하면서 페미니스트 학자들은 전통적인 일의 개념을 변경해야 한다고 주장한다. 전통적으로 여성은 집안에서 가사와 자녀 돌보는 일을 맡아서 수행해 왔으나 이런 일들은 임금을 받지 못하는 것으로 사회적인 주목을 받지 못한 채 가정 내에 남겨진 것이다. 따라서 일에 대한 새로운 개념은 여성들이 가정 내에서 무보수로 수행하고 있는 일, 즉 가사노동, 자녀양육, 환자 돌보기 등을 포함하는 좀 더 넓은 의미로 확대되고 있다. 이 장에서는 다음과 같은 내용을 중점적으로 다루고자 한다.

- 공/사로 구분되는 성별분업의 변화는 어떤 모습인가?
- 여성의 경제활동 참여 실태 및 변화 가능성은 어떠한가?
- 가사노동의 이론, 가치 및 사회화 정도는 어떠한가?
- 일과 가사노동에서 성평등을 달성하기 위한 전략은 무엇인가?

1. 성별분업의 지속과 변화

1) 성별분업의 젠더 계층화

성별분업, 즉 공적 영역(일과 같은 남성의 영역)과 사적 영역(가정 또는 가족과 같은 여성의 영역)의 구분은 남성과 여성의 일을 규정하는 기본적인 관점이다(Baber & Allen, 1992). 전통적으로 남성은 가정 밖에서 돈을 버는 생산노동과 연관되어 있는 반면, 여성은 가정 내에서 가사노동을 하고 자녀를 양육하는 재생산노동과 밀접한 관계를 맺고 있다. 이러한 성별분업은 남녀 간 생물학적 차이뿐만 아니라 사회화, 선호도, 능력에서의 차이에 기인하는 것으로 알려져 있다.

정형화된 성역할에 대한 페미니스트들의 비판은 논쟁과 갈등을 야기했다. 그들은 남성들이 정형화된 성역할 체계로부터 이득을 보고 있으며 모든 형태의 계층화는 권력으로 나온다고 지적했다(Chaffetz, 1990). 샤페츠(Chaffetz, 1990)는 성계층화(gender stratification)가 남성의 우월성을 내포하고 있으며 정형화된 성역할에 의해 여성이 성장할 수 있는 기회를 놓치고 있다고 주장했다. 따라서 가족 내에서 성평등을 달성하기 위해서는 성별분업에 의해 여성에게 부과된 과도한 짐을 경감시켜야 한다는 것이다.

일과 가사노동은 젠더에 의해 계층화되어 있다. 그중 가장 논쟁이 되고 있는 영역은 여성의 재생산과 연관되어 있는 노동이다. 특히 자녀양육은 아직도 여성에게 부과되는 일의 형태인데 이는 여성만이 출산을 하고 수유 등 일차적 양육을 책임지기 때문이다. 그러나 이는 여성에게 일할 수 있는 기회와 경험을 제한한다.

이와 같이 가사노동과 자녀양육에 대한 기대와 책임이 젠더에 따라 다르기 때문에 노동시장에서 여성과 남성을 다르게 취급한다. 즉, 여성이 집안일과 아이를 돌보는 일에 적합하다는 생각은 노동시장에서도 유사한 직종에 적합하다는 편견을 양산한다. 이렇게 가족과 노동시장에서의 성별분업에 대한 고정관념은 현존하는 성역할 정형화를 또다시 강화하는 순환관계를 유지시킨다.

일반적으로 여성들이 가정 내에서 하는 가사노동과 자녀양육은 남성들이 하는 생산노동만큼 가치 있는 일로 여겨지지 않았기 때문에 사회에서 여성의 종속성을 강화하는 역할을 했다. 그러나 역사적으로 살펴보면 여성의 일은 결코 생산적인 일과 분리되지 않았다는 주장이 있다(Bose, 1987). 특히 가난하거나 소수집단 여성들은 생계유지를 위해 늘 생산적인 일에 종사했지만 이들의 일은 가정이나 가족 소유의 농장 또는 사업에서 수행되었기 때문에 눈에 띄지 않았다는 것이다. 이들에게 일은 자신뿐만 아니라 가족의 생계를 위해 필요한 것이어서 종종 자녀양육과 같은 재생산 일과 갈등을 일으키곤 했는데 이러한 이중부담은 지금까지도 지속되고 있는 상황이다.

부정확한 통계치도 여성의 경제활동 참가에 관한 정보를 흐리게 하고 있다(Bose, 1987). 센서스 자료에서 여성들은 가족이 운영하는 사업에 종사하거나 시간제로 일을 하는 경우 경제활동에 참가하지 않는 가정주부로 보고되는 경향이 있다. 이렇게 형성된 자료는 여성의 경제활동 참가율을 축소하고 여성의 영역을 고정화하는 데 일조한다. 사실 농경시대에는 여성과 남성 모두 함께 일하는 경우가 대부분이었기 때문에 공/사 영역의 구분 자체가 의미 없었다. 산업사회가 되면서 가족의 생계를 위해 바깥에서 일을 하는 남성과 집안일을 맡아 하는 여성의 성별분업이 분명해졌으며 이러한 형태는 지금까지 지속되고 있다.

아직까지 여성과 남성은 다른 일에 종사하고 있지만 앞으로는 그 간격이 점차 좁혀질 것으로 생각된다. 특히 교육수준이 높아지면서 여성들의 일에 대한 인식과 관심, 경력 개발 및 자신에 대한 투자 등도 매우 다양해지고 있다. 지금 대학교육을 받은 여성들에게 '취업은 필수지만 결혼은 선택'이 되고 있다는 점은 이들이 취업할 수 있는 기회를 확대하기 위해 적극적으로 노력하고 있다는 것을 입증한다.

2) 성별분업의 변화

여성은 남성과 같은 이유로 일을 하고 있다. 남성뿐만 아니라 여성도 경제적 필요성, 재정적 보완, 개인적 발전, 정체감, 다른 사람들과의 교류의 필요성 등으로 일을 한다. 그러나 우리 사회에서 여성의 노동참여는 생애주기, 즉 결혼과 임신, 출산, 양육에 따라 변화를 거듭하고 있다. 경력단절 없이 지속적으로 취업을 유지하는 여성들은 대개 미혼이거나 자녀가 없는 경우가 많은데 교육수준과 직종 역시 지속적인 취업에 영향을 준다. 교육수준이 높고 전문직종에 종사하고 있는 여성은 중간에 일을 그만두는 비율이 낮으며 경력 개발과 삶의 수준을 향상시키기 위해 다양한 투자를 하고 있다. 출산과 양육이 여성에게 중요한 일임에는 틀림없지만 이 때문에 직장을 그만두는 것은 결코 아니다. 오히려 여성들은 미래에 대한 비전이 없거나 도전할 만한 가치가 없다고 여길 때 일을 중단하게 된다 (Baber & Allen, 1992).

여성들은 소득이 있을 때 자신의 삶에 대한 통제감과 가족 내 의사결정에서의 힘을 느낀다고 한다. 선행연구에서도 취업하지 않은 여성보다 취업한 여성들이 자신의 삶에 대한 통제감을 더 많이 느끼는 것으로 나타났다(Baruch, Barnett & Rivers, 1983). 더 많은 여성들이 자신의 일을 즐겁게 수행할수록 자신감과 일에 대한 긍정적인 생각을 가지게 된다. 따라서 여성이 하는 일의 형태가 중요하다. 다양한 기회와 도전의식, 개인적인 성장을 제공하는 일은 여성들에게 긍정적인 경험을 부여하여 일을 지속하도록 만들지만 지루하고 단순한 일은 결국 일의 단절을 초래한다.

성평등은 가족과 노동시장 모두에서 성별분업을 변화시키지 않는 한 불가능하다. 샤페츠(1990)에 의하면 변화는 반드시 다음과 같은 영역에서 동시에 일어나야 한다. 첫째, 가정 내 성별분업, 둘째, 노동시장에 공평한 기회와 보상, 셋째, 법과 정책의 제정에서 남성지배의 변화 등이다. 가정 내 성별분업의 변화는 노동시장 내 성별분업의 변화로 나타나는 간접적이고 장기적인 효과이다. 따라서 성평등을 위해 우선적으로 필요한 것은 많은 여성들이 취업하여 물적·인적 자원을 획득하는 것이다. 이러한 자원은 여성들이 가족 내에서 가사노동의 분업을 협상할 때 유리한 조건을 제공한다. 또한 여성들은 물적·인적 자원을 통해 여성들에게 유리한 법과 정책을 제정하는 지도자의 위치를 차지할 수 있게 된다. 많은 여성들이 경제활동에 참여하면서 일터와 가정에서 더 많은 권력과 기회를 잡을 수 있게 되었다. 여성들은 일(경제활동)에 의해 변화되고 있으며, 동시에 일(경제활동) 역시 여성에 의해 변화되고 있다.

2. 여성과 일

1980년대 이후 여성의 경제활동 참가율은 연령과 학력의 증가와 더불어 지속적으로 높아지고 있으며 고용형태 또한 상당한 변화를 겪었다. 이러한 변화는 여성의 고학력화와 그에 따른 남녀 간 교육수준의 격차 감소, 자녀 수의 감소 및 기혼여성의 사회참여에 대한 인식의 긍정적 전환과 병행하여 이루어졌다고 볼 수 있다. 이러한 사회 인식의 긍정적 변화에도 불구하고 여성노동시장의 구조적 문제들, 예를 들어 여성의 M자형 경제활동 참가 분포곡선이나 여성노동의 비정규직화 같은 현상은 여전히 문제로 남아 있다. 다음에서 이를 자세히 살펴보기로 한다.

1) 여성의 경제활동 참여 실태

〈표 10-1〉에 의하면 우리나라 여성들의 경제활동 참가율은 1980년 42.8%에서 2018년 52.9%로 나타나 느리지만 꾸준히 증가하여 현재는 거의 절반을 넘어서고 있다. 물론 선진국의 70~80%대에도 미치지 못하는 수치이긴 하지만 IMF 경제위

기의 직격탄을 맞은 1998년에 잠깐 위축되었던 것을 제외하고는 지속적으로 증가해왔다고 볼 수 있다. 남성 경제활동 참가율과의 격차 또한 1980년 33.6%에서 2018년 10.8%로 줄어들었다. 이는 출산율의 저하, 국가의 보육 관련 서비스 지원 확대, 가전제품의 발달 등으로 여성의 경제활동 증대와 여성의 사회 진출에 대한 인식 개선이나 여성의 고학력화, 자아실현 욕구 증대 등 복합적인 요인이 영향을 준 것으로 볼 수 있다.

| 표 10-1 | 성별 경제활동 참가율

(단위: %)

성별 \ 연도	1980	1990	2000	2010	2018
남	76.4	74.0	74.2	73.2	73.7
여	42.8	47.0	48.6	49.6	52.9
전체	59.0	60.0	61.0	61.1	63.1

출처: 통계청 (2019). 경제활동인구조사.

우리나라 여성의 연령대별 경제활동 참가율에서 나타나는 가장 큰 특징은 M자형 곡선이다. 다음 〈표 10-2〉에서 나타난 바와 같이 모든 연도별 수치에서 20~24세와 35~39세에는 높아지다가 25~29세와 30~34세에는 경제활동 참가율이 낮아지는 M자형 곡선이 나타나고 있다. 특히 여성의 경제활동 참가율은 15~19세에서는 급격한 감소를 보이고 있는데 이는 교육수준의 향상과 밀접한 연관이 있다. 또한 최근 들어 초혼연령과 초산연령이 늦어지면서 25~29세 여성의 경제활동 참가율은 급격하게 증가하고 있으며, 전반적인 기혼여성의 경제활동 참가 증가와 더불어 35세 이상 여성의 경제활동 참가율은 꾸준하게 증가하는 추세이다.

| 표 10-2 | 연령별 여성 경제활동 참가율 (단위: %)

연령 \ 연도	1980	1990	2000	2010	2014
전체	42.8	47.0	48.8	49.4	51.3
15~19	34.4	18.7	12.6	8.4	9.3
20~24	53.5	64.6	61.2	53.0	53.9
25~29	32.0	42.6	55.9	69.3	72.6
30~34	40.8	49.5	48.8	54.6	59.6
35~39	53.1	57.9	59.3	55.7	56.6
40~44	56.7	60.7	63.8	65.6	63.6
45~49	57.3	63.9	64.9	65.4	69.6
50~54	53.9	60.0	55.3	61.1	66.0
55~59	46.2	54.4	51.3	53.2	57.7
60세 이상	16.9	26.4	30.2	26.9	29.6

출처: 통계청 (2019). 경제활동인구조사.

| 표 10-3 | 직업별 여성 취업자 (단위: %)

연도 \ 직업	총계	입법자 고위임직원 및 관리자	전문가 기술공 및 준전문가	사무직원	서비스/판매직		농업 및 어업 숙련 근로자	기능직 (기능원, 기계조작원 및 조립원)	단순 노무직
1980	100.0	1.8		4.1	12.0	16.5	38.7	21.1	
1993	100.0	0.4	10.6	14.5	29.4		14.6	16.6	13.9
2000	100.0	0.3	12.7	13.9	35.3		11.5	10.7	15.7
2010	100.0	0.5	20.4	17.8	31.8		5.9	23.3	16.7
2017	100.0	0.3	23.4	19.4	30.6		3.8	22.1	15.8

출처: 한국여성정책연구원 (2019). 취업자(성/직업별)(2004-2017년).

직업별 여성 취업자 구조를 보면 〈표 10-3〉에서 나타나는 것처럼 농·어업직만 꾸준하게 감소추세에 있으며 서비스/판매직은 증가추세에서 감소추세로, 기능직은 감소에서 증가추세로 부침현상을 보이고 있다. 특히 눈에 띄는 증가는 전문가

· 기술공/준전문가와 사무직에서 나타난다. 여기서 전문가 · 기술공/준전문가 집단은 학원강사, 학습지교사 등 교육산업 종사자와 간호조무사 등의 전문가 보조 인력 집단으로 여성의 교육수준 향상과 연관이 있다. 또한 사무직에 있어서 여성의 증가는 경제구조의 변화와 더불어 사무량이 증가하고 기계화되어 복잡한 사무가 단순화됨에 따라 주로 하위직에 여성이 대거 고용된 것으로 보인다. 서비스 및 판매직의 여성 증가는 3차 산업의 비약적인 증가와 관련된 것으로 여겨지는데 산업구조 자체가 서비스업화된 상황 이외에도 우리 사회 전반에 깔려 있는 성별 분업 이데올로기로 인해 서비스 산업에 적합하다고 여겨지는 여성들의 진출이 늘어난 것으로 볼 수 있다. 반면, 입법자 · 고위임직원 및 관리자 집단은 여전히 0.3~0.5% 사이를 유지하고 있어서 유리천장 현상을 보이고 있다.

우리나라에서 비정규직의 문제는 이미 경제위기가 시작되던 1990년대 후반부터 사회적인 이슈로 등장했는데 특히 여성을 중심으로 더욱 확산되고 있는 실정이다. 여성 취업자의 종사상 지위별 구조를 〈표 10-4〉에서 보면 여성 취업자 중 임금근로자는 1980년 39.2%에서 2018년 77.3%로 약 40년의 기간 동안 38.1%나 늘어난 것으로 밝혀졌다. 이와 같이 여성 취업자의 임금근로직 진출이 증가한 것은 경제적 지위가 임금을 중심으로 결정되는 현 사회에서 고무적이라 할 수 있으나 임금근로의 구성을 보면 불안정한 여성 취업자의 지위가 나타난다.

여성 근로자 중 임시직과 일용고로 대표되는 비정규직 여성 근로자의 비중은 1990년부터 이미 1/3 이상인 35.4%로 나타났으며, 2018년에는 29.9%로 집계되어 있다. 더욱이 임시직과 일용직뿐만 아니라 용역직, 특수고용직 등의 공식적인 노동통계에 포함되지 않는 비정규직이 포함된다면 여성 임금근로자 대부분은 고용불안과 저임금 속에서 차별을 받으며 일하고 있다는 결론에 이르게 된다. 따라서 최근에 이르기까지 여성의 경제활동 참여율의 증가가 고용형태 측면에서 볼 때 고용의 질적 향상을 이루는 데 실패한 것으로 보인다.

| 표 10-4 | 종사상 지위별 여성 취업자 (단위: %)

종사상 지위 / 연도	임금근로	상용	임시	일용	비임금근로
1980	39.2	30.9		8.3	60.8
1990	56.8	21.4	22.5	12.9	43.2
2000	61.5	19.1	28.5	13.9	38.5
2010	72.8	34.4	30.0	8.4	27.1
2018	77.3	47.3	25.4	4.5	22.6

출처: 통계청 (2019). 경제활동인구조사.

2) 여성의 경제활동 장애요인

통계청(2019)의 조사연구에 의하면 여성 취업의 장애요인으로 '육아부담(50.6%)', '사회적 편견, 차별적 관행 및 제도(17.7%)', '불평등한 근로여건(12.7%)' 등이 제시되고 있다. 육아부담은 여성들에게 일을 그만두게 할 뿐 아니라 재취업하려는 경우에는 경력단절로 인한 불이익을 경험하게 한다. 양육을 끝내고 재취업하려는 여성을 기다리고 있는 일은 주로 비정규직이나 저소득 자영업, 노동 집중의 저숙련 일자리이기 때문이다. 이러한 일은 임금수준이 낮고 승진의 가능성이 거의 없기 때문에 이직률 또한 높게 나타난다. 남성 정규직의 임금을 100으로 할 때 여성 정규직은 60.6%, 남성 비정규직은 65.9%, 여성 비정규직은 41.0%에 불과하다(권혜자, 2008).

앞서 〈표 10-3〉에 의하면 여성이 집중되어 있는 직종은 주로 서비스/판매직과 준전문가직으로 나타나고 있는데 이런 직종은 돌봄노동, 가사 관련 경험 등 여성적인 특성을 반영하는 것으로 성별 노동분업을 강화하는 역할을 한다. 또한 이 직종의 특성은 취업은 용이하지만 임금수준이 낮은 것으로 정부가 여성의 경제활동 참가율을 높이는 방안으로 마련한 일자리인 경우가 많다. 예를 들어, 정부는 2007~2010년간 사회서비스 부문에서 총 80만 개의 일자리 창출을 목표로 하는 정책을 발표했는데 이 중 2007년에 여성을 위한 일자리는 총 13만 개로 보육교사, 간호사, 가사나 간병 도우미 등 여성 집중의 직종으로 낮은 임금의 돌봄노동으로 구성되어 있다(권혜자, 2008).

사회서비스 분야의 일자리는 고용이 불안정하고 임금수준이 낮지만 당장 일자리가 필요한 여성들에게 약간의 도움은 될 수 있다. 그러나 이런 일자리는 결코 여성의 경제활동 참가율을 증가시키지 못한다. 일할 의사가 있더라도 저임금의 불안정한 고용상태에서 지속적으로 일자리가 보장되는 것은 아니기 때문이다. 따라서 대부분의 여성들은 출산과 육아와 더불어 불안정한 상태에서 취업과 실업을 반복하게 된다. 장기적으로 볼 때 정부의 여성을 위한 일자리 증대정책은 오히려 여성들의 선택을 혼란스럽게 만들 수 있다. 저출산을 예방하고 여성의 경력단절을 피할 수 있는 방법은 생계보조자로서의 여성에 대한 사회적 인식을 바꾸는 것이다. 따라서 무엇보다 사회적 보육정책과 여성을 위한 장기적 고용정책과 직업훈련이 요구된다.

3. 가사노동과 젠더

앞서 제시한 바와 같이 여성의 경제활동 참여율이 증가함에 따라 여성과 남성의 일에 대한 간격이 점차 좁아지고 있음에도 불구하고, 여전히 여성은 가사노동과 자녀양육을 전담하는 이중부담에 시달리고 있다. 특히 기혼여성의 취업이 증가하면서 생계부양의 역할이 남성의 전유물이라는 사고에서 벗어나고 있지만 남성의 실제적인 가사노동 분담은 거의 늘어나지 않는 것도 심각한 문제이다. 즉, 아내가 취업을 했든 하지 않았든 남편의 가사노동 참여도는 별로 변하지 않고 있다(통계청, 2015; 한국여성개발원, 1991).

가사노동의 분담을 설명하는 이론은 크게 자원이론, 가족생활주기이론, 성역할이론 등으로 구분된다(공미혜, 2004). 자원이론에 의하면 가정생활에 있어서 자원의 양이나 가치를 많이 소유한 배우자일수록 더 많은 권력을 소유하게 되고, 그 권력으로 인해 사회적으로 별로 중요하지 않은 가사노동을 피할 수 있게 된다고 본다. 가족생활주기이론은 부부간의 가사노동 분담이 가족생활주기의 단계에 따라 달라진다고 예측한다. 왜냐하면 가족생활의 주기에 따라 남편의 직업에 대한 몰두 정도와 아내의 가사노동량이 달라지기 때문이다. 한편, 성역할이론은 부부의 성역할 이데올로기가 평등주의에 가까울수록 가사노동을 더 많이 분담한다고 전제한다.

물론 언급한 세 가지 이론이 선행연구에 의해 부분적으로 지지를 받은 것은 사실이다. 그러나 여성의 교육 향상이나 노동참여, 결혼기간 등에 상관없이 가사노동의 분담이 불평등하게 이루어지는 가장 큰 이유는 여성의 주된 영역이 가정이라는 생각 때문이다. 이것은 여성이 기꺼이 가사노동을 전담하려는 태도와도 관련이 있지만, 어떻게든 가사노동을 하지 않으려는 남성의 저항과도 연관이 크다고 볼 수 있다(공미혜, 2004).

공적인 영역에서의 성불평등은 쉽게 인식될 수 있고, 따라서 법적으로 제재를 가할 수 있는 근거를 마련하기가 용이하다. 그러나 사적인 영역에서의 불평등은 개인 또는 가족의 일로 은폐되는 경우가 대부분이어서 인식하기 어려울 뿐만 아니라 변화되기는 더욱 어렵다. 가사노동이 여전히 여성의 책임이라고 믿고 있는 한, 여성은 가사노동 때문에 남성과 평등해질 수 없고 진정한 자유를 누릴 수도 없게 된다.

1) 불평등한 가사노동에 관한 역사적 고찰

페미니스트들은 일의 개념에 여성이 가족을 위해 수행하는 가사노동을 포함시키려고 노력하였다. 여기서 가사노동이란 인간의 힘과 노동력을 향상시키기 위해 육체적, 정신적으로 가족을 돌보는 행위 외에도 아이를 낳아 기르는 육아에 이르기까지 광의의 재생산 개념을 의미한다.

코완(Cowan, 1987)은 산업화 이후 가사노동과 시장경제의 노동이 다른 경로를 밟게 되었고 그 결과 여성과 남성이 다르게 사회화되었다고 밝히고 있다. 이 과정을 좀 더 상세히 살펴보면 다음과 같다. 산업화 이전의 농업경제에서는 가사노동과 노동의 구분이 없었다. 여성과 남성이 동등하게 가정의 일에 참여하였고, 또한 그들이 수행했던 일은 분명한 성별분업에 의해 구분되었지만 가정을 유지하는 데 필요한 노동으로 인식되었다. 예를 들면, 전형적으로 남성은 나무를 베어 장작을 만드는 일에 종사한 반면, 여성은 주로 채소를 키우고 보존하는 일을 하였다. 곡식을 타작하고 가축을 돌보는 일은 남성의 일이었지만 조리를 하여 음식을 만드는 것은 여성의 일이었다.

코완은 이 시기의 경제를 다음 두 가지 특징으로 요약한다. 첫째, 여성과 남성 모두가 시장에 팔 목적으로 농작물이나 상품을 생산하였지만, 시장경제 내에서 거래되었던 상품은 주로 남성의 노동이나 관리에 의해 생산되었다. 여성도 물론 이러한 상품을 생산하는 데 노동자로 참여하였지만 그들의 주된 활동은 가족경제 내에 머물렀다. 둘째, 여성은 육아나 환자 돌보기와 같이 많은 시간이 소모되고 남성이 별로 동참하지 않는 가사노동을 책임지고 있었다. 19세기 중반까지도 출산율이 꽤 높아서 여성과 어느 정도 자란 여자 어린이는 많은 시간을 아이돌봄에 할애하였다. 또한 가정은 환자를 돌보는 장소였으며 환자를 간호하는 일도 여성의 몫이었다. 이와 같이 산업화 이전의 경제체제에서는 남성과 어린이가 대거 가사노동에 참여하였으나 그렇다고 해서 여성의 가사노동에 대한 부담이 줄었던 것은 결코 아니다. 여성의 노동은 생계유지에 필수적이었으며 대부분 남성이나 자녀에 의해 대체되지 않았다.

산업화는 가정생활을 변화시켜 가사노동의 행태에 큰 영향을 주었다. 특히 산업화는 가사노동에 대한 남성의 부담을 상당히 경감시켜 주었지만 여성의 노동에는 별로 영향을 미치지 못하였다. 석탄의 발견이나 농기구공장은 남성을 땔감 마련이나 농기구 제작과 같은 가사노동으로부터 해방시켜 준 반면, 여성이 담당하였던 노동, 즉 요리나 세탁, 청소, 아이와 병자 돌보기 등은 크게 변하지 않은 채 지속되었다.

더욱이 산업화와 더불어 남성과 여성의 영역을 분리하는 새로운 이데올로기가 등장하게 되었다. 여성은 부드러우며 남을 잘 이해하고 돌보는 등 가정 일을 하는 데 알맞은 특성을 지니고 있기 때문에 가정의 영역이 적절하며, 남성은 적극적이고 대범하여 남과 경쟁하는 데 알맞은 특성을 가지고 있기 때문에 사회적 영역에 적합하다는 것이다. 이러한 상황은 사회의 요구에 의해 여성이 생산노동에 참여할 때조차 노동현장에서 성별분업을 확대시켰다.

1945년 이후, 이른바 서비스 경제가 시작되면서 여성의 취업기회가 증가하였지만 노동의 성별분업은 그대로 지속되어 여전히 여성을 남성과 동등한 부양자로 취급하지 않고 있다. 또한 세탁기, 청소기, 식기세척기 등 첨단기술의 산물들은 여러 가지 가사노동의 부담을 덜어준 것처럼 보이지만 전체적인 생활수준을 향상시켜 여성에게 또 다른 짐을 지우고 있다. 각종 전자·전기제품 등은 가사노동을 용이하게 하지만 그만큼 더욱 청결하고 안락한 가정에 대한 가족구성원들의 기대치를 높였기 때문에 여성이 일에 몰두할 수 있을 정도로 부담을 덜어주지는 못하였다.

한국 사회의 경우도 코완이 기술한 과정과 크게 다르지 않다. 오히려 우리 사회의 정신적 토대가 되었던 유교의 강력한 가부장제는 남녀의 영역을 철저하게 분리하여 성차별을 정당화하였고 모성에 의거한 여성의 역할을 미화시켰다. 역사적으로 뿌리 깊은 성차별 의식 외에도 여성교육의 미비, 뒤늦은 산업화로 인한 여성 취업기회의 부족 등은 여성을 오랫동안 가정 밖으로 끌어내지 못하였다. 6·25전쟁으로 인해 남성이 부재한 가운데 여성이 가족의 생계를 책임졌던 시기도 있었으나 일시적인 현상에 불과했으며 지금까지 가사노동은 여성의 몫으로 남아 있다(공미혜, 2004).

2) 가사노동이 여성에게 전담된 이유

가사노동에 대한 성계층론은 자원이론에 기초한 것으로 부부간 권력관계에 대한 블룸버그(Blumberg)의 이론을 콜먼(Coleman, 1991)이 가사노동에 맞게 수정한 것이다. 그 이전에 후버와 스피츠(Huber & Spitze, 1983)는 시간유용도, 상대권력, 성역할 태도, 가사노동에 대한 선호도 등 네 가지 개념틀로 가사노동의 상대적 참여 정도를 설명했는데 시간이 많을수록, 상대적 권력이 낮을수록, 성역할 태도가 보수적일수록, 가사노동을 좋아할수록 가사노동을 더 많이 한다는 것이다.

블룸버그의 성계층론은 가정 내에서 여성의 경제력(경제적 자원에 대한 통제 정도)에 영향을 주는 요소를 거시적 수준과 미시적 수준으로 나누어 분석하고 있다(Blumberg, 1991). 이 이론에 의하면 여성이 자신의 수입을 통해 얻는 권력은 가부장적 이데올로기와 같은 거시적 수준과 배우자의 결혼생활에 대한 언약, 매력, 부부간 성역할 이데올로기, 아내 수입의 필요성 등의 미시적 수준에 의해 영향받는다. 이러한 점을 고려하여 블룸버그의 성계층론을 요약하면 여성의 경제력이 높아질수록 자신의 삶에 대한 통제력도 높아지지만 거시적 수준이 미시적 수준에 더 큰 영향력을 행사하기 때문에 반드시 상대적으로 권력이 높아지는 것은 아니다.

콜먼은 여성의 경제력이 가사노동을 포함한 부부간 권력관계에 강한 영향을 주고 있다고 지적하면서 가사노동의 분담에 관한 일반적인 가설을 다음과 같이 제시한다(Coleman, 1991). 첫째, 여성의 경제력이 클수록 남편은 더욱 가사노동에 종사하게 된다. 둘째, 여성의 경제력이 클수록 남편은 더욱 가사노동을 '도와주는' 것이 아니라 '책임지는' 일로 여긴다. 셋째, 여성의 경제력이 클수록 남편과 아내 사이에 주어지는 '하기 좋은' 일과 '하기 싫은' 일의 분담이 평등해진다.

물론 이러한 가설은 부부간의 상대적 자원만 고려한 것으로 가사노동의 분담을 결정하는 과정은 훨씬 복잡한 경로를 거친다. 특히 콜먼은 위의 가설을 계층에 따라 분류하여 상세하게 분석하였으며 계층, 상대적 수입, 성역할 이데올로기의 복잡한 관계를 규명하려고 노력하였다.

우선 경제적으로 하류층에 속하는 부부의 경우, 단순하게 수입만 가지고 생각하면 부부간 수입이 중상류층에 비해 서로 비슷하기 때문에 이 계층의 남편은 가사노동에 더욱 책임을 지며 하기 싫은 일을 할 가능성이 높다고 볼 수 있다. 그러나 이 계층은 전통적인 이데올로기를 보유하기 때문에 가사노동의 분담에 대해 전통성을 나타낼 수도 있다. 이럴 경우 개인마다 차이는 있겠지만 거시적인 가부장적 이데올로기가 아내 수입의 필요성보다 더 큰 작용을 하기 때문에 하류층의 남편은 필요 이상으로 가사노동에 참여하지 않으려고 한다는 것이다.

한편, 중상류층 부부의 경우는 하류층의 경우와 다소 상반된 입장을 나타낸다. 대개 중상류층 남편은 아내보다 월등한 수입을 가지고 있어서 아내의 경제력은 상대적으로 낮아진다. 그러나 높은 교육수준에 의한 평등주의적 이데올로기는 부부간에 가사노동의 분담을 촉진하거나 아니면 가사도우미를 고용하여 남편과 아내 모두 가사노동에서 벗어날 수 있게 한다. 또 이 계층의 남편은 평등하게 가사를 분담할 수 없을 때에는 가장 쉬우면서도 눈에 띄는 가사노동에 참여하여 상징적으로 평등주의를 과시하게 된다.

서로 수입이 비슷한 전문직 맞벌이부부의 경우는 다른 경로를 밟을 수도 있다. 즉, 아내 역시 높은 수입으로 인해 가사노동의 분담을 강조할 권력을 지니게 되는데, 이 경우 부부가 평등하게 가사노동을 분담하기보다는 도우미를 고용하여 가사노동으로부터 벗어난다.

콜먼은 계층 외에도 남편의 가사노동에 대한 인식과 실제적인 분담 간의 간격을 지적했다. 즉, 남성들은 가사노동을 분담하는 것이 올바른 것이라는 생각을 가지고 있지만 실제 가사노동에 참여하는 시간은 상대적으로 매우 적게 나타난다. 이러한 간격이 생기는 이유는 어릴 때부터 경험했던 사회화 과정과 사회적 압력이 가사노동을 회피하도록 만들기 때문이다. 이와 같이 성계층론은 자원이론에 결핍되어 있는 성역할 이데올로기의 작용과정을 고려함으로써 가사노동의 문제를 좀 더 상세하게 개인적, 사회적 차원에서 분석하여 총체적인 접근을 가능하게 한다.

3) 가사노동의 가치와 사회화

가사노동에 대해 가치를 부여하지 않는 가장 큰 이유는 바로 임금이 지불되지 않기 때문이다. 설령 임금이 지불된다고 해도 설거지나 세탁, 집안청소와 같은 노동은 일로서의 가치도 인정받지 못하고 많은 임금을 받지 못한다. 사실 가사노동은 상당히 복잡하고 다양한 기술이 필요한 분야임에도 불구하고 각각의 가사노동은 노동집약적이고 비교적 간단한 일로 인식되고 있다. 가사노동의 보상적 측면은 생활의 질을 향상시키고 가족들에게 안락한 환경을 제공하여 가정생활을 원활하게 만든다는 점이다.

그러나 이러한 가사노동의 보상 뒤에는 숨겨진 사실이 있다. 즉, 더 안락한 생활을 제공하기 위해서 가사노동에 들어가는 시간과 에너지가 더 많아진다는 것이다. 가사노동이 매일 지속되는 끊임없는 일의 연속이라는 점을 고려하면 매일 누군가가 가족의 복지를 위해 봉사를 한다는 것을 의미한다. 여기서 '누군가'는 대개 여성이 된다. 가정기기의 발달과 반조리식품의 개발로 가사노동이 상당 부분 줄어든 것처럼 보일 수도 있으나 이 또한 가사노동이 누구나 쉽게 할 수 있는 일이라는 왜곡된 인식을 심어 놓았다. 그렇다면 이렇게 누구나 할 수 있는 가사노동을 임금으로 환산하면 얼마나 될까?

통계청이 처음으로 산출한 전업주부 가사노동의 가치를 급여로 환산하면 2014년을 기준으로 3인 가구는 2100만 원, 4인 가구는 2800만 원이 된다. 이는 국내총생산(GDP)의 24%에 달하는 것으로 화폐로 계산하면 무려 361조 원에 이르는 것으로 추정된다(통계청, 2018). 그러나 가사노동을 요리, 청소, 육아 등으로 세분화하여 대체인력을 사용했을 때 지급하는 비용으로 계산할 경우에는 가장 일이 많은 40대 주부의 연봉이 3,470만 원으로 나타났다(주간조선, 2006.7.25).

그런데 문제는 가사노동의 가치를 임금으로 환산해도 이를 제대로 인정해 주지 않는다는 것이다. 아직까지 전업주부의 재산 형성의 기여도는 이혼 시 재산 분배에서 낮게 평가되고 있으며, 사고나 재난으로 피해를 입었을 때도 일용직 노동자 수준의 보상금을 받고 있어서 논란이 되고 있다. 최근 우리 사회에서도 가사노동의 가치를 제대로 평가하여 정책에 반영하려는 움직임이 있었으나 성과를 얻지 못하고 있는 실정이다.

한편, 가사노동을 임금으로 지급하려는 움직임에 반대하는 페미니스트들도 있다. 이들은 가사노동을 임금으로 지급하면 여성 스스로 전업주부를 선택하도록 만들고 성별분업을 강화하는 분위기를 조장하기 때문에 궁극적으로 여성에게 도움이 되지 않는다고 보았다. 그래서 이들은 가사노동을 사회화함으로써 남성에게도 가사노동의 중요성을 인식시킬 필요가 있다고 주장했다. 가사노동의 사회화는 의식주 모든 분야에서 이루어지고 있는 상품의 형태, 복수의 가족이 함께 가사노동을 나누는 집단분업의 형태, 돌봄노동에 대한 서비스를 국가나 지방자치단체가 공적으로 제공하는 형태 등으로 구분된다. 페미니스트들은 이러한 사회화를 통해 여성은 가사노동의 굴레에서 벗어나고 성별분업도 없어질 것으로 예측하였다(부산여성사회교육원, 2007).

4) 성역할의 정치학과 남성의 저항

성역할은 인간생활을 유지하기 위한 특수한 역사적 맥락에서 유래한 사회문화적 구성물이므로 그 사회의 이데올로기를 반영한다. 생계부양자와 가정주부라는 역할구분은 산업화의 산물이며 경제활동과 가사노동을 분리함으로써 생겨났다. 이러한 역할구분은 여성에게는 가족을 위한 보람과 안정감, 남성에게는 더 많은 권력과 독립성을 부여한 것처럼 보였으나 실은 여성과 남성 모두에 억압이 되고 있다. 여성은 과도한 정서적 역할로 인해 개인적 자아성취와 공적 활동의 기회를 잃은 반면, 남성은 지나친 도구적 역할로 인해 부모로서 양육기회를 박탈당하고 있다.

후기 산업구조와 더불어 핵가족화, 장수, 여성의 교육수준 향상, 결혼의 불안전성, 여성 노동의 증가, 소비재 상품의 구매 확대 등은 양성적인 인성의 중요성을 일깨워 주었다. 즉, 평등한 가정을 유지하기 위해서 좀 더 전인적인 인성이 필요하게 된 것이다(Ferguson, 1977; Matthaei, 1982). 양성성은 남성과 여성 모두에게 바람직한 특성이며, 가정의 역할과 직장의 역할을 동등하게 책임짐으로써 여성과 남성 모두에게 풍부한 생활경험을 제공한다.

그러나 전통적으로 남성우월주의 속에서 사회화된 남성은 성역할 변화를 통해 얻을 수 있는 장점을 발견하고 누리기보다는 자신에게 주어진 부양자로서 특권이나 권력을 박탈당했다고 생각하게 된다. 따라서 여성은 남성이 스스로 성역할 변화의 장점을 인식하고 변화할 때까지 이중부담을 지게 될 것이며 결혼생활은 여성과 남성의 역할 불균형과 갈등으로 긴장이 증가할 것으로 예측된다.

초도로우(Chodorow, 1978)는 유아기 때부터 남성은 부양자로서 자신을 규정하고 어머니로부터 분리되어 독립된 존재로 사회화된다고 지적한다. 더욱이 남성문화는 그들의 정체감을 사회생활과 같은 공적 영역에 치중하도록 하고 가정 영역을 사적 영역으로 등한시하도록 부추긴다. 산업구조의 변화와 여성운동의 결과로 여성이 경제활동에 참여하면서 점진적으로 가정의 영역을 벗어나 자유로워지자 그동안 여성의 보살핌을 받아오던 남성은 무기력한 상태로 남겨지게 되었다. 따라서 남성은 사적인 영역에서 탈피하려는 여성들의 운동으로부터 인해 빚어지는 문제점을 인식하지 못하고 있다. 그들은 이러한 문제점을 자신의 권력이 약화되어 생겼다고 보기 때문에 여성을 다시 이상적인 가정주부 역할로 되돌아가도록 강요한다.

결국 남성은 문제의 본질을 보지 못하고 오로지 관례적인 방법으로 회귀하려는 셈이다. 그들은 가사노동을 자연스럽게 생각하지도 않을 뿐더러 여성만큼 그런 일을 함으로써 만족해하지도 않는다. 호시차일드(Hochschild, 1989) 역시 이러한 남성의 저항 이유를 자신의 지위 상실에 대한 공포, 아내에 대한 통제력 상실의 공포, 아내에게 보살핌을 받는 남성특권 상실의 공포로 요약한다. 가사노동에 대한 남성의 저항은 자신에게 닥친 변화에 대한 소극적인 반응이며 자신의 위치를 고수하기 위한 전략인 셈이다.

4. 변화의 가능성을 높이기 위하여

노동시장에서의 성차별 금지에도 불구하고 여성의 지위가 상승하지 못하는 주요 요인 중 하나는 여성의 가사노동과 육아에 대한 부담 때문이다. 일반적으로 여성은 가사노동과 육아 등 돌봄노동의 부담이 남성보다 많은 만큼 일에 헌신적으로 몰두할 수 없기 때문에 노동시장 내의 지위 향상을 위해서는 가사노동과 육아에서 평등한 분담이 필수적인 요건이 된다. 따라서 여성의 고용 확대와 동시에 추진되어야 하는 것은 바로 일과 가정의 양립을 위한 지원체계를 구축하는 것으로 우리나라에서는 영유아보육법 제정을 계기로 보육문제에 국가가 적극적으로 개입하기 시작하였다. '사회적 모성'을 보호하기 위한 정책으로서 가장 대표적인 영유아보육법은 "상시 여성 근로자가 300인 이상인 사업자의 경우 직장보육시설을 설치, 운영해야 한다"는 규정을 명시함으로써 직장과 자녀양육의 양립을 지원하고 있다.

2001년에는 25~34세 사이 여성들의 경력단절이 두드러지는 현실을 개선하기 위해 여성 노동자의 모성보호 강화와 일-가족 양립 지원 및 모성보호 비용의 사회분담화를 주요 내용으로 하는 모성보호 관련법이 개정되었다. 이로써 그동안 기업과 개인이 부담하던 출산·육아의 문제를 사회적 책임으로 전환하는 계기가 마련되었으며 여성 노동권과 양성평등의 이념이 구체화되었다.

오랫동안 사적인 영역에서 해결해야 하는 문제로 인식되어 오던 임신, 출산, 양육과 관계된 재생산 영역을 일로 인식하고 확보하는 과정에서 모성보호의 문제는 더욱 중요한 문제로 부각되고 있다. 최근에는 임신, 출산, 양육 등 재생산과 관련된 영역을 여성 개인에게만 부과할 것이 아니라 사회 전체가 책임지고 해결해야 하는 문제로 보는 인식이 점점 확대되고 있다. 그러나 서구에 비하면 우리나라의 모성보호정책은 매우 미흡한 실정이다.

모성보호는 개인, 특히 여성 개인의 책임이 아니라 이 사회 전체의 재생산이라는 측면에서 사회적 책임이라는 인식이 확산되어야 하며, 이를 통해 남녀 모두가 일-가족의 양립을 이루며 평등하게 노동할 수 있는 사회체제를 구축해야 한다. 사회적으로 문제가 되고 있는 만혼과 출산율 저하는 이러한 문제를 해결하지 않고서는 개선되기 어렵다. 이를 위해 지금까지 개인 또는 개인 사업주가 부담했던 모성보호를 국가와 사회가 기꺼이 맡을 준비를 해야 한다. 미래 사회에서 여성인력의 효율적 활용은 국가의 생존과 직결된 문제이며 여성인력의 활용을 위해 모성보호는 필수 선결과제라 볼 수 있다. 따라서 모성의 '보호'가 아닌 모성의 '권리'를 인정, 확대하고 그에 따른 조치를 강화해 나가야 한다. 이는 또한 여성 개인의 모성뿐 아니라 육아와 관련된 '사회적 모성'의 권리 확대도 동반되어야 한다. 따라서 일-가족 양립 지원서비스와의 연결은 필수적인 요건이 되어야 할 것이다(강이수·신경아, 2001).

노동시간 단축과 유연한 근무형태의 채택은 여성의 삶의 질 향상뿐 아니라 일-가족 양립 지원을 위해 꼭 필요하다. 최근 주 5일 근무가 전면적으로 시행되고 있으며 정부는 지속적으로 노동시간을 단축하는 정책을 펴고 있다. 그러나 실제로 여성 노동자들이 집중되어 있는 소규모 사업장에는 아직도 장시간 노동이 지속되고 있다. 물론 유연한 근무형태가 여성에게만 일방적으로 강요된다면 지금의 비정규직 문제와 다름없는 문제가 될 것이다. 그러나 남녀 모두에게 노동시간이 단축되고 유연한 근무 형태가 권장된다면 우리의 노동문화에 변화가 올 것이 틀림없다. 이러한 노동문화의 변화는 궁극적으로 우리 사회에서 전통적인 성역할의 변화를 동반할 것으로 여겨진다. 이렇게 되면 여성과 남성 모두 경제적 주체로서 실질적인 평등관계를 이룩하게 될 것이고 출산율 저하에 따른 노동력 감소라는 근원적인 문제에 대한 해결의 실마리를 제공할 것으로 생각된다.

일에 대한 사회구조적인 변화가 일어나지 않는 한, 일과 가사노동의 갈등은 늘 여성의 문제로만 인식될 것이다. 그리고 이런 문제에 대한 개혁적인 정책이 여성에 의해서만 시행된다면 이 역시 경제활동 부문에서 여성을 이차적인 위치에 속하도록 정당화될 것이다. 맞벌이부부를 위해 고려되는 유동적인 근무시간, 출산 및 양육휴가, 작업 공유 등의 방안은 사실 승진이나 근무실적에 부정적인 영향을 줄 수도 있다. 하지만 일의 분야에서 성평등을 달성하는 진정한 해결책은 일과 가사노동의 갈등문제를 여성뿐만 아니라 남성의 책임이자 나아가 사회 전체의 책임으로 인식할 때 가능해진다는 것을 명심해야 한다(참고자료 10-1 참조).

참고자료 10-1 손 하나 까딱 않는 '한국 남자'들 보시오

적당히 철이 들 무렵, 한 사람에게 지나치게 치우친 가사노동에 대해 어렴풋하게나마 문제가 있음을 깨닫게 된다. 스스로 밥을 차려 먹고, 많지 않은 빨래는 세탁기를 거쳐 건조대에 널었으며, 주말이면 으레 청소기를 돌렸다. 어쩌면 그때부터 집안일에 대한 나의 숨겨진 능력이 계발됐는지 모른다.
이번 '남자의 취미' 주제는 바로 집안일이다. 집안일이 과연 취미가 될 수 있는가? 더구나 맞벌이가 대세인 요즘 어느 정도의 가사분담은 필수 아닌가? 그렇다. 집안일은 취미라기보다 노동 혹은 과제로 여겨질 수 있으며, 이미 여러분들은 그러한 역할을 충분히 해내고 있으리라 믿어 의심치 않는다. 그러니 이왕 할 바에야 취미라고 생각하고 즐겨 보자는 말이다. … 중략 …
요리하는 남편 혹은 아빠로써 가슴 뿌듯했던 기억 하나를 소개한다. 큰 아이 유치원 졸업식 때 부모님께 쓴 감사 상장을 주는 순서가 있었다. 대부분 아이들이 "엄마, 고맙습니다"로 시작하는데, 우리 집 큰 아이는 "아빠, 맛있는 음식 해주셔서 감사합니다"로 시작하는 것이었다. '그간 피땀 흘리며 먹인 보람이 있구나'라는 생각에 눈시울이 붉어질 뻔했었다.
사실 요리란 누군가 맛있게 먹어주길 기대하며 하는 경우가 많다. 나 역시도 아내와 아이들이 맛있게 먹는 모습을 보는 건 즐거운 일이나 그 자체만으로 배가 부른 건 아니다. 엄밀히 따지자면 나르시스적인 요리사라고 할까? 내가 만든 음식이 제일 맛있는 거다. 한 끼를 먹더라도 국 끓이고 반찬 두어 가지를 만들어서 먹는 편이다 보니, 내가 먹으려고 요리를 하게 되고 그렇게 만든 걸 남이 맛있게 먹어주면 그저 고마운 정도인 것이다.
다음으로 빨래에 관하여. 필자가 가장 좋아하는 집안일은 실제로 요리가 아닌 빨래다. 국민학교 시절부터 빨래를 털어 널던 향수가 있어서인지, 빨래를 하게 되면 이상하게 기분이 좋아진다. 토요일 오전, 아내를 출근시켜 놓고, 햇살이 비치는 거실에서 빨래를 널고 있노라면 영혼까지 맑아지는 느낌이다. 음악을 들으며 커피 한 잔까지 더한다면 영락없는 낙원이다.
요리할 때와 먹을 때 두 방면에서 동시에 즐거움을 얻는다면, 빨래는 널 때와 갤 때 시간차를 두고 즐겁다. 탈수 후 구겨진 빨래를 팡팡 털어서 건조대에 가지런히 널 때의 심정은 내 안에 정리되지 않은 잡념과 생각들을 질서 있게 정리하는 기분이다. 가공된 향이기는 하지만 집안 구석 은은히 퍼져나가는 섬유유연제의 향기는 마음을 차분하게 만든다. … 중략 …
이상으로 집안일 중 요리와 빨래가 주는 묘미를 간단히 정리해 보았다. 40여 년 삶을 살아오며 내린 결론은 집안일은 정해진 사람이 없다는 것이다. 어차피 해야 하고 누군가 해야 할 일이라면 피곤한 아내보다 먼저, 바쁜 아이들보다 한 발 앞서 집안일을 시작해 보자. 예상보다 빨리 가정의 평화를 이룩할 것이다.
아빠가 해준 아침을 먹고 등교하고 주말이면 아빠의 특별 요리를 기다리며 아빠가 빨아준 옷을 입고 뛰노는 아이들은 정서적으로 안정이 될 수밖에 없다. 몇 개월간 기본기를 다져야 한다거나 피나는 노력이 필요한 일도 아니고, 딱 하나 마음먹기에 달린 일이니 오늘 당장이라도 시작해 보기 바란다. 나는 오늘도 전업주부를 꿈꾸며 벅찬 행복에 빠진다.

출처: 오마이뉴스 블로거(http://m.ohmynews.com/NWS_Web/Mobile/at_pg.aspx?CNTN_CD=A0002218191) (검색일 2020.4.25.)

논의해 봅시다

1. 성평등한 경제활동을 위해 가장 시급한 해결문제는 무엇인지 논의해 보자.
2. 만일 결혼 후 맞벌이를 해야 한다면 가사노동을 어떻게 분담해야 할지 논의해 보자.
3. 만일 결혼 후 맞벌이를 해야 한다면 국가나 지방자치단체, 회사 등에서 맞벌이부부를 위해 반드시 고려해야 할 사항이 무엇인지 논의해 보자.

CHAPTER

11 젠더와 가정폭력

CONTENTS

chapter

11 젠더와 가정폭력

가정폭력은 일반적으로 '가족구성원 한 사람이 다른 가족원에게 의도적, 계획적, 반복적으로 물리적 힘을 사용하거나 정신적 학대를 통하여 심각한 신체적·정신적 손상과 고통을 주는 행위'로 정의된다. 가정폭력은 크게 두 가지 유형-남편이 아내에게 행하는 폭력과 부모가 자식에게(또는 자식이 부모에게) 휘두르는 폭력-으로 대별되어 나타난다. 최근 들어 남편폭력과 청소년에 의한 부모폭력 등 가정에서 발생하는 폭력이 다양화되고 있는 실정이지만 일반적으로 가정폭력은 피해 대상이 주로 사회경제적 약자라는 특성을 갖는다. 가족구성원 간 폭력의 피해자 대부분이 사회적 약자로 간주되는 여성, 아동, 노인이라는 것이 이를 대변해준다. 이 장에서는 약자에게 가해지는 폭력으로 특히 젠더문제와 밀접한 연관이 있는 아내폭력과 여성노인 학대에 관하여 다음과 같은 질문에 중점을 두며, 아울러 이를 극복할 수 있는 방안을 모색하고자 한다.

- 아내폭력의 개념 및 유형, 아내폭력의 실태와 영향, 결혼이민여성의 가정폭력 경험은 어떠한가?
- 노인학대의 개념과 유형, 학대받는 여성노인의 사회문화적, 가족적, 정책적 상황은 어떠한가?
- 가정폭력을 극복하는 방안은 무엇인가?

1. 아내폭력

가정폭력 신고 사례를 보면 94.3%가 남성가해자이고, 65.2%는 배우자에 의한 폭력으로 나타난다(한국여성의 전화, 2019). 이는 가족 내에서 남성이 가지고 있는 권력의 본질이 무엇인가에 대해 다시 한 번 생각하도록 한다. 그리고 아내에 대한 폭력이 일상적으로 나타나고 있는 현실을 보면 아내와 남편 사이에 놓여 있는 힘의 관계에 대해 문제를 제기하지 않을 수 없다. 가정폭력을 설명하는 다양한 관점과 이론이 있음에도 불구하고, 여성주의적 관점에서 이 문제를 조명할 수밖에 없는 이유가 여기에 있다.

1) 권력과 통제로서의 아내구타

아내폭력은 엄연한 폭력행위임에도 불구하고 가정이라는 사적인 영역에 은폐되어 왔다. 아직까지 아내폭력은 부부간 갈등을 해소하는 방법으로 지속되고 있으며 부부의 사생활로 인식되는 경향이 있다. 그러나 페미니스트는 아내폭력을 폭력의 일종으로 간주하여 가부장제의 남성우월주의를 가장 적나라하게 표출하는 것으로 보고 아내폭력의 문제를 공식적으로 정치화하였다. 그들은 가정 내에서 남편이 아내에게 폭력을 당하는 경우에 비해 아내가 남편에게 폭력을 당하는 경우가 월등하게 많다는 점을 들어 아내폭력이 남성에 의해 일어나는 보편적인 폭력이며 어느 사회에서나 거의 동일하게 일어나는 현상으로 지적하고 있다(공미혜, 2004).

따라서 아내폭력을 설명할 때 젠더가 전제되지 않는 '중립적' 관점에서 부부폭력이라는 개념을 사용하는 것은 문제의 본질을 왜곡시킬 수 있는 소지가 있다. 또한 아내에 대한 폭력을 가족 내부의 갈등이나 스트레스 또는 가족관계의 역기능과 부적응의 결과로 설명하는 것에서 그칠 때 남편과 아내 사이에 존재하는 불평등의 문제가 간과될 수 있다. 남편에 의한 아내폭력은 가부장적 사회구조에서 성차별주의(sexims)로 인해 발생되는 제도적 폭력으로 가부장적 테러리즘의 한 형태로 드러나는 것이기 때문이다. 특히 가부장제는 사회 전반에서 여성을 통제하는 주요 수단으로 성폭력(sexual violence)을 사용하는데, 가족 안에서는 주로 아내폭력이라는 폭력의 형태로 드러나고 있다(공미혜, 1997).

가정폭력은 다른 폭력 유형과는 다르게 고정된 대상에게 지속적이고 반복적으로 행사되며 가정이라는 테두리 속에서 교육과 훈계의 도구 혹은 갈등해결의 한 방법으로 합법화되어 사용되는 특징을 가지고 있다. 특히 결혼이민여성에게 가해지는 가정폭력의 경우 가족 내 가부장제에 의한 폭력과 특수 상황에 있는 타민족 또는 인종에 대한 폭력이 교차되어 나타나는 이중의 폭력성을 띠고 있어 더욱 심각성을 가진다.

페미니스트는 아내폭력을 사회적으로 여성을 낮게 평가하고 남편의 정당한 자원으로 폭력을 인정하는 사회에서 남성과 여성 간의 불평등한 권력 배분의 결과로 생기는 것으로 간주한다. 따라서 이들에게 아내폭력은 역사적으로나 사회문화적으로 남성지배체계의 한 형태이며 이를 지지하는 가부장적 규범의 반영으로 간주되고 있다(Dobash & Dobash, 1979; Peterson, 1980; Walby, 1990; Yllo & Straus, 1990).

이러한 맥락에서 페미니즘의 관점은 아내폭력 문제를 가부장제 사회에서 사회구조의 특성에 의해 발생되는 것으로 보고 폭력을 형성하는 사회적 힘과 여성 억압에 대한 함축적 의미를 찾는 데 초점을 맞추고 있다. 피터슨(Peterson, 1980)과 스트라우스(Straus, 1976)는 남녀차별적인 사회구조와 성역할이 아내에 대한 폭력을 유지시키고 있다고 주장하는데 그 구체적인 내용은 다음과 같다.

- 남성의 권위에 대한 방어
- 남성다움에 대한 강요
- 여성에 대한 경제적 제약

- 규범화된 자녀교육
- 한부모가족에 대한 편견
- 여성의 아내로서의 역할에 대한 문화적 규범
- 여성의 부정적인 자아상
- 여성을 어린아이로 보는 견해
- 남성 위주의 범죄 판결 체계

이와 같이 여성에 대한 폭력이 구조화된 가부장제에 의해서 발생한다고 보는 대표적인 논의는 도배시와 도배시(Dobash & Dobash, 1979)의 연구에서도 찾아볼 수 있다. 이들은 여성에 대한 남성의 통제와 권위가 경제사회적 과정을 통하여 지속되면서 직접·간접으로 가부장적 사회질서와 가족구조 내에서 제도화되고 이렇게 형성된 가부장제가 여성의 종속을 합법화하여 여성에 대한 남성의 체계적인 폭력을 낳게 한다고 주장한다.

페미니스트는 여성에 대한 남성의 통제와 권위가 가부장적인 가족구조로 제도화된다고 전제하고 그런 관계가 사회적 이데올로기에 의해 자연스럽고 정당한 것으로 인정받게 되었다고 주장한다. 특히 의존적이고 종속적인 존재로 여성의 역할은 집안에서 가족들을 보살피고 자녀를 양육하며 남성의 시중을 드는 것으로 규정되며 여성들은 이러한 역할을 어릴 때부터 사회화 과정을 통해 내면화함으로써 자신의 정체감으로 수용하게 된다는 것이다.

페이지로우(Pagelow, 1984)는 사회구조의 가부장적 질서를 수용하는 내면화된 이데올로기의 표출을 아내폭력의 원인으로 지적하면서 여성이 활용할 수 있는 사회적 자원이 적을수록 아내폭력에 대한 제도적 대응은 더욱 부정적이 되고, 아내폭력에 대한 전통적 이데올로기가 더욱 광범위하게 확산되어 구타당하는 여성이 구타자인 남편 곁에 머물 가능성이 더욱 커진다고 주장하였다.

아내폭력의 개념은 구타의 개념과 학대의 개념으로 구분된다. 아내구타는 남편으로부터 받는 신체적 공격 형태를 말하며, 아내학대는 남편으로부터 직접적인 신체상해를 받는 경우와 신체상해는 받지 않지만 외도, 욕설, 냉대, 위협 등 정신적인 고통을 주는 경우를 모두 포함하고 있으므로 아내구타보다 더 포괄적인 개념에 속한다. 따라서 여기서 아내폭력은 통상 일반적으로 사용되고 있는 개념으로 아내학대의 개념과 동일한 것으로 보면 된다.

한편, 아내폭력을 가부장적 테러리즘의 개념으로 보는 학자도 있다(Pence & Paymer, 1993). 이들은 가부장적 테러리즘을 '여성을 통제하려는 남성의 가부장적 권리'로서 '체계적인 폭력의 사용뿐 아니라 경제적 종속, 위협, 고립 등 여러 가지 방법을 동원하여 아내를 통제하는 형태'(p.284)로 규정하여 남편의 우발적인 일회성 폭력이나 분노, 좌절, 고통스런 감정의 주기적인 표출이 아니라 고의적인 행동유형의 일부분이라고 지적하였다. 그들은 아내폭력에 관한 기존 이론을 다음과 같이 비판하고 있다. 첫째, 아내폭력을 주기적으로 발생하는 것으로 분석하고 있으며, 둘째, 폭력을 행하는 남편의 특성을 스트레스에 대처하는 능력의 부족으로 보는 경향이고, 셋째, 남편이 아내의 행동과 생각 등을 통제하기 위해 고의로 폭력을 사용한다는 점을 간과하고 있다는 것이다.

펜스와 파이머는 가부장적 테러리즘으로서 아내통제 방식을 크게 여덟 가지로 나누고 있는데 이 유형은 지배층이 사용하고 있는 전형적인 것으로 사회가 용인하고 있는 지배논리를 반영하고 있다. 일반적으로 지배논리의 기본 가정에 의하면 위계질서는 자연스러운 현상이고 제일 하단부에 위치하고 있는 사람들은 그 자체의 열등성 때문에 통제를 받아야 한다는 것이다. 따라서 아내에게 폭력을 가하는 남편은 이러한 사회문화적 지배논리를 내재화하고 자신의 행동을 정당화한다. 펜스와 파이머의 '권력과 통제의 수레바퀴' 모델에 의거하여 쉼터이용자를 대상으로 한 공미혜(1997)의 연구에서 나타난 여덟 가지 통제 유형은 다음과 같다.

(1) 강요와 협박

남편이 행하는 강요와 협박은 크게 두 가지 유형으로 요약된다. 첫째는 집을 나가라고 강요하는 경우와 둘째는 남편이 자살하겠다고 협박하는 경우이다. 그러나 가부장적 사고방식에 젖어 있는 남편이 스스로 집을 나가겠다고 협박하는 경우는 우리 사회에서 드문 현상이다. 또한 펜스와 파이머가 지적한 아내에게 해가 되는 행위나 불법행위를 강요하는 경우는 아직까지 우리 사회에서 나타나고 있지 않지만 최근의 상황을 보면 이 부분도 나타날 것으로 생각된다.

(2) 경제적 학대

아내가 결혼이민여성이거나 재혼여성인 경우, 또는 가출한 경험이 있는 경우에 남편은 이들 여성이 언제라도 집을 떠날 것을 경계하여 대비책으로써 경제적인 봉쇄를 하는 것으로 나타났다. 남편이 외도의 상황에 있는 경우에는 오히려 자신의 외도를 부인하고 모든 것을 아내 탓으로 돌리며 아내를 괴롭히는 수단으로 경제적 학대를 이용하는 경우도 있다.

(3) 남성특권 이용

남성특권을 이용한 통제는 피해여성들이 당한 가부장적 테러리즘을 대표하는 가장 특징적인 유형 중의 하나이며 가장 두드러지게 나타나는 현상으로 밝혀졌다. 피해여성들이 제시한 남편의 특권의식은 다양하게 제시되고 있지만 본질적으로는 상당히 유사하다. 이들이 표현하고 있는 사례를 살펴보면 남편은 왕, 여자는 땅, 남자는 하늘 등으로 나타나는데 대부분의 남편은 전통적인 성역할을 강조하며 아내를 하녀 취급하고 자신만 우선으로 생각해 주기를 바라는 경향이 높게 나타났다.

(4) 자녀 이용

우리 사회에서 자녀를 이용한 통제방식은 펜스와 파이머가 제시한 모델과 같이 다양하게 나타나고 있지는 않다. 다만 피해여성의 남편은 자녀를 학대함으로써 아내에게 보복하고 간접적으로 통제하는 수단으로 사용하고 있다.

(5) 폭력행위에 대한 부인 또는 책임 전가

피해여성들이 제시한 남편의 또 다른 아내 통제방법은 폭력행위를 부인하고 모든 것을 아내 탓으로 돌리는 것이다. 남편들은 자신의 폭력 사실을 부인하고 이 사실에 피해여성들은 어이없어 한다. 이는 남편의 트집 잡기와 같은 맥락으로 연결되어 있다. 즉, 자기중심적인 남성은 모든 문제의 발단을 남의 탓으로 돌리고 있는데 집안에서 약한 위치에 있는 아내에게 주로 뒤집어씌우는 경향이 있다.

(6) 고립

폭력남편이 사용하고 있는 고립의 형태는 주로 아내의 사회활동을 제한하고 가는 곳을 통제하는 것이다. 피해여성들은 직장도 그만두고 외출할 때에는 항상 남편과 동행한다. 또 남편의 성적 질투에 시달리며 외부와의 연락마저 통제당한 채 감옥과 같은 생활을 하는 경우도 있다. 남편이 이런 통제를 하는 이유는 크게 세 가지로 요약될 수 있는데 첫째는 아내에 대한 성적 의심 때문이고, 둘째는 남들과 비교되는 것이 싫고, 셋째는 자신의 폭력이 남들에게 알려지는 것을 방지하기 위함으로 보인다.

(7) 정서적 학대

정서적 학대는 아내를 심리적으로 불안하게 하거나 모욕하고 무시하는 행위를 포함한다. 아내에 대한 정서적 학대는 앞서 지적한 다른 형태의 통제와 마찬가지로 여러 유형이 복합적으로 나타나고 있는데 특히 아내를 미친 여자로 취급하기 위해 증거를 확보하는 경우와 아내를 불안하게 하고 인간 이하의 취급을 하여 자존심을 상하게 하는 경우도 있다.

(8) 위협

위협의 유형은 칼이나 깨진 술병으로 자해하는 경우, 피해여성을 불구자로 만들거나 죽이겠다는 경우, 또는 친정식구를 죽이겠다는 경우와 집에 불을 질러 버린다는 경우 등으로 나타난다. 이러한 결과는 펜스와 파이머(Pence & Paymer, 1993)가 제시한 가부장적 테러리즘의 유형에서도 그대로 나타나고 있는데 그들과 다른 것도 발견되고 있다. 우리 사회의 경우 피해여성에 대한 적개심은 친정식구에 대한 위협으로 종종 나타난다. 특히 피해여성이 집을 나가게 되면 남편은 여기에 대한 모든 책임을 친정식구에게 부과하여 그들을 죽이겠다고 위협한다.

2) 아내폭력의 실태와 영향

여성부에서 지난 2016년도에 시행한 '전국가정폭력실태조사'에 의하면 아내에 대한 폭력 발생률은 12.1%로 나타났다(여성가족부, 2017). 폭력 유형으로는 정서적 폭력(10.5%)이 가장 높게 나타났고, 다음은 신체적 폭력(4.9%), 경제적 폭력(2.4%), 성적 폭력(2.3%) 순으로 분석되었다. 일반적으로 가정폭력의 실제 발생률이 높은 점을 감안하면 가정 내 아내폭력은 훨씬 더 많이 발생하는 것으로 추정된다. 아내폭력의 심각성은 가정폭력 상담소에 상담을 의뢰한 여성의 경우에 더욱 명백하게 드러나고 있다. 이들이 경험한 신체적 폭력은 92.7%로, 폭력 지속기간은 평균 11년 2개월로 폭력의 유형이나 빈도가 악화되는 경우가 많은 것으로 응답하고 있다. 폭력으로 인한 신체적 손상은 주로 가벼운 타박상(66.3%)이나 두통(59.7%)으로 나타났으나 심한 타박상(28.0%)이나 골절상(11.3%) 등의 심각한 피해도 보고되고 있다(여성가족부, 2008).

여성가족부가 실시한 실태조사(2017)에 의하면 남편의 아내폭력의 발생 이유로 성격 차이(45.3%)가 가장 높고, 다음은 경제적 문제(25.7%), 배우자 음주문제(9.6%) 순으로 나타나고 있는데 주로 뚜렷한 이유보다는 남자의 자존심이나 신경을 건드렸으므로 폭력을 사용하는 경향이 강한 것으로 해석된다. 이렇게 폭력을 당한 아내의 33.8%는 정신적 고통을 호소하고 있다. 피해여성은 모든 것이 자신 탓이라고 생각하는 죄책감과 더불어 이웃이나 친구들로부터 소외감을 느낄 뿐 아니라 또 폭력을 당하게 될까봐 늘 불안감과 공포심을 느끼며 동시에 남편에 대하여 분노하거나 체념하는 복합적인 감정을 지닌다. 그러면서도 이 모든 것을 참고 감수해야 하기 때문에 불면증, 두통, 소화불량, 우울증, 화병 등의 정신신경의 장애를 겪게 된다. 이러한 증상이 심해지면 자괴감 등 정신이상이 되거나 자해, 자살 또는 살인 등의 극단적인 행동장애를 일으키게 된다.

이러한 위기상황에서도 폭력을 당한 여성들의 대응방식은 '그냥 있었다'가 66.6%였으며, 도움을 요청하는 경우는 1.0%로 매우 낮게 나타났다. 이렇게 피해여성이 대응을 하지 않는 이유는 '그 순간을 넘기면 되어서', '배우자이기 때문에', '창피하고 자존심 상해서' 등으로 밝혀졌다. 이들 피해여성이 도움을 요청한 대상은 주로 가족이나 친척(16.3%), 이웃이나 친구(12.9%)이며 경찰에 알린 경우는 2.8%에 불과했다(여성가족부, 2017). 가정폭력 피해여성은 남편의 폭력을 효과적으로 차단하지는 못하고 폭력의 악순환에 빠지는 경우가 많다. 이런 상황에서 피해여성들이 집을 나오지 못하는 이유는 가족과 가정생활에 대한 미련이다. 더욱이 경제적으로 자립하기 어려운 경우에는 이들로 하여금 가족으로의 회귀를 부추기고 있다.

또한 부모 간 폭력을 목격한 자녀는 간접적인 고통을 경험할 뿐 아니라 공포감, 두통, 야뇨증, 정서불안 등의 정신적인 피해를 입게 된다. 또 부부간 폭력이 결국 자녀구타로 이어져 아동이 골절, 상해, 뇌진탕을 일으킨 경우도 있다. 더욱 문제가 되는 것은 부모 간 폭력을 목격한 아동이 폭력을 학습하여 또 다른 폭력을 낳는 악순환에 빠진다는 점이다.

한편, 선행연구에 의하면 일반적인 사회통념과는 달리 남편의 아내폭력 행위가 그들의 교육수준이나 직업, 생활수준과는 무관하다고 밝히고 있다. 최근 한국가정법률상담소에서 상담한 피해여성의 경우, 가해자의 교육수준은 57.8%가 고졸 이상으로 나타났으며(한국여성가족개발원, 2000), 전국 기혼여성을 대상으로 한 여성가족부의 조사(2013)에서도 피해여성의 43.2%가 전문대졸 이상으로 나타났고 소득수준도 골고루 분포되어 있는 것으로 밝혀졌다. 오히려 남편이 가부장적인 가치관을 가지고 있을수록, 스트레스 인식이 높을수록, 그리고 음주를 많이 할수록 폭력 발생률이 높게 나타나는 것으로 보고되고 있는데, 남편이 실업상태이고 아내가 취업상태일 때 남편의 폭력이 52.6%로 나타나 이 사실을 입증하고 있다.

3) 결혼이민여성의 가정폭력 경험

1990년대 이후 정보기술의 발달과 더불어 국가의 개별성과 특수성이 사라지면서 하나의 보편적인 지구촌이 형성되는 지구화 현상이 각 제도의 영역에서 나타나기 시작했다. 지구화의 가장 큰 특징은 자본과 인간의 이동이 국경을 초월하여 활발하게 일어난다는 점이다. 자본주의 체제가 확장되면서 노동력의 국제적인 이동은 더욱 빈번하고 광역화되고 있으며 이 과정은 국가 간 빈부격차를 심화시키고 있는 실정이다(김대환, 1998).

이러한 국제적인 노동력 이주현상 이면에는 가장 취약한 여성들의 참여를 포함하고 있다. 최근 급증하고 있는 부유한 국가의 남성과 가난한 국가의 여성 간 국제결혼은 지구화된 자본주의 시장에서 노동력 이동과 동일한 맥락에서 출발한다. 가난한 국가의 여성이 택한 국제결혼은 노동력 이주와는 다른 형태지만 교육수준이 낮고 기술이 없는 여성이 택할 수 있는 가장 쉬운 방식이라는 점과 가장 착취당하기 쉬운 상황에 처한다는 점에서 유사하다.

국제결혼가정의 문제는 단순하게 국제적인 결합에서 비롯되는 것이 아니라 국가와 젠더, 계급의 문제가 복잡하게 연결되어 나타난다. 이혜경(2004)은 국제결혼

가정 문제의 발생을 크게 두 가지의 관점에서 보고 있다. 첫째, 국제결혼가정의 문제는 국가 간 경제적·문화적 차이로 인해 갈등이 심화될 수 있다. 특히 가부장적 이데올로기가 강한 국가의 남성이 빈곤한 국가의 여성을 아내로 맞이할 경우 성과 계급의 문제가 심화되어 나타나게 된다. 둘째, 배우자 간의 성역할 기대수준에서 차이가 있기 때문에 부부간 갈등이 심화될 수 있다. 즉, 가부장적 결혼을 유지하고자 하는 남성은 더욱 전통적인 성역할을 외국 여성에게 기대하는 반면 국제결혼을 자신의 처지에 대한 해방구로 보려는 진보적인 외국 여성은 물질적으로 나은 환경에서 평등한 부부관계를 기대하고 있기 때문에 갈등을 안고 결혼생활을 시작하게 된다. 이들에게 나타나는 문제점은 체류 자격에 따른 불안정, 경제적 불안정, 자녀출산과 양육의 불안정, 가족 간 심리적 불안정, 가정폭력, 강제이혼, 지원네트워크의 부재, 종교·문화적 소외와 갈등 등으로 요약된다(이금연, 2003b).

이와 같이 국제결혼은 '이주를 위한 합법적 수단'으로 활용하려는 공급자의 요구와 자국 내 결혼시장에서는 상대자를 찾을 수 없는 일부 하위계층의 남성들의 이해가 결합된 결과이며 '거래로서의 결혼'은 경제적 불평등을 전제로 하는 것으로 이는 권력관계를 필연적으로 발생시킨다는 점에서 문제가 있다. 게다가 남성을 가족의 부양자이며 보호자, 대표자로 간주하는 가부장적 결혼제도를 통해 이주하기 때문에 이 여성들은 일차적으로 남성들의 사적인 자원으로 새로운 사회에 진입하게 된다. 따라서 남성의 국가로 이주한 여성들은 남편과의 사적 관계를 통해서만 안정적인 사회적 신분을 보장받을 수 있다. 이러한 결혼 안에서 남녀 간의 불평등한 권력관계는 이주여성을 열악한 위치에 놓이게 하고 남편들의 폭력에 취약한 상태가 되도록 한다(홍기혜, 2000).

결혼이민여성들이 경험한 폭력의 성격 역시 한국 사회의 가부장제에 기인한다. 가부장적 사회에서는 남편이 부인을 통제하기 위해 폭력을 사용하는 것이 남편의 정당한 권리로 인식된다. 특히 국제결혼을 통해 이주한 여성들은 사회적으로나 개인적으로 지원체계가 없는 사적 공간으로 편입되어 남편의 강력한 가부장적 권위하에 놓이게 되므로 가정폭력에 더 취약한 상태가 된다.

여성가족부 실태조사(2008)에 의하면 국제결혼가정의 부부폭력은 47.7%로 남성의 아내폭력은 38.8%, 여성의 남편폭력은 17.8%로 나타났으며 폭력 유형으로는 정서적 폭력(35.6%), 방임(20.0%), 신체적 폭력(16.9%), 성학대(15.7%) 순으로 밝혀졌다. 아내폭력의 발생원인도 가족 내의 가부장성에 의한 것으로 남녀 간 불평등한 권력관계가 가장 큰 원인으로 보인다. 이외에도 문화적 차이와 경제적 요인 등이 지적되고 있으며 가정폭력의 후유증으로는 33.3%가 두통이나 타박상 등을 제시하고 있다. 이와 같이 가족 안에서 취약한 이들 여성의 위치는 남편들로 하여금 더 쉽게 폭력을 휘두를 수 있도록 하기 때문이다. 결혼이민여성들의 가정폭력 경험을 연구한 안현주와 공미혜(2006)의 연구 결과를 요약하면 다음과 같다.

우선 한국인 남편들은 많은 돈을 들여 결혼을 했다고 생각함과 동시에 아내를 사왔다고 생각하고 있기 때문에 아내의 절대적인 순종을 원하고 있으며, 그렇지 않은 경우에는 어김없이 "너희 나라로 가라"는 협박을 하고 있다. 한국 남성과의 결혼을 통해 경제적 여유를 누릴 수 있을 것이라는 기대와는 달리 결혼이민여성들은 경제적으로 무능력한 남편으로 인해 한국의 하층계급으로 편입된다. 결국 이들은 남편과 맞벌이를 하거나 혹은 남편과 시댁식구를 부양해야 하는 가장의 역할을 떠안기도 한다. 그래서 결혼이라는 방법으로 이주하였음에도 불구하고 '아내'의 역할보다는 노동자의 역할을 수행하며 살아가기도 한다.

한국 남편들은 결혼이민여성들을 통제하기 위한 수단으로 남성특권과 한국인 특권을 이용하여 폭력을 행사하고 있다. 국제결혼을 한 대부분의 남성들은 아내와의 많은 나이 차이와 한국의 문화를 잘 모르는 특성을 이유로 마치 훈육하듯이 폭력을 행사하기도 한다. 그리고 비한국인으로서 신분이 불안정한 결혼이민여성의 위치는 남편뿐만 아니라 시댁식구, 심지어는 남편의 전처 자녀들에게까지 쉽게 학대당하는 상황을 만들고 있다. 결혼이민여성들은 국제결혼을 수치로 여기는 사회적 편견에 의해 가정에 고립되어 사회활동이 제한되고 있으며 이로 인해 지속적인 이방인으로 사는 경우가 많다.

또한 돈 거래로 이루어진 결혼을 통해 이주한 여성은 남편의 성적 학대에 취약한 상태가 된다. 이민여성의 남편으로부터 종종 언급되는 "너를 샀다"는 말은 "너의 몸 또한 내가 샀다"는 의미와 연결되어 있어서 남편의 성적 폭력에 저항하지 못한다. 이러한 남편의 성폭력은 이민여성을 성적 노예로 느끼게 한다. 이민여성들은 자녀의 한국 국적 취득이나 본국에 있는 '가족 초청'을 위해 남편이나 시집 식구들의 부당한 학대에 저항하지 못하고 있다. 이들 또한 자신들이 이러한 문제로 통제와 폭력을 당하는 것을 잘 알고 있음에도 불구하고 자녀의 국적취득 문제 등을 쉽게 포기하지 못하고 있는 경우가 있다. 한국 남편들은 대부분 정서적 폭력을 행사하여 결혼이민여성들의 자존심에 상처를 입히고 모욕감, 혐오감을 주는 행위를 하는 것으로 나타났다. 특히 살림을 잘못한다거나 음식이 맛이 없다는 흠을 잡아 비난함으로써 문화적 차이나 혼란에서 빚어지는 문제를 이민여성에게 전가하는 경향이 있다.

결혼이민여성의 가정폭력에 대한 대응방식의 결과는 크게 두 가지로 나타난다. 먼저 이주자로서 폭력 상황이 계속되는 결혼생활을 변화시킬 자원이 없다고 판단하여 가출이나 이혼의 방법을 선택하는 경우와 자신이 가지고 있는 한정된 자원을 동원하여 현실을 변화시키고자 노력하며 결혼생활을 유지하려 애쓰는 경우가 있다.

가정폭력에 대한 저항의 방식으로 가출을 선택한 여성들은 스스로 불법체류자가 될 수 있다는 점을 잘 알고 있다. 하지만 이들은 자신을 가족구성원으로 인정해 주지 않는 상황을 겪으면서 더 이상 결혼을 유지하는 것이 의미가 없다고 판단하기 때문에 가출이라는 선택을 한다. 이혼을 저항의 방법으로 선택한 여성들은 폭력으로부터 벗어나기 위해 스스로 가족해체를 선택한다. 국제결혼에서 행복한 결혼생활에 필요한 자원은 대부분 남편이 가지고 있다. 하지만 남편으로부터 그 가능성이 보이지 않을 경우 결혼 자체를 파기하는 좀 더 적극적인 저항방법을 선택하는 것이다.

그러나 자신이 가지는 한정된 자원을 이용하여 가정폭력을 변화시키고자 노력하는 결혼이민여성들은 이주 후 자신을 중심으로 한 새로운 인간관계를 형성하여 고립된 상태를 벗어나려고 한다. 따라서 이민여성들이 스스로를 지원할 수 있는 자원을 지역사회나 생활공동체에서 찾을 수만 있다면 가정과 사회에서 잘 적응할 수 있는 계기를 마련할 것이다.

2. 여성노인학대

노인학대는 다양한 형태로 다양한 장소에서 일어난다. 그러나 우리나라의 경우 시설 노인은 점차 증가추세에 있으나 대부분의 노인학대는 가정에서 일어나는 것으로 나타났다(조흥식 등, 2006). 또한 최근의 노인전문기관에 접수된 신고사례 실태조사에 의하면 전체 응답 노인 중 75% 이상이 가족구성원(아들, 배우자, 딸 순으로)으로부터 학대를 당한 경험이 있었으며 고령, 저학력일수록, 그리고 무배우자인 경우에 학대 가능성이 높은 것으로 밝혀졌다(보건복지부 · 중앙노전문기관, 2017). 이런 점을 고려하면 노인학대의 문제도 젠더와 밀접한 연관이 있으며, 이는 곧 여성노인이 학대에 더욱 무력한 상태임을 의미한다.

현대 사회에 나타나고 있는 노인문제는 복잡 다양하며, 특히 경제적으로나 신체적으로 취약한 노인에 대한 지원은 무엇보다도 중요한 과제로 대두되고 있다. 만 65세 이상을 노인으로 규정했을 때 우리나라 여성노인의 성비는 67%에 달하고 있는데(통계청, 2018), 근래에 가장 관심을 모으고 있는 치매노인이나 노인부양 문제 및 갈등에 관한 선행연구에서 공통적으로 지적되고 있는 사항은 이들 노인의 대부분이 여성이라는 점이다. 이는 곧 여성노인문제가 우리나라 전체 노인의 문제를 대표하는 것을 의미한다.

노인인구 중 여성노인의 증가는 건강이나 부양과 관련된 가족갈등 등의 문제점을 내포하고 있으며, 평균 수명의 연장에 의해 이들의 문제는 더욱 심각해질 것으로 보인다. 특히 한국 사회의 고정관념 탓으로 이들 여성노인은 남편과 사별 후 홀로 노년기를 맞는 경우가 많은데 그 과정에서 경제적으로나 사회적으로 자립이 어려울 수밖에 없게 된다.

그러나 구체적 대처방안 없이 지금껏 가정에서 방치되어 온 여성노인들은 자신이 오랫동안 경험해 왔던 유교주의의 보수적 가치관에 얽매어 자녀에게 의존하게 되고 이러한 상황에서 가족원과 계속되는 갈등을 겪고 있다. 특히 의존적인 노인과 이들을 제대로 부양할 수 없는 가족원의 갈등이 전개될 때 여러모로 취약한 상황에 있는 노인은 학대의 희생자가 되며 기본적으로 노인문제는 가족원에 전담되고 있다. 더욱이 전통적인 가족윤리 때문에 노인학대는 가정 내에 은폐되기 쉬운 실정이다.

2016년 노인보호전문기관에 접수된 신고사례 중 남성노인은 27.7%이나 여성노인은 72.3%로 남성노인보다 2.5배 정도 많게 나타났으며 유형별로는 정서적 학대, 신체적 학대, 방임, 자기방임, 경제적 학대 순으로 나타났다(보건복지부 · 중앙노인보호전문기관, 2017). 여기서는 이전 연구(최선화 외, 1998)를 토대로 학대받는 여성노인의 사회문화적, 가족적, 정책적 상황을 밝힘으로써 근본적인 한국 여성노인문제가 무엇인가를 규명하고자 한다.

1) 노인학대의 개념과 유형

노인복지법에 의하면 노인학대는 "노인에 대하여 신체적, 정신적, 성적 폭력 및 경제적 착취 또는 가혹행위를 하거나 유기 또는 방임을 하는 것"으로 규정된다. 이러한 노인학대의 유형으로는 크게 신체적 학대, 정서적 학대, 성적 학대, 경제적 학대, 방임, 자기방임, 유기 등으로 구분된다(중앙노인보호전문기관, http://noinboho.or.kr/index.html). 〈표 11-1〉은 각 학대의 유형을 자세하게 설명하고 있다.

| 표 11-1 | 노인학대 유형

유형	정의
신체적 학대	물리적 힘 또는 도구를 이용하여 노인에게 신체적 혹은 정신적 손상, 고통, 장애 등을 유발시키는 행위
정서적 학대	비난, 모욕, 위협 등의 언어 및 비언어적 행위를 통하여 노인에게 정서적으로 고통을 유발시키는 행위
성적학대	성적 수치심 유발행위 및 성폭력(성희롱, 성추행, 강간) 등의 노인의 의사에 반하여 강제적으로 행하는 모든 성적 행위
경제적 학대	노인의 의사에 반하여 노인으로부터 재산 또는 권리를 빼앗는 경제적 착취, 노인 재산에 관한 법률 권리 위반 등 경제적 권리와 관련된 의사결정에서 통제하는 행위
방임	부양의무자로서의 책임이나 의무를 거부, 불이행 혹은 포기하여 노인의 의식주 및 의료를 적절하게 제공하지 않는 행위(필요한 생활비, 병원비 및 치료, 의식주를 제공하지 않는 행위)
자기방임	노인 스스로가 의식주 제공 및 의료 처치 등의 최소한의 자기보호 관련 행위를 의도적으로 포기 또는 비의도적으로 관리하지 않아 심신이 위험한 상황이나 사망에 이르게 하는 행위
유기	보호자 또는 부양의무자가 노인을 버리는 행위

출처: 중앙노인보호전문기관(http://noinboho.or.kr)

2) 학대받는 여성노인의 사회문화적 상황

현재 한국 여성노인은 일제로부터 해방된 때를 전후로 태어나 어린 시절을 보냈고 결혼하여 어려운 가운데 자녀양육을 하였으며 후기 산업화로 급변하고 있는 시기에 노년기를 보내고 있다. 이들은 국가 공동체의 존립 위기와 여러 차례 전쟁의 소용돌이 속에서 빈곤과 혼란을 겪은 세대이다. 이 당시 사회구조적 특징을 살펴보면 첫째, 국가의 공식적, 제도적 영역이 크게 축소되거나 붕괴되어 전 국민의 생존 자체가 위협을 받고 있었으며, 둘째, 점진적인 산업화 및 도시화, 대중교육이 전개되기 시작하였다는 점이다(조혜정, 1990). 따라서 이 시기의 하류층 남성은 무기력하고 나약한 상태에 있을 수밖에 없었으며 급속한 변화와 혼돈의 사회구조 속에서 살아온 여성노인의 삶은 여러 가지 면에서 유사한 점이 많다.

조선시대부터 내려온 유교주의에 토대를 둔 철저한 위계의 남존여비 이데올로기는 여성에게 공적 영역에서 정체성을 박탈하는 대신 혈통과 가문을 이어갈 계승자의 어머니로서 지위와 권한을 부여해 왔다. 그러나 사회구조적 혼란기를 거치면서 여성은 남성의 부재 속에서 활발한 경제활동으로 생계를 책임지면서 사명감으로 집안의 남성을 보호하기 위해 애를 썼던 것처럼 보인다. 사실 이 당시 여성에게 아버지나 남편의 존재는 실제적인 역할과는 무관한 상징적인 경우가 많다. 그럼에도 불구하고 여성들은 남성지배를 내면화하며 더욱 굳건하게 가부장적 이데올로기를 강화했던 것이다(조혜정, 1990).

특히 가난한 여성노인들은 어릴 때는 올바른 교육과 사회참여의 기회를 상실하고, 결혼 후에는 남편의 무능력으로 생계를 책임지면서 어머니로서 고달픈 삶을 보내는 경우가 대부분이었다. 게다가 많은 여성노인들은 남편의 외도나 폭력으로 괴로움을 당하거나 혹독한 시집살이에 의해 심신이 더욱 어려운 상태에 놓이기도 했다. 특히 유교의 신분제 사회에서 양반 남성은 생계를 위한 노동으로부터 면제를 받기 때문에 학문을 한다는 명목으로 무위도식하는 경우가 대부분이었다. 이러한 전통 속에서 남성은 집안 살림을 알지 못할 뿐 아니라 아예 아내에게 맡긴 채 하고 싶은 일을 하며 세월을 보내기도 했다. 한량처럼 놀고 돌아다니며 가정을 돌보지 않거나 재산을 탕진한 후 가출하기도 하여 여성노인들은 아무것도 없는 상태에서 혼자서 가정을 돌보아야 하는 상황에 놓이기도 한다. 또한 남편의 급작스런 사망으로 아무런 대책 없이 무기력하게 남겨진 경우도 있다.

그러면서도 이들 여성들은 노년기에 이르러 자녀들로부터 보살핌을 받기는커녕 홀로 버려지거나 오히려 가출한 자녀나 사망한 자녀의 아이들까지 맡아 기르는 상태에 이른다. 결국 이들은 자녀로부터 자신의 삶을 보상받지 못한 채 개인주의와 물질만능주의의 가치관에 의해 가정이나 사회에서 쓸모없는 존재로 인식되고 있으며, 자기 자신에 대한 부정적인 생각과 주위의 무관심 속에서 살아가고 있다. 그러나 이들은 자녀들에게 제대로 해준 것이 없기 때문에 기대하는 것도 없다고 체념하면서도 남아선호사상에 젖어 아들이나 손자에게 집착하는 경향을 보인다. 이는 여성의 생존과 성취가 아들과 밀접하게 연결되어 있다는 사고방식, 즉 아들이 있어야만 늙어서나 사후에도 편안해질 수 있다는 개인적인 복지감에서 비롯되고 있음을 강력하게 시사하고 있다. 이러한 상황에서 여성노인은 의존적인 가치관 때문에 더욱 취약한 상태가 되어 학대에 어떠한 반항도 못하고 부양자인 자식들로부터 다양한 형태의 폭력을 당하기 쉽다. 특히 거동이 불편하거나 연령이 높을수록 학대에 희생될 가능성이 높은 것으로 나타나고 있는데, 다른 선행연구(최선화 외, 2018)도 학대에 희생되는 노인이 주로 여성이며 후기 고령자임을 지적하고 있다.

학대받는 여성노인의 사회문화적 상황은 그들이 태어나 성장하였던 혼란기의 사회구조와 일치되고 있다. 이들은 대부분 가난한 집안에서 태어나 제대로 배우지 못한 채 방치되었고, 결혼한 후에도 남편의 무능력이나 사망에 의해 가족의 생계를 책임지는 어려움을 안고 있었다. 또한 이들은 가부장적 사고방식을 그대로 수용하여 집안의 대를 이을 남성을 지키고자 노력하지만 빈곤의 악순환 속에서 자녀들을 방치할 수밖에 없었고 늙어서는 버려지거나 오히려 자녀의 가족을 떠맡는 고충을 안고 있다.

3) 학대받는 여성노인의 가족적 상황

가족 내 노인학대가 일어나는 상황은 가해자에 의한 분류와 가족구성원의 역동적인 힘의 강약관계에 의한 분류로 나누어 설명된다. 노인학대를 일으키는 가해자는 자녀, 배우자, 자기 자신 등으로 나누어진다.

우선 우리 사회에서는 서구와는 다르게 자녀가 노인을 부양하고 있는 경우가 많기 때문에 노인학대의 가해자로 자녀의 비중이 높게 나타나고 있다. 보건복지부·중앙노인보호전문기관(2017)의 조사에 의하면 노인학대자는 거의 과반수가 자녀, 즉 아들(37.3%)과 딸(10.2%)로 나타났다. 이는 부양자인 자녀의 무능력, 스트레스(부양자의 과중한 역할수행, 배우자의 상실, 빈곤, 육체적 장애 및 알코올 남용, 감정적 문제), 힘의 견제, 재산문제, 상호관계의 심리적 문제 등이 학대요인으로 분석되고 있다. 그 다음 노인학대 가해자는 배우자(20.5%)이다. 전통적으로 여성은 권위나 재산을 독점하고 있는 남편에게 어떤 치욕스러운 경우라도 참고 순종해야 하는 예속적인 존재로 인식되고 있다. 따라서 여성노인들은 이런 가부장적 사고방식을 내면화하거나 또는 생계유지를 위하여 학대상황을 참고 견디는 경우가 대부분이다. 또한 학대의 가해자가 피해노인 자신인 경우도 있다. 앞서 제시한 실태조사에 의하면 자기방임은 11.3%로 나타나고 있는데 이 경우는 대체로 노인이 신체적 또는 정신적 장애를 겪고 있거나 사회적으로 고립되어 있을 때 일어나는 것으로 보인다.

가족구성원의 힘의 강약관계에 의한 분류는 학대를 하는 가해자와 피해노인과의 사이에서 나타나는 영향력의 강약, 즉 자기 마음대로 할 수 있는 행위(상대방의 입장이 되어서 생각하지 않고 배려도 하지 않는 일방적인 태도가 통용되는 상황)가 어느 정도인가에 따라 강약관계 지속형, 강약관계 조기역전형, 강약관계 만기역전형 등으로 구분된다. 강약관계는 상대적이며 학대자와 피해자 사이에서 시기에 따라 존재하기도 하고 소실되기도 하며 역전되는 경우도 있다(최선화 등, 1998).

우선 강약관계 지속형은 과보호된 자녀가 노년기에 접어든 부모에게 과봉사를 요구한다든지 부모를 제멋대로 지배하는 경우에 일어나는 것으로 항상 자녀는 강자, 부모는 약자의 상태에 놓인다.

두 번째로 강약관계 조기역전형은 어릴 때 부모로부터 지나친 간섭이나 냉대, 학대를 받았던 자녀가 성인이 된 후 부모를 괴롭히는 것으로 부모자녀 사이에 강약관계의 역전이 일어난 경우이다. 또한 시부모로부터 구박을 받아온 며느리가 노부모에게 가해자로 변신하는 경우도 있다. 노부모-성인자녀 관계는 오랜 기간의 가족생활에서 형성되는 것으로 과거의 사건을 또다시 되풀이하기도 한다. 노인학대자들은 어렸을 때 부모로부터 학대를 받았을 수 있으며 이들이 연로한 부모에게 폭력을 다시 사용할 수 있다. 언어적 학대를 받아온 자녀는 노부모에게 다시 언어적 학대를 사용하며, 어려서 제대로 양육을 받지 못한 자녀들은 연로한 노부모를 돌보지 않고 방임하게 된다.

세 번째로 강약관계의 만기역전형은 어느 시점까지는 가족관계에 별 문제 없다가 어떤 일을 계기로 나중에 가족 내에서 강약관계가 출현하는 경우이다. 예를 들어, 자녀부부와 동거한 후 또는 노부모가 아프고 난 뒤부터 가족 간 강약관계가 나타나 어느 한쪽이 주도권을 잡고 다른 한쪽은 마지못해 이끌려 가다가 마침내 종속적인 관계가 되는 경우이다.

4) 학대받는 여성노인의 정책적 상황

국가가 노인문제를 다루는 사회정책적 상황도 노인학대를 용이하게 만드는 배경적 원인으로 작용될 수 있다. 우리나라 정부의 정책은 아직까지 노인문제를 사회문제라기보다는 개인 혹은 가족문제로 보는 입장이며 가족원의 협조에 의해 해결될 수 있다는 전제 위에 있다. 이러한 입장은 노인부양에 대한 가족의 책임을 강조하는 전통적인 효의 가치에 의해 강하게 유지되어 왔기 때문이다. 따라서 노인에 대한 정부의 정책지향 원칙은 일반적으로 '선 가정 후 사회복지'인데, 이러한 원칙은 노인문제를 진부한 가족책임주의 정신으로 해결할 수 있다는 시각을 반영하는 것이다(조흥식 등, 2007).

이렇게 노인문제에 대한 사회정책이 가족에게 일임되는 편협한 시각에서 벗어나지 못하고 있는데 실제로 여성노인의 정책적 상황은 경제문제, 의료문제, 고독문제 등 가족 내에서 해결하기 어려운 구조적인 것으로 나타나고 있다.

(1) 경제문제

전반적으로 노인의 빈곤은 노령에 따른 질병, 산업화에 대한 부적응, 의존성의 결과에 의한 개인적 상황에 기인한 것이라기보다는 오히려 이들이 겪어 왔던 생활상태, 고용구조, 계층구조와 긴밀히 연결되어 있다는 점을 고려해야 한다. 성차별적 사회구조 내에서 여성은 남성에 비해 교육과 고용의 기회나 조건이 제한되어 있으며 여성이 주로 고용되어 있는 사업장은 주로 하위 단순사무직, 판매직, 서비스직, 5인 미만의 영세 사업장 등으로 그것도 정규직이 아닌 임시직이나 시간제 고용 등으로 채용되는 경우가 많다. 따라서 여성노인의 빈곤문제는 여성이 겪어왔던 성차별적 사회구조의 결과로서 파악되어야 할 필요가 있다(성향숙, 1996).

또한 연금제도 등도 이러한 차별적인 고용과 저임금이 그대로 투영되어 노후에 여성의 경제적 지위는 급격하게 약화된다. 성차별적인 사회구조는 또한 가정으로 파급되어 여성의 대부분이 전업주부로서 가정 내 자신의 재산권을 행사하지 못하고 의존적인 존재로서 인생을 보내는 것도 노후의 빈곤과 많은 관련이 있다. 즉, 성차별적 사회구조의 결과로 여성노인에 대한 노후대책이란 전무하다고 할 수 있으며, 평생을 빈곤하게 살다가 결국 노후에는 자식에게 의존할 수밖에 없는 상황에서 자녀세대와 갈등을 겪게 된다.

학대받는 노인의 상황에서 경제문제는 다양한 형태로 나타난다. 첫 번째 유형은 노인에 대한 경제적 착취이다. 노인에 대한 부양의무가 있는 며느리, 아들, 딸, 사위 등이 노인에 대한 부양의무는 맡지 않으면서 노인의 재산을 착취하거나 뺏은 후에 노인을 유기 또는 학대하는 경우이다. 두 번째 유형은 부양을 받아야 할 노인이 아들이나 딸이 남기고 간 손자녀의 생계책임자가 되어 생활고에 허덕이는 경우이다. 이런 경우는 아들 사망 후 며느리가 가출 또는 재혼한 경우와 사위 사망 후 딸이 재혼한 경우 등이 있다. 세 번째 유형은 가족관계등록상의 문제인데 관계가 단절되었으나 등록된 자녀가 있어 정부보조금을 받지 못하는 경우이다.

이와 같이 경제문제와 관련된 노인에 대한 학대는 재산상의 손해와 법적 규정과 관련된 문제 그리고 부양책임 회피로 나누어 볼 수 있다. 재산상의 손해나 피해를 입히는 행위도 노인학대의 범주에 포함시켜서 본인의 요구가 있을 경우에는 법적 보호를 받을 수 있도록 해야 할 것이다. 그리고 법적 규정과 관련해 보조금을 받지 못하고 있는 경우는 법 적용의 융통성을 발휘하거나 법 조항을 개정함으로써 실질적인 혜택을 받을 수 있도록 해야 할 것이다.

부양책임의 회피는 부양을 거부하여 유기 또는 방임하는 경우와 부양할 수 없는 경우로 나누어질 수 있다. 부양책임을 회피하는 경우는 가족의 부양책임을 권장하고 장려하는 제도적 혜택을 제공함으로써 해결될 수 있을 것이다. 현행 세제법에도 이러한 조항이 있지만 그보다는 훨씬 더 많은 실직적인 인센티브를 주는 것이 필요하다. 그리고 부양능력이 없는 경우에는 노인부양의 책임을 가족에게만 돌릴 것이 아니라 가족이 돌볼 수 있도록 보조해 주어야 하며, 그래도 가족이 돌볼 수 없는 경우는 국가가 책임지는 순서로 나아가야 한다. 그러나 가족이 노인부양의 책임을 부담할 수 있는 재정적 지원과 서비스가 먼저 주어져야 할 것이다.

(2) 의료문제

노년기의 특징 중 하나인 신체적 질병은 대부분의 노인들에게 나타나고 있다. 그러나 노인에게 있어서 가장 중요한 노인의료보장 역시 국가 차원에서 제도적 뒷받침이 되고 있지 않기 때문에 질병에 시달리는 노인들은 올바를 치료혜택을 받지 못하는 경우가 많다. 남성노인의 경우 질병에 걸렸을 때 배우자의 간호와 수발을 받을 수 있으나 여성노인의 경우에는 배우자보다는 자녀의 수발을 받아야 할 때가 많아서 자녀에게 부담을 주는 입장이 된다.

특히 학대받는 여성노인의 경우에 신체적 질병은 그들의 삶에 과중한 부담이 되고 있으며 이러한 상황으로 인해 가족으로부터 유기되는 경우도 있다. 무엇보다 노인들의 의료와 관련된 심각한 문제는 노인성 질환이 단기간에 끝나는 것이 아니며 지속적인 비용과 많은 수술비 및 간호비가 든다는 사실이다. 특히 여성노인의 생애를 고려할 때 그 어떤 집단보다 의존성이 높은 취약집단이므로 기초생활수급권자나 저소득층 여성노인들에게는 의료보호서비스가 확대되어야 한다.

이와 더불어 간병을 필요로 하는 노인환자의 수발을 가족에게만 맡겨둘 때 발생하는 문제를 반드시 생각해야 한다. 이렇게 되면 가족 내에서도 지속되는 의료비용과 피로로 인해서 노인환자를 유기 내지는 학대하기 쉬운 상황이 된다. 현재 노인장기요양보험의 실시와 수입이 없는 노인들을 위한 생활비 지급으로 조금이나마 부양부담이 덜어진 것은 사실이나 재가서비스가 활성화되기 위해서는 지역사회 중심의 복지서비스를 확대하면서 불평등한 성역할 분담에 대한 인식도 사회 전반적으로 변화되어야 한다.

(3) 심리적 고립문제

심리적 고립감은 여성노인들의 일상생활을 더욱 어렵게 만들고 있다. 학대받는 노인들이 표현하는 고독의 문제는 '대화 상대자가 없다', '아무도 찾아오지 않는다', '가족 간의 연락이 끊겼다', '대접받지 못한다', '버림받은 느낌이다' 등으로 나타난다.

독거노인뿐만 아니라 가족과 함께 사는 노인이라도 일상생활에서는 혼자 남겨지는 경우가 대부분이다. 이와 같이 심리적 고립문제는 가족으로부터 비롯될 수도 있으므로 이들이 여생을 즐기면서 살아갈 수 있는 사회활동과 사회지지망의 형성을 지원하는 사회적 지원체계가 필요하다. 여성노인들이 함께 모여 여가를 즐기고 삶의 의미와 보람을 느낄 수 있는 장소와 프로그램 개발의 확대도 앞으로 요구되는 사항이다.

3. 평화롭고 평등한 가족관계를 위하여

왜곡된 가부장적 문화는 애정과 신뢰를 바탕으로 한 인간관계보다는 자극적이고 공격적인 행위를 조장하고 있다. 이런 가운데 남성만이 모든 관계의 주체자이고 여성은 대상자라는 관념을 내면화하여 평등한 관계를 유지하지 못한 채 이중적인 윤리를 수용한다. 여성에게 가해지는 폭력에 대한 근본적인 대책은 올바른 사회문화를 정착하는 일이다. 아직도 우리 사회 곳곳에서 발생되고 있는 아내폭력과 노인학대문제는 성불평등에서 비롯되기 때문이다.

일반적으로 여성은 남성보다 취약한 상태에 있기 때문에 폭력의 희생자가 되기 쉽다. 특히 순종적이고 수동적인 여성일수록 폭력에 대한 인식도가 낮을 뿐 아니라 이를 분명하게 거부하지 못하고 피해를 입을 가능성이 높다. 또한 여성은 가정에서나 직장에서 남성의 보호나 관리를 받고 있는 종속적인 위치에 있으므로 자신이 당한 폭력의 문제를 적극적으로 해결하려는 의지도 희석되고 만다.

1998년 시행된 가정폭력방지법은 그동안 사적인 일로 수용되었던 가정폭력을 사회적인 문제로 인정한 결과이다. 그럼에도 불구하고 20년이 지난 지금에도 가정폭력의 문제가 끊임없이 매스컴에 등장하고 있는 이유는 가부장적 가족문화에서 사회화된 여성들의 학습된 무기력과 밀접한 연관이 있다. 따라서 아내폭력의 문제를 근원적으로 해결하기 위해서는 피해여성을 위한 각종 지원도 필요하지만 무엇보다 가부장적 남편에 대한 실질적인 제재와 교육에 중점을 두는 것이 더 시급하다.

국제결혼으로 이주한 여성이 가정폭력에 쉽게 노출되는 이유도 우리 사회의 가부장성에 기인한다. 이를 예방하기 위해서는 국제결혼의 초기 단계에 국제결혼 부부를 대상으로 한 교육과 상담 프로그램의 시행이 필요하다. 또한 이들 이민여성들이 가지고 있는 자원을 적극 활용하여 자조집단을 형성하도록 돕고 이

과정을 통해 보다 주체적인 가족구성원으로 살아갈 수 있도록 격려해야 한다.

고령사회에 진입한 현시점에서 학대받는 여성노인에 관한 국가 및 지역사회의 정책적 개입은 불가피하다. 특히 급격한 산업화에 의해 아무런 대책 없이 노년기에 들어선 여성들은 유기되거나 방임된 상태에 처하게 된다. 2008년 일부 개정된 노인복지법이나 2008년부터 시행된 노인장기요양보험법 등은 유기된 노인들을 국가가 일차적으로 보호하도록 하고 있으며, 가족의 보호를 받고 있는 노인들을 위해서는 부양과 수발이 용이하도록 하는 사회서비스를 제공하고 있다. 여성 전용 위기전화(1366)와 노인학대 상담전화(1577-1389)는 위기에 직면한 여성과 노인이 단시간 내에 필요한 지원을 받을 수 있도록 도와주고 있다.

여성과 남성이 평등한 주체로 이루어지는 진정한 가족문화와 성문화를 확립시키려면 사회적인 자각과 대중매체를 통한 성숙된 사회 분위기가 필요하다. 사회의 개개인이 모든 인간을 평등하게 생각할 때 그리고 여성문제를 인간문제로 생각할 때 모든 인간의 삶의 질도 향상될 수 있는 것이다. 무엇보다 복지국가의 기본은 약자를 먼저 보호하고 그들이 인간다운 삶을 누릴 수 있도록 기본적인 지원책을 제공하는 데 있다. 가정폭력특별법과 노인복지법 등이 여성이나 노인과 같이 약자에게 가해지는 폭력의 예방이라는 일차적인 목적을 달성하고 더불어 피해자를 보호할 수 있는 실효성을 획득하려면 가정과 지역사회, 나아가 전 국가에서 사회적 유대감이 형성되어야 한다. 결국 인간의 존엄성과 양성평등에 대한 사회적 유대감이 조성되어야만 약자와 관련된 특별법도 그 상징성을 초월하여 몫을 다하게 될 것이고 궁극적으로 폐지될 것이다.

가정과 직장에서 여성과 남성이 서로 평등하고 조화롭게 협력하는 사회, 이주여성의 자국 문화가 우리 사회에서 인정받는 사회, 노인여성이 빈곤이나 학대로부터 보호받을 수 있는 사회, 그리하여 사회의 모든 약자가 억압받지 않고 자유를 누리는 사회, 이런 사회가 바로 후손을 위해 물려줄 사회이다.

논의해 봅시다

1. 지금까지 자신이 직접·간접으로 경험한 폭력(가정폭력, 학교폭력, 데이트폭력, 군대폭력 등)과 권력 간의 관계를 토론해 보자.

2. 주위에서 발생하고 있는 데이트폭력의 이유와 그 해결책을 논의해 보자.

3. 최근 우리 사회에서 부각되고 있는 청소년(또는 성인자녀)들의 부모구타의 이유와 문제점을 논의해 보자.

CHAPTER

12

가족, 젠더 그리고 국가

CONTENTS

1. 국가, 가족과 젠더 관련 이론
2. 젠더적 관점에서의 법, 정책과 제도
3. 여성의 역량강화를 위한 미시적 접근
4. 가족과 젠더의 미래

chapter 12 가족, 젠더 그리고 국가

21세기 정보화 사회에서는 복지가 국가정책의 핵심 주제이고 국민의 삶의 질 향상이 정책 목표가 되어야 하며, 조직의 핵심인 개인이나 가족 등 미시적 체계에 대한 매우 점진적이고 종합적이며 미래지향적인 가족정책이 요구된다. 이러한 관점에서 이 장에서는 젠더와 가족의 문제에서 국가와 사회의 역할이 무엇이며, 지금까지 어떠한 지원이 이루어져 왔으며, 앞으로의 과제는 무엇인가를 살펴보고자 한다. 구체적으로는 국가, 가족과 젠더 관련 이론을 살펴보고, 젠더적 관점에서 여성들의 역량강화를 위해 진행된 법과 정책, 제도를 살펴본다. 또한 미시적 차원에서 가족과 여성의 역량강화를 위한 여성주의 상담과 교육을 살펴보고, 미래의 가족, 젠더 이슈와 과제들을 정리하면서 다음과 같은 질문들에 답하고자 한다.

- 가족과 사회와 국가의 관계는 무엇인가?
- 젠더적 관점에서의 법과 정책과 제도는 어떠한 것이 있는가?
- 평등적 가족관계를 위한 개인, 사회와 국가의 역할은 무엇인가?

1. 국가, 가족과 젠더 관련 이론

인간의 삶에서 가족이 차지하는 비중은 아무리 강조해도 지나치지 않다. 혼인율과 출산율이 감소하고 가족의 다양한 문제들이 증가하고 있지만 〈표 12-1〉과 같이 우리나라 사람들의 90% 이상은 여전히 가족이 삶에서 매우 중요하다고 인식하고 있다. 이러한 가족이 우리 사회에서는 매우 오랫동안 사적인 영역으로 인식되어 왔다. 그러나 가족은 사회 변화에 영향을 주고 다시 영향을 받으면서 구성된 실체로서 개인 삶의 누적된 경험과 집단, 삶의 누적된 경험을 반영하는 사회적·역사적 산물이다. 이러한 이유로 가족은 역사적·사회적 구성물로 이해되며, 한 사회를 이해하는 기초가 되는(정현숙, 2004) 중요한 공적인 제도로 인식된다.

| 표 12-1 | 우리나라 사람들의 가족의 중요성에 대한 인식

구분	2001년		2005년		2010-2014년	
삶에서 가족의 중요성	남	여	남	여	남	여
매우 중요하다	89.6	89.6	91.3	92.8	91.0	91.6
상대적으로 중요하다	9.9	10.1	8.5	7.1	7.7	7.6
별로 중요하지 않다					0.6	0.4
전혀 중요하지 않다	0.5	0.2	0.3	0	0.2	0.4
계	604	696	598	602	593	607

출처: World Value Survey Results(각 년도)

지금까지 가족은 사회의 변화에 따라 단순하게 수동적으로 반응하는 조직으로 인식되었으며 가족과 사회를 이분법적으로 구분함으로써 가족구성원 각자가 행복하면 가족이 행복하고 사회가 행복해지는 것으로 믿어왔다. 그러나 가족 내 개인의 복지 그리고 가족 전체로서의 삶은 사회의 역사적, 사회적, 경제적, 문화적 상황에 영향을 받는다. 또한 현대 사회의 변화에 따른 가족의 과부화 상황은 가족(구성원)이 아무리 노력해도 개인이나 가족이 통제할 수 없는 많은 사회적 조건과 상황에 의해 야기되기 때문에, 심지어 가족 내의 문제처럼 보이는 것조차 근본적으로는 사회구조적인 원인으로 나타나는 결과이기도 하다. 따라서 가족의 삶의 질 향상을 위한 후원자 및 감독자로서의 국가의 책임 천명이 필요하며 젠더적 관점을 접목시키는 것이 필요하다.

국가에 의한 가족 보호와 지원은 인간의 기본적인 인격권의 관점에서 다루어진다. 헌법에 명시된 인간존엄성과 행복추구권(헌법 제10조)은 국가 사회의 근본원리인 동시에 목적 자체이다. 또한 우리나라 헌법 제36조 제1항은 "혼인과 가족생활은 개인의 존엄과 양성의 평등을 기초로 성립되고 유지되어야 하며, 국가는 이를 보장한다."라고 국가의 책임을 규정하고 있다(정극원, 2008). 이러한 헌법의 인간존엄성과 양성평등의 혼인과 가족생활에 대한 국가의 책무 규정은 국가에 의한 가족 지원의 타당성을 제공한다. 이러한 법에 젠더적 관점을 적용해야 하는 이유는 법을 통해 사적인 생활에 대한 법적 규제의 타당성을 확보할 수 있으며, 이를 통해 가족관계에 사회적·정치적으로 중재할 수도 있기 때문이다(Diduck & O'Donovan, 2006). 이는 독립과 종속의 가치와 본질에 관한 문제이기도 하며, 경제와 사회적 힘의 균형에 관한 문제이고, 또한 법이 이러한 규제를 함으로써 가족이 사회의 중요한 부분이 되기도 하기 때문이다. 페미니즘적 시각 자체가 개인의 정치성을 강조하기 때문에 법에 대한 젠더적 시각은 정치적이며 페미니즘 이론들은 이 둘을 연결하는 장치이다.

여성의 지위 향상을 목표로 하는 페미니즘 시각은 19세기에 유럽과 영국에서 태동하였다. 여성에 대한 관점은 크게 두 시기로 구분되는데, 이는 〈표 12-2〉와 같이 정리할 수 있다.

| 표 12-2 | 여성에 대한 관점의 변화

시기	기본 철학	목적과 운동 방향
19세기 제1물결	• 인간은 모든 법 안에서 평등하다는 자유주의 정치철학에 기반 • 사회구조가 성불평등의 원인 • 모든 사람들이 평등해지는 정책 지지	• 남성과 동등한 정치적 평등과 자녀들에 대한 양육권 등에 초점 • 투표권이나 참정권에서 여성의 평등한 권리 획득이 중요 목적(주디스 로버, 2005) • 남성에 비해 사회적으로 불리한 여성의 위치에 관심을 갖고, 여성의 성적 억압 분석을 통해 개인 상호적, 정치적, 법적 해결책을 제시하며 사회 변화에 기여
보부아르의 『제2의 성』 이후 1945년 제2물결	• 여성이 남성으로부터 경제적 안정을 얻는 것과 가족 이데올로기 극복에 초점	• 여성의 시민권, 정치권, 법적인 권리를 가족관계와 가족법 내에서도 강화하는 방향으로 확대 • 동등한 대우만으로는 불충분하며 형평성에 맞지 않는 제도와 법 제정

젠더적 관점에서의 법과 제도는 여성과 가족의 역량강화를 통한 가족구성원들의 삶의 질 향상이 목표이다. 서구에서 19세기 초에 이루어졌던 참정권 등이 우리나라에서는 20세기 들어와서 수용되었으며, 현대 사회의 정치, 경제, 사회, 인구학적 변화에 따른 다양한 가족과 여성들의 요구와 가족에 대한 국가의 책무에 대한 인식으로 다양한 법과 정책이 개발되었다. 이 절에서는 젠더의 관점에서 가족과 여성의 역량강화를 위한 거시지원체계로서 법, 정책 및 제도 등 가족과 여성의 삶에 영향을 미친 중요한 내용을 정리한다.

2. 젠더적 관점에서의 법, 정책과 제도

실증주의적 관점에서 가족법은 '가족을 규제하는 판례(case)와 법령(statutes)'을 의미하지만(Diduck & O'Donovan, 2006: 7), 가족법은 가족을 공식적, 비공식적으로 규제하는 고용법, 범죄 관련법, 청소년법, 세법, 이민법, 소유와 관련된 법, 사회안정보장법 등을 모두 포괄하는 개념으로 확대 해석된다. 이러한 법에 기반을 둔 사회정책은 구성원들의 복지를 향상시키려고 기획하거나, 인지된 사회문제들을 조정하고자 의도된 정부와 여타의 공적제도를 의미한다. 젠더적 관점의 공공정책의 변화는 차별 폐지, 전통적으로 남성의 영역에 여성을 포함시키는 문제와 이러한 토대를 만들어 왔던 제도와 규범을 변화시키는 방향으로 전개되었다(키테이, 2005). 키테이(2005)에 의하면 차별폐지는 공공연하게 여성을 차별하는 법을 제거하는 것, 그러한 차별을 비합법적인 것으로 만드는 법의 제정을 요구하는 것과 여성을 묵시적으로 차별하는 정책이나 제도적 구조에 관심을 갖는 것이라고 한다. 서구에서는 강간, 임신중절, 결혼법에 대한 정책의 개정과 교육과 고용에 있어서의 평등한 기회를 얻기 위한 노력들이 여기에 속한다. 스웨덴에서는 20세기 초 차별반대법을 지지하고, 정부 지원의 아동보호, 부모 휴가 지급, 남편과 아내 수입의 개별적인 과세징수를 통한 사회정책을 통해 여성의 가족에서의 평등권 획득을 위해 노력해 왔다. 우리나라에서도 남녀의 평등과 모성보호를 위한 법들이 재정되었으며, 젠더의 관점에서 법의 명칭이나 내용이 수정되거나 새롭게 내용이 첨가되기도 하였다. 물론 법 자체가 여성의 평등한 지위를 담보하는 것은 아니지만 이러한 법의 제정은 변화를 위한 기초를 제공하는 중요한 과정이다.

우리나라에서 가족정책은 2005년 6월 23일 가족여건 변화에 대응하는 통합적 가족정책 추진체계를 구축하고 다양한 가족에 대한 사회적 지원을 강화하기 위해 여성부를 여성가족부로 개편하면서 본격화되었다고 볼 수 있다. 저출산, 고령화 사회로 접어들면서 전통적 가족구조와 역할이 변화하고 가족해체문제가 심각해짐에 따라 이를 예방하고 새롭게 형성되는 다양한 형태의 가족이 가족공동체로서의 역할을 할 수 있도록 지원하는 일이 시급해졌다. 이에 따라 2005년 정부조직법을 개정하여 여성부가 수행하는 기능 이외에 통합적 가족정책을 수립하고 각 부처의 가족정책을 수립 · 조정 · 지원하는 기능을 수행할 수 있도록 여성가족부로 개편하였다. 그러나 정부기능을 효율적으로 재배치하는 내용으로 정부조직법이 2008년 개정되면서 여성가족부가 수행했던 가족 및 보육정책 기능은 보건복지가족부로 이관되었고 여성부는 여성정책의 조정·종합, 여성의 권익증진 등 지위 향상 기능을 수행할 수 있도록 개편되었다. 이에 따라 2008년부터 보건복지부는 가족관련 정책과 보육정책을 통합하여 보건복지가족부로 개편되었다. 이때를 기점으로 통합적 가족정책을 위한 추진기반 조성이 강조되었으며 그 결과가 2006년 수립된 '제1차 건강가정기본계획(2006-2010)－함께 가는 가족 2010'이며, 가족돌봄의 사회화, 일과 가족 양립을 위한 환경조성, 다양한 가족에 대한 지원 등의 정책방향이 강조되었다(정현숙, 2019). 현재 여성가족부와 관련된 여성양성평등정책, 청소년정책, 가족정책과 권인증진을 위한 법령은 〈표 12-3〉과 같다.

그러나 2010년 3월에 다시 여성가족부로의 출범을 통해 여성가족부는 인력개발, 인권보호, 가족, 청소년정책을 수행하게 되었으며, 가족정책은 '가족 모두가 평등하고 행복한 사회'라는 비전을 통해 가족과 사회에서의 남녀간, 세대간 조화 실현과 가족 및 가족구성원의 삶의 질 향상을 정책목표로 한 기본방향이 수립되었다. 이 과정에서 보육정책은 여성부에서 다시 분리되었다. 2019년 현재는 여성정책의 기획·종합 및 여성의 권익증진, 청소년의 육성·복지 및 보호, 가족과 다문화가족정책의 수립·조정·지원, 여성·아동·청소년에 대한 폭력피해 예방 및 보호가 주요 업무이다(여성가족부 홈페이지). 이러한 방향에 따라 2019년 현재 여성가족부의 정책분야는 더욱 다양해지고 부모역할지원, 공동육아나눔터운영, 건강가정·다문화가족지원센터 운영(www.familynet.or.kr, 2018년 현재 151개 지역건강가정지원센터, 217개 지역 다문화가족지원센터), 취약위기가족지원, 아이돌봄지원사업(idolbom.go.kr), 청소년한부모자립지원(읍면동 주민센터, 1644-6621), 한부모가족복지시설지원(www.bokjiro.go.kr), 양육비이행지원제도(www.childsupport.or.kr), 국제결혼피해상담 및 구조(02-333-1311, 한국소비자원 1372, 대한법률구조공단 132), 다누리콜센터(1577-1366) 등 다양한 전달체계를 운영하고 있다(정현숙, 2019).

| 표 12-3 | 2020년 현재 여성가족부 관련 법령

영역	관련 법령
여성 양성평등정책	• 양성평등기본법(2014 전부 개정) • 성별영향평가법(2011 제정) • 경력단절여성 등의 경제활동 촉진법(2008 제정)
청소년정책	• 청소년기본법(1991 제정) • 청소년활동진흥법(2004 제정) • 한국청소년연맹 육성에 관한 법률(1981 제정) • 스카우트활동 육성에 관한 법률(1969 제정) • 청소년보호법(1997 제정) • 청소년복지지원법(2004 제정) • 학교 밖 청소년 지원에 관한 법률(2014 제정) • 2023새만금 세계스카우트잼버리 지원 특별법(2018 제정)
가족정책	• 건전가정의례의 정착 및 지원에 관한 법률(1999 제정) • 건강가정기본법(2004 제정) • 가족친화 사회환경의 조성 촉진에 관한 법률(2007 제정) • 한부모가족지원법(1989 제정) • 양육비 이행확보 및 지원에 관한 법률(2014 제정) • 결혼중개업의 관리에 관한 법률(2007 제정) • 다문화가족지원법(2008 제정) • 아이돌봄지원법(2012 제정)
권익증진정책책	• 성매매방지 및 피해자보호 등에 관한 법률(2004 제정) • 성폭력방지 및 피해자보호 등에 관한 법률(2010 제정) • 아동·청소년의 성보호에 관한 법률(2000 제정) • 가정폭력방지 및 피해자보호 등에 관한 법률(1997 제정) • 일제하 일본군위안부 피해자에 대한 보호·지원 및 기념사업 등에 관한 법률 (1993 제정) • 여성폭력방지기본법(2018 제정)

또한 이혼이 증가하지만 부모들의 자녀양육비 이행과 관련한 다양한 문제들이 발생함에 따라 '양육비 이행확보 및 지원에 관한 법률'에 근거해 양육비 이행 서비스가 제공된다. 이 법의 지원대상은 만 19세 미만 자녀를 양육하는 한부모, 조손가족과 기타 실질적 양육자이며, 한부모가족지원법에 따른 자녀양육 한부모와 조손가족도 포함된다. 특히 이혼한 부모뿐만 아니라 미혼부와 미혼부도 지원하며, 저소득 취약가정의 경우 경제적 안정을 우선지원하고 있다. 이 정책은 양육

비전	여성과 남성이 함께 만드는 평등하고 지속가능한 민주사회			
목표	성숙한 남녀 평등의식 함양	여성의 고용과 사회참여 평등	일과 생활의 균형	여성 안전과 건강 증진

정책과제	대과제(6개)	중과제(22개)
	1. 남녀평등 의식과 문화의 확산	1. 대중매체의 성차별 개선 2. 학교에서의 양성평등 교육 강화 3. 생활 속 성평등 문화 확산 4. 양성평등 시민교육의 실효성 제고
	2. 평등하게 일할 권리와 기회의 보장	1. 고용기회의 평등성 제고 2. 고용 현장의 성차별 개선 3. 노동시장 내 여성의 지위 개선 4. 여성의 경력 유지·개발지원
	3. 여성 대표성 제고 및 참여 활성화	1. 정치·공공분야 여성 대표성 제고 2. 민간기업 등의 여성 대표성 제고 3. 여성 리더십 역량 강화
	4. 일·생활 균형 사회기반 조성	1. 돌봄의 사회적 책임 강화 2. 근로자의 모·부성권 보장 3. 기업의 가족친화경영 확산
	5. 여성폭력 근절과 여성 건강 증진	1. 여성폭력 근절 정책 추진기반 강화 2. 다양한 여성폭력 대응력 제고 3. 여성폭력 피해자 보호·지원 강화 4. 성인지적 건강증진 기반 강화
	6. 양성평등정책 추진체계 강화	1. 성주류화 정책 추진기반 정비 2. 성인지적 정책 역량 강화 3. 시민사회와의 협력체계 구축 및 강화 4. 평화·통일 활동 및 국제협력 증진

| 그림 12-1 | 제2차 양성평등정책기본계획(2018-2022)의 정책과제

출처: 여성가족부 (2018). 제2차 양성평등정책기본계획(2018~2022). p. 13.

비이행관리원(www.childsupport.or.kr)에서 관리하며, 양육부·모(양육비 채권자)의 신청을 받아 비양육부·모(양육비 채무자)로부터 양육비를 지급받을 수 있도록 당사자 간 협의성립, 양육비 관련 소송, 추심, 불이행 시 제재조치 등을 지원하는 서비스이다(www.kihf.or.kr/lay1/S1T266C267/contents.do). 구체적으로는 법률지원, 추심지원 및 제재조치, 상담지원, 양육지원, 한시적 양육비 긴급지원, 이행개선, 다누리콜센터(1577-1366), 미혼부모를 포함한 한부모상담전화(1644-6621) 등의 사업을 운영한다.

양성평등을 위한 여성가족부의 정책의 방향은 〈그림 12-1〉과 같이 여성과 남성이 함께 만드는 평등하고 지속가능한 민주주의라는 비전하에 남녀평등의식 함양과 여성고용과 사회참여에서의 평등, 일과 생활의 균형과 여성안전과 건강증진을 목표로 다양한 정책과제를 시행하고 있다.

3. 여성의 역량강화를 위한 미시적 접근

1) 여성주의 상담

상담에서 젠더와 여성주의 원리를 적용한 것은 비교적 최근의 일이다. 상담과정에서 내담자의 문화, 종교, 민족성과 개인적 특질의 다양성이 각 내담자의 삶에 부여하는 의미에 주의를 기울여야 하는 당위성에 따라 여성주의적 관점을 수렴하고 통합하여 여성주의 상담에 대한 모델이 제안되었다(Worell & Remer, 2004). 이들에 의하면 여성주의적 상담이 필요한 이유를 크게 세 가지로 설명한다. 첫째, 여성의 심리적 건강과 관련된 핵심 과제는 여성이 상담 장면으로 가져오는 특수한 문제와 계속되는 성별화된 사회화와 여성에 대한 제도적 억압에서 비롯되기 때문에 페미니즘적 시각이 필요하다는 것이다. 둘째, 현대의 이론, 연구, 실천이 다양한 여성의 삶을 이야기하는 데 적합하지 않기 때문이다. 셋째, 여성에 대한 개념화와 개입에 관한 새로운 접근법의 발달이 여성주의 상담에서의 특수성에 필요하기 때문이다. 이들의 상담방법은 '여성주의 역량강화 상담'으로도 명명되는데, 이는 여성들의 특수한 경험들, 예를 들면 근친강간, 강간, 아내학대, 성희롱, 직장 및 고용차별, 맞벌이부부, 어머니노릇, 이혼, 한부모역할, 전문직 슈퍼우먼 증후군, 생리적인 특성으로 인한 경험들(생리, 임신, 출산, 자궁절제, 폐경)과 나이 먹기, 날씬해야 한다는 끝없는 강박 등을 통해 형성된 개인적이면서도 정치적인 관념들을 극복하기 위하여 여성들의 역량강화가 필요하기 때문이다.

워렐과 리머(Worell & Remer, 2004)에 의하면 새로운 여성주의 상담을 위한 필요조건은 세 가지로 첫째 조건은 이론, 연구와 실천을 위한 지식을 구축하는 것이다. 이는 현대 사회의 여성과 그들의 삶의 다양성에 관한 새로운 정보와 섹스, 젠더, 성역할, 젠더 관련 행동에 대한 수정된 견해를 갖는 것과 다양성과 다문화적 관점의 습득 그리고 여성주의 심리학, 여성주의 이론에 대한 실천적 함의를 갖는 것이다. 즉, 여성의 상황적 맥락과 여성의 삶에 대한 새로운 인식이 바탕이 되어야 하는데, 이는 삶의 발달적 사건(생물학적 진행, 생의 단계적 과제, 사회적 지원, 변화와 압력, 외상/상실, 역할 강조), 심리적 과정(정서, 인지, 속성/기대, 기술, 인간의 상호작용)과 사회적 힘(가부장제, 경제적 구조, 성차별, 인종차별, 연령차별, 이성애주의, 자민족중심주의, 여성주의)의 세 가지가 어떻게 젠더화된 자기(여자/남자)가 되었는가에 대한 성역할 이해를 의미한다.

둘째 조건은 내담자 집단이 요구하거나 목적으로 하는 것을 전통적 실천이나 과정에서 찾을 수 없다는 것으로 여성 내담자들이 기존의 내담자와 어떻게 다르고, 이들의 특수한 요구가 무엇인가를 이해하는 것이다. 즉, 가족역할의 변동이나 폭력문제, 여성의 몸에 대한 사회적 인식 등에 대해 상담자가 새롭게 직면하는 것이다.

셋째 조건은 여성의 정신건강문제와 관련된 연구의 기반을 다지는 것이다. 이러한 이유로 이 책의 3장 젠더와 건강에서 젠더역할 갈등과 정신, 신체건강 등의 문제를 자세히 다루었다. 이와 같이 여성주의 상담은 여성의 일생에 걸친 그들의 경험과 발달의 전체 맥락을 인식하고 이해하는 데서 출발한다. 따라서 여성주의 상담은 여성의 다양한 생물학적, 문화적, 심리학적 특성에 대해 이해하고, 여성의 역량강화를 목표로 한다.

역량강화는 내담자가 문제해결에서 유연성을 성취하고 대인관계와 삶의 기술 전 범위를 발전시킴으로써 삶의 상황에 대처하는 데 힘을 갖게 하는 것이다. 이러한 힘은 자신의 책임을 인식하고 개인의 힘과 자산을 인정하고 소중히 하는 것을 배운다는 의미이며, 삶의 외부적 조건을 인식하고 도전하도록 격려하는 자원이기도 하기 때문이다. 그러나 아직까지 우리나라에서는 여성주의 상담이 보편화되어 있지 못한 실정이다.

2) 양육자를 위한 중재 프로그램

서구에서는 만성적인 질병이나 기능적인 장애를 가진 가족구성원을 가진 가족의 요구에 따라 다양한 중재 프로그램이 개발되었다. 비겔과 와이더(Biegel & Wieder, 2003)는 중재 프로그램을 크게 다섯 가지 영역으로 구분하였다. 첫째, 지지집단(support group)은 도움을 필요로 하는 가족구성원에게 사회적·심리적 지지집단의 역할을 하는 집단이다. 지지집단은 특별한 병에 대한 정보를 제공하거나 질병의 극복에 대한 정보를 제공한다. 집단모임은 동료나 전문가에 의해 이끌어지며, 병원·지역사회의 교회나 도서관 등 다양한 장소에서 이루어진다. 둘째, 교육으로 개별적 혹은 집단으로 이루어지며, 컴퓨터를 이용한 정보제공 교육이 이루어진다. 셋째, 심리교육(psychoeducation)으로 가족원들이 문제를 해결할 수 있도록 행동이나 태도의 변화에 초점을 맞춘다. 정보제공과 의사소통, 문제해결과 같은 기술훈련을 하며, 가장 핵심적인 변화의 주체는 가족이다. 심리교육의 목적은 환자의 증상과 기능에 영향을 맞춘다. 넷째, 상담과 가족지원(counseling & family support)으로 가족치료, 개인치료, 가족 컨설팅, 사례관리와 같은 방식으로 제공된다. 이러한 지원은 가족의 요구에 의해 시작되는 지속적인 과정이다. 다섯째, 휴식과 탁아서비스(respite & day care service)로 만성적인 질병을 가진 가족구성원을 위한 서비스도 있지만 양육자가 양육부담으로부터 휴식을 취할 수 있는 기회를 제공하는 것이다. 이러한 지원은 가족이나 기관에서 다양한 시간대에 이루어진다. 만성장애를 가진 가족원의 양육에 대한 중재 효과와 관련된 연구들은 이러한 중재가 매우 포괄적이고, 광범위하고, 장기간 지속되고, 개인의 욕구에 맞게 만들어질 때 더 효과적이라고 한다(Mittleman et al., 1996).

이러한 프로그램들이 얼마나 젠더적 관점에서 이루어지고 있는가는 매우 회의적이다. 그러나 여성들의 가족에서의 돌봄노동의 부담 완화를 위해 우리나라에서도 지지집단, 교육, 상담과 휴식서비스가 다양한 단체와 기관에서 이루어지고 있다. 다양한 집단을 대상으로 하는 가족생활교육이 가장 활발하게 이루어지고 있는데, 노인부모와 성인자녀들의 양육에서의 중재 프로그램으로는 김태현・전길양(1995)의 치매노인 가족을 위한 교육 프로그램, 전길양 등(1999)의 노부모 부양가족을 위한 교육 프로그램(풍요로운 노후 가꾸기)과 홍숙자・이형실・전길양(1994)의 노부모 부양가족을 위한 교육 프로그램 등이 있다.

홍숙자 등(1994)의 프로그램도 노부모를 모시는 부양가족의 능력을 강화하여 현재 담당하고 있는 가족부양의 부담이나 어려움을 완화시키고 궁극적으로 노부모 부양가족의 생활의 질 향상을 목적으로 한다. 이를 위해 조부모가 한 분이라도 생존해 있는 성인자녀를 대상으로 노화와 생리적인 변화, 노인의 심리적 욕구 및 발달과정을 이해하고 노부모 성인자녀 간 관계의 증진을 위한 구체적 지식의 습득을 통하여 노인문제를 예방하고 해결책의 모색에 도움이 되는 내용을 교육한다. 이 프로그램의 실시 전과 후 그리고 한 달 후 추후검사 결과 이 프로그램의 참여자들은 노부모 부양에 필요한 지식 및 정보 수준에서 향상을 나타냈으며, 부양자 자신의 자기통제력 수준 및 노부모와의 관계의 질에서도 긍정적인 인식을 가져와 관계 향상에 도움이 되는 것으로 보고되었다.

4. 가족과 젠더의 미래

미래학자들은 인구학적 변화, 과학기술의 변화, 사회의 가치관 변화 등으로 미래의 가족과 가족관계 및 가족구성원들의 삶이 혁명적으로 변화할 것으로 예측하지만, 21세기의 의학기술의 발달에도 불구하고 COVID-19로 촉발된 전 세계적인 팬데믹 상황은 인간의 삶 전반에 영향을 미치고 미래에 대한 예측을 더욱 어렵게 하기도 한다. 그러나 이러한 과정에서도 여성의 가족과 사회에서의 역할과 인식은 변화하여 전통적 가부장적 제도에서 점차 평등에 대한 요구가 증가하면서 호주제 폐지와 같은 평등적 관계를 위한 계기가 마련되고 있다. 또한 가족이 전통적으로 수행하던 다양한 기능에 과부하가 생기면서 가족의 삶의 질을 높이기 위한 다양한 제도와 정책도 마련되었다. 그러나 여전히 다양한 공적, 사적 영역에서 여성의 지위는 남성과는 많은 차이가 있다. 이러한 차이와 차별을 줄이기 위한 몇 가지 과제를 살펴보고자 한다.

1) 법과 제도의 효율성 확대를 위한 과제

남녀평등과 일과 가족을 양립하기 위한 다양한 지원책과 제도가 마련되고, 여성부의 활동을 통해 여성들의 사회적 지위가 향상되었으나 세계 여러 나라와 비교한 수치는 우리나라의 상황이 여전히 많은 노력이 필요하다는 점을 보여준다. 세계경제포럼이 발표한 2018년 세계남녀격차보고서에서 한국은 14개국 중 115위(0.657)로 여전히 하위권에 머물렀다(연합뉴스, 2018.12.18). 특히 근로소득, 정치권한 부분, 출생남녀성비불균형 부분에서 낮은 수준을 나타내었다.

UN의 인간개발보고서도 〈표 12-4〉와 같이 2018년 우리나라 여성의 지위는 여전히 다른 나라와 비교하여 아직도 낮은 수준임을 보여준다. 전 세계 177개국의 인간개발

| 표 12-4 | 인간개발보고서(Human Development Report)(2017)

국가	인간개발지수 HDI(2017)		성개발지수 GDI		성불평등지수 GII	
	순위	점수	순위	점수	순위	점수
노르웨이	1	0.953	12	0.991	5	0.048
스위스	2	0.944	16	0.987	1	0.039
호주	3	0.939	27	0.975	23	0.109
아일랜드	4	0.938	25	0.979	23	0.109
독일	5	0.936	34	0.967	14	0.072
아이슬란드	6	0.935	36	0.966	9	0.062
홍콩	7	0.933	39	0.965		
스웨덴	7	0.933	10	0.992	3	0.044
싱가폴	9	0.932	23	0.982	12	0.067
네덜란드	10	0.931	36	0.966	3	0.044
덴마크	11	0.929	24	0.98	2	0.04
캐나다	12	0.926	18	0.986	20	0.092
미국	13	0.924	10	0.992	41	0.189
영국	14	0.922	42	0.96	25	0.116
핀란드	15	0.92	8	1	8	0.058
뉴질랜드	16	0.917	36	0.966	34	0.136
벨기에	17	0.916	30	0.971	5	0.048
리히텐슈타인	17	0.919	–	–	–	–
일본	19	0.909	27	0.975	22	0.103
오스트리아	20	0.908	30	0.971	13	0.071
룩셈부르크	21	0.904	32	0.969	11	0.066
이스라엘	22	0.903	27	0.975	21	0.098
한국	22	0.903	46	0.932	10	0.063
프랑스	24	0.901	16	0.987	16	0.083
슬로베니아	25	0.896	7	1.003	7	0.054
스페인	26	0.891	25	0.979	15	0.08
체코	27	0.888	18	0.986	29	0.124
이탈리아	28	0.88	34	0.967	18	0.087
몰타	29	0.878	42	0.96	45	0.216
에스토니아	30	0.871	4	1.019	27	0.122
그리스	31	0.87	40	0.964	26	0.12
사이프러스	32	0.869	21	0.984	17	0.085
폴란드	33	0.865	6	1.006	32	0.132
아랍에미리트연방	34	0.863	33	0.968	49	0.232
안도라	35	0.858	–	–	–	–
리투아니아	35	0.858	3	1.026	10	0.123
카타르	37	0.856	1	1.031	13	0.206
슬로바키아	38	0.855	12	0.991	6	0.18
브루나이	39	0.853	15	0.99	51	0.236
사우디아라비아	39	0.853	48	0.877	50	0.234
라트비아	41	0.847	2	1.03	42	0.196
포르투갈	41	0.847	22	0.983	19	0.088
바레인	43	0.846	47	0.931	47	0.222
칠레	44	0.843	41	0.961	72	0.319
헝가리	45	0.838	20	0.985	54	0.259
크로아티아	46	0.831	12	0.991	29	0.124
아르헨티나	47	0.825	9	0.997	81	0.358
오만	48	0.821	45	0.942	56	0.264
러시아연방	49	0.816	4	1.019	53	0.257
몬테네그로	50	0.814	44	0.956	32	0.132

출처: UN개발계획(UNDP) (2018). 인간개발보고서(Human Development Report). pp. 22-38.

지수, 남녀평등지수 및 성별실력지수의 국가별 순위에서 인간개발지수 70위까지를 상위집단(High Human Development)으로 구분한다. 인간개발지수(Human Development Index: HDI)는 각국의 교육수준(성인 문자해독률, 취학률), 국민소득, 기대여명 등 주요 통계를 토대로 인간 능력의 개발 정도를 평가하는 지수이다. 한국은 2007~2008년 한국의 인간개발지수는 26위였으나 2017년에는 22위로 약간 상승하였지만 한국의 경제성장 수준이나 여성의 사회참여 수준 등을 고려할 때 제도적인 면에서나 여성 지위 면에서는 여전히 많은 한계점이 있다는 것을 보여주는 결과이다.

이러한 장해요소 중 하나는 문제해결을 위한 예산의 지원과 문제를 보는 사회의 전반적인 성유형화된 인식이다. 성평등을 위한 중요한 과정이 가족관련 정책이라는 데는 논의의 여지가 없다. 그러나 여성의 일-가족 양립과 돌봄노동에 대한 관심에 비해 우리의 가족 관련 예산은 〈그림 12-2〉과 같이 OECD 평균보다 매우 낮은 수준으로 하위 6번째를 차지하고 있다. 특히 〈표 12-4〉에서 볼 수 있듯이 인간개발지수에서 높은 순위를 차지하고 있는 덴마크, 스웨덴, 노르웨이 등의 공적 지출이 매우 높은 편이다. 따라서 법과 제도의 마련과 함께 예산 확충을 통한 실제적인 지원이 이루어져야 할 것이다.

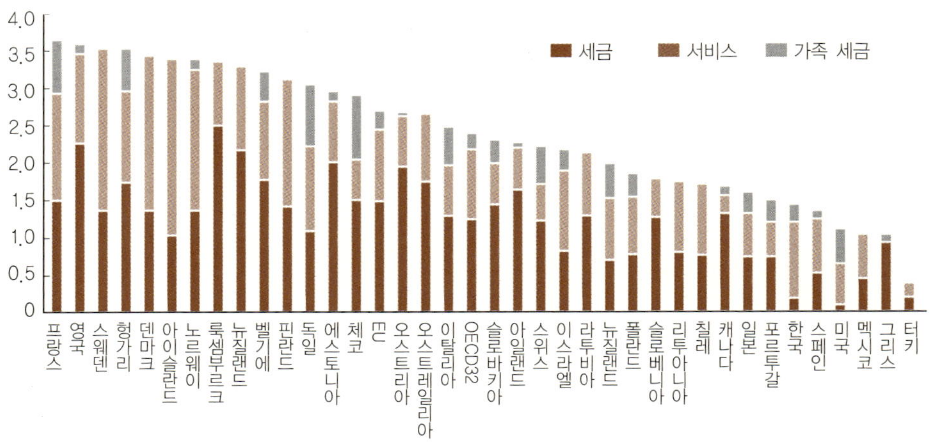

| 그림 12-2 | OECD 주요국의 가족복지를 위한 공적 지출 내역

출처: OECD(http://www.oecd.org/els/family/database.htm), PF1.1 Public spending on family benefits

예산 지원과 함께 중요한 과제 중 하나는 이러한 문제에 대한 사회적 인식이다. 2000년 이후 일과 가족의 양립을 위한 다양한 제도와 법이 시행되고 있으나 제도의 효과에 대해서는 많은 문제점이 제기되고 있다. 우리나라는 배우자 출산 시 남성 근로자에게 3일의 무급휴가가 주어지지만 실제로 이용하는 사람은 많지 않다. 로렌첸(Lorenzen, 2008)은 아버지가 아이와 보내는 시간은 출산율과도 정적인 상관을 보인다고 하였다. 선진국 중 합계출산율이 1.84인 노르웨이는 1986년 가족아동국 산하에 남성역할위원회를 만들고 가정 내 아버지의 역할에 대한 새로운 대안을 제시했다. 이 위원회에서는 신생아를 가진 아버지가 6주 동안 유급휴가를 쓰는 아버지 휴가제도를 제안하였는데, 현재는 10주로 늘리는 방안을 검토 중이라고 한다. 1년 미만의 육아휴직 기간에는 소득의 80%를 받는데, 노르웨이의 경우 아버지의 80% 이상이 육아휴직을 하면서 자녀를 직접 키운다고 한다. 그러나 우리나라에서는 3일인 무급휴가조차도 제도 사용이 자유롭지 않거나 제도 이용 시 당하게 되는 불이익 때문에 사용하는 사람이 많지 않은 실정이다. 윤홍식(2008)도 남녀가 함께 자녀양육에 참여하는 것이 가족 내 성별분업을 완화하거나 해체하는 핵심적 기제가 될 수 있음을 강조하며 남성의 양육참여 제도화를 위해 아버지 할당제 제도화를 주장한다. 그러나 우리나라의 기업문화와 양육에 대한 이데올로기의 변화 없이 아버지 할당제와 같은 제도가 시행될 경우 얼마나 많은 아버지들이 이러한 제도를 활용할 것인가는 의문시된다. 따라서 평등적인 양육환경을 위하여 사회적 인식 변화를 위한 노력이 함께 이루어져야 한다.

실제로 우리나라의 맞벌이가족의 경우 가사 및 육아에의 남성 참여는 매우 저조한 실정으로 맞벌이부부의 하루 평균 가사노동시간은 아내가 총 3시간 27분, 남편은 58분 수준이다(중앙일보, 2019.4.1). 또한 일-가족 양립에 대한 사회적 관심의 증가와 육아휴직에 따른 소득 감소를 보전하는 정책 등으로 남성의 육아휴직은 증가하는 추세이나 〈그림 12-3〉과 같이 2017년의 경우 여성 90,123건, 남성

12,043건으로 여성의 13.4%의 수준에 불과하다(고용노동부, 2018). 그러나 남성의 수치가 증가한다는 것은 고무할만한 현상이다. 그러나 여전히 이러한 차이를 좁히기 위해서는 평등적 관점의 제도뿐만 아니라 이러한 차이를 야기시키는 원인도 살펴보아야 한다.

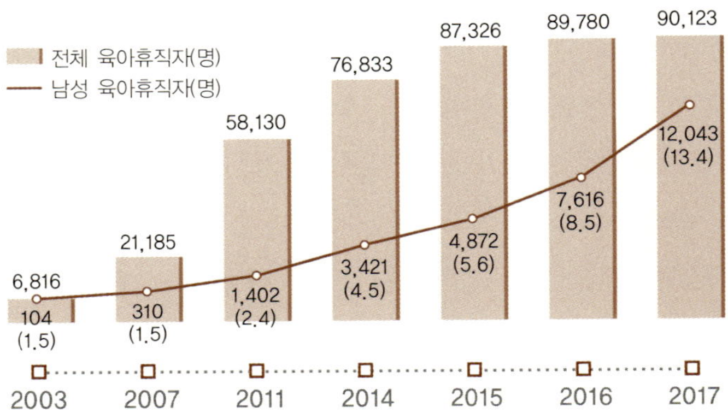

| 그림 12-3 | 남성과 여성의 육아휴직자 추이(2003–2017)

출처: 서울시여성가족재단 (2018.7.12). 젠더브리프. p. 3.

유계숙(2008)은 근로자의 일-가족 갈등을 완화하고, 직업만족도, 조직몰입도, 이직의도 등 근로자의 복지나 인적 자원 성과를 증진시키기 위해서는 가족친화제도의 시행만으로는 불충분하며, 근로자들이 가족친화제도를 자유롭게 이용할 수 있도록 가족친화적 조직문화 및 근무환경을 조성함으로써 근로자의 제도 이용이 활성화되어야 함을 강조한다. 왜냐하면 가족친화적 조직문화를 구성하는 요인은 근로시간에 대한 조직의 요구와 근로자의 일-가족 조화에 대한 상관의 지지와 민감성, 가족친화제도 이용의 자유로움 등이 함께 영향을 미치는 요소이기 때문이라는 것이다. 국내 민간기업에 종사하는 전일제 정규직 기혼남녀 근로자들의 삶의 질에 대한 유계숙(2008)의 연구에서 근로시간에 대한 요구보다는 상관의 지지와 제도 이용의 자유로움이 영향요소라는 결과는 우리에게 많은 시사점을 준다.

2) 여성, 가족정책에 젠더 관점의 융합

미국과 유럽의 가족정책을 비교한 길버트와 반 보리스(Gilbert & Van Voorhis, 2003)는 유럽연합 15개국의 가족친화적 정책은 미국에 비해 특히 출산휴가, 아동/가족수당, 휴가기간, 공사영역에서의 일-가족 갈등을 줄일 수 있는 방법에 대한 정부의 지원 부분이 우수하지만 유럽 국가의 출산율과 혼인율은 미국보다 낮다는 점을 지적한다. 1987년에서 1997년을 비교해 보면 이 기간 동안 EU 15개국 중 12개국의 탁아지원복지기금이 45% 증가하였으나 결혼율은 6.1에서 5.1로 감소하고, 출산율은 1.44에서 1.58로 약간 증가하였다. 그리고 복지기금의 증가에 비해 개별가족의 평균 금전적 혜택은 감소하였다. 다시 말하자면 '가족친화적' 정책이 전혀 생각하지 못한 방향의 가족생활 유인책으로 작용된 것이다. 이런 정책은 가족이나 결혼제도를 지원하기보다는 유치원이나 탁아소, 방과후 지원 등 주로 공적인 지원을 하는 매우 시장친화적인 정책이기 때문에 가족 밖으로의 보육비 지원은 어머니들을 더 일하게 하는 유인가가 되었다는 것이다. 예를 들면 스웨덴의 경우 부모들은 정부에서 제공하는 보육을 무료로 이용한다. 궁극적으로 서비스는 간접적으로 세금률을 높이게 되는데, 무료탁아를 위해서 먼저 비용을 지불하는 것은 그 혜택을 이용해야 하는 내재된 인센티브로 작용한다. 동시에 이런 체계는 엄마들을 더 일터로 보내게 되고, 봉급생활자들은 이러한 세금부담으로 평균적인 가족들의 경우 월급으로 생활하기 어려워진다(정현숙, 2006).

스웨덴의 경우 1970년과 1990년 사이에 공적으로 지원된 사회복지활동은 스웨덴의 전체 직업의 약 3/4을 차지하는데 이는 여성이 차지한 거의 모든 직업을 포함한다. 이처럼 가정에서 행해지던 다른 가사와 관련된 서비스들이 공적인 것이 되어 여성들은 더 일을 하게 되고 출산율도 감소하게 되었다(Hantrais, 2004).

이러한 문제점 때문에 노르웨이는 1998년부터 세 살이 될 때까지 정부 보조의 탁아소 대신 아동을 부모가 집에서 보육할 경우 현금을 지급한다. 이렇게 부모가

탁아기관의 양육과 부모양육을 선택할 수 있게 되자 많은 부모들이 일을 그만두고 자녀를 돌보는 것을 선택했다. 핀란드도 노르웨이와 유사한 정책을 실시하였는데, 이 방법 역시 일하는 부모들만을 위한 혜택인 스웨덴의 집중적인 공적 탁아비용 지원과는 대조되는 정책이다. 이러한 정책으로 두 나라 모두 스웨덴보다 높은 출산율을 보인다(Hantrais, 2004). 이러한 결과는 시장에 의한 직접적인 아동양육 혜택이 가족생활에서 부모의 노동을 보상하는 유일한 방법이 아니라는 것을 보여준다. 또한 노르웨이와 핀란드의 경우는 학자들이 슘패터(Schumpeter)가 부모역할의 즐거움을 과소평가했다고 지적한 것과 맥을 같이한다(정현숙, 2006). 이러한 점이 바로 가족정책과 여성정책이 서로 접점을 찾아야 하는 분야이다.

3) 다양한 가족에서의 여성의 지위 향상을 위한 과제

친권은 아버지나 어머니가 미성년자인 자녀를 양육하고 그 재산을 관리하는 권리와 의무를 의미한다. 현행법에서 친권은 부모가 공동으로 행사하지만 부모의 의견이 일치하지 않거나 이혼을 한 경우는 가정법원이 정한다. 그러나 자녀가 만 20세의 성년이 되거나 친권자가 사망하면 친권은 소멸된다. 양육권은 부부가 이혼한 뒤 미성년의 자녀를 양육할 권리를 의미한다. 민법에서는 부모가 협의해 양육에 관한 사항을 정하도록 하고 있지만 합의가 이루어지지 않거나 생사불명, 조현병 등으로 합의가 불가능할 경우 자녀의 연령과 부모의 재산 상황을 고려해 가정법원이 정하고, 추후 협의나 소송을 통해 친권자와 양육자를 변경할 수 있다. 그러나 이혼 후 자녀에 대해 책임과 의무를 하지 않던 한쪽의 부모에게 친권자가 사망함으로써 자동적으로 친권이 부활하는 현행 제도가 과연 정당한가라는 문제에 대해 많은 논란이 있는데, 이러한 논란은 친권을 행사할 능력이나 자격에 대한 구체적인 기준이 미비하기 때문이다.

이와 같이 우리 사회는 이전의 가족제도에서는 드러나지 않던 많은 법적인 문제들이 가족이 다양화되면서 수면으로 올라오고 있다. 돌봄노동의 경우도 만성적인 질병과 장애와 같은 경우 이들에 대한 돌봄이 장기간에 걸쳐 시간과 에너지를 쏟아야 하는 문제로 발전되면서 가족의 돌봄노동이 과부하 상태에 이르면서 이들을 담당하는 여성들의 역할에 대한 새로운 인식이 요구되고 있다.

앞으로 미래의 가족은 우리가 예상할 수 없을 만큼 다양해지고 또한 그 요구도 다변화될 것이다. 가족을 바라보는 인식이 왜 변해야 하는가는 다양한 가족에 대한 사회적 시선에서도 그 필요성을 찾을 수 있다. 학자들은 미래 가족이 현재보다 더 다양해질 것이라는 데 이견이 없다. 맞벌이가족, 한부모가족 등은 이미 보편적인 가족으로 자리 잡고 있으나 미래에는 이러한 가족 유형을 뛰어넘는 다양한 가족이 증가할 것으로 예측된다. 1인가구와 그룹홈, 공동체(communes), 동거 등의 비혈연공동체, 동성가족뿐만 아니라 재혼으로 계부모가족, 혈연관계가 없이 동거하는 취미가 같은 동호인들의 모임인 공동체그룹 등 비혈연공동체도 증가할 것으로 예측한다. 맞벌이가족도 전업주부(專業主夫), 딩크족(Double Income No Kids: DINK), 기러기가족(Transnational family), 싱커족(Two Heathy Income No Kids Early Retire: Thinker), 듀크족(Double employed with Kids: DEWK), 딘스족(Dual Income No Sex: DINS) 등 구조적으로나 기능적으로 다양한 맞벌이가족으로 분화되고 있으며 이러한 가족 유형이 가족의 변화를 주도하고 있다(정현숙 · 옥선화, 2008). 이러한 다양한 가족에서 가족구성원 개인의 인권과 평등한 가족관계를 이루기 위한 과제에 대해서도 새로운 관심이 요구된다.

미래의 가족은 또한 평균수명의 연장으로 가족관계의 전 기간이 길어질 것이다. 특히 가족에서 부부, 부모, 조부모역할을 하는 시기가 이전보다 길어지게 된다. 그러나 길어진 기간에 비해 이혼의 증가로 관계의 안정성은 약화될 것이며 3, 4, 5세대 이상의 세대관계로 가족관계는 더욱 복잡해질 것으로 예측된다. 하지만 세대 간 유대가 약화되면서 가족의 돌봄기능이 제대로 기능하지 못할 것이라는 우려는 현실로 나타나고 있고, 사회와 가족의 변화로 과연 가족이 아동, 병자, 노인과 장애를 가진 가족원들에 대한 돌봄을 수행할 능력이 있는가에 대해서도

의문이 제기된다. 왜냐하면 미래 사회에서 평균수명의 증가로 질병이나 노화의 정도가 가족관계에 미치는 영향은 더 커질 것이라는 것이 미래 학자들의 예측이기 때문이다.

벨과 동료들(Bell et al., 2004)은 질병과 결혼생활에 대한 새로운 관점을 제공한다. 이들은 가족 중에 심각하거나 만성적인 질병을 가진 구성원이 있을 때 고통받는 부부들의 고통을 경감할 수 있는 치료적 방법을 제안한다. 이러한 가족에서는 삶과 죽음에 대한 공포와 함께 질병을 안고 오랜 기간 살아가야 하는 문제, 질병이 있는 상황에서의 성적 친밀감을 유지하는 문제 등 이전에는 경험하지 못했던 문제들이 부부관계에 치명적으로 영향을 미칠 수 있다고 한다. 가족이 핵가족화되고, 자녀들의 부양의식이 변화하기 때문에 이들 가족은 스스로 문제를 해결할 수 있는 자원이 부족하므로 사회적인 측면에서, 특히 치료적인 분야에서 이들을 도울 수 있도록 준비를 해야 한다는 점을 강조한다. 이들을 돕는 치료 전문가들은 첫째, 이들이 겪고 있는 정서적, 신체적, 관계적, 영성적인 고통을 인식하고 이해하며, 그들의 소리를 들어주는 것이 전문가로서 가장 중요한 윤리적 의무를 수행하는 것이라는 인식이 필요하다. 둘째, 고통을 줄이거나 상쇄할 수 있도록 실제적인 도움을 주는 치료 목표를 설정하도록 해야 한다. 따라서 평균수명의 증가와 더불어 가족에게 많은 영향을 미칠 질병이나 노화를 지원해 주는 사회적 지원과 전문인력을 교육하는 제도적 장치를 마련하는 것도 매우 필요하다.

한편으로는 노인들이 서로를 돌보는 형태가 증가하면서 부양의 탈가족화가 가족연대를 약화시킬 수 있다는 우려도 제기된다(박영숙, 2007). 이러한 이유로 미래 학자들은 가족의 부양을 사회화시켜야 한다고 주장하지만, 이는 가족의 부양을 지나치게 기능적인 관점으로만 접근하는 것이다. 물론 치매노인을 포함해 가족이 감당하기 어려운 장기보호를 요하는 부양 등에는 사회적 지원이 필요하지만, 아동양육을 통해 얻는 생산성이나 성취감은 여전히 중요한 개인의 욕구이기 때문에 가족과 사회 공동의 노력이 필요하다. 따라서 평균수명의 증가로 길어진 부부역할과 부모역할을 개인의 발달과 사회의 변화에 얼마나 유연하고 융통성 있게 수행해 나가는가가 가족의 안정성에 중요한 과업이 될 것이다.

인구학적 변화, 과학기술의 변화, 사회의 가치관 변화 등은 미래의 가족과 가족관계의 변화를 예고한다. 가장 대표적인 가족의 변화는 결혼 자체에 대한 변화이다. 결혼과 관련한 지표들을 살펴보면 혼인율 감소, 만혼과 같은 결혼 지체현상, 동거와 이혼, 재혼 및 혼외관계의 비율 증가 등과 같은 일련의 변화가 나타나고 있다. 그러나 이러한 변화에도 불구하고 많은 사람들은 삶의 과정에서 결혼을 선택한다. 그러나 결혼 이후의 가족은 관계적 측면뿐만 아니라 구조적인 면에서도 매우 다양한 모습을 보여준다(정현숙·옥선화, 2008). 가족이 점차 다양해짐에 따라 현대의 가족학자들은 가족을 연구함에 있어 과거의 학자들과는 다르게 가족을 생각해야 한다는 점을 강조한다. 가족학자들의 과제는 미래의 변화를 예측하고 가족구성원 중 누구도 소외되지 않고, 평등한 삶의 과정을 통해 삶의 질을 향상시킬 수 있는 제도적, 법적 기반 마련을 위한 기초 자료를 제공하여 가족구성원들의 삶에 실질적인 혜택을 제공하는 것이다.

논의해 봅시다

1. 결혼, 이혼, 부모역할, 노인문제 등 가족의 삶과 문제에 대한 국가, 가족, 개인의 역할은 무엇이며 이 셋은 어떠한 관계에 있는지 토론해 보자.

2. 미래 사회의 인구학적 변화와 과학적 발달 및 사회환경의 변화 중 한 가지를 선택해 이러한 변화가 가족관계와 가족원들의 역할에 미칠 영향과 그로 인해 변화될 가족관계를 젠더적 관점에서 토론해 보자.

3. 현재 여성가족부의 관련 법령과 제도 등을 분석해 보고 여성들의 삶의 질 향상을 위해 어떠한 점들이 보완되어야 할 것이지 논의해 보자. 또한 출산휴가와 같은 가족친화적 제도에도 불구하고 제도 이용은 사회적 편견과 회사 내의 인식의 문제 등으로 실제 그 효과에 대해서는 많은 논란이 있다. 어떠한 점들을 해결하기 위한 방안도 함께 논의해 보자.

참고문헌

강경석 · 박연희 (2008). 부모의 양성평등의식이 유아의 성역할 고정관념에 미치는 영향. **아동교육**, 17(1), 41-54.

건강보험심사평가원 (2019). 제왕절개수술 모니터링 평가 보고서.

경향신문 (2012.7.30). 음란물 본 청소년 5% "성폭행 충동".

고려대학교 민족연구소 (1970). **한국문화사대계 IV –한국풍속과 예술사**. 고려대학교.

고성희 · 김명애 · 박은아 (2013). 남성노인의 성역할정체감 유형 연구. **한국콘텐츠학회논문지**, 13(9), 260-269.

고성희 · 박은아 · 김명애 (2014). 중년기 여성의 성역할정체감에 대한 인식: Q방법론적 접근. **디지털융복합연구**, 12(6), 449-456.

공미혜 (1997). 가족주의와 가부장적 테러리즘으로서 아내구타. **가족학논집**, 9, 49-79.

공미혜 (2002). 기혼여성의 결혼 불만족과 혼외관계에 대한 탐색적 고찰. **대한가정학회지**, 40, 195-208.

공미혜 (2004). **성과 성정치학**. 한울.

공성욱 · 오강섭 · 노경선 (2002). 남성 동성애자와 남성 이성애자의 삶의 질과 정신 건강 비교. **신경정신의학**, 41(5), 930-941.

곽삼근 · 조혜선 · 윤혜경 (2005). 생애주기별 성역할 발달과 갈등. **한국여성학**, 21(2), 147-179.

광주여성발전센터 (2002). 사례발표집.

구정화 (2009). 초등학생의 성역할 고정관념에 대한 학년 및 성별 차이 연구. **사회과교육**, 8(3), 35-46.

권석만 (1997). **인간관계 심리학**. 학지사.

권인숙 · 이건정 · 김선영 (2016). 성폭력 피해자에 대한 피해통념의 2차 피해적 영향 연구. **젠더와 문화**, 9(2), 49-84.

권중돈 (1995). **한국 치매가족연구–부양부담 사정도구 및 결정모형 개발**. 홍익제.

김경신 (2006). 결혼이민자 가족을 위한 통합 프로그램. 다문화와 가족상담. 가족상담학회, **한국가족치료학회 공동학술대회 자료집**. 서울대학교.

김경희 · 신현옥 (2004). 정책과정을 통해 본 젠더와 평등개념의 제도화: 양성평등채용목표제와 국공립대 여성교수채용목표제를 중심으로. **한국여성학**, 20(3), 171-206.

김근영 (2014). 전생애 발달 관점. **심리학용어사전**.

김남숙 · 정진경 · 박광배 (1997). 한국 성역할 검사의 수정점수 및 분류기준 산출. **한국심리학회지: 사회 및 성격**, 11(2), 77-90.

김대환 (1998). 세계화를 넘어서: 세계화와 국민경제 그리고 한국경제. **사상**, 겨울.

김명애 · 박은아 · 고성희 (2011). Older women's perspective on gender role identity in Korea. Poster session presented at the 1st Global Congress for Qualitative Health Research, Seoul, Korea.

김미영 · 김미란 (2015). 기혼 무자녀 여성의 '가족실천'을 통해서 본 생애과정의 탈규범화. **젠더와 문화**, 8(2), 33-69.

김민경 · 이윤선 · 조수영 (2014). 한국 신문의 불임(난임) 관련 보도 분석(1962~2013년). **한국언론학보**, 58(6), 329-361.

김병수 (2007). 혼외관계의 인식과 경험에 관한 연구. **한국가정과학회지**, 10(2), 19-36.

김선영 · 전효정 (2013). 중학생이 지각한 부모의 양육행동과 가족기능이 성역할정체감에 미치는 영향. **대한가정학회지**, 51(3), 307-319.

김선욱 (1996). 공 · 사영역에 대한 법여성학적 고찰. **이화여대여성학논집**, 13, 359-377.

김선정 (2002). 초등학생의 성역할 고정관념, 성역할 정체감 및 자아존중감의 관계. 충남대학교 교육대학원 석사학위논문.

김영혜 (2004). 노년기 젠더관계와 심리적 복지감: 유배우 노인의 성역할태도와 가사노동분담의 영향에 대하여. **한국인구학**, 27(1), 1-30.

김오남 (2007). 손자녀를 양육하는 조부모의 부담과 보상감. **한국노년학연구**, 16, 59-84.

김용미 (1996). 미혼 대학생의 혼전 단계에서의 신체적 폭력의 경험에 관한 실태 조사 연구. **한국가정관리학회지**, 14(1), 187-197.

김유숙 (1998). **가족치료**. 학지사.

김윤정 (1993). 치매노인의 장애기간과 부양자의 대처 자원이 부양자의 부담 및 부양만족감에 미치는 영향. 이화여자대학교 석사학위 청구논문.

김정휘 · 김병선 · 김정인 (1995). **여성은 남자와 무엇이 어떻게 다른가**. 서원.

김주희 (2005). 사진으로 보는 혼례 변천 100년사. 변화하는 세계 속의 남성성과 남성문화. 한국문화인류학회 제37차 정기학술대회. 서울대학교.

김준호 (1996). 음란물과 비행. **한국청소년연구**, 25, 5-32.

김진명 (1994). 전통적 담론과 여성억압. **한국문화인류학**, 26, 119-156.

김진이 (2016). 가족의 태도가 성소수자의 커밍아웃에 미치는 영향: 질적 연구. 가톨릭대학교 상담심리대학원 석사학위논문.

김태현 (2007). **노년학**. 교문사.

김태현 · 전길양(1995). 치매노인을 위한 교육프로그램 개발에 관한 연구. **한국가정관리학회지**, 30, 77-95.

김혜순 (1989). 한국의 가부장적 가치관에 대한 실증적 분석(Ⅰ). **여성문제연구**, 17, 53-70.

김혜영 (2010). 미혼모의 양육 및 자립 실태조사. 한국여성정책연구원.

노컷뉴스 (2018.12.17). OECD data base(2016년 기준).

뉴스퀘스트 (2019.11.19). 성소수자 '동성애 차별금지' 놓고 인권위-정치권 충돌.

동아일보 (2008.7.16.). 직장인 정신과 치료… 불안 男 우울 女.

듀오휴먼라이프연구소 (https://www.duo.co.kr/html/duostory/humanlife_003_view.asp?idx=1617)

또 하나의 문화 (2003). 누구와 함께 살 것인가. **또 하나의 문화, 제17호**. 또 하나의 문화.

로라 샤너 (2000). 출산. 앨리슨 M. 제거, 아이리스 마이온 영 편집, 한국여성철학회 역. **여성주의 철학 2**. 서광사.

로렌첸 · 요르겐 (2008). 일과 가족생활의 화해-한국과 노르웨이 사례. 한국여성연구원 세미나 자료집.

류은정 · 서정석 · 함미영 · 박영례 · 문석우 · 남범우 (2006). 청소년의 성역할 정체감과 불안, 우울, 자살사고. **정신간호학회지**, 15(2), 136-143.

류혜원 (2000). 한국과 일본창작동화에 나타난 성역할 특성의 비교. **아동교육**, 9(2), 61-81.

마경희 · 문희영 · 조서연 · 김리나 (2017). 지배적 남성성의 균열과 변화하는 남성의 삶: 남성들 내부의 차이를 중심으로. 한국여성정책연구원.

메들린 케인 (2003). **무자녀혁명**. 이한중 역. 북키앙.

박민자 (2004). 혼인의미의 시대적 변화. **가족학논집**, 16(1), 109-135.

박병금 · 노필순 (2009). 청소년의 성역할 정체감 유형과 적응. **청소년학연구**, 16(8), 149-177.

박병호 (1988). 한국에 있어서의 가장권법제의 형성. **한일법학**, 7, 43-54.

박선영 (2005). 개인의 존엄과 양성평등으로 본 부부간 폭력. **공법연구, 34**(2), 59-81.

박성수 (1996). 새로운 아버지상과 '아버지됨'. '평등한 부모 자유로운 아이' 중에서. **또 하나의 문화 제1호**. 또하나의문화.

박성숙 (1996). 아동정신과 의사의 임상일기. '평등한 부모 자유로운 아이' 중에서. **또 하나의 문화 제1호**. 또하나의문화.

박영숙 (2007.10). 세계미래회의 2007 참관기-미래 사회의 10대 트렌드. 월간조선.

박완성 (2003). 고등학생의 진로준비행동과 성역할 정체감의 관계. **교육방법연구, 15**(1), 43-70.

박은아 · 고성희 · 김명애 (2011). 청년기 남성이 지각하는 성역할정체감과 그 함의. **주관성연구, 22**, 147-160.

박정희 (2007). **고부관계의 심리학**. 학지사.

박혜란 (2003). 제3의 프로젝트. 누구와 함께 살 것인가. **또 하나의 문화 제17호**. 또하나의문화.

배정이 (2004). 여성의 성기능 장애와 결혼적응도, 우울 및 위기감과의 관계 연구. **정신간호학회지, 13**(4), 467-475.

변화순 · 송다영 · 김영란 (2001). 가족유형에 따른 생활실태와 복지욕구에 관한 연구. 한국여성개발원.

보건복지부 · 중앙노인보호전문기관 (2017). 2016년 노인학대 현황보고서.

부산여성사회교육원 (2007). **함께하는 여성지역문화**. 신정.

부산여성의 전화 (2006). 가정폭력전문상담원교육 자료집.

새들러 윌리암 (2000). **서드에이지, 마흔 이후 30년**. 김경숙 역. 사이.

서선희 (1995). 가족중심주의에 대한 유교적 해석. **가족학 논집, 7**, 21-44.

서울시여성가족재단 (2018). 젠더브리프.

서울신문 (2008.5.27). 슈퍼맘 · 슈퍼파파의 스트레스.

서인숙 (2001). 어머니의 성역학태도와 유아의 성역할 개념 및 자아개념과의 관계. 성신여대대학원 석사학위논문.

서정애 (2008). 출산을 택한 십대여성들. **나눔터, 61**(가을), 한국성폭력상담소.

석은선 (1991). 어머니의 성역할 태도와 자녀양육행동 간의 관계연구. 연세대학교 대학원 선사학위논문.

성미혜 (2009). 대학생의 성역할 정체감유형과 성의식, 성행동 및 성충동. **여성건강간호학회지제, 15**(1), 73-80.

성향숙 (1996). 여성노인의 삶의 조건과 학대 및 유기에 관한 연구. **여성과 일탈 자료집**, 부산여자대학교 여성문제연구소.

세계일보 (2016.1.17). OECD 국가 제왕절개비율(2013).

스기야마 유미코 (2017). **졸혼 시대 : 낡은 결혼을 졸업할 시간**. 더퀘스트.

슬로우뉴스 (2019.10.31). 게임과 웹툰 분야에선 왜 유독 성차별이 심할까?

신성자 (2017). 성역할고정관념과 개방결혼에 대한 인식이 성적외도 실행의도에 미치는 영향 -혼외관계 수용성의 매개효과와 성별의 조절효과를 중심으로. **한국콘텐츠학회논문지, 17**(3), 199-211.

신수진 (1998a). 한국의 가족주의 전통. **한국가족관계학회지, 3**, 127-152.

신수진 (1998b). 한국의 가족주의 전통과 그 변화. 이화여자대학교 대학원 박사학위논문.

신숙영 (2001). 초등학교 아동의 성역할 고정관념에 관한 연구. 충남대학교 교육대학원 석사학위논문.

신영숙 (1991). 한국가부장제의 사적고찰. 여성한국사회연구회 편, **여성 가족 사회**(pp. 34-60). 열음사.

신영화 (2002). 한국인 남편과 조선족 아내의 부부문제. **한국가족치료학회지, 10**(2), 1-24.

심혜선 · 이정우 (2001). 도시주부의 부부간 의사소통효율성, 가정관리전략 및 가정생활만족도. **한국가정관리학회지, 53**, 129-146.

아시아경제 (2019.5.19). 건강을 읽다: "황혼육아에 골병 - 관절염 · 우울증 조심해야".

안귀여루 · 최정윤 (1991). 중년여성 신경증 환자와 정상인의 성역할 비교. **한국심리학회지: 임상, 10**(1), 262-268.

안현주 · 공미혜 (2006). 저개발국 이주여성의 가정폭력 경험: 여성주의적 관점을 중심으로. **신라대 논문집, 56**, 71-101.

앤소니 기든스 (2003). **현대사회의 성, 사랑, 에로티시즘(Sexuality, love & eroticism in modern society)**. 배은경 · 황정민 공역. 친밀성의 구조변동.

양다진 · 조희선 (2005). 기혼남녀의 혼외관계에 대한 연구. **생활과학, 8**, 51-76.

양돈규 · 조남근 (2004). 청소년의 인터넷 음란물 접촉경험과 성비행간의 관계. **중등교육연구, 52**(1), 325-347.

양성은 (2004). 문화기술적 의사결정 모델에 따른 대학생들의 무자녀 가족에 관한 인식 연구. **한국가정관리학회지, 22**(5), 149-159.

양옥남 (1994). 노인과 부양자의 스트레스와 대처방안에 관한 연구-저소득층을 중심으로. 이화여자대학교 대학원 박사학위 청구논문.

엄명용 (2002). 장기 분거가족의 전문직 남성문제: "기러기아빠". **한국가족치료학회지, 10**(2), 25-43.

여성가족부 (2005). 가족실태조사.

여성가족부 (2008). 전국가정폭력실태조사.

여성가족부 (2013). 전국가정폭력실태조사.

여성가족부 (2015). 가족실태조사.

여성가족부 (2017). 전국가정폭력실태조사.

여성가족부 (2018). 제2차 양성평등정책기본계획(2018~2022).

여성신문 (2018.5.7). 고교생 약 30%, "교사가 성희롱". '스쿨 미투'는 이제 시작.

여성을 위한 모임 (1999). **제3의 성-중년여성 바로보기**. 현암사.

염명순・조복희・권희경・한유미 (1999). 비전형적 성역할 교육 프로그램이 유치원아의 성역할 고정관념에 미치는 영향. **한국아동학회지, 20**(4), 91-104.

염순교・이종화 (2014). 고등학생의 성역할 정체감과 우울. **대한보건연구, 40**(1), 89-98.

오경석 (2010). 저소득층 조손가족 조부모의 인생이야기와 손자녀 양육경험. **한국보육지원학회지, 6**(3), 65-84.

오마이뉴스 (2016.6.16). 손 하나 까딱 않는 '한국남자'들 보시오.

우해봉 (2020). 혼인이행과 생애비혼의 동향과 특징. **KOSTAT 통계플러스, 9**. Spring, 4-15.

원수경 (2005). 청소년의 또래집단 수용 유형에 따른 여자 청소년과 어머니의 애착수준 및 사회성의 차이. 이화여자대학교 석사학위논문.

유가효 (1994). 아동 후기에서 청소년기에 이르는 성역할 발달에 관한 연구-성역할 고정관념, 성역할 이데올로기, 성역할 정체감, 자아존중감 간의 관계를 중심으로. **아동학회지, 15**(1), 127-144.

유계숙 (2008). 가족친화적 조직문화가 근로자의 일-가족 조화와 삶의 질에 미치는 영향. **한국가정관리학회지, 25**(5), 27-38.

유숙자・양수・윤재연 (2000). 중년여성의 우울 정도와 사회적 지지 및 성역할 장애의 관계. **정신간호학회지, 9**(4), 619-630.

유은석 · 민혜영 (2008). 가정과 연계한 그림책 활동이 유아와 어머니의 성역할 고정관념에 미치는 영향. **미래유아교육학회지, 15**(1), 1-22.

유지나 (2003). 모성애 신화를 넘어서: 집으로, 마요네즈, 안토니아스 라인을 대상으로. 부경대학교 인문사회과학연구소, **어머니 당신은 누구세요**(pp. 191-210).

윤가현 (1998). **성 문화와 심리**. 학지사.

윤진 · 최정훈 · 김영미 (1989). 성역할 고정관념과 남성의 스트레스와의 관계(I) - 남성 스트레스 척도 개발과 관련변인에 대한 탐색적 연구. **한국심리학회지: 사회, 4**,(2), 70-83.

윤홍식 (2008). 남성의 양육참여 제도화를 위한 아버지할당제 제도화 검토. **젠더리뷰, 8**, 28-32.

이광규 (1975). **한국가족의 구조분석**. 일지사.

이금연 (2003a). 국제결혼과 그 이해. 국제결혼과 여성폭력에 관한 원탁 토론회. 위흠.

이금연 (2003b). 이주와 여성폭력. 참여연대 월간 복지동향, 3월.

이기숙 · 공미혜 · 김득성 · 김은경 · 손태홍 · 오경희 · 전영주 (2001). **결혼의 기술**. 신정.

이기학 (2003). 대학생의 생물학적 성과 성역할 정체감의 일치여부에 따른 진로태도성숙과 진로결정장애요인에 관한 연구. **한국심리학회지: 상담 및 심리치료, 15**(2), 353-366.

이동원 외 (2001). **변화하는 사회 다양한 가족**. 양서원.

이동원 · 김현주 · 최선희 · 함인희 · 김선영 (2002). **현장연구 리포트: 한국가족의 현주소**. 학지사.

이동원 · 박재홍 (1990). 여성의 취업, 출산율, 경제발전에 관한 연구. **생산성논집, 4**, 153-170.

이민아 (2013). 계획적 무자녀 가족- 한국 사회에서 아이 갖기의 의미와 가족주의의 역설. **한국사회학, 47**(2), 143-176.

이병희 (1992). 아버지의 성역할 성격특성 및 양육행동과 여대생 자녀의 성역할 성격특성. 동덕여자대학교 대학원 가정학과 석사학위논문.

이수현 (2012). 기혼여성의 무자녀 결정 시기와 요인에 관한 연구. **여성학연구, 22**(3), 43-88.

이순형 (1993). 조선시대 가부장제의 유학적 재해석. **한국학보, 19**(2).

이순형 (1997). 한국가족의 사회역사적 특성과 성의 이중기준. **가족과 문화, 2**, 25-38.

이여봉 (2017). **가족 안의 사회 사회 안의 가족**(제3판). 양서원.

이연정 (1999). 여성의 시각에서 본 모성론. 심영희 외. **모성의 담론과 현실**(pp. 21-40). 나남출판.

이윤정 (1994). 성인자녀의 노부모 부양분담정도와 부양에 따른 부담감. 숙명여자대학교 대학원 석사학위논문.

이윤주 (2018a). 성인이행기 여성들의 지위 변화 및 그 상호작용이 성역할 태도 변화에 미치는 영향. 2018 가정학분야 춘계통합학술대회 자료집 발표문.

이윤주 (2018b). 성인이행기와 관련된 지위의 변화가 청년 남녀의 성역할 태도 변화에 미치는 영향. **가족과 문화, 30**(2), 105-128.

이은아 (2006). 중년기 남녀의 성역할 정체감과 부부갈등 및 심리적 적응의 관계. **한국가족자원경영학회지, 10**(1), 107-126.

이재경 (2003). **가족의 이름으로**. 또하나의문화.

이정덕 · 김일명 · 최은경 · 전미경 (1998). 소설에 나타난 1950~1960년대 한국 가족윤리에 관한 연구. **한국가족관계학회지, 3**, 25-41.

이정순 · 박성연 (1991). 부부간 커뮤니케이션 유형에 관한 연구. **대한가정학회지, 29**, 175-190.

이정우 · 강기연 (2001). 맞벌이부부의 공평성인지, 의사결정참여도 및 가정생활만족도. **대한가정학회지, 39**, 137-152.

이학옥 (1998). 아버지의 자녀양육 행동과 청소년기 자녀의 성역할 정체감 및 자기존중감의 형성. 한양대학교 교육대학원 석사학위논문.

이현지 (2006). 탈현대적 성역할 담론 구성을 위한 음양론적 접근. **동양사회사상, 14**, 37-58.

이혜경 (2004). 국가 간 노동이주와 국제결혼 가정의 문제. **가족학회 추계학술대회 자료집**, 97-121.

이효영 (2006). 아버지, 어머니의 성역할 인식과 유아의 성역할 인식과 유아의 성역할 고정관념과의 관계 성신여대 교육대학원 석사학위논문.

이효재 (1996). 한국 가부장제와 여성. **여성과 사회**, 160-176.

임경이 (2008). 모녀애착의 세대전수와 성인 미혼 딸의 자아탄력성. 신라대학교 사회복지대학원 석사학위청구논문.

임정빈 · 정혜정 (1996). **성역할과 여성**. 신정.

장영철 · 노성희 · 박재용 · 오남석 · 윤희지 (2015). 3세, 5세 남녀아동의 성역할 고정관념에 대한 연구. **한국심리학회 학술대회 자료집**, 469-469.

장현숙 (2002). 독신의 심리적 성향에 대한 연구. **한국가정관리학회지, 20**(6), 185-195.

장혜경 · 홍승아 · 이상원 · 김영란 · 강은화 · 김고은 (2006). **가족내 돌봄노동 실태조사**. 한국여성정책연구원.

장희숙 · 조현각 (2001). 대학생 이성교제폭력의 실태와 위험요인들. **한국가족복지학**, 8, 179-204.

전기택 (2008). 한국의 성평등, 1등 국가들과 거리는. **젠더리뷰**, 8, 62-68.

전길양 (1993). 노모와 성인 딸간의 상호작용과 부양 기대감-부양기대 요인을 중심으로. 성신여자대학교대학원 박사학위논문.

전길양 · 송현애 (1997). 노인 홀대에 관한 연구: 학대와 방임에 대한 인식 및 경험을 중심으로. 가정폭력에 관한 프로그램 개발연구. **한국가족상담 교육단체 협의회 학술대회 자료집**.

전길양 · 송현애 · 고선주 · 김일명 (1999). 노년기 준비교육프로그램: 풍요로운 노후 가꾸기. 사단법인 한국가족상담교육단체협의회 학술대회.

전영주 (2006). 이혼원인에 대한 협의이혼 청구자의 기각 및 성차. **한국가족치료학회지**, 14(1), 1-19.

전영주 (2008). 한국의 결혼사정과 부부관계. **일본가정학회 가족관계학**, 27, 49-57.

전진아 (2014). 한국 성인의 성별 정신건강 수준 차이: 우울을 중심으로. **보건복지포럼**, 2014 (4), 17-26.

정극원 (2008). 혼인의 자유에 관한 헌법재판소의 판례의 동향. **세계헌법연구**, 14(1), 299-322.

정영애 (1998). 여성해방론적 가족 연구: 회고와 전망. **가족철학**. 이화여자대학교 출판부.

정옥분 (2007). **전생애 인간발달의 이론**(2판). 학지사.

정용순 (2003). 미혼양육모에 대한 사회적응 서비스 활성화 방안. 서강대학교 공공정책대학원 석사학위논문.

정유성 (2005). **한국문화인류학회**. **한국남성과 남성학**. 연차대회 자료집.

정일선 (2006). 농촌 사회의 변화와 조손가족. 한국가족관계학회, 한국농촌사회학회 공동세미나. 경주. 교육문화회관.

정재은 · 서종욱 · 박해용 · 김연경 · 윤아라 (2017). 난임의 임상적 원인과 지원 방안에 대한 제안 연구. 국민건강보험 일산병원 연구소.

정진경 (1990). 한국 성역할 검사(KSRI). **한국심리학회지: 사회**, 5(1), 82-92.

정진주 (2006). 제왕절개분만과 여성의 건강. **젠더리뷰**, 2, 42-48.

정해숙 · 구정화 · 최윤정 (2010). 교과서의 성차별 실태분석 및 개선방안 연구. 여성가족부.

정행옥 (2004). 여학생이 지각하는 부모양육태도와 성역할정체감 및 진로포부의 관계. 전주대학교 상담대학원 석사학위논문.

정현숙 (1997). 결혼만족도 연구와 척도의 고찰을 통한 새로운 연구방향과 척도의 모색. **대한가정학회지**, 35(1), 191-204.

정현숙 (2001). 가족연구의 발달적 접근. 가족관계학회편. **가족이론**. 교문사.

정현숙 (2004). 동북아공동체 형성의 기초로서의 동북아 가족론. 한국동북아지식인연대(편). 동북아 공동체를 향하여(pp. 299-340). 동아일보사.

정현숙 (2006). 혼인율 특성, 변화요인분석과 가족정책 제언. **한국가정관리학회지, 24**(6), 177-194.

정현숙 (2007). **가족생활교육**. 신정.

정현숙 (2017. 10. 27). 친밀한 관계맺기의 지형변화와 가족학자의 과제. 2017년 한국가족관계학회 추계학술대회 기조강연 자료.

정현숙 (2019). **가족관계**. 신정.

정현숙 · 옥선화 (2008). **가족관계**. 한국방송통신대학교 출판부.

정현숙 · 유계숙 (2002). **가족관계**. 신정.

정현숙 · 유계숙 · 어주경 · 전혜정 · 박주희 (2002). **부모학**. 신정.

정현숙 · 유계숙 · 최연실 (2003). **결혼학**. 신정.

정혜정 · 김병수 (2009). 남편의 혼외관계를 경험한 아내의 부부관계 적응에 관한 질적 연구. **한국생활과학회지, 18**(3), 657-673.

조경자 · 한동희 · 조은희 (1996). 노부모와 기혼 자녀의 동거관계에서 발생하는 갈등과 대처행동에 관한 연구. **대한가정학회지, 34**(6), 261~273.

조남주 (2016). **82년생 김지영**. 민음사.

조맹제 · 박종익 · 배안 · 배재남 · 손정우 · 안준호 · 이동우 · 이영문 · 이준영 · 장성만 · 정인원 · 조성진 · 홍진표 · 함봉진 · 전홍진 · 손지훈 · 성수정 · 김진선 · 김민정 · 전승범 (2011). 2011년도 정신질환실태 역학조사. 보건복지부.

조선일보 (2012.7.17). 결혼이 계층구분 기준이 되다.

조애저 · 김승권 · 김유경 (1999). **노부모 학대실태에 관한 사례연구**. 한국보건사회연구원.

조옥라 (1986). 가부장제에 관한 이론적 고찰. **한국여성학, 2**, 9-38.

조옥라 (1996). 부모는 저절로 되는 것인가? '평등한 부모 자유로운 아이' 중에서. **또 하나의 문화 제1호**. 또하나의문화.

조은 (2004). 세계화의 최첨단에 선 한국의 가족: 신글로벌 모자녀 가족사례 연구. **경제와 사회, 64**, 148-171.

조정문 · 권명수 · 이의수 · 이옥 · 이나영 (2000). **남성학과 남성운동**. 동문사.

조형 (1991). 자본주의와 가부장제 가족. **가족학논집, 3**, 161-180.

조형 (1996). 법적 양성평등과 성의 정치. 한국여성학, 12(1), 7-38.
조형 · 박혜란 · 조한혜정 (2003). 누구와 함께 살 것인가. 또 하나의 문화 제17호. 또하나의문화.
조혜정 (1986). 가부장제의 변형과 극복: 한국가족의 경우. 한국여성학, 2(1), 136-217.
조혜정 (1986). 가부장제의 변형과 극복: 한국가족의 경우. 한국여성학, 2(1), 136-217.
조혜정 (1990). 한국의 여성과 남성. 문학과 지정사.
조흥식 · 김인숙 · 김혜란 · 김혜련 · 신은주 (2007). 가족복지학. 학지사.
조흥식 · 김혜련 · 신혜섭 · 김혜란 (2006). 여성복지학. 학지사.
조흥식 · 김인숙 · 김혜란 · 김혜련 · 신은주 (2017). 가족복지학. 학지사.
좌현숙 (2011). 성역할 고정관념 발달궤적의 성차와 예측요인. 청소년학연구, 18(9), 237-263.
주간조선 (2008.10.27). 말싸움에선 아내를 도저히 못 당하는 이유.
주디스 로버 (2005). 젠더 불평등. 최은정 외 공역. 일신사.
주희 (2008). 여성의 낙태와 재생산권: 다양한 삶의 조건에서 시작되는 이야기. 나눔터, 61(가을). 한국성폭력상담소.
중도일보 (2020.1.15). 세종시청 정원 · 중앙공원 등 결혼식 제공.
중앙노인보호전문기관(http://noinboho.or.kr)
중앙일보 (2019.5.9). 병든 부모 보살피는 건 딸 · 며느리... 남편 쓰러지면 또 수발.
중앙일보 (2020.3.28). 효자 코스프레는 그만! 고부 사이에 낀 남편의 전략(이한세의 노인복지 이야기).
지선 (2008). 임신과 낙태에 있어 장애여성의 선택권. 나눔터, 61(가을). 한국성폭력상담소.
초의수 (1995). 부산지역 성별 노동시장구조와 여성노동의 특징. 부산지역 취업여성의 실태와 문제점 자료집. 부산여대 여성문제연구소.
최경숙 · 송하나 (2010). 발달심리학, 전 생애: 아동, 청소년, 성인. 교문사.
최선화 · 공미혜 · 한동희 (1998). 학대받는 여성노인의 상황에 관한 연구. 한국사회복지, 34, 189-94.
최선화 · 공미혜 · 전영주 · 최희경 (2018). 변화하는 사회의 가족복지. 학지사.
최양숙 (2006). 부부분거경험의 성별차이를 중심으로 본 기러기가족 현상. 가족과 문화, 18(2), 37-65.
최임숙 (2004). 중, 고, 대학생의 성역할 정체감 발달과 변화. 한국심리학회지: 발달, 17(2), 213-232.

최임숙 (2005). 대학생이 지각한 아동기의 성역할 비전형성과 성인기 성역할 정체감의 관계. **교육연구논총, 26**(1), 265-280.

최정윤 (1991). 중년여성 신경증 환자와 정상인의 성역할 비교. **한국임상심리학회지, 10**(1), 262-268.

최준식 (1997). **한국인에게 문화는 있는가**. 사계절.

최준식 (1998). **한국의 종교, 문화로 읽는다 1: 무교, 유교, 불교**. 사계절.

최홍기 (1991). 유교와 가족. **가족학논집, 3**, 207-228.

최홍기 (2006). **한국가족 및 친족제도의 이해**. 서울대학교 출판부.

키테이 • 에바 페더 (2005). **사회정책**. 앨리슨 M. 재거, 아이리스 마리온 영 편, 한국여성철학회 역, 여성주의 철학(pp. 339-353). 서광사.

통계청 (2005). 장례인구특별추계.

통계청 (2006, 2007, 2016, 2019). 인구주택총조사.

통계청 (2015). 생활시간조사.

통계청 (2016). 사회조사.

통계청 (2017). 생애주기별 주요 특성 분석-출산, 아동보육, 청년층, 경력단절.

통계청 (2017). 장래가구추계(2015-2045년).

통계청 (2018). 2017년 출생통계.

통계청 (2018). 2018 인구주택총조사.

통계청 (2018). KOSTAT 통계플러스 2018년 가을호.

통계청 (2018). 경제활동인구조사.

통계청 (2018). 사회조사.

통계청 (2019). 2018년 보건복지부 어린이집 및 이용자통계.

통계청 (2019). 2018년 출생통계(1970-2018).

통계청 (2019). 2019년 상반기 지역별 고용조사.

통계청 (2019). 경제활동인구조사.

통계청 (2019). 사회조사.

통계청 (2019). 인구주택총조사.

통계청 (2019). 장례인구추계(2017-2067년) 보도자료.

통계청 (2020). 2019년 혼인이혼통계.

페미위키 (2020.2). 성폭력 피해자에 대한 2차 가해.

한건수 (2006). 한국사회의 다민족, 다문화 사회 이행과 사회문화적 통합의 과제와 현실. 2006년 한국상담학회, 한국가족치료학회 추계공동학술대회. 서울대학교.

한겨레신문 (2017.4.14). 여성 혐오 게임에 'MSG'를 뿌려라, 팍팍.

한국가족학연구회 (1991). **가족학연구의 이론적 접근**. 교문사.

한국갤럽연구소 (2019). **게임이용자실태보고**. 한국콘텐츠 진흥원.

한국결혼문화연구소 (2008, 2019). (http://www.couple.net)

한국보건사회연구원 (2015). 전국출산력 및 가족보건 복지실태조사.

한국보건사회연구원 (2019). 인공임신중절 실태조사.

한국성폭력상담소 (2020.2). 상담통계 (http://www.sisters.or.kr/load.asp?subPage=222)

한국여성개발원 (1991). **여성의 의식과 생활실태에 관한 연구**. 한국여성개발원.

한국여성의 전화 (2019). 통계 (http://hotline.or.kr/board_statistics/55092)

한국여성정책연구원 (2019). 취업자(성/직업별) 2004~2017년.

한국일보 (2020.01.01). 영국, 이성 커플에도 '동반자 관계' 허용… 깨지는 '가족 신화'.

한국정책연구원 (2017). 성인지통계 (https://gsis.kwdi.re.kr/gsis/kr/tblInfo/TblInfoList.html)

한규석 (1995). **사회심리학의 이해**. 학지사.

한동희 (1996). 노인학대에 관한 연구. 대구효성가톨릭대학교 대학원 박사학위 청구논문.

한선 (2008). '엄마가 뿔났다'에 재현된 '모성이데올로기'의 전복과 저항: 시청자 게시판의 담론분석을 중심으로. 2008년 한국가족관계학회 추계학술대회발표논문집.

함인희 (1992). 가부장적 행위양식의 변화에 관한 소고. **서울여대여성연구논총**, 7, 45-65.

함한희 (2005). 사회경제적 변화와 한국의 남성문화. 제37차 한국문화인류학회 정기학술대회: 변화하는 세계 속의 남성성과 남성문화. 한국문화인류학회. 서울대학교.

헤럴드경제 (2010.10.12). 대학생 10명 중 9명 '혼전성관계 가능'.

헤럴드경제 (2019.4.9). '보통의 행복'에도 못 미치는 20대 여성, 가장 불행.

홍기혜 (2000). 중국 조선족 여성과 한국 남성간의 결혼을 통해 본 이주의 성별 정치학. 이화여자대학교 대학원 여성학과 석사학위논문.

홍숙자 · 이형실 · 전길량 (1995). 성인자녀를 위한 노인 부양 프로그램. **대한가정학회지**, 33(5), 197-209.

Andersen, B. L., Cyranowski, J. M., & Espindle, D. (1999). Men's sexual self-schema. *Journal of personality and social psychology, 76*(4), 645.

Baber, K. M., & Allen, K. R. (1992). *Women and families: Feminist reconstruction.* NY: The Guilford Press.

Baltes, P. B. (1997). On the incomplete architecture of human ontogeny: Selection, optimization, and compensation as foundation of developmental theory. *American Psychologist, 52*, 366-380.

Bancroft, J., Loftus, J., & Long, J. S. (2003). Distress about sex: A national survey of women in heterosexual relationships. *Archives of Sexual Behavior, 32*(3), 193-208.

Bandura, A. (1977). *Social learning theory.* Englewood Cliffs, NJ: Prentice-Hall.

Barber, K. M., & Allen, K. R. (1992). *Women and families: Feminist reconstructions.* NY: Guilford.

Bardwick, J. M. & Douvan, E. (1971). Ambivalence: The socialization of women. In V. Gornick & B. K. Moran(Eds.), *Women in a sexist society.* New York: Basic Books.

Baumeister, R. F. (2000). Gender differences in erotic plasticity: The female sex drive as socially flexible and responsive. *Psychological Bulletin, 126*(3), 347-374.

Baumeister, R. F., Catanese, K. R., & Vohs, K. D. (2001). Is there a gender difference in strength of sex drive? Theoretical views, conceptual distinctions, and a review of relevant evidence. *Personality and social Psychology Review, 5*(3), 242-273.

Bell, J. M., Moules, N. J., Simonson, K., & Fraser, J. (2004). Marriage and illness: Therapeutic conversations with couples who are suffering. In P. Amato & N. Gonzalez(Eds.), *Vision 2004: What is the future of marriage*(pp. 45-52). Minneapolis: NCFR.

Bem, S. L. (1974). The measurement of psychological androgyny. *Journal of Consulting and Clinical Psychology, 42*, 155-162.

Bem, S. L. (1993). *The lenses of gender.* New Haven: Yale University Press.

Biegel, D. E., & Wieder, B. L. (2003). Caregiving: Informal. In J. J. Ponzetti Jr. (Ed.), *International encyclopedia of marriage and family*(2nd ed.), Vol. 1, (pp. 198-205), NY: MacMillan Reference USA.

Biernat, M. (1991). Gender stereotypes and the relationship between masculinity and femininity: A developmental analysis. *Journal of Personality and Social Psychology, 61*(3), 351.

Block, J. Lippe, A., & Block, J. H. (1973). Sex-role and socialization patterns: some personality, concomitants, and environmental antecedents. *Journal of Consulting and Clinical Psychology, 41*, 321-341.

Blumberg, R. L. (1991). *Gender, family, and economy*. Newbury Park: Sage Publication.

Bools, C. H. (2003). Motherhood. In J. J. Ponzetti Jr. (Ed.), *International encyclopedia of marriage and family*(2nd ed.), Vol. 3, (pp. 1146-1152), NY: MacMillan Reference USA.

Bose, C. E. (1987). Dual spheres. In B. B. Hess & M. M. Ferree(Eds.), *Analyzing gender* (pp. 267-285). Newbury Park, CA: Sage.

Bowlby, J. (1951). *Attachment and Loss, I Attachemtn*. NY: Basic Books.

Brannon, R. (1976). The male sex role: Our culture's blueprint for manhood and what it's done for us lately. In D. David & R. Brannon (Eds.), *The forty-nine percent majority*. Reading, MA: Addison-Wesley.

Brooks-Gunn, J., & Mattews, W. S. (1979). *He and she*. NJ: Prentice Hall.

Chafetz, J. S. (1990). *Gender equality: An integrated theory of stability and change*. Newbury Park, CA: Sage.

Chan, R. K., & Hayashi, K. (2011). Gender roles and help-seeking behavior: promoting professional help among japanese men. *Journal of Social Work, 10*(3), 243-262.

Chodorow, N. (1978). *The Reproduction of Mothering: Psychoanlysis and the sociology of gender*. CA: Stanford University Press.

Coleman, M. T. (1991). The division of household labor: Suggestions for future empirical consideration and theoretical development. In R. L. Blumberg(Ed.), *Gender, family, and economy*. Newbury Park: Sage Publication.

Coltrane, S. (2000). *Gender and Families*. Lanham: Altamira Press.

Cook, R. J., & Dickens, B. M. (2002). Human rights to safe motherhood. *International Journal of Gynaecology and Obstetrics, 76*(2), 225-231.

Cornell, R. W. (1987). *Gender and power: Society, the person and sexual politics*. Stanford, CA: Stanford University Press.

Cowan, R. S. (1987). Women's work, housework, and history: The Historical roots of inequality in work-force participation. In N. Gerstel & H. E. Gross(Eds.), *Families and work*. Philadelphia: Temple University Press.

DeFronzo, J. & Boudreau, F. (1988). Further research into antecedents and correlates of androgyny. *Psychological Reports, 44*, 23-29.

Demare, D., Briere, J., & Lips, H. M. (1988). Violent pornography and self-reported likelihood of sexual aggression. *Journal of Research in Personality, 22*, 140-153.

Diduck, A. D., & O'Donovan, K. (2006). Feminist Perspectives on Family Law. In A. Diduck & K. O'Donovan(Eds.), *Feminist Perspectives on family law* (pp. 1-74). NY: Routledge- Cavendish.

Dobash, R. E., & Dobash R. (1979). Policing Domestic Violence, in Abbott & Wallace(Eds.). *Gender, Power, and Sexuality*. NY: Macmillan Co.

Döring, N., & Poeschl, S. (2019). Love and sex with robots: A content analysis of media representations. *International Journal of Social Robotics*, 1-13. (https://doi.org/10.1007/s12369-019-00517-y)

DSM-IV (1994). **정신장애의 진단 및 통계 편람(제4판)**. 하나의학사.

Duncan, S., Phillips, M., Carter, J., Roseneil, S., & Stoilova, M.(2014). Practices and perceptions of living apart together. *Family Science, 5*(1), 1-10, doi:10.1080/19424620.2014.927382.

Eisler, R. M., & Skidmore, J. R. (1987). Masculine gender role stress: Scale development and component factors in the appraisal of stressful situations. *Behavior Modification, 11*(2), 123-136.

Ember, C. R. (1973). Feminine task assignment and the social behavior of boys. Ethos, I, 424-439.

Fan, P. L., & Marini, M. M. (2000). Influences on gender-role attitudes during the transition to Adulthood. *Social Science Research, 29* (2), 258-283.

Feldmeier, R., & Kivel, P. (2000). **남성학과 남성운동**. 조정문 · 권명수 · 이의수 · 이옥 · 이나영 공역. 동문사.

Ferguson, A. (1977). Androgyny as an Ideal for Human Development. In M. Vetterling-Braggin, F. A. Elliston & J. English(Eds.), *Feminism and Philosophy*. NJ: Littlefield.

Ferguson, A. (1991). *Sexual democracy: Women, oppression, and revolution*. Boulder, CO: Westview.

Firestone, S. (1970). *The dialectic of sex: The case for feminist revolution*. NY: William Morrow.

Flax, J. (1990). *Thinking fragments: Psychoanalysis, feminism, and postmodernism in the contemporary West.* Berkeley: University of California Press.

Fraser, N., & Nicholson, L. J. (1990). Social criticism without philosophy: An encounter between feminism and postmodernism. In L. Nicholson(Ed.), *Feminism/Postmodernism* (pp. 19-38). New York: Routledge.

Freedman, J., & Combs, G. (2002). **이야기 치료의 이론과 실제-부부치료를 중심으로.** 허남순 · 이경욱 · 여혜숙 · 오세향 공역. 학지사.

Freeman, J. (1975). *The politics of women's liberation.* NY: McKay.

Friedan, B. (1981). *The second stage.* Cambridge: Harvard University Press.

Frieze, I. H., Parsons, J. E., Johnson, P. B., Ruble, D. N., & Zellman, G. L. (1978). *Women and sex roles: A social psychological perspective.* NY: W. W. Norton and Company.

Gelles, R. J. (1995). *Contemporary Families.* CA: SAGE Publications, Inc.

Gilbert, N., & Van Voorhis, R. (2003). *The paradox of family policy. Society, 40*(6), 51-56.

Goldner, V. (1985). Feminism & family therapy. *Family Process, 24*, 233-240.

Good, W. J. (1963). *World Revolution and Family Patterns.* NY: Free Press.

Gray, J. (2000). **화성에서 온 남자, 금성에서 온 여자.** 김정숙 역. 친구미디어.

Hamon, R., & Whitney, K. R. (2003). Filial responsibility. In J. J. Ponzetti Jr. (Ed.), *International encyclopedia of marriage and family, Vol. 2* (2nd ed.)(pp. 673-679). NY: MacMillan Reference USA.

Hanno Beck (2007). **사랑의 경제학.** 배진아 역. 더난출판.

Hantrais, L. (2004). *Family policy matters: Responding to family change in Europe.* Bristol, UK: The Policy Press.

Hare-Mustin, R. T., & Maracek, J. (1990). Gender and the meaning of difference: Postmodernism and psychology. In R. T. Hare-Mustin & J. Maracek (Eds.), *Making a difference: Psychology and the construction of gender* (pp.22-64). New Haven: Yale University Press.

Hartfield, E., Sprecher, S., Pillemer, J. T., & Greenberger, D. (1988). Gender differences in what is desired in the sexual relationship. *Journal of Psychology and Human sexuality, 1*(2), 39-52.

Hochschild, A. R. (1989). *The second shift: Working parents and the revolution at home*. NY: Viking.

Horney, K. (1973). The flight from womanhood. In J. B. Miller (Ed). *Psychoanalysis and women*. Baltimore: Penguin Books.

Huber, J., & Spitze, G. (1983). *Sex stratification: Children, housework and jobs*. NY: Academy Press.

Jackson, D. D. (1965). Family rules: marital quid pro quo. *Archives of General Psychiatry. 12*, 589-594.

Johnson (1986). Critical issues in the definition elder mistreatment in K. A. Pillemer and Wolf (Eds.). *Elder Abuse: confliction of the Family*. Dover, MA: Auburn House.

Kaplan, A. G. & Sedney, M. A. (1988). **성의 심리학**. 김태련 · 이선자 · 조혜자 공역. 이화여자대학교 출판부.

Katchadourian, H. A. (1989). *Fundamentals of human sexuality* (5th ed.). Philadelphia: Holt, Rinehart & Winston.

Kelly, L. (1988). How women define their experience of violence. In K. Yllo & M. Bograd (Eds.), *Feminist perspectives on wife abuse* (pp. 114-132). Newbury Park: Sage.

Kendler, K. S., Prescott, C. A., Myers, J., & Neale, M. C. (2003). The structure of genetic and environmental risk factors for common psychiatric and substance use disorders in men and women. *Archives of general psychiatry, 60*(9), 929-937.

Kieffer, C. (1977). New depths in intimacy. In R. Libby & R. Whitehurst (Eds.), *Marriage and alternatives: Exploring intimate relationships*, 267-293.

Kindlon, D. (2007). **알파걸**. 최정숙 역. 미래의 창.

Kitson, G. (1994). The cause of divorce. In G. G. Kitson & W. M. Holmes. *Portrait of divorce*. NY: Guilford.

Kohlberg, L. (1966). A cognitive-developmental analysis of children's sex-role concepts and attitudes. In E. E. Maccoby (Ed.), *The development of sex differences* (pp. 82-173). Stanford: Stanford University Press.

Kohlberg, L., & Ullian, D. Z. (1974). Stages in the development of psychosexual concepts and attitudes. In R. C. Friedman, R. M. Richart, & R. L. Vande Wiele (Eds.), *Sex differences in behavior* (pp. 209-222). NY: Wiley.

Lamanna, M. A., & Riedmann, A. (1988). *Marriage and families: Making choices and facing change* (3rd ed.). Belmont, CA: Wadsworth Pub.

Laws, J. L., & Schwartz, P. (1977). *Sexual scripts: The social construction of female sexuality.* Hinsdale, IL: Dryden.

Lawson, W. (2003). Aging's changing face: Science is reshaping the way we think about the older body, memory, and sex drive. *Psychology Today, 37*(4), 26.

Leinbach, M. D., & Fagot, B. I. (1993). Categorical habituation to male and female faces: Gender schematic processing in infancy. *Infant behavior and development, 16*(3), 317-332.

Levinson, D. J. (1998). 남자가 겪는 인생의 사계절. 김애순 역. 이화여대출판부.

Lewin, M. (1984). "Rather worse than folly?" Psychology measures femininity and masculinity: Vol. 1: From Terman and Miles to the Guilfords. In Lewin, M. (Ed.), *In the shadow of the past: Psychology portrays the sexes* (pp. 156–178). New York: Columbia University Press.

Lewis, M. & Weinraub, M. (1976). The father's role in the child's social network. In M. E. Lamb(Ed.), *The role of the father in child development.* NY: John Wiley.

Lidz, R. W. & Lidz, T. (1949). The family environment of schizophrenic patients. *American Journal of Psychiatry, 106*, 332-345.

Lips, H. (2008). *Sex and gender: an introduction* (6th ed). New York: McGraw Hill.

Lorber, J. (1991). Dismentling Noah's ark. In J. Lober & S. A. Farrell (Eds.), *The social construction of gender* (pp. 355-369). Newbury Park, CA: Sage.

Maccoby, E. E. (1990). Gender and relationships: A developmental account. *American psychologist, 45*(4), 513-521.

Maccoby, E. E., & Jacklin, C. N. (1974). *The psychological of sex differences. Stanford.* CA: Stanford University Press.

Makepeace, J. (1981). Courtship violence among college students. *Family Relations, 30*, 97-102.

Mark, K., Herbenick, D., Fortenberry, D., Sanders, S., Reece, M. (2014). The object of sexual desire: examining the "what" in "what do you desire?". *Journal of Sexual Medicine, 11*(11), 2709-2719.

Martin, C. L. (1989). Children's use of gender-related information in making social judgments. *Developmental psychology, 25*(1), 80-88.

Martin, C. L. (1990). Attitudes and expectations about children with nontraditional and traditional gender roles. *Sex roles, 22*(3-4), 151-166.

Matthaei, J. A. (1982). *An Economic history of women in America: Women's work, the sexual division of labor and the development of capitalism.* NY: Schochen Books.

McCarthy, B. W. (2002). *Sexuality, sexual dysfunction, and couple therapy.* In A. S.

McCarthy, B. W., & McCarthy, E. (1998). *Male sexual awareness.* NY: Carroll & Graf.

Meyer, I. H. (2003). Prejudice, social stress, and mental health in lesbian, gay, and bisexual populations: Conceptual issues and research evidence. *Psychological Bulletin, 129*, 674-697.

Miller, J. B. (1986). *Toward of a new psychology of women* (2nd ed). Boston: Beacon.

Millet, K. (1971). *Sexual politics.* NY: Avon-Books.

Mittleman, M. S., Ferris, S. H., Shalmn, E., Steisberg, G., & Levin, B. (1996). A family intervention to delay nursing home plaement of pakents with Alzheimer's disease. *Journal of the American Mental Association, 276*, 1725-1731.

Money, J., & Ehrhardt, A. E. (1972). *Man and woman, boy and girl.* Baltimore: Johns Hopkins University Press.

Money, J., & Tucker, P. (1975). *Sexual signatures: On being a man or a woman.* Boston: Little, Brown.

Muller, C. F. (1990). *Health care and gender.* NY: Russell Sage.

Napholz, L. (1994). Indices of psychological well-being and sex role orientation among working women. *Health Care Women International, 15*(4), 307-316.

Neugarten, B. L., & Neugarten, D. A. (1987, May). The changing meanings of age. *Psychology Today*, 29-33.

Newton, E., & Walton, S. (1984). The misunderstanding: Toward a more precise sexual vocabulary. In C. Vance (Ed.), *Pleasure and danger* (pp.232-241). Boston: Routledge & Kegan Paul.

Oakley, A. (1974). *The sociology of housework.* NY: Pantheon.

Okin, S. M. (1989). *Justice, gender and the family.* NY: Basic.

Olson, D., & Defrain, J. (2000). *Marriage and the family: Diversity and strength*(3rd ed.). Mountain View: Mayfield Publishing Company.

Organisation for Economic Co-operation and Development (2017). Indicators of gender equality in employment. http://stats.oecd.org/index.aspx?queryid=54751

Pagelow, M. D. (1984). *Family Violence*. NY: Praeger.

Parke, R. D. (1995). **아버지의 어린이 양육**. 곽덕영 역. 학문사.

Pedrick-Cornell, C., & Gelles, R. J. (1982). Elder Abuse: The status of current knowledge, *Family Relations, 31*.

Pence, Ellen and Mivhael Paymar (1993). *Education Groups for Men Who Batter: The Duluth Model*, NY: Springer Publishing Co.

Peplau, L. A. (2003). Human sexuality: How do men and women differ? *Current Directions in Psychological Science, 12*(2), 37-40.

Pesman, C. (1991). *Love and sex in the '90s: Our national survey*. (pp.63-68).

Peterson, R. (1980). Social class, social leaning and wife abuse, *Social Service Review*.

Pillmer, K. & Suitor, J. J.(1992). "Violence and Violent Feelings: What causes them among family caregivers?" *Journal of Gerontology: Social Science, 47*(4).

Robin, J. Z., Provenzano, F. J., & Luria, Z. (1974) The eye of the beholder: parents' views on sex of newborn. *American Journal of Orthopsychiatry, 44*, 512-519.

Rolland, J. S. (1994). *Families, illness and disability: An integrated treatment model*. NY: Basic Books.

Rosen, R.. & Leiblum, S. (1995). *Case studies in sex therapy*. NY: Guilford.

Rossi, A. S. & Rossi, P. H. (1990). *Of Human Bonding*. NY: Aldine de Gruyter.

Rossi, A. S. (1978). *A biosocial perspective on parenting*. pp1-31 in The Family, (eds.), A. S. Rossi, J. Kagan, & T. K. Hareven. *Journal of Women in Culture and Society, 4*(4). NY: Norton.

Sadker, M., & Sadker, D. (1985). Sexism in the school roll of the '80s. *Psychology Today, 18*, 54-57.

Santrock, J. W. (1997). *Life-span development* (6th ed.). New York: McGraw-Hill.

Serbin, L. A., Powlishta, K. K., Gulko, J., Martin, C. L., & Lockheed, M. E. (1993). The development of sex typing in middle childhood. *Monographs of the society for research in child development, 58*(2, Serial No. 232) i-95.

Shively, M. G., & De Cecco, J. P. (1977). Components of sexual identity. *Journal of Homosexuality, 3*, 41-48.

Simon, R., Edler, E., & Evans, C. (1992). The development of feeling norms underlying romantic love among adolescent females. *Social Psychology Quarterly, 55*(1), 29-46.

Slaby, R., & Frey, K. (1975). Development of gender constancy and selective attention to same-sex models. *Child Developments, 46*, 849-856.

Smith, P. K., & Daglish, L. (1977). Sex differences in parent and infant behavior in the home. *Child Development*, 1250-1254.

Snow, M. E., Jacklin, C. N., & Maccoby, E. E. (1983). Sex-of-child differences in father-child interaction at one year of age. *Child development*, 227-232.

Sorell, G. T., Silvia, L. Y., & Busch-Rossnagel, N. A. (1993). Sex-role orientation and self-esteem in alcoholic and nonalcoholic women. *Journal of Study on Alcoholism, 54*(5), 566-573.

Stacey, J. (1990). Brave new families: Stories of domestic upheaval in late twentieth century America. NY: Basic.

Straus, M. A. (1977). "Wife Battering: How Common and Why?" *Vitiminology, 2*, 444-445.

Sweeney, J. & Bradbard, M. (1988). Mother's and father's changing perceptions of their male and female infants over the course of pregnance. *Journal of Genetic Psychology, 149*(3), 393-404.

Tamura, T. (2008). 한국가족상담학회. 추계학술대회 자료집. 은둔형외톨이에 대한 가족상담적 접근. 2008.11.13. 서울대학교.

Tatara (1990). *Elder Abuse in the united states: An issue paper*, Prepared for The Adminidtration on Aging(AoA) The Department of Health and Human Services(HHS). The National Aging Resource Center on Elder Abuse(NARCEA).

Tenenbaum, H. R. & Leaper, C. (2002). Are parent's gender schemas related to their children's gender-related cognitions? A meta-analysis. *Developmental Psychology. 38*(4), 615-630.

Thompson, L. & Walker, A. J. (1989). Gender in families: women and men in marriage, work, and parenthood. *Journal of Marriage and the Family, 51*, 845-871.

Thompson, S. K. (1975). Gender labels and early sex role development. *Child Development*, 339-347.

Thorne, B. (1982). Feminist rethinking of the family: An overview. In B. Thorne & M. Yalom (Eds.), *Rethinking the family: Some feminist questions* (pp. 1-24), NY: Longman.

Waitr, L., & Gallagher, M. (2001). The case for marriage: Bantam Dell Pub Group.

Walby, S. (1990). *Theorizing patriarchy*. Oxford: Blackwell.

West, C., & Zimmerman, D. H. (1987). Doing gender. *Gender & Society*, *1*, 125-151.

Whiting, B. B., & Edwards, C. P. (1988). *Children of different worlds: The formation of social behavior*. Cambridge, MA: Harvard University Press.

Williams, J. B., & Spitzer, R. L. (1984). The issue of sex bias in DSM-III. *American Psychologist, 38*, 793-798.

Wood, E., Desmarais, S. & Gugula, S. (2002). The impact of parenting experience on gender stereotyped toy play of children. *Sex Roles, 47,* 39-49.

Worell, J., & Remer, P. (2004). **여성주의 상담의 이론과 실제**. 김민예숙 · 강김문순 공역. Feminist perspectives in therapy: Empowering diverse women (1996). 한울아카데미.

Yllo, K. A., & Straus, M. A. (1992). Patriarchy and violence against wives: The impacts of structural and normative factors. In M. A. Strans & R. J. Gelles(Eds.). *Physical violence in american families*. NJ: Transactional Publishers.

YTN뉴스 (2015.1.1). 여혐? 남혐? 인터넷에서는 남녀 '댓글전쟁'.

Zern, D. S. (1984). Relationships among selected child-rearing variables in a cross-cultural sample of 110 societies. *Developmental Psychology, 20*(4), 683-690.

찾아보기

저자소개

정현숙

미국 Ohio State University 가족학 박사
현재, 상명대학교 가족복지학과 교수
저서, 《가족생활교육》, 《가족관계》, 《부모학》 외 다수

공미혜

미국 Ohio State University 사회학 박사
현재, 신라대학교 상담심리복지학과 교수
저서, 《여성복지론》, 《가족복지론》, 《여성학》 외 다수

전영주

미국 Purdue University 가족학 박사
현재, 신라대학교 상담심리복지학과 교수
저서, 《가족평가》, 《가족치료의 이해》, 《커플상담과 신경생물학》 외 다수

조은숙

서울대학교 가족학 박사
현재, 상명대학교 가족복지학과 교수
저서, 《부부가족상담핸드북》, 《한국가족을 말하다》, 《Internet Addiction》 외 다수

정혜정

미국 Texas University 인간발달·가족학과 박사
현재, 전북대학교 생활과학부 교수
저서, 《성역할과 여성》, 《결혼과 가족의 의미》, 《가족치료의 이해》 외 다수

가족과 젠더

초판발행 2020년 8월 15일 **1판 1쇄 인쇄** | 2020년 8월 20일 **1판 1쇄 발행**
2021년 9월 10일 **1판 2쇄 발행** | 2023년 3월 10일 **1판 3쇄 발행**
2024년 9월 10일 **1판 4쇄 발행**

지은이 정현숙 공미혜 전영주 조은숙 정혜정
펴낸이 최용구 | **펴낸곳** 도서출판 **신정**
주소 (04316) 서울시 용산구 원효로 89길 19 (원효로1가)
전화 02)3211-4782, 0266(영업부), 3211-4783(편집부), 3211-4784(팩스)
이메일 shinjeong72@naver.com | **홈페이지** www.sjbook.co.kr
등록 2001년 5월 11일 제13-702호
기획마케팅 최용구 장만동 최충구 송대용 | **책임편집** 석기은 황가연

ISBN 978-89-5912-522-7 93590
정가 20,000원